DOSTOIÉVSKI E A DIALÉTICA

Fetichismo da forma, utopia como conteúdo

copyright Hedra
edição brasileira© Hedra 2018
prefácio© Manuel da Costa Pinto

primeira edição Primeira edição

edição Jorge Sallum
coedição Felipe Musetti
assistência editorial Luca Jinkings e Paulo H. Pompermaier
capa Renan Costa Lima

ISBN 978-85-7715-591-0

Grafia atualizada segundo o Acordo Ortográfico da Língua Portuguesa de 1990, em vigor no Brasil desde 2009.

EDITORA HEDRA LTDA.
R. Fradique Coutinho, 1139 (subsolo)
05416–011 São Paulo SP Brasil
Telefone/Fax +55 11 3097 8304

editora@hedra.com.br
www.hedra.com.br

Foi feito o depósito legal.

DOSTOIÉVSKI E A DIALÉTICA

Fetichismo da forma, utopia como conteúdo

Flávio Ricardo Vassoler

Manuel da Costa Pinto (*prefácio*)

1ª edição

hedra

São Paulo_2018

Flávio Ricardo Vassoler, escritor e professor, é doutor em Teoria Literária e Literatura Comparada pela FFLCH-USP, com pós-doutorado em Literatura Russa pela Northwestern University (EUA). É autor das obras literárias *O Evangelho segundo Talião* (nVersos, 2013) e *Tiro de Misericórdia* (nVersos, 2014), além de ter organizado o livro de ensaios *Fiódor Dostoiévski e Ingmar Bergman: O niilismo da modernidade* (Intermeios, 2012). Escreve, periodicamente, para o caderno literário "Aliás", do jornal *O Estado de S. Paulo.* Mantém a página virtual *Portal Heráclito* (*www.portalheraclito.com.br*).

Dostoiévski e a dialética: fetichismo da forma, utopia como conteúdo constitui uma análise absolutamente original sobre a obra do escritor russo Fiódor Dostoiévski, dividida em duas partes dialeticamente articuladas: uma tese, em que a interpretação canônica da "catedral polifônica", consagrada pelo crítico russo Mikhail Bakhtin, é posta em xeque à luz de um constante diálogo com a forma mercadoria analisada por Marx e com a Teoria Crítica frankfurtiana, especialmente Adorno; e uma antítese, que pensa as complexas relações de Dostoiévski com o socialismo e o cristianismo, havendo a contraposição de polos como Allan Kardec e Hegel, Cristo e Marx, Bakhtin e Adorno.

Manuel da Costa Pinto é mestre em Teoria Literária e Literatura Comparada pela Universidade de São Paulo (USP), jornalista e crítico literário da *Folha de São Paulo*. Apresentador do programa "Com-Texto", do canal *Arte 1*, foi um dos criadores da Revista CULT, da qual foi editor por seis anos. Autor dos livros *Albert Camus: um elogio do ensaio* (Ateliê, 1998), *Literatura brasileira hoje* (Publifolha, 2004) e *Paisagens interiores e outros ensaios* (B4 Editora, 2012). Organizador das antologias *A Inteligência e o cadafalso* (Record, 1998), de Albert Camus, *Antologia comentada da poesia brasileira do século 21* (Publifolha, 2006) e *Crônica brasileira contemporânea* (Editora Moderna, 2013), entre outras.

Sumário

Prefácio 11
Preâmbulo 19

PARTE I – TESE 29

Capítulo 1
Mediações para a constituição da dialética polifônica de Fiódor Dostoiévski 33
Capítulo 2
A dialética polifônica de Fiódor Dostoiévski 95

PARTE II – ANTÍTESE 179

Capítulo 3
O prenúncio da teologia como teleologia – e da teleologia como teologia 183
Capítulo 4
O Sermão da Estepe: Ivan Karamázov e a filosofia dostoievskiana da história. 273
Capítulo 5
A utopia como cicatrização do espírito 309

Considerações Finais 405

Referências Bibliográficas 415

Dedico este livro à memória de meus ancestrais

Antônia Ângela, minha avó
(⋆ Dracena, 02/06/1924; † São Bernardo do Campo, 27/10/1996)

Tadeu, meu pai de criação
(⋆ Joaquim Távora, 17/08/1946; † São Bernardo do Campo, 29/07/2002)

Marineuza, minha mãe
(⋆ Marília, 17/03/1946; † São Paulo, 28/04/2012)

João Olavo, meu pai
(⋆ Santos, 25/10/1948; † Cotia, 19/04/2014)

Prefácio

Em *Cioran, l'hérétique*, biografia intelectual do ensaísta romeno — e filósofo dostoievskiano — Emil Cioran, o jornalista francês Patrice Bollon faz uma breve e aguda observação que pode servir como porta de entrada para este *Dostoiévski e a dialética: fetichismo da forma, utopia como conteúdo*, de Flávio Ricardo Vassoler. Depois de afirmar que na França (e, poderíamos acrescentar, na maioria dos países ocidentais) não é comum que se veja em Dostoiévski mais do que um grande romancista e um genial psicólogo das profundezas da alma humana, Bollon lembra que, para leitores e intelectuais russos como Chestov e Berdiaev, o escritor é considerado um pensador metafísico, derivando de sua visão do homem uma filosofia política que, de resto, é considerada "reacionária".

A rica fortuna crítica de Dostoiévski no Brasil e a vigorosa escola de tradutores do russo que aqui se formou, tendo como ponto de partida justamente a publicação das obras do autor de *Crime e castigo*, não escapam à observação de Bollon — o que torna ainda mais preciosa a contribuição de Vassoler. Originalmente tese de doutorado do escritor e pesquisador paulista, *Dostoiévski e a dialética* extrai da ficção do romancista e contista russo, bem como de seus ensaios, cartas e textos jornalísticos ou memorialísticos, uma "teleologia teológica" como horizonte de superação ainda inconcluso — à época do escritor e em nossa própria época — das aporias de sua forma de pensar a política (em especial o socialismo) e o cristianismo (em especial a confissão ortodoxa).

Sem deixar de fazer um *close reading* de diferentes passagens da obra de Dostoiévski, dentro de uma linhagem de intérpretes que se irradia a partir de Boris Schnaiderman e Paulo Bezerra, Vassoler identifica nele uma antropologia de tipo teológico-metafísico que, por seu caráter escatológico (no sentido de doutrina sobre o destino último da humanidade e sobre o juízo final), tem implicações éticas e pragmáticas: suas personagens encarnam ações e valores antitéticos que, no âmbito dos vetores ocidentalistas/racionalistas e eslavófilos/espiritualistas do contexto histórico e ideológico da Rússia tsarista, apontam simultaneamente para uma tentação niilista e para um desejo de redenção que permanecem abertos, irresolvidos. Mas que — eis uma primeira afirmação, tão polêmica quanto original, nessa obra repleta de iluminações polêmicas e originais — já apontam para a síntese dialética superadora das contradições de nosso mundo cindido, de nossa existência alienada da totalidade, na forma de uma utopia histórico-transcendental *realizável*.

Dostoiévski utopista, Dostoiévski profeta, nada disso é novidade na seara da recepção do escritor — e Vassoler, a rigor, não endossa tal imagem, em geral mais retórica do que conceitualmente consistente. A diferença é que, ao detectar elementos utópicos ou proféticos em Dostoiévski, ele reivindica "o teor de verdade do conteúdo de suas obras como a articulação de uma filosofia da história". Ou seja, a utopia, em Dostoiévski, só permanece sendo um "não-lugar" (conforme o significado da expressão cunhada por Thomas More há 500 anos) porque as condições objetivas para seu acontecer ainda não vieram ao ponto crítico de fusão e transformação — mas elas podem vir, ou fatalmente virão, quando então o hesitante vaticínio de Lukács, ao final de *A teoria do romance,* terá se cumprido: Dostoiévski como Homero ou Dante de um mundo novo, o arauto do momento em que deixamos "o estado da absoluta pecaminosidade" (o pecaminoso, aqui, entendido não em seu significado catequético, mas como dimensão da Queda bíblica que, no plano literário, fez do romance uma "epopeia do mundo abandonado por deus", segundo a fórmula do pensador húngaro).

Ao mesmo tempo, as tais condições objetivas de superação de nosso mundo cindido — que este livro de Vassoler nos convida a enxergar em Dostoiévski — são tudo, menos objetivas: dependem daquilo que ele chama de "cicatrização do espírito", por sua vez uma vivência que pertence à ordem supramundana ou, no mínimo, à esfera da decisão soteriológica ilustrada pela parábola de *O sonho de um homem ridículo.*

A utopia de Dostoiévski seria então realizável *porque* histórica e transcendental *porque* dependente de um voluntarismo espiritual — proposição que coloca Vassoler numa dupla perspectiva: de um lado, materialista-dialética, explicitamente baseada na Teoria Crítica de Adorno; de outro, religiosa, espiritualista ou mesmo espírita, já que um dos autores mobilizados por seu arsenal teórico é ninguém menos do que Allan Kardec.

Essa é outra proposição audaciosa do livro, considerando que o criador do espiritismo não goza de prestígio intelectual nem entre aqueles que leem Dostoiévski em chave estritamente literária, nem entre aqueles que, assimilando o escritor russo ao campo da filosofia da história ou da filosofia da religião, descartam o kardecismo como doutrina e matéria de fé sem ossatura teológica. E fato é que o próprio Dostoiévski faz considerações ambíguas sobre o espiritismo em seu *Diário de um escritor*, no qual há três artigos (datados do ano de 1876) que transitam da sátira à dúvida, mas nos quais ele também ridiculariza aqueles que descartam de modo automático qualquer experiência mística ou de transcendência.

Num livro que dialoga tanto com Hegel, Marx, Lukács e Adorno quanto com teóricos de literatura como (e em primeiro lugar) Mikhail Bakhtin, Vassoler não está colocando a doutrina de Kardec no mesmo registro de decodificação do real, mas no registro de um alargamento do existente que aparece nas cogitações de Dostoiévski e de suas personagens. Trata-se, antes, de localizar na obra do escritor um movimento de negação determinada ora do socialismo (utópico e científico), ora do irracionalismo religioso, para então atingir a superação dialética que opera uma cicatrização das feridas espirituais sem as quais não seria possível fazer triunfar, no tempo da história e do mundo, aquela teleologia teológica que tem como premissa inegociável a dimensão supramundana do homem: "O teor de verdade de igualdade e justiça do socialismo", escreve Vassoler, "é rearticulado com o princípio cristão de eternidade da alma — segundo Dostoiévski, a base substancial para a constituição da eticidade objetiva para além do niilismo que só faz sentenciar que *se Deus não existe, tudo é permitido* —, de modo a que (...) seja possível vislumbrar a filosofia da história como o ímpeto de reconciliação da utopia".

Por aí se vê o quanto a leitura dialética de Dostoiévski proposta por Vassoler não apenas se coloca na esteira daquela mirada que entrevê no escritor um pensador e um filósofo da história como, ao iluminar os conteúdos emancipatórios de sua utopia histórico-transcendental, vai na contramão da imagem de um engajamento reacionário que a ele se atrelou a despeito do caráter revolucionário de seu "romance polifônico". E a menção ao conceito de Mikhail Bakhtin, formulado em *Problemas da poética de Dostoiévski*, para descrever a miríade de vozes que habita os livros do escritor serve aqui para ressaltar o verdadeiro *tour de force* que Vassoler realiza em relação ao teórico russo, num corpo a corpo com as noções bakhtinianas de polifonia e dialogismo.

Pois se, num primeiro momento, a "impossibilidade de criar uma nova totalidade a partir da voz particular de uma determinada personagem" coloca Bakhtin em consonância com Lukács e sua visão do romance dostoievskiano como expressão do colapso histórico do mundo objetivo (no qual seria igualmente impossível atingir uma nova totalidade a partir da perspectiva fragmentada das personagens do escritor), num segundo momento, Vassoler entra em diatribe com Bakhtin e, munido da Teoria Crítica, argumenta que Bakhtin, ao ontologizar ou essencializar a dialogia, proscreve a dimensão temporal (o elemento mesmo dos desenvolvimentos e das transformações dialéticas) e transforma os romances de Dostoiévski em verdadeiras catedrais polifônicas, estáticas no tempo e sem devir histórico. Com isso (e conforme o subtítulo do presente livro) a forma dialógica se transmuta num fetichismo da forma que, na ausência de uma percepção dos movimentos (transcendentais, espirituais) de resistência à reificação existentes em Dostoiévski, oblitera o acesso a seus conteúdos utópicos e emancipadores, dentro de um processo no qual Vassoler — em mais um momento de inflexão polêmica — aproxima o dialogismo de Dostoiévski à dinâmica marxista de alienação do trabalho, fetichização da mercadoria e criação de mais-valia (que se transforma em "menos-valia" no subsolo e na estepe da vida danificada das personagens dostoievskianas).

A reflexão de Vassoler é suficientemente clara, obsessivamente minuciosa, para que suas reviravoltas teóricas fiquem apenas indicadas, sem maior aprofundamento, nesta apresentação de *Dostoiévski e a dialética.* Faltaria ressaltar, entretanto, algo que talvez só o privilégio de conhecer o autor pessoalmente permita perceber nas entrelinhas de sua escrita: uma paixão pela discussão de ideias e uma urgência na leitura de Dostoiévski que colocam suas altercações com leitores e teóricos dostoievskianos no mesmo diapasão das famosas "cenas de conclave" (expressão de Leonid Grossman) em que as personagens do escritor russo defendem pontos de vista como se disso dependesse a salvação do mundo e a redenção de suas almas. Mas creio que mesmo o leitor que não conheça de perto Flávio Ricardo Vassoler poderá sentir, após percorrer as páginas incandescentes deste livro, aquilo que pode ser resumido pelas seguintes palavras: ardor e coragem intelectual.

Manuel da Costa Pinto

As Segunda e Terceira Frentes Bielorrussas irromperam no Leste da Prússia, já território alemão, numa orgia de vingança: 2 milhões de mulheres alemãs seriam estupradas nos meses seguintes. Os soldados russos chegaram a violar mulheres russas recém-libertadas de campos nazistas *[grifo cúmplice de Svidrigáilov, Rogójin, Stavróguin, do homem do subsolo e do homem ridículo]. Ora, você leu Dostoiévski, é claro. Vê como a alma humana é complicada? Então, imagine um homem que lutou de Stalingrado a Belgrado — por milhares de quilômetros de sua própria terra devastada, por cima dos cadáveres de seus camaradas e entes mais queridos. Como pode um homem assim reagir normalmente? E o que há de tão medonho em se divertir com uma mulher depois de tais horrores?*

— Ióssif Vissariónovitch Djugachvili,
também conhecido como Stálin[1]

Eu vi a verdade, eu vi e sei que as pessoas podem ser belas e felizes, sem perder a capacidade de viver na terra. Não quero e não posso acreditar que o mal seja o estado normal dos homens.

— Homem ridículo, *O sonho de um homem ridículo*[2]

---

1. Simon Sebag Montefiore, *Stálin: A corte do tzar Vermelho*. São Paulo: Companhia das Letras, 2006, p. 532.

2. Tradução de Vadim Nikitin. São Paulo: Editora 34, 2003, p. 121 e p. 122.

Preâmbulo

O título deste livro, *Dostoiévski e a dialética: fetichismo da forma, utopia como conteúdo*, procura demonstrar que a análise possui, dialeticamente, duas partes que se entrechocam, dois momentos fundamentais em que a história e suas contradições despontam por meio da imanência da obra dostoievskiana: o fetichismo da forma, a forma como conteúdo histórico reificado, a forma como diagnóstico de época, e a utopia como conteúdo, o conteúdo como filosofia da história, o conteúdo como ímpeto de cicatrização do espírito e reconciliação, o conteúdo como promessa de superação (*Aufhebung*) e síntese. Sobrevoemos, então, os momentos de constituição dialeticamente contraditória deste livro.

A primeira parte (tese), "Dostoiévski e o fetichismo da forma mercadoria", é composta por dois capítulos: "Mediações para a constituição da dialética polifônica de Dostoiévski" (capítulo 1) e "A dialética polifônica de Fiódor Dostoiévski" (capítulo 2).

No capítulo 1, a análise da obra de Dostoiévski nos leva às tensões e às afinidades eletivas que enredam duas vertentes: a polifonia proposta pelo crítico russo Mikhail Bakhtin (1895-1975), em *Problemas da poética de Dostoiévski*, e a dialética materialista, sobretudo a partir da *Teoria estética*, do filósofo alemão Theodor Adorno (1903-1969).

Para a tentativa de totalização das aporias do concerto polifônico, as discussões fomentadas pela disciplina "A Teoria estética de Theodor Adorno", ministrada pelo Prof. Dr. Jorge de Almeida[1], orientador de minha pesquisa de doutorado no Brasil, se mostraram fundamentais. As reflexões adornianas sobre o potencial dialeticamente crítico da obra de arte para apreender, questionar e reconfigurar os sentidos (e os ressentimentos) de seu período histórico e dos conflitos em devir só fizeram insuflar ar redivivo para que pudéssemos voltar a movimentar as insuficiências de *Problemas da poética de Dostoiévski.*

Municiado por tais mediações, o capítulo 2 se propõe, então, a estruturar a dialética polifônica de Dostoiévski, de modo a reaproximar, por analogia, a dialogia da dialética por meio da mimese em relação ao movimento da forma mercadoria, tal como o pensador alemão Karl Marx (1818-1883) o desenvolveu nos primeiros capítulos do volume 1 de *O capital.* Sobretudo a partir de um *close reading* de *Memórias do subsolo*, o movimento do capital (D – M – D') — movimento tautológico que Marx chamou de *sujeito automático* — nos fornecerá os elementos para superar as limitações da polifonia, limitações que Bakhtin, com muita honestidade intelectual, reconhece desde o início de sua obra sobre Dostoiévski. Assim, entenderemos como a totalidade dialética dostoievskiana nos poderá fornecer um diagnóstico niilista de época e como a forma *subterrânea*, por meio de sua constituição imanente, mimetiza e ressignifica a reificação histórico-social que o capitalismo reproduz, de modo que as per-

1. Curso ministrado junto ao Programa de Pós-Graduação em Teoria Literária e Literatura Comparada da Faculdade de Filosofia, Letras e Ciências Humanas da USP entre 22/08/12 e 29/11/12.

sonagens sejam *sujets*, isto é, ao mesmo tempo *sujeitos* e *súditos*, de suas vozes continuamente enforcadas pelas cordas vocais do subsolo.

Nesse sentido, podemos dizer que a primeira parte deste livro, ao aproximar a polifonia da Teoria Crítica e Bakhtin de Adorno e Marx, estabelece uma leitura que tenta alcançar uma síntese dialética em relação a problemas e questões que são estudados pela fortuna crítica de Dostoiévski desde a publicação da primeira versão de *Problemas da poética de Dostoiévski*, em 1929.

Antes de passarmos à apresentação da segunda parte de nosso trabalho (a antítese), é fundamental frisar que nosso contato com a fortuna crítica dostoievskiana teve início, no Brasil, a partir das obras de Boris Schnaiderman, fundador dos estudos de língua e literatura russa na Faculdade de Filosofia, Letras e Ciências Humanas da USP. Obras como *Dostoiévski: prosa e poesia*[2] e *Turbilhão e Semente: ensaios sobre Dostoiévski e Bakhtin*[3] me fizeram refletir sobre a arquitetura poética de Dostoiévski em estreitíssimo diálogo com as apreensões e aporias bakhtinianas. Ademais, ensaios como "Dostoiévski: a ficção como pensamento"[4] e "Os paradoxos políticos de um gigante do pensamento"[5] e uma entrevista como "Para Boris Schnaiderman, autor é o 'escritor-filósofo por excelência'"[6] me levaram a pensar sobre as relações e contradições en-

---

2. São Paulo: Perspectiva, 1982.

3. São Paulo: Duas Cidades, 1983.

4. In: A. Novaes (Org.), *Artepensamento*. São Paulo: Companhia das Letras, 1994.

5. In: *Caderno 2*, *O Estado de São Paulo*. São Paulo, 26 de março de 2000.

6. In: *Caderno Mais!*, Folha de São Paulo. São Paulo, 6 de maio de 2001.

volvendo arte e história, ética e estética, literatura e política em Dostoiévski. A partir de Boris Schnaiderman, pude encontrar as obras do professor e tradutor Paulo Bezerra — *Dostoiévski:* Bóbok, *tradução e análise do conto*[7] e "Mundos desdobrados, seres duplicados"[8] —, da professora e tradutora Maria de Fátima Bianchi — *Os caminhos da razão e as tramas secretas do coração: a representação da realidade em* A dócil, *de Dostoiévski*[9], *O "sonhador" de* A senhoria, *de Dostoiévski*[10] e "O domínio do homem pelo homem na novela *A senhoria*, de Dostoiévski"[11] —, do professor e tradutor Bruno Barretto Gomide — *Da estepe à caatinga: o romance russo no Brasil (1887-1936)*[12] e *Antologia do pensamento crítico russo (1802-1901)*[13] — e da professora e tradutora Aurora Fornoni Bernardini — "A longa provação de Dostoiévski"[14], "O grande inquisidor e *Os irmãos Karamázov*"[15], "Questões de forma e modernidade

---

7. São Paulo: Editora 34, 2005.

8. In: *Caderno de literatura e cultura russa: Dostoiévski.* São Paulo: Ateliê Cultural, 2008.

9. Dissertação de mestrado, FFLCH-USP. São Paulo: 2001.

10. Tese de doutorado, FFLCH-USP. São Paulo: 2006.

11. In: *Revista de literatura e cultura russa.* Volume 2, número 2. São Paulo: 2013, pp. 35-54.

12. São Paulo: Edusp, 2011.

13. São Paulo: Editora 34, 2013.

14. Resenha da obra: Dostoiévski, Fiódor. *Recordações da casa dos mortos.* São Paulo: Nova Alexandria, 2006.

15. In: Novinsky, A. W.; Carneiro, M. L. T. (Orgs.). *Inquisição: ensaios sobre mentalidade, heresias e arte.* São Paulo: USP/Expressão e Cultura, 1992, pp. 682-691.

em Gógol e Dostoiévski"[16] e "Dostoiévski: criação, poesia e crítica"[17].

No exterior, o contato com a fortuna crítica dostoievskiana se deu, sobretudo, a partir da leitura de todos os volumes da revista *Dostoevsky Studies*, periódico da International Dostoevsky Society, publicados desde 1980 — às vésperas, portanto, do centenário da morte do escritor russo (1981) — até 2014. Autores como Birgit Harress, Carol Apollonio, Deborah Martinsen, Gary Saul Morson, Gerald J. Sabo, Igor Vólguin, Joseph Frank, Karen Stepânian, Lyudmila Parts, Michael Holquist, Michael Katz, Predrag Cicovacki, René Wellek, Robert Bird, Robert L. Belknap, Robert Louis-Jackson, Robin Feuer Miller, Rudolf Neuhäuser, Sophie Ollivier, Steven Cassedy, Susan McReynolds, Victor Terras, Zsuzsanna Bjørn Andersen, entre outros, são presenças ubíquas em nossas discussões. Se quisermos utilizar uma imagem bastante cara a este livro, os autores que orbitam ao redor da *Dostoevsky Studies* nos ajudaram sobremaneira a escavar as galerias do subsolo dostoievskiano.

Entre os autores que participam das discussões da revista *Dostoevsky Studies*, enfatizo o contato que mantive com a Prof.ª Dr.ª Susan McReynolds, docente do Departamento de Línguas e Literaturas Eslavas da *Northwestern University*, em Evanston, nos Estados Unidos, durante o período em que realizei meu doutorado sanduíche sob sua orientação — de setembro de 2014 a agosto de 2015. Membro do conselho editorial da *Dostoevsky Stu-*

---

16. In: Mutran, M. H. e Chiampi, I. (orgs), *A questão da modernidade*. Caderno 1, Departamento de Letras Modernas, FFLCH/USP, 1993.

17. In: *Caderno de literatura e cultura russa: Dostoiévski*. São Paulo: Ateliê Cultural, 2008.

dies, ex-presidente da North American Dostoevsky Society e ex-secretária executiva da International Dostoevsky Society, a Prof.ª Dr.ª Susan McReynolds me trouxe prolíficas recomendações tanto nos cursos que ministrou e dos quais fui monitor — *Russian Prose of the Nineteenth Century* (de setembro a novembro de 2014), *Dostoevsky's* Crime and Punishment (de janeiro a março de 2015) e *Russian Prose of Late Nineteenth and Early Twentieth Centuries* (de abril a junho de 2015) — quanto em nossas reuniões de orientação.

Passemos, então, à apresentação da segunda parte (antítese), "O conteúdo em Dostoiévski como a cicatrização do espírito rumo à utopia?", que é composta por três capítulos: "O prenúncio da teologia como teleologia — e da teleologia como teologia" (capítulo 3), "Sermão da Estepe: Ivan Karamázov e a filosofia dostoievskiana da história" (capítulo 4) e "A utopia como cicatrização do espírito" (capítulo 5).

Se, na primeira parte do livro, procuramos apresentar Dostoiévski como um leitor fundamental da reificação das relações humanas por meio do movimento da forma subterrânea em estreita conexão com o conteúdo precipitado historicamente pelo fetichismo da mercadoria, na segunda parte procuramos estruturar a filosofia da história que transpassa a obra do escritor russo, filosofia da história que procura superar, dialeticamente, a máxima atribuída a Ivan Karamázov, personagem crucial de *Os irmãos Karamázov*: "se Deus não existe, tudo é permitido". Trata-se de uma segunda tomada de posição deste livro em face da fortuna crítica de Dostoiévski, tomada de posição que procura apreender as tensões e contiguidades dialéticas de vozes dostoievskianas cruciais, tais como teísmo e ateísmo, socialismo e cristianismo, niilismo e redenção. Assim, podemos dizer que a dialética poético-histórica que movimenta a obra de Dostoiévski se comunica tanto à estruturação deste livro como um todo contraditório quanto às minhas tomadas de posição como pesquisador.

No capítulo 3, os diálogos dostoievskianos envolvendo as tensões e afinidades eletivas entre socialismo e cristianismo nos fazem correlacionar as discussões estabelecidas em *Recordações da casa dos mortos*, *Notas de inverno sobre impressões de verão*, *Memórias do subsolo*, *Crime e castigo*, *O idiota* e *Os demônios*. Começamos, de tal forma, a pavimentar o caminho que nos fará entender como a teleologia historicamente dialética pode se imbricar com a teologia em meio à obra de Dostoiévski.

O capítulo 4, por sua vez, apresenta a análise de dois capítulos fundamentais de *Os irmãos Karamázov*: "A revolta" e "O grande inquisidor". A meu ver, tais capítulos podem ser considerados uma grande síntese das reflexões de Dostoiévski sobre as (im)possibilidades de redenção utópica da história, a (in)existência de Deus e a reconciliação entre imanência e transcendência. Trata-se de entender como Dostoiévski compreendia o movimento que faz com que o Sermão da Montanha, proferido por Jesus Cristo, possa descer até a estepe da história humana para fazer com que o oferecimento da outra face seja o norte quintessencial para a cicatrização do espírito.

Assim, no quinto e último capítulo — algo como um prenúncio de síntese histórica a dialogar com a máxima de que a arte, a resvalar a utopia, é uma promessa de felicidade —, analisamos o conto "O sonho de um homem ridículo" como a descida da montanha transcendental até a estepe imanente da história a partir de dois diálogos fundamentais: o primeiro se dá com a *Filosofia da História*, do filósofo alemão Georg Wilhelm Friedrich Hegel (1770-1831), precisamente a partir do conceito de cicatrização do espírito, isto é, por meio da noção de que a racionalidade histórica, em seu movimento dialético e astucioso, tem o potencial de promover novas (e dolorosas) sínteses a partir de rupturas e cisões — algo que, segundo Hegel (e Dostoiévski), a percepção que se atém apenas ao caráter insuportável do sofrimento não conseguiria apreender.

A influência de Hegel sobre Dostoiévski — em termos mais globais, a influência do idealismo alemão sobre a literatura e o pensamento russos oitocentistas — é enfatizada por Susan McReynolds (2002), para quem

> os estudiososos de Dostoiévski concordam que o escritor alcançou a maturidade intelectual em um ambiente envolto pelas ideias de Kant, Schelling e Hegel; independentemente, então, dos textos que ele leu, as ideias de tais filósofos permeiam a sua arte e o seu pensamento. A filosofia alemã frequentemente chegava a Dostoiévski por meio de suas relações com intelectuais russos, como Vissarion Bielínski, que dominava boa parte dos textos originais (p. 94).

O segundo diálogo fundamental — diálogo derivado da dialética envolvendo Hegel e Dostoiévski — se dá com o educador francês Hippolyte Léon Denizard Rivail (1804-1869), mais conhecido como Allan Kardec, o codificador da doutrina espírita. Coube primeiramente a Rudolf Neuhäuser, professor da Universidade de Klagenfurt, na Áustria, apresentar as influências que o espiritismo, Kardec e autores correlatos podem ter exercido sobre o escritor russo, no artigo "'O sonho de um homem ridículo': topicalidade como um dispositivo literário", publicado na edição de 1993 da revista *Dostoevsky Studies*[18], artigo com o qual estabeleceremos extensas discussões. Vale dizer, então, que, com a aproximação de Dostoiévski e Kardec mediada tanto por Neuhäuser quanto pelo diálogo precípuo com a dialética hegeliana, esta pesquisa estabelece outro posicionamento diferencial em relação a autores da fortuna crítica dostoievskiana como Nikolai Berdiaev, Karen Stepânian, Gerald J. Sabo, entre outros, que tendem a situar o escritor russo nos limites estritos da teologia ortodoxa. A cicatrização do espírito sobre a qual Hegel e Dostoiévski discorreram, a meu ver, tem o potencial de sondar aspectos do além-mundo que, conforme discutiremos, aproximam a viagem intergaláctica e transcendental do homem ridículo das reflexões de Kardec.

Sem mais, comecemos a escavar o subsolo dostoievskiano, tendo sempre em mente a admoestação que Bakhtin auscultou diante da esfinge de Dostoiévski: "Parece que todo aquele que penetra no labirinto do romance polifônico não consegue encontrar a saída e, obstaculizado por vozes particulares, não percebe o todo" (BAKHTIN, 2008, p. 51). Se o todo é o dialeticamente falso e estilhaçado, isto é, se o todo é o movimento que, por meio de suas fraturas e escombros, tem o ímpeto pela reconciliação rumo a uma totalidade verdadeira, a promessa de felicidade da utopia deve se precaver contra o canto de Circe das personagens dostoievskianas. Se a razão já pôde vislumbrar paragens para além do fetichismo e da reificação, o homem do subsolo, representante-mor das personagens dostoievskianas, bem poderia sentenciar: a

---

18. "The Dream of a Ridiculous Man: Topicality as a Literary Device". New Series. Volume 1, Number 2. Sem menção a lugar. Charles Schlacks, Jr., Publisher, 1993, pp. 175-190.

promessa de reconciliação, se é o que há de vir, até hoje desponta como o que ainda não veio.

Tese

Dostoiévski e o fetichismo da forma mercadoria

Parece que todo aquele que penetra no labirinto do romance polifônico não consegue encontrar a saída e, obstaculizado por vozes particulares, não percebe o todo.

— Mikhail Bakhtin, *Problemas da poética de Dostoiévski*[19]

Quanto mais consciência eu tinha do bem e de tudo o que é "belo e sublime", tanto mais me afundava em meu lodo e tanto mais capaz me tornava de imergir nele por completo. Porém, o traço principal estava em que tudo isso parecia ocorrer-me não como que por acaso, mas como algo que tinha de ser. (...) Chegava a ponto de sentir certo prazerzinho secreto, anormal, ignobilzinho quando às vezes, em alguma horrível noite de Petersburgo, regressava ao meu cantinho e me punha a lembrar com esforço que, naquele dia, tornara a cometer uma ignomínia e que era impossível voltar atrás. Remordia-me então em segredo, dilacerava-me, rasgava--me e sugava-me, até que o amargor se transformasse, finalmente, em certa doçura vil, maldita e, depois, num prazer sério, decisivo! Sim, num prazer, num prazer! (...) O prazer provinha justamente da consciência demasiado viva que eu tinha da minha própria degradação; vinha da sensação que experimentava de ter chegado ao derradeiro limite; de sentir que, embora isso seja ruim, não pode ser de outro modo; de que não há outra saída; de que a pessoa nunca mais será diferente, pois, ainda que nos sobrassem tempo e fé para isto, certamente não teríamos vontade de fazê-lo e, mesmo se quiséssemos, nada faríamos neste sentido, mesmo porque em que nos transformaríamos?

— Homem do subsolo, *Memórias do subsolo*[20]

O reflexo religioso do mundo real somente pode desaparecer quando as circunstâncias cotidianas da vida prática reapresentarem para os homens relações transparentes e racionais entre si e com a natureza. A figura do processo social da vida, isto é, do processo da produção material, apenas se desprenderá do seu místico véu nebuloso quando, como produto de homens livremente socializados, ela ficar sob seu controle consciente e planejado. Para tanto, porém, se requer uma base material da sociedade ou uma série de condições materiais de existência, que, por sua vez, são o produto natural de uma evolução histórica longa e penosa.

— Karl Marx, *O capital*[21]

---

19. Tradução de Paulo Bezerra. Rio de Janeiro: Forense Universitária, 2008, p. 51.

20. Tradução de Boris Schnaiderman. São Paulo: Editora 34, 2004, p. 19; pp. 19-20; p. 20.

21. Tradução de Flávio Kothe. São Paulo: Nova Cultural, 1998, p. 76.

Capítulo 1

Mediações para a constituição da dialética polifônica de Fiódor Dostoiévski

1.1. INTRODUÇÃO

É de conhecimento geral dos estudiosos de Fiódor Dostoiévski que a obra *Problemas da poética de Dostoiévski*, de Mikhail Bakhtin, é reconhecida como um dos mais importantes trabalhos sobre o escritor russo. Conforme veremos ao longo deste capítulo, até mesmo críticos de tendências diferentes como René Wellek e Paul de Man reconhecem que a dialogia e a polifonia erigidas por Bakhtin são conceitos fundamentais que emanam da poética de Dostoiévski.

A dialogia pode ser entendida como a identidade relacional das personagens, de modo que não haja egos e vozes delimitados sem a existência da alteridade. As vozes das personagens de Dostoiévski sempre pressupõem a existência e o contraponto do outro, o que significa que, para Bakhtin, a dialogia está relacionada tanto com a coexistência quanto com a equipolência. A coexistência se refere à nossa condição dialógica, ela se refere à noção de que, em termos ontológicos, o eu só consegue pensar sobre o mundo porque ele ou ela se comunica, porque nós existimos juntos, porque a possibilidade de dizer *eu* pressupõe a *nossa* existência. A equipolência é o desdobramento da condição dialógica: uma vez que não há um ego sem a existência do outro, a alteridade não é apenas oposta à minha existência como uma diferença e um contraponto, mas ela é parte de mim mesmo, o que implica uma existência equipolente e ética das vozes para a expressão da identidade relacional do ego.

A partir do concerto de vozes dialógicas, Bakhtin tenta estabelecer a totalidade polifônica de Dostoiévski. Mas as noções de coexistência e equipolência que, em Bakhtin, são derivadas da dialogia, implicam uma liberdade determinada e inusitada para as personagens de Dostoiévski. A liberdade das personagens é determinada, relativa e não absoluta, uma vez que Bakhtin está lidando com as noções de totalidade poética e plano autoral. A liberdade determinada e relativa permite que as partes contradigam o todo, como se as vozes pudessem até mesmo falar contra o autor. Mas, como Bakhtin considera a noção de plano autoral um aspecto fundamental da poética de Dostoiévski, uma importante aporia vem à tona: como a liberdade dialógica, determinada, relativa e potencialmente centrífuga das personagens poderia coexistir com o plano autoral aglutinador e centrípeto sem estilhaçar a possibilidade de uma totalidade poética, isto é, sem trazer a contradição para o seio do sistema polifônico de Dostoiévski?

As realizações de Bakhtin se tornaram incontroversas — e até mesmo dogmáticas — entre os críticos e os leitores de Dostoiévski. Tal aceitação do teor de verdade das análises de Bakhtin é deveras merecida, já que a noção de dialogia de fato ilumina as obras de Dostoiévski. No entanto, a aceitação universal da dialogia e da polifonia como conceitos centrais da poética de Dostoiévski tende a obscurecer algumas dimensões da arte do escritor, uma vez que Bakhtin, com grande honestidade intelectual, reconhece logo no início de seu livro que *Problemas da poética de Dostoiévski* "não tem a pretensão de atingir a plenitude na abordagem dos problemas levantados, sobretudo questões complexas como o problema do romance polifônico *integral*" (2008, p. 2).

Neste momento, é possível mencionar a ideia central deste capítulo: um diálogo entre Mikhail Bakhtin e a Teoria Crítica como um caminho a conduzir da dialogia e da polifonia à dialética de Dostoiévski. A chamada Teoria Crítica, posteriormente conhecida como Escola de Frankfurt, foi fundada no início da década de 1930 e buscou estabelecer uma crítica multidisciplinar à dinâmica entre cultura, política e sociedade no contexto europeu e norte-americano da sociedade industrial. A partir de bases filosóficas e sociológicas relacionadas à dialética de Hegel e Marx — e também por meio de um forte diálogo com a psicanálise —, um dos principais propósitos da Teoria Crítica era explicar a reprodução do capitalismo tardio por meio da sociedade totalmente administrada e analisar as contradições que os movimentos emancipatórios enfrentavam para superar a reificação social. Desde o início, Theodor Adorno e Max Horkheimer, os principais intelectuais da Escola de Frankfurt, se mostraram profundamente críticos tanto em relação ao Terceiro Reich quanto em relação à União Soviética como sociedades antípodas porém igualmente totalitárias. Mas, na *Dialética do Esclarecimento* (1944), Adorno e Horkheimer analisaram o surgimento de Hollywood, a indústria cultural norte-americana, como o mecanismo totalitário e ideológico do capitalismo tardio para implementar a administração social em meio à (e contra a) democracia[1]. A crítica à arte reduzida e reproduzida como mercadoria levou a Teoria Crítica a analisar o teor verdadeiro e emancipatório das obras de modo a expressar as contradições que a modernidade capitalista traz à luz. É neste momento que as análises dialéticas e estéticas da Teoria Crítica — especialmente a *Teoria estética* e outros ensaios de Theodor Adorno com os quais discutiremos ao longo deste capítulo — estabelecem diálogos com a poética de Dostoiévski. Eu reconheço que tal percuso de análise não é muito comum entre os estudiosos do escritor russo, uma vez que György Lukács[2], Theodor Adorno e Max Horkheimer não são leitores comumente associados à fortuna crítica de Dostoiévski, mas o propósito deste capítulo é estabelecer que a dialética e o movimento da contradição podem iluminar alguns problemas e aporias que se encontram no âmago da dialogia e da polifonia de Bakhtin, de modo a que possamos melhor compreender a poética de Dostoiévski.

---

1. Para estudos clássicos e detalhados sobre a Escola de Frankfurt, conferir Rolf Wiggershaus, *The Frankfurt School: Its History, Theories, and Political Significance.* Cambridge: The MIT Press, 1995, e Martin Jay, *The Dialectical Imagination: A History of the Frankfurt School and the Institute of Social Research, 1923-1950.* Oakland: University of California Press, 1996.

2. Lukács não estava diretamente vinculado à Escola de Frankfurt, mas a sua *Teoria do romance* (1914-15) é deveras importante tanto para Adorno e Horkheimer quanto para os conceitos desenvolvidos ao longo deste capítulo. A *Teoria do romance* termina com uma proposta de analisar a obra de Dostoiévski em um novo livro, algo que Lukács não fez porque, no momento em que o autor ia dar início a seu trabalho, a Revolução Russa irrompe e, então, todo o seu entusiasmo se volta para o novo movimento.

Conforme veremos ao longo deste capítulo, as colisões entre as partes dialógicas — as altercações entre as personagens e as altercações dentro de uma mesma personagem com vozes múltiplas e contraditórias — são recorrentes em meio à poética de Dostoiévski. Mas, então, as aporias de Bakhtin nos trazem questões mais complexas: como é possível reconciliar a tensão das partes com o plano autoral da totalidade sem levar a própria noção de totalidade a um colapso diante da liberdade determinada e relativa das personagens, liberdade que tende a contradizer o plano autoral e a poética como um todo? O que impediria essas personagens dialógicas e relativamente autônomas de constituir universos centrífugos e monadológicos que apenas orbitariam ao redor de si mesmos? Como essas constelações particulares de personagens se articulariam em um movimento centrípeto com o universo total das obras?

À luz da dificuldade que a dialogia bakhtiniana apresenta para superar tais contradições, nós poderíamos adaptar a primeira frase do *Manifesto comunista*, de Marx e Friedrich Engels, para dizer que um espectro ronda Bakhtin, o espectro da Teoria Crítica com sua crítica dialética à teoria tradicional. De acordo com Max Horkheimer, "uma exigência fundamental, que todo sistema teórico tem que satisfazer, consiste em estarem todas as partes conectadas ininterruptamente e livres de contradição" (1980b, p. 118). Em termos bastante gerais, de acordo com a crítica de Adorno e Horkheimer, a teoria tradicional se baseia em uma lógica sistêmica, em meio à qual as partes são hierarquicamente relacionadas e dispostas para a formação do todo[3]. Apesar do fato de Bakhtin ter feito muitos avanços com sua tentativa de estabelecer a dialogia como a base de uma totalidade polifônica, a meu ver, se quisermos estabelecer a trajetória que poderá guiar as aporias de Bakhtin das vozes dialógicas à totalidade como um concerto polifônico, o universo epistemológico e ideológico de Bakhtin relacionado à teoria tradicional e sistêmica não nos poderá ajudar. Eu tentarei desenvolver esta análise cujas contradições Bakhtin não pôde expressar, mas cujo caminho o crítico russo talvez não tenha percorrido por causa do contexto político e repressivo da União Soviética e da distância prudente que Bakhtin precisou manter em relação à dialética e ao movimento da contradição, as chaves essenciais que a Teoria Crítica nos fornece para superarmos as aporias da poética polifônica de Dostoiévski.

1.2. O CAMINHO ATRAVÉS DAS APORIAS DIALÓGICO-POLIFÔNICAS DE MIKHAIL BAKHTIN

Para começarmos a trilhar o caminho através das aporias da dialogia e da polifonia de Bakhthin, é importante notar como autores de diferentes perspectivas teóricas reconhecem o mérito das análises de Bakhtin e dialogam com sua teoria poética sobre Dostoiévski.

---

3. A crítica dialética à teoria tradicional será propriamente desenvolvida, ao longo deste capítulo, como os limites dos pressupostos epistemológicos e ideológicos de Bakhtin. Para discussões mais detalhadas sobre a crítica à teoria tradicional propriamente dita, conferir *Dialética do Esclarecimento*. Rio de Janeiro: Jorge Zahar Editor, 1985; Max Horkheimer. "Conceito de Esclarecimento". In: *Os pensadores*. São Paulo: Abril Cultural, 1980b, pp. 89-116; "Teoria Tradicional, Teoria Crítica". In: *Idem*, pp. 116-154; "Filosofia e Teoria Crítica". In: *Idem*, pp. 155-161.

René Wellek, um importante representante do *New Criticism*, reconhece a importância de *Problemas da poética de Dostoiévski* para a compreensão da obra do escritor russo:

> *Problemas da poética de Dostoiévski*, de Mikhail Bakhtin, é considerado, com justiça, um dos livros mais estimulantes e originais da vasta literatura sobre Dostoiévski. (...) Bakhtin afirma que Dostoiévski criou um tipo de romance totalmente novo, romance que o crítico chama de "polifônico": um tipo literário formado por vozes independentes que são completamente iguais, se tornam sujeitos de si mesmas e não obedecem à posição ideológica do autor (1980, p. 31).

Wolf Schmid, um autor que se relaciona tanto com a eslavística quanto com os estudos de narratologia, também reconhece a importância de Bakhtin para os estudos sobre Dostoiévski e discute seus fundamentos:

> A técnica perspectivista de Dostoiévski está relativamente bem pesquisada. Agradecemos a Bakhtin e a seus seguidores pelas profundas análises a respeito das relações realmente tensas entre as instâncias narrativas e suas vozes. (...) A descoberta de Bakhtin afirma: a palavra na obra de Dostoiévski, considerando-se seus diferentes níveis de utilização — tanto como figuras de linguagem quanto como o texto do narrador — é profundamente "dialógica". (...) De acordo com Bakhtin, o dialogismo implica uma tensão entre duas importantes posições, as quais manifestam seus discursos simultaneamente (2002, p. 65).

Michael Holquist, renomado estudioso da obra de Dostoiévski, afirma que Mikhail Bakhtin apreende Fiódor Dostoiévski como o autor que, ao erigir o romance polifônico, rompe com e supera as categorias do monologismo artístico.

> O autor de um romance pode manipular o outro não apenas como um outro, mas como um *sujeito*, um *eu* (*self*). É isso, na verdade, que os grandes escritores sempre fizeram, mas o exemplo paradigmático provém de Dostoiévski, autor que, com alto grau de realização, permite que suas personagens tenham o *status* de um "eu", que pode se contrapor às reivindicações de seu outro autoral. Isso fez com que Bakhtin se sentisse compelido a cunhar o termo especial "polifonia" para descrever o fenômeno (1990, p. 34).

As características da monologia diriam respeito à estruturação estático-sistêmica dos elementos do todo em função do autor como eminência parda – tendência que a Teoria Crítica chamaria de teoria tradicional. As partes seriam imbricadas tendo em vista uma construção hierárquica que transformaria as personagens em extensões da visão autoral. Em oposição a tal perspectiva, Paul de Man, autor relacionado ao desconstrucionismo, afirma, em diálogo com Bakhtin, que

> as personagens de Dostoiévski não são vozes da identidade autoral, mas vozes da alteridade radical. Isso não ocorre pelo fato de, diferentemente de Dostoiévski, as vozes serem ficcionais, mas porque a alteridade *é* a realidade delas. O princípio de realidade coincide com o princípio da alteridade (1989, p. 109).

Se mencionarmos as próprias palavras de Bakhtin, é possível dizer que, em meio ao plano artístico de Dostoiévski, "suas personagens principais *são*, em realidade, *não apenas objetos do discurso do autor, mas os próprios sujeitos desse discurso diretamente significante*" [grifos do autor] (2008, p. 5). O crítico russo estabelece a primazia da polifonia, de modo que Dostoiévski possa ser apreendido a partir de seus próprios princípios poéticos, uma vez que a monologia artística não conseguiria entender o trabalho do escritor:

> Do ponto de vista de uma visão monológica coerente e da concepção do mundo representado e do cânone monológico da construção do romance, o mundo de Dostoiévski pode afigurar-se um caos, e a construção dos seus romances, algum conglomerado de matérias estranhas e princípios incompatíveis de formalização. Só à luz da meta artística central de Dostoiévski por nós formulada podem tornar-se compreensíveis a profunda organicidade, a coerência e a integridade de sua poética (BAKHTIN, 2008, p. 6).

Dessa maneira, podemos ver a incomum unanimidade ao redor de Bakhtin e suas análises, uma vez que Wellek, Schmid, Holquist e De Man estão vinculados a perspectivas teóricas muito diferentes. Mas essa concordância pode obscurecer algumas aporias muito importantes que estão no âmago da análise de Bakhtin sobre Dostoiévski. A partir de agora, revisaremos a dialogia e a polifonia de Bakhtin a fim de descobrir seus potenciais e limites para explicar a poética de Dostoiévski. Assim, é importante apresentar algumas questões para que vejamos alguns princípios que, a meu ver, não foram suficientemente desenvolvidos por Bakhtin, tais como: em que consistiria o plano artístico do escritor? Sobre quais bases Bakhtin assenta *Problemas da poética de Dostoiévski?*

Nossa revisão começa com a configuração dialógica da personagem. De acordo com Bakhtin, a dialogia pressupõe a horizontalidade das vozes, sua equipolência.

> Uma poética dialógica deve ser capaz, antes de mais nada, de identificar e correlacionar as relações entre os pontos de vista; ela deve ser adequada à complexa arquitetura que enforma o ponto de vista do autor sobre suas personagens, o ponto de

vista das personagens sobre o autor e, ademais, o ponto de vista de cada uma dessas instâncias sobre si mesmas (HOLQUIST, 1990, p. 162).

Bakhtin elenca uma miríade de exemplos extraídos das obras dostoievskianas para demonstrar como a voz narrativa não apenas se estrutura em função do outro, mas, em sua própria articulação, já pressupõe a alteridade como réplica e, no limite, altercação. Assim, o homem do subsolo, protagonista (e paradoxalista) das *Memórias do subsolo*, sempre se dirige a leitores pressupostos que ora são desprezados e (quase) preteridos, ora fazem com que o narrador-personagem quase se cale diante da pequenez que sente por conta da onipresença alheia. Eis um fragmento-síntese da dubiedade (e da duplicidade) identitária do homem do subsolo:

> Tenho, por exemplo, um terrível amor-próprio. Sou desconfiado e me ofendo com facilidade, como um corcunda ou um anão, mas, realmente, tive momentos tais que, se me acontecesse receber um bofetão, talvez até me alegrasse com o fato. (...) Eu vos inquieto, faço-vos mal ao coração, não deixo ninguém dormir. Pois não durmais, senti vós também, a todo instante, que estou com dor de dentes. Para vós, eu já não sou o herói, que anteriormente quis parecer, mas simplesmente um homem ruinzinho, um *chenapan* (DOSTOIÉVSKI, 2000a, p. 20; p. 27).

O homem do subsolo, como personagem dostoievskiana paradigmática nesse sentido, congrega em seu devir a voz do eu-outro em sua própria trajetória relacional. Se observarmos as demais obras do escritor pelo prisma dialógico, veremos que a unidade múltipla do homem do subsolo é im/explodida para que mais personagens venham à tona a partir do caráter relacional de suas vozes.

Pensemos, por exemplo, no par Raskólnikov e Svidrigáilov, de *Crime e castigo*. Ambos germinaram em meio à erosão moderna que solapa Deus e o decálogo de Moisés como princípios inquestionáveis e basilares. O pobretão e, portanto, ex-estudante de Direito Raskólnikov quer verificar na práxis se consegue suplantar o *não matarás* para lançar mão de seus projetos de reforma da humanidade. Svidrigáilov, aristocrata lascivo, entrevê possibilidades (ou melhor, aventuras) algo distintas (e mais luxuriosas) a partir do esfacelamento da instância moral: o estupro, a extorsão e a pedofilia. É bem verdade que os homicídios de Raskólnikov e as perversões de Svidrigáilov são empiricamente distintos, mas o caráter relacional das infrações eclode a partir da mesma aporia historicamente configurada. Nos diálogos limítrofes entre Raskólnikov e Svidrigáilov, cujo alvo da extorsão libidinal fora ninguém menos que Avdótia Románovna, *a irmã de Raskólnikov*, os leitores sentimos o quanto a intelecção e as decisões de ambos estão entrelaçadas de modo que a dualidade das personagens nos remeta à unidade primordial da crise. Dostoiévski nos faz refletir, subterraneamente, sobre os matizes de classe diversos das duas personagens: Raskólnikov, intelectual filho da *cisão* (*raskol*) de classe, lança mão do assassínio da velha usurária para quem empenhara seus últimos pertences como que a fazer terra arrasada da sociedade que não o incluía, ao passo que o senhorial Svidrigáilov percorre o corredor polonês do desejo como que a referendar o prazer do ego abastado contra as serviçais que se irmanam a Raskólnikov. O pobre (se) aniquila, o rico referenda, mas ambas as "transvalorações" partem da mesma vacuidade divina que agora arremessa os órfãos uns contra os outros sem que nada possa refreá-los.

Agora nós podemos dar início à aproximação entre Mikhail Bakhtin e a Teoria Crítica como uma mediação que nos levará da dialogia e da polifonia à dialética. Comecemos com uma comparação entre a noção dialógica de identidade para Bakhtin e a crítica de Adorno e Horkheimer ao ego burguês. De acordo com Michael Holquist, "a dialogia [milita] tanto contra a monologia, a ilusão de corpos hermeticamente fechados em si mesmos ou psiques isoladas em meio ao individualismo burguês, quanto contra a noção de identidades estanques e estáticas" (1990, p. 90). Verdadeiras encarnações de crises e ideias (ideias em crise), as personagens dostoievskianas — e os leitores projetados e pressupostos — não se estruturariam como vozes solipsistas, como "os muros sem janelas das mônadas de suas próprias pessoas" (ADORNO e HORKHEIMER, 1985, p. 178), "como se o indivíduo pudesse realizar o seu destino com suas emoções e sentimentos, como se a interioridade do indivíduo ainda pudesse fazer algo sem mediação [social]" (ADORNO, 1980, p. 270). Nestes fragmentos, Adorno e Horkheimer não estão lendo Dostoiévski, mas suas noções são muito próximas à lógica bakhtiniana que apreende as personagens dostoievskianas como fluxos relacionais, vozes recíprocas de um concerto.

O problema com a dialogia começa, a meu ver, com uma importante contradição: como o diálogo equipolente é uma estrutura essencial para a constituição da identidade das personagens, ele não pode ser considerado um elemento contingente da poética de Dostoiévski. Uma vez que o crítico russo quer estabelecer a coexistência do plano autoral — a noção fundamental de totalidade — com as vozes dialógicas a partir de suas próprias perspectivas, o homem do subsolo, Raskólnikov e Svidrigáilov não são apenas criaturas de Dostoiévski. A voz do autor pode colidir com e ser contradita pelas próprias vozes e ideias de suas personagens. As personagens não são apenas partes cuja soma enforma a poética como uma totalidade sistêmica, já que elas também adquirem uma liberdade determinada e relativa diante do todo ao qual pertencem, fato que estabelece uma relação bastante complexa em meio à totalidade.

> A impressionante independência interior das personagens dostoievskianas foi alcançada através de meios artísticos determinados. Trata-se, antes de mais nada, da liberdade e independência que elas assumem na própria estrutura do romance em relação ao autor, ou melhor, em relação às definições comuns exteriorizantes e conclusivas do autor. Isto, obviamente, não significa que a personagem saia do plano do autor. Não, essa independência e liberdade integram justamente o plano do autor. Esse plano como que determina de antemão a personagem para a liberdade (relativa, evidentemente) e a introduz como tal no plano rigoroso e calculado do todo (BAKHTIN, 2008, p. 12).

Dois aspectos contraditórios entre si despontam da colocação bakhtiniana: a liberdade determinada das personagens e sua relação com o *plano rigoroso e calculado do todo*, plano que nos leva à instância autoral que as vozes das personagens chegam a interpelar. Conforme já vimos, a colisão entre as partes dialógicas — a altercação entre as personagens e a altercação dentro de uma mesma personagem com vozes múltiplas e contraditórias — é algo recorrente em meio à poética de Dostoiévski. Mas, então, surge a questão: como conciliar a tensão das partes com o plano autoral sem estilhaçar a própria noção de totalidade em face da liberdade determinada e relativa das personagens que contradiz a poética como um todo? O que impediria essas personagens relativamente autônomas de constituir universos monadológicos e centrífugos que apenas orbitariam ao redor de si mesmos? Como essas constelações particulares de personagens se articulariam com o universo total das obras?

Conforme mencionamos na introdução deste capítulo, para que a dialogia e a polifonia bakhtinianas consigam superar suas aporias, é essencial deixar de lado os pressupostos da teoria tradicional, uma vez que a completude hierárquica e sistêmica não poderia estar mais distante da perspectiva bakhtiniana de conceber a liberdade determinada, relativa e centrífuga das personagens em face de Dostoiévski como a base para uma nova forma literária. No entanto, *enunciar* o surgimento de uma revolução — em outras palavras, *pressupor* uma nova totalidade polifônica sem realizá-la teórica e analiticamente — não é equivalente a estabelecer a dinâmica real da poética de Dostoiévski. De qualquer forma, Bakhtin não estava sozinho ao entrever as aporias da tentativa poética de configurar uma totalidade. Eis que o jovem György Lukács e sua *Teoria do romance* se envolvem com os problemas epocais de modo a perceber que a forma não consegue configurar uma totalidade sem se enredar às aporias históricas.

Uma totalidade simplesmente aceita não é mais dada às formas; eis por que elas têm ou de estreitar e volatilizar aquilo que configuram, a ponto de poder sustentá-lo, ou são compelidas a demonstrar polemicamente a impossibilidade de realizar seu objeto necessário e a nulidade intrínseca do único objeto possível, introduzindo assim no mundo das formas a fragmentariedade da estrutura do mundo. (...) A forma do romance, como nenhuma outra, é uma expressão do desabrigo do transcendental. (...) Com o colapso do mundo objetivo, também o

> sujeito torna-se um fragmento; somente o eu permanece existente, embora também sua existência dilua-se na insubstancialidade do mundo em ruínas criado por ele próprio. Essa subjetividade a tudo quer dar forma e, justamente por isso, consegue espelhar apenas um recorte. (...) Uma unidade pode perfeitamente vir à tona, mas nunca uma verdadeira totalidade (2000, p. 36; pp. 37-38; p. 52; p. 54).

Bakhtin e Lukács constatam a possibilidade (momentânea) de unidade para a constituição do todo formal. No mundo moderno e fragmentado, o sujeito apenas alcança uma unidade contingente. Conforme Lukács afirma, o colapso histórico do mundo objetivo — algo que Dostoiévski interpretaria como uma interpenetração envolvendo a morte de Deus, o relativismo ético e o individualismo capitalista — significa a impossibilidade de uma nova totalidade a partir de uma perspetiva subjetiva, arbitrária e fragmentada, ou, para usarmos as noções de Bakhtin, a impossibilidade de criar uma nova totalidade a partir da voz particular de uma determinada personagem. Assim, a articulação recíproca da personagem dialógica com o concerto polifônico permanece problemática e contraditória. Se Bakhtin considera Dostoiévski o fundador de um novo gênero, é preciso demonstrar *como* a polifonia articula as vozes das personagens sem arregimentá-las, de maneira que a expressão do fragmento não corresponda à sua subsunção com vistas à constituição do todo hierárquico. *Como* Bakhtin poderia superar tal contradição, de maneira que o sistema polifônico, de acordo com suas próprias palavras, viesse a fundar uma nova totalidade *integral?*

Bakhtin apresenta os procedimentos que muitos estudiosos de Dostoiévski utilizam para (tentar) superar a dissonância fundamental do concerto polifônico: eles isolam uma voz ou algumas vozes com suas respectivas ideias e tentam provar que uma abordagem particular pode sintetizar as obras de Dostoiévski. É assim que deparamos com esquerdistas, niilistas, eslavófilos, cristãos, cristãos ortodoxos, ultranacionalistas, existencialistas, irracionalistas etc. a advogar que o *conteúdo* específico de suas vozes sintetiza a totalidade da forma dostoievskiana. Para tais correntes, basta isolar uma determinada tendência como voz hegemônica e submeter toda a miríade restante de ideias ao crivo da ideologia hegemônica. Se Dostoiévski não fosse um escritor dialógico; se Dostoiévski não fosse o escritor cujas aporias dialógicas movem a totalidade poética através de suas contradições, conforme tentaremos demonstrar, os problemas que Bakhtin enfrenta já estariam resolvidos. Ocorre que a honestidade intelectual o impede de apreender Dostoiévski como o fundador de um novo gênero poético a partir da velha noção de sistema legada pela teoria tradicional. Seria necessário, então, abrir mão da sistemática configurada *a priori* para se embrenhar em meio à logicidade outra do material dostoievskiano. Mas como utilizar o conceito de plano artístico se a dialogia das vozes equipolentes não apresentava, em termos imediatos, a articulação das personagens centrífugas com o todo romanesco? Estariam certas, então, as análises monológicas da obra de Dostoiévski, para as quais o escritor havia composto uma verdadeira colcha de retalhos à iminência do completo esgarçamento?[4]

---

4. Para uma leitura de Dostoiévski a partir de parâmetros que não são próprios à sua configuração poética — uma leitura que, portanto, acaba por enquadrar o autor em categorias monológicas que reduzem suas perspectivas criativas —, conferir a análise do escritor russo Vladimir Nabokov. In: Fabio Brazolin Abdulmassih, *Aulas de litera-*

Para muitos críticos vinculados a determinadas nuances ideológicas das obras de Dostoiévski[5], é possível *estancar o movimento* dostoievskiano para dizer, por exemplo, que o amoralismo homicida de Raskólnikov configura o núcleo das tensões. Tal concepção subordina os demais momentos dostoievskianos — as vozes de contraposição — a essa ideia, de maneira que o diálogo é sustado em função de determinada posição. Segundo Bakh-

---

tura russa – F.M. Dostoiévski por V. Nabokov: por que tirar Dostoiévski do pedestal? Dissertação de mestrado, FFLCH-USP. São Paulo: 2010.

5. A seleção de autores e temas em questão pretende apenas apresentar um breve panorama da polissemia dos estudos dostoievskianos em diálogo com a logicidade contraditória da obra do escritor. Para leituras eminentemente religiosas da obra de Dostoiévski, conferir Nikolai Berdiaev, *L'esprit de Dostoïevski.* Paris: Éditions Saint-Michel, 1929; Paul Evdokimov, *L'orthodoxie.* Paris: DDB, 1979; V. Ivanov, *Dostoïevski, tragédie, mythe, religion.* Paris: Éditions des Syrtes, 2000; Karen Stepânian, "*Os irmãos Karamázov:* a hosana de Dostoiévski". In: *Caderno de Literatura e Cultura Russa: Dostoiévski.* São Paulo: Ateliê Editorial, 2008; Natália Arsentieva, "El sueño de un hombre ridículo: el viaje hacia la verdad". In: *Idem*; Luiz Felipe Pondé, *Crítica e profecia: a filosofia da religião em Dostoiévski.* São Paulo: Editora 34, 2003. Para uma leitura que aproxima Dostoiévski da teoria nietzscheana em relação aos questionamentos da moralidade e ao niilismo, conferir Lev Shestov, *Dostoevsky and Nietzsche: The Philosophy of Tragedy.* Ohio: Ohio University Press, 1969. Para apreensões mais voltadas às questões nacionais em Dostoiévski, conferir Igor Volguin, "A devolução do bilhete: paradoxos da autoconsciência nacional". In: *Caderno de Literatura e Cultura Russa: Dostoiévski*; Valentin E. Khálizev, "Ivan Karamázov como mito russo do início do século XX". In: *Idem.* Para apreensões mais voltadas aos problemas da forma dostoievskiana, conferir Leonid Grossman, *Dostoiévski artista.* Rio de Janeiro: Civilização Brasileira, 1967; Paulo Bezerra, "Mundos desdobrados, seres duplicados". In: *Caderno de Literatura e Cultura Russa: Dostoiévski*; Aurora Fornoni Bernardini, "Dostoiévski: criação, poesia e crítica". In: *Idem*; Boris Schnaiderman, *Dostoiévski: prosa e poesia.* São Paulo: Perspectiva, 1982.

tin, tais críticos não percebem que as vozes se configuram como teses sempre à espera das antíteses recíprocas. Assim, ao niilismo de Raskólnikov se contrapõe a abnegação cristã de Sônia Marmieládova, a ex-prostituta que acompanhará o protagonista de *Crime e castigo* à Sibéria para ajudá-lo a expiar suas faltas em busca da completa regeneração. Sônia, por sua vez, não se veria como a síntese absoluta que estancaria o devir. A nova síntese se apresenta, justamente, como uma nova tese a ser denegada por uma antítese subsequente. Se cruzarmos as fronteiras das obras, a voz de Sônia Marmieládova se ouvirá replicada pelo jovem Hippolit (*O idiota*), que se vê emparedado pela natureza ao descobrir que a tuberculose não lhe deixará mais de três semanas de vida. Que poderia a bela abnegação de Sônia fazer diante da doença que coage Hippolit a assistir ao próprio naufrágio?

> Se eu tivesse o poder de não nascer, certamente não aceitaria a existência nessas condições escarnecedoras. Mas eu ainda tenho o poder de morrer, ainda que eu entregue o que já foi composto. Não é grande o poder, tampouco é grande a rebeldia. (...) A natureza limitou a tal ponto minha atividade com as suas três semanas de sentença que o suicídio talvez seja a única coisa que eu ainda tenha tempo de começar e terminar por minha própria vontade. (...) Nós humilhamos demasiadamente a providência, atribuindo-lhe os nossos conceitos, movidos pelo despeito de não podermos compreendê-la. Porém, se ademais é impossível compreendê-la, então, repito, também é difícil responder por aquilo que não é dado ao homem compreender (DOSTOIÉVSKI, 2002, pp. 465-466).

Se continuarmos a acompanhar o movimento interromanesco de teses e antíteses em constante entrechoque, o moribundo Hippolit se verá consolado pelo Príncipe Míchkin, a fusão dostoievskiana de Jesus Cristo e Dom Quixote, até que a bondade avassaladora da encarnação de *o idiota* depare com o protótipo do super-homem, o *demônio* Nikólai Stavróguin, revolucionário niilista e pedófilo que, no ápice do regozijo pela ruptura com a norma, recebe o seguinte conselho do clérigo Tíkhon:

> O desejo de martírio e autossacrifício apodera-se do senhor; domine também esse desejo, desista desses folhetos [revolucionários] e de sua intenção e assim vencerá tudo. Desvele seu orgulho e seu demônio! Acabará triunfando, atingirá a liberdade... (DOSTOIÉVSKI, 2004, pp. 685-686).

Segundo o clérigo Tíkhon, a liberdade redentora alcançaria o *Übermensch* (super-homem) demoníaco, se Stavróguin se entregasse de corpo e alma ao monastério.

A sequência vertiginosa, escatológica e contraditória de teses e antíteses só para por aqui para tentarmos articular o sentido das contraposições para além do entrechoque. Queremos uma visão panorâmica em relação à poética de Dostoiévski para estabelecermos as mediações entre as vozes em diálogo e as cordas vocais que as fazem falar. "Parece que todo aquele que penetra no labirinto do romance polifônico não consegue encontrar a saída e, obstaculizado por vozes particulares, não percebe o todo" (BAKHTIN, 2008, p. 51). Mas, ora, a *enunciação* de que há um todo não significa a sua revelação, assim como o mero ímpeto de se descobrir a saída do labirinto não nos liberta do cárcere. Permanece rediviva, então, a tensão do jovem Lukács, para quem "o romance é a epopeia de uma era para a qual a totalidade extensiva da vida não é mais dada de modo evidente, para a qual a imanência do sentido da vida tornou-se problemática, mas que ainda assim tem por intenção a totalidade" (2000, p. 55).

Em *Sobre a questão judaica*, Marx, lembrando o Hegel do prefácio à *Fenomenologia do Espírito*, traz à tona dois momentos dialéticos que nos podem ajudar a refletir sobre o emparedamento da totalidade pela contradição. "A formulação de uma questão é a sua resolução. (...) Como se resolve uma oposição? Tornando-a impossível" (2010, p. 37). Pensemos: o que está *impossibilitando* a superação da contradição em meio à constituição sistêmica? E mais: se a formulação de uma questão pressupõe toda a articulação do problema, de modo que a resposta deriva sempre da pergunta, é preciso lançar a aporia contra si mesma para torná-la impossível, isto é, para fazê-la mover-se.

Se a história se transfigurou; se a história, mediação imanente para a constituição da forma, se tornou mais contraditória ao relegar o indivíduo ao desterro transcendental e à coação do capitalismo tardio, nós poderíamos perguntar: se o mundo estático e estamental da nobreza feudal se desmanchou no ar, por que a crítica de Dostoiévski precisa lançar mão do sistema hierárquico de modo necessário e inequívoco? Por que Bakhtin deveria prescindir da contradição como se ela fosse um mero erro? Se Bakhtin e Lukács entreviram, a partir da logicidade do material dostoievskiano, que "mundo contingente e indivíduo problemático são realidades mutuamente condicionantes", talvez devamos arremessar "o romance, em contraposição à existência em repouso na forma consumada dos demais gêneros, (...) como algo em devir, como um processo" (LUKÁCS, 2000, p. 79; p. 72). Tal ideia coincide com a seguinte colocação de Michael Holquist (1990):

> A dialogia é uma forma de arquitetura, a ciência geral de ordenação das partes em um todo. Em outras palavras, a arquitetura é a ciência das relações. (...) Ademais, Bakhtin enfatiza que uma relação nunca é estática, mas está sempre em processo de ser feita ou desfeita (p. 29).

Bakhtin tateia pelo novo dostoievskiano, reconhece seus fragmentos, mas não se dá conta de que se trata de escombros, de que a totalidade já não está dada *a priori*, de que é preciso não apenas contemplar os entrechoques das partes (os diálogos), mas descobrir aquilo que os movimenta. No limite da descoberta sobre a totalidade polifônica, Bakhtin recua e volta a pensar em termos de um sistema coeso, quando a dinâmica dostoievskiana demanda a reflexão a contrapelo da *integralidade*.

Eis, então, que a *Teoria estética* de Theodor Adorno insufla ar contraditório no concerto polifônico que não sabe como se estruturar de forma total para sugerir que "a dissonância é a verdade da harmonia" e "a desintegração é a verdade da arte integral" (2012, p. 171; p. 465). No limite, Adorno poderia perguntar a Bakhtin: e se "a arte de elevada pretensão tende a ultrapassar a forma como totalidade e desemboca no fragmentário?" (2012, p. 225). E se o fragmentário insinuar um novo movimento da totalidade para além da tradicional estruturação estática? Integração e desintegração, dissonância e harmonia não seriam momentos que se excluiriam de forma absoluta, mas polos relacionais que se *superariam* por meio da pressuposição recíproca. A integração entraria em ruínas em meio à desintegração para que uma voz redentora caminhasse pelos escombros para insinuar aos humilhados e ofendidos de Dostoiévski que a matéria putrefata não apenas já soergueu casas e memórias como pode, ainda uma vez, voltar a fornecer abrigos. *Contra* a reconciliação, vozes antitéticas que insistem em chafurdar no lodo do sadismo — no limite, no charco da automutilação sadomasoquista — querem convencer as teses positivas de que só é possível se esgueirar pelo subsolo. Assim, ao invés de um todo fulgurante que se eleva como um palácio, a poética de Dostoiévski rastejaria como (e com) o movimento contraditório dos escombros.

Para que possamos estabelecer as devidas mediações que nos levarão aos escombros como síntese do movimento dostoievskiano, precisamos, antes de mais nada, reconstituir a crítica bakhtiniana à dialética para entender por que o crítico russo não totalizou — e/ou não pôde totalizar — o concerto polifônico como quebra da espinha tonal. Então entreveremos os limites da dialogia que hipostasia uma equipolência de vozes (ainda) inexistente em meio à realidade histórica para a apreensão de uma poética da contradição.

1.3. PRESSUPOSTOS DIALÓGICOS PARA O DEVIR DIALÉTICO

Um passo atrás para darmos dois à frente: acompanhemos de forma mais pormenorizada o movimento dialógico que, no limite, se configura como dialogismo velado.

> Imaginemos um diálogo entre duas pessoas no qual foram suprimidas as réplicas do segundo interlocutor, mas de tal forma que o sentido geral não tenha sofrido qualquer perturbação. O segundo interlocutor é invisível, suas palavras estão ausentes, mas deixam profundos vestígios que determinam todas as palavras presentes do primeiro interlocutor. Percebemos que esse diálogo, embora só um fale, é um diálogo sumamente

> tenso, pois cada uma das palavras presentes responde e reage com todas as suas fibras ao interlocutor invisível, sugerindo fora de si, além dos seus limites, a palavra não-pronunciada do outro. (...) Em Dostoiévski esse diálogo velado ocupa posição muito importante e sua elaboração foi sumamente profunda e sutil (BAKHTIN, 2008, p. 226).

Em correlação com a análise bakhtiniana, eis as primeiras palavras do homem do subsolo:

> Sou um homem doente... Um homem mau. Um homem desagradável. Creio que sofro do fígado. Aliás, não entendo níquel da minha doença e não sei, ao certo, do que estou sofrendo. Não me trato e nunca me tratei, embora respeite a medicina e os médicos. Ademais, sou supersticioso ao extremo; bem, ao menos o bastante para respeitar a medicina. (Sou suficientemente instruído para não ter nenhuma superstição, mas sou supersticioso.) Não, se não quero me tratar, é apenas de raiva. Certamente não compreendeis isto (DOSTOIÉVSKI, 2000a, p. 15).

Imaginemos o autonomeado paradoxalista do subsolo sobre um palco — ou melhor, junto a um púlpito. A princípio, suas palavras parecem esgarçar o hedonismo de nossos tempos, já que o narrador subterrâneo vai se flagelando cada vez mais diante dos outros (vós) pressupostos à sua fala. Doente, mau, desagradável. Quando diz que não entende nada sobre sua doença e que não sabe de que sofre, o homem do subsolo se vê bastante diminuído em relação aos interlocutores espectrais. Quando afirma ser supersticioso, então, os leitores esclarecidos tendem a se sentir diante de um bárbaro medieval. Mas eis que, em uma virada irônico-dialética bem própria à personagem cuja trajetória será analisada com minúcia no próximo capítulo, o homem do subsolo revela que seu respeito pela medicina se deve, na verdade, à extrema superstição de sua índole. Ora, como associar a ciência médica à superstição sem zombar, veladamente, dos interlocutores invisíveis que, até então, poderiam se sentir superiores ao irracionalismo do narrador? E para arrematar a virada na queda de braço, o protagonista há pouco néscio se torna "suficientemente instruído" — mais do que os leitores? —, mas, ainda assim, sua superstição aceita a medicina. Ao fim e ao cabo, os interlocutores espectrais não temos a capacidade de entender por que a raiva do homem do subsolo não lhe permite tratar-se — somos, finalmente, rebaixados diante da personagem que a princípio só fazia flagelar-se. O diálogo velado permite ao protagonista, então, "substituir com sua própria voz a voz de outra pessoa" (BAKHTIN, 2008, p. 245), mas, neste momento, descobrimos algumas dificuldades para aceitarmos a pressuposição ética de que as vozes em diálogo são efetivamente equipolentes. Ora, trata-se não de um diálogo constituído de forma liberal, em que as colocações são levadas em consideração com igual valia e força de expressão, mas de um verdadeiro duelo ao longo do qual a suscetibilidade da personagem dostoievskiana estimula e flagela os interlocutores pressupostos. E mais: como os interlocutores são projetados, suas características próprias sequer despontam em meio ao diálogo velado que, nesse sentido, revela seu caráter eminentemente solipsista. Como a (auto)flagelação do homem do subsolo tende a se voltar contra os demais, teríamos que inverter o sinal ético da dialogia bakhtiniana para falar sobre vozes equi-impotentes.

Ao entrever as relações danificadas em meio ao universo ficcional do escritor russo, Bakhtin apreende Dostoiévski como um crítico do capitalismo como a base social e histórica para o individualismo e as aporias éticas. Nesse sentido, vale apresentar a citação a seguir para que desvelemos outro importante aspecto de contradição entre Bakhtin e a Teoria Crítica:

> O capitalismo criou as condições para um tipo especial de consciência permanentemente solitária. Dostoiévski revela toda a falsidade dessa consciência, que se move em um círculo vicioso. Daí a representação dos sofrimentos, das humilhações e do *não-reconhecimento* do homem na sociedade de classes. Tiraram-lhe o reconhecimento e privaram-no do nome. Recolheram-no a uma solidão forçada, que os insubmissos transformaram em uma *solidão altiva* (passar sem o reconhecimento, sem os outros) (BAKHTIN, 2008, p. 323).

Bakhtin bem reconhece os fundamentos histórico-sociais da egolatria mutilada das personagens dostoievskianas. Sendo assim, é importante perguntar: como *partir* de uma ontologia dialógica se o capitalismo faz a equipolência das vozes regredir a uma nova versão da guerra de todos contra todos? A Teoria Crítica, nosso par dialógico que tenta superar as aporias bakhtinianas, sugere que, talvez, "o interesse pela totalidade estética quisesse objetivamente ser o interesse por uma organização adequada da totalidade" (ADORNO, 2012, p. 27). Mas como bem sabem o jovem Lukács e a Teoria Crítica a acompanhar o negativo historicamente configurado, "toda tentativa de configurar o utópico como existente acaba apenas por destruir a forma sem criar realidade" (LUKÁCS, 2000, p. 160).

Como consideramos a história o fundamento e a dinâmica das ideias e da criação artística, não podemos deixar de observar o contexto de publicação e disseminação de *Problemas da poética de Dostoiévski*. "O desejo compreensível e quase instintivo de não ser tão explícito ao escrever para o público soviético" (MORSON, 1986, p. 83): os intelectuais estavam efetivamente premidos pela política do Partido a ditar os rumos daquilo que poderia ou não ser discutido. Além disso, os desdobramentos da União Soviética poderiam sugerir a Bakhtin concepções ambíguas sobre o devir da dialogia. Por um lado, a dicotomia ideológica que se estabeleceu com a Guerra Fria tornaria a URSS um campo de disputa para que o socialismo mostrasse sua constituição efetivamente democrática e dialógica para além da ditadura do proletariado que há muito se revertera em ditadura do Partido. Não à toa, então, a segunda versão de *Problemas da poética de Dostoiévski* voltou a ser publicada somente em 1963, dez anos após a morte de Stálin. Por outro lado, a ontologia dialógica poderia ser lida como um diatribe *velada* ao socialismo de caserna que não liberava o potencial emancipatório da utopia como equipolência social efetiva. Assim, a aporia para a constituição do romance polifônico total, não resultante "da contingência do talento e transparente em sua necessidade, aponta[ria] para o social" (ADORNO, 1980a, p. 267). Poderíamos, então, concluir que a completude do todo polifônico seria a tolerância para além da ditadura, a liberação da multiplicidade de vozes em contraposição à propaganda oficial e ao cerceamento da liberdade[6].

---

6. Tais apreciações estético-políticas abrem perspectivas para investigações histórico-documentais que procurem comprovar a diatribe social de Bakhtin em correlação não apenas com a lógica do material polifônico, mas também com *diálogos necessariamente velados* — a polícia política à espreita — por meio de cartas, anotações, gravações e pronunciamentos em círculos de pesquisas. O escopo deste livro me leva ao acompanhamento da transformação histórico-formal

> Ser significa comunicar-se pelo diálogo. Quando termina o diálogo, tudo termina. Daí o diálogo, em essência, não poder nem dever terminar. No plano da sua concepção de mundo utópico-religiosa, Dostoiévski transfere o diálogo para a eternidade, concebendo-o como um eterno co-júbilo, um eterno co-deleite, uma eterna con-córdia. No plano do romance isso se apresenta como inconclusibilidade do diálogo, apresentando-se primariamente como a sua infinidade precária (BAKHTIN, 2008, p. 293).

O diálogo, então, tenderia "para o outro infinito" (IDEM, p. 265), para um concerto eterno em que as vozes não cessariam de se expressar — como se o maestro, Deus, não as regesse à revelia de suas características precípuas. "Se procurarmos uma imagem para a qual como que tendesse todo esse mundo, essa imagem seria a Igreja como comunhão de almas imiscíveis, onde se reúnem pecadores e justos" (IDEM, pp. 29-30). Vemos, então, que Bakhtin transforma a totalidade em uma noção de eternidade que coincidiria com a tolerância de um deus que permitisse a progressão incessante dos diálogos. Assim, no plano romanesco, apreendemos a série dialógica

---

de Dostoiévski a partir da teoria dialógico-polifônica como um momento da dialética negativa. A descoberta histórico-documental de que *Problemas da poética de Dostoiévski* também poderia ser lido como uma crítica fundamental aos desdobramentos da URSS apresenta, por um lado, um importante marco de reflexão sobre as profundas imbricações entre estética e política; por outro lado, no entanto, o devir histórico nos mostra que tal perspectiva datada projetaria a ontologia do diálogo como condição fundamental dos homens a despeito da reificação que deformava a alteridade como instrumento da classe dominante e como adversário para a altercação cotidiana por meio da democracia. Parece-me, então, que as premissas de Bakhtin precisam ser continuamente arremessadas contra si mesmas para que a limitação histórica da dialogia nos faça percorrer o negativo da ontologia que não se realizou como utopia.

que se prolonga por se prolongar, sem que, para Bakhtin, haja uma teleologia nos debates, uma noção de formação, transformação e superação (*Aufhebung*).

> A categoria fundamental da visão artística de Dostoiévski não é a de formação, mas a de *coexistência* e *interação*. Dostoiévski via e pensava seu mundo predominantemente no espaço, e não no tempo. (...) Toda a matéria semântica que lhe era acessível e a matéria da realidade, ele procurava organizar em um tempo sob a forma de confrontação dramática e procurava desenvolvê-la extensivamente (IDEM, p. 31).

Chegamos, então, à efetiva encruzilhada que até este momento entrelaçou a polifonia e a dialética, mas que, a partir de agora, as fará trilhar caminhos distintos. Estamos preparando o caminho para uma possível superação (*Aufhebung*) da polifonia pela dialética, mas antes precisamos desdobrar a noção de que a confrontação das personagens dostoievskianas se desenvolve *extensivamente*, isto é, em meio a um espaço que cristaliza o *devir do tempo*.

Formação demanda tempo. Coexistência e interação, espaço e tolerância. É bem verdade que o Sermão da Montanha de Jesus Cristo eleva o oferecimento da outra face ao inimigo como mandamento essencial do amor ao próximo. Assim, o respeito pela condição do outro transforma a coexistência em perdão. Mas então deveríamos perguntar por que o homem do subsolo e Raskólnikov sofrem em demasia. O homem do subsolo alardeia aos quatro cantos que é mau e desagradável, que lhe apetece assistir ao sofrimento alheio, que seu amor próprio doentio — aliado a uma autoflagelação não menos patológica — *deforma* as relações com os demais como sucessivas e inequívocas quedas de braço. Porém, se assim fosse indefinidamente, por que ele tentaria se redimir diante de Liza, a prostituta? Retomemos brevemente o contexto da narrativa: o protagonista sai de seu subsolo para encontrar antigos "colegas" dos tempos de escola. Todos o desprezam por sua atual condição — o baixíssimo salário, a moradia indevida, as roupas decrépitas. Mas o homem do subsolo ainda pode se escorar em sua condição intelectual mais elevada. O jantar que marca a despedida de um dos convivas para uma província longínqua da Rússia — um pedágio necessário para que Zvierkóv alcance novos patamares na carreira pública — logo se transforma em um verdadeiro duelo entre o achincalhado homem do subsolo e os demais que não sabem por que o paradoxalista teria sido convidado.

A narrativa progride vertiginosamente, de modo que a personagem se mutile cada vez mais na medida em que percebe que os outros a desprezam. Quando um "colega" sugere que o ordenado do protagonista é baixo, o homem do subsolo vai e revela o quanto ganha; quando tudo já está se desfazendo, quando todos o abandonam para ir a um bordel, o paradoxalista, no ápice da desolação e da humilhação, se ajoelha diante do anfitrião do jantar para — pedir dinheiro emprestado. Dostoiévski apresenta sua maestria em fundir pontos de virada narrativa a cicatrizes da alma. Tudo isso faria parte da condição contraditória que Bakhtin aceita como coexistência das vozes imiscíveis e equipolentes. Ocorre que o homem do subsolo, demasiado humano, vai ao bordel ao qual teriam se dirigido seus "colegas" para tirar a limpo toda aquela situação humilhante. Lá chegando, não encontra os convivas, mas a jovem prostituta Liza, oriunda da belíssima cidade medieval de Riga. Dostoiévski sabe utilizar como ninguém a simbologia da dominação. Se a Rússia de fato nutre um complexo de inferioridade e um ressentimento historicamente geridos em relação à Europa Ocidental, os Países Bálticos — Letônia, cuja capital é Riga, Estônia e Lituânia —, às margens da fronteira tsarista e soviética, sempre sofreram as invectivas do imperialismo russo. Assim, os *civilizados* "colegas" do homem do subsolo, que o humilharam há pouco, agora fornecem o furor para que o ressentimento subterrâneo seduza e humilhe a *prostituta da Letônia.* E assim teríamos a transferência inequívoca da dor para o outro, mas, em um primeiro momento, o homem do subsolo lança mão de uma conquista livresca para ganhar a confiança de Liza e doutriná-la a deixar, de uma vez por todas, a vida no meretrício. A jovem se vê cativada e revela ao protagonista que chegara a receber, dias antes, uma carta de um estudante que, insciente em relação à sua vida desgraçada, a queria cortejar. Liza poderia então casar-se! O homem do subsolo tenta sufocar a compaixão que sente e, num rompante, dá seu endereço para Liza a fim de que os dois continuem a conversar em um local mais humano. O desfecho do imbróglio de fato leva Liza, alguns dias depois, à casa de nosso protagonista, e o momento da chegada da jovem não poderia ser mais dostoievskiano: o homem do subsolo acabara de ser humilhado por seu *criado*, o altivo Apolón, que, munido de efetiva consciência de classe — reformista, não revolucionária —, se recusava a fazer os serviços até que seu salário atrasado lhe fosse pago. Assim, ainda uma vez, a humilhação deve ser paga com mais humilhação. Então, o homem do subsolo começa a injuriar Liza e passa a lhe dizer que tudo aquilo que havia recomendado a ela no bordel não passava de um engodo para seduzi-la e torná-lo altivo perante seus olhos. O homem do subsolo se faz trêmulo, diz e se desdiz e, no ápice da fúria que se mescla ao torpor, começa a chorar. Ora, mais um motivo para despertar sua suscetibilidade doentia, porque ele chora diante de uma prostituta, ele se rebaixa diante da mais vil das criaturas socialmente proscritas. Mas eis que a maestria de Dostoiévski atua ainda uma vez para que a dialética e o devir irrompam do seio da contradição: Liza não se mostra uma desalmada que simplesmente relega o homem do subsolo. Ela se condói pelo outro e começa a chorar junto com o protagonista como que a tomar sua dor para si. Então, o homem do subsolo, o ressentido por excelência, o ardiloso, o maquiavélico, o sádico, o masoquista, expele a contradição e mostra que seu *devir* não coincide consigo mesmo:

> — Não me deixam... Eu não posso ser... bondoso! — mal proferi; em seguida fui até o divã, caí nele de bruços e passei um quarto de hora soluçando, presa de um verdadeiro acesso de histeria. Ela deixou-se cair junto a mim, abraçou-me e pareceu petrificar-se naquele abraço (2000a, p. 140).

De fato, o transcorrer da narrativa calará esse ímpeto de *superação* do homem do subsolo: o protagonista humilhará Liza ao tentar pagar a prostituta pela visita. Com essa atitude vil, o paradoxalista consegue esmaecer a compaixão de Liza, e a moça o abandona. Mas, ainda assim, a contradição se movimentou: o homem do subsolo não está satisfeito com sua condição. Ele quer mais, ele quer se transformar, ele quer se superar. Não conseguir é um grande dilema, mas a noção de *desdobramento da contradição* está efetivamente presente em Dostoiévski.

Rompamos ainda uma vez a fronteira das obras e alcancemos o dilema visceral de Raskólnikov. Cometido o crime, o castigo passa a dilacerá-lo. Não se trata propriamente do medo ególatra de ser punido e de ver cerceado o ímpeto hedonista e utilitário do eu. Trata-se do remorso, do arrependimento, da impossibilidade de Raskólnikov ser um indiferente moral como Napoleão. O duplo homicídio o fustiga, ele não consegue suportar o fardo de ter aspergido sangue alheio, de ter infringido o *não matarás.* Então, Dostoiévski transforma a prostituta Liza de *Memórias do subsolo* na Sônia Marmieládova de *Crime e castigo.* O pai de Sônia, o bufão Marmieládov, sustenta seu alcoolismo às custas do meretrício da filha. A despeito de ser humilhada pela madrasta, Sônia ainda sustenta a casa do pai. Mas seu coração não foi maculado, e, como Liza diante do homem do subsolo, ela não pode conter a compaixão ao saber que Raskólnikov havia matado a usurária Alióna Ivánovna e sua irmã a golpes de machada. Sônia implora para Raskólnikov se entregar, ele precisaria pedir perdão à terra que maculara, beijar o chão diante do Mercado do Feno[7], em uma encruzilhada. Ao fim, Raskólnikov de fato se entrega e é condenado a trabalhos forçados na Sibéria. Sônia está lá, ao seu lado, para consolá-lo e acompanhá-lo em sua transformação. O término do romance nos apresenta algo além da coexistência bakhtiniana, o prenúncio da transformação *ao longo do tempo*, o sentido da superação:

> Ela [Sônia] passou todo esse dia intranquila e à noite chegou até a adoecer. Mas ela estava tão feliz que quase se assustava com a sua felicidade. Sete anos, *apenas* sete anos! No começo da sua felicidade, em outros instantes, os dois estavam prontos para considerar esses sete anos como sete dias. Ele não sabia

7. O Mercado do Feno, em São Petersburgo, teria como equivalente o Mercado Municipal, em São Paulo. Trata-se de um amplo mercado em uma região central e pauperizada, como a que abriga o Mercadão na capital paulistana.

> nem que essa *nova vida* [grifo meu] não lhe sairia de graça, que ainda deveria pagar caro por ela, pagar por ela com um grande feito no futuro...
> Mas aqui já começa outra história, *a história da renovação gradual de um homem, a história do seu paulatino renascimento, da passagem progressiva de um mundo a outro, do conhecimento de uma nova realidade, até então totalmente desconhecida* [grifo meu]. Isto poderia ser o tema de um novo relato — mas este está concluído (2001, p. 561).

É bem verdade que o corte abrupto de Dostoiévski não nos permite acompanhar a transformação de Raskólnikov. Mas, *aqui*, é esboçado um sentido para além da condição torpe do utilitarismo e do hedonismo, algo que, como vimos, também já irrompera em *Memórias do subsolo*. A *con-córdia*, para retomarmos uma categoria que Bakhtin atribui à coexistência dostoievskiana, agora pressupõe a discórdia, de modo que uma nova condição possa despontar. Ainda assim, continuemos a explorar a análise bakhtiniana para levarmos o diálogo a falar para além de si mesmo.

> Essa tendência sumamente obstinada a ver tudo como coexistente, perceber e mostrar tudo em contiguidade e simultaneidade, como que situado no espaço e não no tempo, leva Dostoiévski a dramatizar no espaço até as contradições e etapas interiores do desenvolvimento de um indivíduo, obrigando as personagens a dialogarem com seus duplos, com o diabo, com seu *alter ego* e com sua caricatura (...). Essa mesma particularidade de Dostoiévski explica o fenômeno habitual das personagens duplas em sua obra. (...) Dostoiévski procurava converter cada contradição interior de um indivíduo em dois indivíduos para dramatizar essa contradição e desenvolvê-la extensivamente. Essa particularidade tem sua expressão externa na propensão do escritor pelas cenas de massa, em sua tendência

> a concentrar em um lugar e em um tempo – contrariando frequentemente a verossimilhança pragmática – o maior número possível de pessoas e de temas, ou melhor, concentrar em um instante a maior diversidade qualitativa possível. Daí a tendência a seguir no romance o princípio dramático da unidade do tempo. Daí a rapidez catastrófica da ação, o movimento em turbilhão, o dinamismo (BAKHTIN, 2008, pp. 31-32).

A espacialização do tempo, segundo Bakhtin, cindiria as personagens em duplos para que o homicida Raskólnikov deparasse com o estuprador Svidrigáilov como um sentido outro para a sua desconstrução da transcendência. A erosão da divindade solaparia as raízes das ações éticas e faria germinar o niilismo. Isso parece claro com relação às personagens *decaídas*. Mas e quanto às personagens redentoras? De fato, Liza se apieda pelo homem do subsolo, e Sônia toma como missão de sua vida acompanhar o condenado Raskólnikov. Então poderíamos perguntar a Bakhtin: deveríamos falar apenas em *con-córdia* e em respeito ao outro tal como ele se apresenta? Nesse caso, parece-me que Bakhtin não levou às últimas consequências o princípio da dialogia. Por um lado, é verdade que a espacialização do tempo transforma a unidade das personalidades em cisão identitária espacializada para que as ideias encarnadas possam se confrontar em meio à "rapidez catastrófica da ação".

> No plano da cosmovisão abstrata, essa particularidade se manifestou na escatologia política e religiosa do romancista, em sua tendência a aproximar os "fins", a tateá-los no presente, a vaticinar o futuro como já presente na luta das forças coexistentes (IDEM, pp. 33-34).

Mas, então, seria possível perguntar: por que a escatologia dostoievskiana não poderia espacializar as personagens como encarnações de temporalidades diversas? Por que a decadência de um Raskólnikov não poderia se confrontar com Sônia Marmieládova como o *hic et nunc* de seu devir? E reciprocamente: por que Sônia Marmieládova não poderia decair de sua condição moralmente elevada para chafurdar no lodo relativista de Raskólnikov? As premissas de Bakhtin não podem responder a essas perguntas, porque o princípio de *con-córdia* e *co-existência* inviabiliza o devir e a superação (*Aufhebung*) ao longo do tempo como se a transformação dos homens e mulheres fosse uma síntese coercitiva e monológica do autor — e, no limite, de Deus. Isso é algo que Paul de Man expressa quando, em diálogo com Bakhtin, o autor distancia a dialogia da dialética:

> Longe de aspirar ao *telos* de uma síntese ou de uma resolução, como poderia ser o caso nos sistemas dialéticos, a função da dialogia é pensar através da radical exterioridade ou heterogeneidade de uma voz em relação ao outro, incluindo-se aí o próprio escritor. Ela ou ele não se encontra, nesse sentido, em uma situação privilegiada em relação às suas personagens (1989, p. 109).

A noção de teleologia moral — e, ainda uma vez no limite, histórica — pareceria tanto a Bakhtin quanto a Paul de Man um estancamento do diálogo, e a totalidade *integral* do crítico russo, então, coincidiria com a Igreja abarrotada de justos e, sobretudo, de infiéis a conviverem pela dissonância do diálogo. Novamente, Deus seria a entidade que, com suprema tolerância, impediria o esgarçamento do todo tenso e fragmentado. Vemos, então, que a imagem bakhtiniana de Dostoiévski configura uma síntese original, é preciso admitir, a envolver céu e inferno. Não haveria o paraíso dos privilegiados cindido do terror de todos os condenados. Os planos se interpenetrariam para transformar os justos em caridosos e os condenados em sujeitos da compaixão. Nossa investigação terminaria aqui se não arremessássemos Dostoiévski contra Bakhtin para que o autor prolongasse o devir da escatologia.

Eis, então, algumas questões importantes que derivam das aporias de Bakhtin relacionadas à perspectiva crítica sobre a totalidade poética de Dostoiévski: o sentido do todo está relacionado apenas à proposição do diálogo? E se os decaídos exterminarem todos os justos? E se os justos deixarem de sê-lo? Não haverá um sentido que os faça evoluir? A compaixão deverá respeitar a tudo e a todos? Por que o Deus da tolerância não admite que os seres humanos possamos nos aproximar do Criador para além de nossa condição atual?

Todas essas questões mostram o limite da ontologia dialógica que proscreve o tempo, o desenvolvimento e a síntese como instâncias fundamentais para a cicatrização das personagens de Dostoiévski — aquilo que, mais adiante neste livro, chamaremos de cicatrização do espírito. "Dostoiévski sempre retrata o homem no *limiar* da última decisão, no momento de *crise* e reviravolta completa — e não-predeterminada — de sua alma" (BAKHTIN, 2008, p. 69). Ora, mas que reviravolta seria essa se, para o crítico russo, não há princípio de formação, transformação e superação em Dostoiévski?

Então, nós podemos formular ainda mais questões para nos prepararmos para a passagem das aporias de Bakhtin para aquilo que compreendemos como o movimento dialético em Dostoiévski: as crises das personagens dostoievskianas poderiam ser os pontos de virada para seus desenvolvimentos? A noção que Bakhtin descreve como as vozes espacializadas das personagens em simultaneidade poderia representar o devir? O homem do subsolo conseguiria ver através de Liza o que ele poderia viver no futuro? Sônia poderia apresentar a redenção para Raskólnikov? O outro dialógico, então, apresentaria a crise como um devir para além de si mesmo — o futuro, a cicatrização da crise, seria um tempo simultâneo, um tempo enraizado no espaço. Mas, então, conseguiríamos apreender mais aporias nos argumentos de Bakhtin: se as personagens não devem evoluir, se o sentido apenas diz respeito à aceitação do outro em sua condição presente, o que aconteceria se o outro, como muitas personagens homicidas de Dostoiévski o fazem, não pudesse conviver com a minha diferença? Seria então preciso extirpá-lo, eliminá-lo, uma vez que a tolerância não conseguiria lidar com tal fato?

A cosmovisão utópico-religiosa que Bakhtin projeta para Dostoiévski não investiga a eternidade e não pode descobrir a importância fundamental das crises para a evolução humana, pois o postulado de que as vozes são equipolentes e, sobretudo, *imiscíveis* faz com que a *con-córdia* bloqueie o aprendizado recíproco com o respeito pela condição da personagem tal como ela se apresenta. Chegamos, então, a uma contradição intrínseca à noção de vozes *imiscíveis:* a dialogia se vê limitada por um diálogo imiscível que não pode falar dentro do outro para transformá-lo, mas apenas para espreitá-lo. Se assim fosse, por que Liza se apiedaria tanto pelo homem do subsolo senão para retirá-lo de sua condição ressentida e ajudá-lo a viver para além de sua dor? Por que Sônia se entregaria à missão de acompanhar Raskólnikov rumo à Sibéria senão pelo ímpeto de fazer com que o duplo homicida expiasse sua falta e se tornasse um novo homem?

O caráter estático e espacializado da ontologia dialógica faz Bakhtin entrar em contradição consigo mesmo ao apreender que

> a personagem de Dostoiévski em nenhum momento coincide consigo mesma. (...) A ela não se pode aplicar a forma de identidade: A é idêntico a A. (...) A vida autêntica do indivíduo só é acessível a um enfoque *dialógico*, diante do qual ele responde *por si mesmo* e se revela livremente (IDEM, p. 57; p. 67).

Não é possível entender que a personagem dostoievskiana não coincida consigo mesma, a não ser que ela possa se transformar ao longo do tempo. Ao usarmos as noções de Bakhtin, poderíamos pensar que a duplicação da personagem permite que o eu se veja como eu-outro — mas, justamente, se esse outro é imiscível, o hífen identitário que liga o eu ao outro é tênue e, no limite, pode ser subsumido para que as personagens, contra a crítica de Bakhtin ao individualismo, voltem a se transformar em mônadas. Não à toa, o tom de contradição se instaura quando Bakhtin afirma que o indivíduo responde "*por si mesmo* e se revela livremente". Ora, a dialogia questiona precisamente esse *si mesmo*; e mais: como alguém chafurdado na dor e no remorso pode se revelar livremente sem a ajuda de um outro que se apiede pelo sofrimento alheio e se proponha a colaborar para a sua transfiguração? A dialogia não está em condições de explicar que a duplicação das personagens dostoievskianas[8] pode ser a fusão espacial do tempo como uma imagem especular

8. Duplicação que, no limite, pode se dar em relação à própria identidade da personagem, que se cinde em duas ou mais vozes como a esquizofrenia literariamente configurada — falamos, por exemplo, de Goliádkin, protagonista de *O duplo*. Tradução de Paulo Bezerra. São Paulo: Editora 34, 2013.

do devir: a cicatrização do homem do subsolo e de Raskólnikov poderá entrever em Liza e em Sônia um sentido de superação da recalcitrância no ressentimento e no mal. Para tanto, seria necessário apreender a dialogia como um momento da dialética, de modo que a uma voz-tese se contrapusesse uma antítese que a fizesse refletir e viver de outra forma. Não se trataria simplesmente de uma síntese do autor, uma vez que a própria voz de Dostoiévski se imiscuiria no processo, como se o escritor também fosse se transformando em meio à e ao longo da imbricação com a lógica do material artístico que vai compondo e que também o recompõe. Neste momento, se Bakhtin acompanhasse a lógica das obras de Dostoiévski para apreender o caráter relacional do sujeito e do objeto artísticos imbricados ao processo criativo, a instância do autor não coincidiria com o Dostoiévski empírico. Essa nova aporia faz a Teoria Crítica observar, ainda uma vez, as insuficiências da dialogia bakhtiniana. Então, o movimento imanente do material poético nos coloca diante do "fato de que o sujeito artístico pratica métodos cujos resultados concretos não pode prever" (ADORNO, 2012, p. 45). A liberdade das personagens e do autor seria determinada pelo processo de constituição do todo, por suas idas e vindas, pelo devir recalcitrante e contraditório. Já não falaríamos apenas de coexistência, mas de superação (*Aufhebung*); já não falaríamos apenas de uma *con-córdia* tolerante e estática, mas de uma *con-córdia* (tese) com vistas a uma discórdia antitética que levaria as personagens a novos patamares de consciência — a novas possibilidades de *con-córdia*.

Feitas essas considerações, estamos agora em condições de entender a crítica de Bakhtin à dialética (idealista) e dela extrair as próprias limitações da ontologia dialógica com vistas à sua superação pela dialética adorniana que a transformará em um momento determinado da constituição da poética de Dostoiévski.

1.4. A POLIFONIA COMO UM MOMENTO DA DIALÉTICA NEGATIVA

Como artista, Dostoiévski adivinhava frequentemente como uma determinada ideia iria desenvolver-se e atuar em condições modificadas, que direções inesperadas tomaria seu sucessivo desenvolvimento e sua transformação. Para tanto, colocava a idéia no limite das consciências dialogicamente cruzadas (BAKHTIN, 2008, p. 102) .

Já mencionamos como entendemos a noção de consciências dialogicamente cruzadas: personagens duplicadas como os pares homem do subsolo/Liza e Raskólnikov/Sônia deparam com o devir do tempo transfigurado em espaço como uma imagem especular de seu possível futuro: o ressentimento do homem do subsolo e os sofrimentos de Raskólnikov deparam com possíveis cicatrizações em meio às relações com Liza e Sônia como vozes redentoras, como se elas fossem seu devir através do tempo que é apresentado como um *hic et nunc*, como um espaço radical. O cruzamento dialógico das consciências cinde a noção de imiscibilidade das vozes e insere a contradição no seio da teoria de Bakhtin:

A dialética e a antinomia existem de fato no mundo de Dostoiévski. Às vezes, o pensamento dos seus heróis é realmente dialético ou antinômico. Mas todos os vínculos *lógicos* permanecem nos limites de consciências isoladas e não orientam as interrelações de acontecimentos entre elas (2008, pp.8-9).

Todos os vínculos lógicos permanecem nos limites de consciências isoladas? Ora, quando o sujeito cartesiano enuncia o *penso, logo existo*, é preciso que a lógica seja de conhecimento comum, isto é, é preciso que a lógica seja socializada para que a existência seja inteligida[9]. Se os vínculos lógicos permanecessem nos limites de consciências isoladas, não poderia haver diálogo, tudo se reduziria ao mais ególatra solipsismo. Não poderia, inclusive, haver diálogos velados, pois a possibilidade de o outro tornar-se uma projeção do homem do subsolo reside no fato de que nossa socialização permite que uma série de ações e reações sejam previstas com base em olhares, gestos faciais e corporais e prenúncios linguísticos. Os vínculos lógicos apenas tendem a permanecer nos limites de consciências isoladas em meio à loucura. Nesse polo oposto à não-socialização de Kaspar Hauser, o mundo torna-se efetiva representação solipsista, de modo que o tempo e o espaço lógicos assu-

9. Uma obra paradigmática nesse sentido é o filme alemão *O enigma de Kaspar Hauser* (1974), direção de Werner Herzog. Kaspar é o filho bastardo de um nobre que, para evitar o escândalo cortesão, enclausura o filho em uma torre e priva-lhe da possibilidade de socialização. O pai apenas visita o filho para lhe dar comida. Os anos vão passando, e o pai de Kaspar, um belo dia, tem a ideia de ensinar o filho a escrever. Como todas as mediações lógico-sociais faltam às vivências de Kaspar, o rapaz mal sabe o que é postar-se de pé e articular palavras — que dirá, então, idealizar conceitos para exprimi-los concretamente sobre o papel. Simbolicamente, o pai ordena que o filho escreva o verbo *schreiben* (*escrever*). Como a metalinguagem pressupõe a vivência social da lógica linguística anterior à palavra escrita e para além do âmbito propriamente gráfico, Kaspar mal consegue deslizar o lápis sobre o papel e, como um papagaio, só faz remedar o verbo-ação que o pai tenta inculcar no filho: "sch-rei-ben". Como seria possível, então, afirmar que os vínculos lógicos permanecem nos limites de consciências isoladas? A própria noção de isolamento inexiste para a consciência socializada — a não ser que, como Kaspar Hauser, o isolamento signifique a completa não-socialização.

mam características esgarçadas em relação à sociedade posta em comum, isto é, comunicada. No mais, os vínculos lógicos (des)orientam profundamente as interrelações das personagens, conforme vimos demonstrando com os pares dialógico-dialéticos homem do subsolo/Liza e Raskólnikov/Sônia. Assim, é preciso entender *pari passu* a recusa bakhtiniana à dialética para transformá-la em negação determinada e impulsionar as contradições do todo polifônico como fluidos para a dinâmica poética de Dostoiévski. Vejamos, por exemplo, o que representaria a sucessão dialético-temporal para Bakhtin:

> Se as ideias em cada romance — os planos do romance são determinados pelas idéias que lhe servem de base — fossem realmente distribuídas como elos de uma série dialética una, cada romance seria um todo filosófico acabado, construído segundo o método dialético. No melhor dos casos teríamos diante de nós um romance filosófico, um romance de ideias (ainda que dialético); no pior, uma filosofia em forma de romance. *O último elo da série dialética seria fatalmente uma síntese do autor, que eliminaria os elos anteriores como abstratos e totalmente superados.* (...) Em nenhum romance de Dostoiévski há formação dialética de um espírito uno, *geralmente não há formação, não há crescimento* (...). Nos limites do próprio romance não se desenvolve, não se forma tampouco o espírito do autor; este (...) contempla ou se torna um dos participantes. Nos limites do romance, os universos das personagens estabelecem entre si interrelações de acontecimentos, embora estas, como já dissemos, sejam as que menos se podem reduzir às relações de tese, antítese e síntese [grifos meus] (IDEM, p. 28; p. 29).

Primeiramente, é preciso enfatizar que a síntese em termos dialéticos jamais elimina os elos anteriores como momentos "abstratos e totalmente superados". O conceito de *Aufhebung* pressupõe a negação, a elevação (afirmação) e a superação como momentos recíprocos e determinados para a constituição de uma síntese que, por sua vez, será um novo elo do devir dialético em novo patamar. Pensemos, por exemplo, na trajetória de Raskólnikov. A princípio, sua negação se constituía como a afirmação unívoca do próprio eu como se a personagem fosse uma mônada e não vivesse em sociedade. Isso o levou ao duplo homicídio (negação da existência do outro) que, por sua vez, impulsionou uma profunda crise que fez com que a personalidade de Raskólnikov se cindisse — *raskol*, cisão — para que o protagonista pudesse ver a escatologia de si mesmo em um turbilhão de tempo. Poderia Raskólnikov superar o fardo futuro do assassínio? Continuaria o duplo homicida a negar o outro? Então Dostoiévski traz uma nova voz — um novo vínculo lógico-póetico — para insuflar em Raskólnikov o ímpeto da negação da negação. Sônia Marmieládova é a antítese do assassínio; ela encarna a negação de si mesma, a abnegação, para que o outro por quem ela se compadece possa afirmar não mais a si mesmo contra os demais e para que Raskólnikov possa afirmar a compaixão. Assim, a dialogia socialmente constitutiva ao protagonista de *Crime e castigo* tem o potencial de alçar o outrora criminoso como ser social para além do utilitarismo. A dialética redentora de Raskólnikov e Sônia processa em ambos um novo patamar de consciência: em geral, observa-se apenas a mudança qualitativa de Raskólnikov, mas Sônia — e Dostoiévski — foi (foram) se descobrindo ao longo da abnegação, em estreita correlação lógico-poética com os desdobramentos de seu par dialógico que, agora, já fala dentro dela (deles) mesma (mesmos). Assim, como poderíamos falar em supressão dialética dos polos tese e antítese em função da síntese que só se configura como total imbricação entre presente, passado e futuro? Raskólnikov não deixará de ser um duplo homicida perante as vítimas Alióna Ivánovna e sua irmã, mas sua consciência relacionalmente redimida diante de Sônia o levará a um novo patamar de arrependimento e vivência — o castigo como purificação diante do crime[10].

Em *Problemas da poética de Dostoiévski*, Bakhtin se distancia da dialética idealista — a dialética de Marx, reificada pelo Partido, apenas poderia ser revista pelo revisionismo dos líderes soviéticos. Tal impossibilidade de crítica à crítica, isto é, de crítica à dialética, reforçaria a tese de que a obra de Bakhtin sobre Dostoiévski poderia ser lida como um diatribe *velada* aos comandantes soviéticos — no caso, ao Guia Genial dos Povos, o comandante-mor que adotara o nome de homem de aço (Stálin) e que, efetivamente, transformava a síntese em supressão absoluta das teses e antíteses que lhe eram contrárias. Mas, a meu ver, é importante arremessar tal percepção estético-política ao encontro dos e de encontro aos problemas efetivos da crítica bakhtiniana à dialética. O crítico segue afirmando que, "no terreno do idealismo monástico não pode desabrochar a multiplicidade de consciências imiscíveis" (IDEM, p. 29). Então, é possível dizer que

> essas contradições e esses desdobramentos [das personagens] não se tornaram dialéticos, não foram postos em movimento numa via temporal, numa série em formação, mas se desenvol-

---

10. Ao desdobrarem o conceito de teologia teleológica em Dostoiévski, os capítulos 3, 4 e 5 deste livro argumentarão que Raskólnikov poderá se arrepender de seu passado não apenas com vistas ao futuro, mas também como possibilidade de reencontro com as vítimas Alióna Ivánovna e sua irmã. A possibilidade do perdão desdobrará o tempo como imagem movente da eternidade e tentará sondar a (teleo)lógica do além-mundo dostoievskianamente configurado.

veram em um plano como contíguos e contrários, consonantes mas imiscíveis, ou como irremediavelmente contraditórios, como harmonia eterna de vozes imiscíveis ou como discussão interminável e insolúvel entre elas (IDEM, p. 34).

Primeiramente, Bakhtin entrevê no horizonte de constituição do todo polifônico a questão da totalidade. Na sequência da argumentação, no entanto, o crítico se aferra à micrologia das vozes (i) como se elas fossem imiscíveis, (ii) como se a multiplicidade não fosse passível de articulação e (iii) como se o caráter insolúvel dos conflitos não pudesse ser movimentado pela própria contradição — a dinâmica da resolução irresoluta. Neste momento, se arremessarmos Adorno contra Bakhtin, perceberemos que a tentativa de construção do todo polifônico que veda a dialética não está em condição de apreender que "a articulação é a salvação da multiplicidade no uno" e que "a totalidade, contextura sem falhas das obras de arte, não é uma categoria de fechamento" (ADORNO, 2012, p. 289; p. 285). Ao tentar estruturar-se como uma catedral sistêmica que acolhe as contradições como se elas lá pudessem permanecer estanques, a integralidade impede a reconfiguração histórica da forma dostoievskiana. A lógica poética requer o movimento da contradição, isto é, a dialética, e Adorno pode superar as aporias bakhtinianas justamente no momento em que elas se tornam estáticas. Se "a arte tem o seu conceito na constelação de momentos que se transformam historicamente" e se "a arte só é interpretável pela lei do seu movimento, não por invariantes — a sua lei de movimento constitui a sua própria lei formal" (IDEM, p.13; p. 14) —, como é que a paralisia dialógica de Bakhtin como eternidade insustentável da tolerância pode acompanhar a importante constatação de que "Dostoiévski ainda não se tornou Dostoiévski, está apenas se tornando o próprio?" (BAKHTIN, 2008, p. 327).

Se Bakhtin não houvesse sido paralisado pelas contradições de Dostoiévski; se Bakhtin houvesse acompanhado o movimento das contradições dostoievskianas, de modo a questionar as categorias de sistema, integralidade e sistema integral como conceitos à revelia da concretude poética, o crítico teria entrevisto a totalidade aberta e contraditória como o reverso da catedral a-histórica. Em diálogo com Adorno, a forma de Dostoiévski procuraria "fazer falar o pormenor através do todo" (ADORNO, 2012, p. 221) e, reciprocamente, a forma procuraria fazer falar o todo a ser desvelado através das imbricações dos pormenores dialógicos.

> Se o processo imanente às obras de arte, algo que ultrapassa o sentido de todos os momentos singulares, constituiu o enigma, então simultaneamente ele atenua-o logo que a obra de arte não é percebida como alguma coisa de fixo e, por conseguinte, em vão interpretada, mas é recriada na sua própria constituição objetiva (IDEM, p. 194).

Se a totalidade polifônica não é a negação do todo como dialogia tolerante que se encontra em uma catedral subitamente erigida — sem que Bakhtin possa apresentar os momentos de mediação que articulam as partes ao todo; se Dostoiévski "ainda não se tornou Dostoiévski", já que os conflitos dialógicos não são simplesmente insolúveis, mas dinamicamente insolúveis, podemos dizer, de forma rente à lógica de Adorno, que o caráter enigmático das obras não é o seu ponto último, mas que toda obra autêntica tende a propor igualmente a solução do seu enigma insolúvel. Assim, passamos a conceber uma totalidade dinâmica — uma totalidade aberta e processual, uma totalidade em devir.

> Se a obra de arte não é em si algo dc estável, de definitivo, mas algo em movimento, a sua temporalidade imanente comunica-se então às partes e ao todo ao desdobrar-se no tempo a sua relação e ao serem capazes de denunciar essa relação. Se as obras de arte vivem na história em virtude do seu próprio caráter processual, então podem nela dissipar-se (IDEM, p. 271).

As obras de arte podem dissipar-se na história e, dialeticamente, podem encontrar-se consigo mesmas pela maturação histórica de sua forma que passa a colidir com o conteúdo das vozes de modo a iluminar o movimento de suas contradições. Novamente nos inspirando na lógica estética adorniana, podemos dizer que a dificuldade em isolar a forma é condicionada pelo entrelaçamento de toda a forma estética com o conteúdo; assim, a forma deve ser concebida não só contra o conteúdo, mas através dele. Ocorre que Bakhtin, ao sintetizar abruptamente o todo dostoievskiano sem *superar* a contradição de suas partes constitutivas, deriva precisamente de sua catedral polifônica o caráter de profunda crítica social presente na poética dostoievskiana.

> A ênfase principal de toda a obra de Dostoiévski, quer no aspecto da forma, quer no aspecto do *conteúdo*, é uma luta contra a *coisificação* do homem, das relações e de todos os valores humanos no capitalismo. (...) Dostoiévski conseguiu perceber a penetração da *desvalorização coisificante* do homem em todos os poros da vida de sua época e nos próprios fundamentos do espírito humano. (...) [Eis] *o sentido de sua forma artística*, o qual liberta e descoisifica o homem.
> (...) As personagens de Dostoiévski são movidas por um sonho utópico de fundação de alguma comunidade de seres humanos

fora das formas sociais existentes. Fundar uma comunidade na terra, unificar algumas pessoas fora do âmbito das formas sociais vigentes — a isso aspiram o Príncipe Míchkin, Aliócha [Karamázov], aspiram em formas menos conscientes e menos nítidas todas as demais personagens de Dostoiévski (2008, p. 71; p. 317).

Bakhtin incorre no mesmo problema ideológico que o crítico atribui ao idealismo filosófico: o pensamento e a arte como hipostasias para a sociedade reconciliada. Ainda uma vez, é possível apreender as insuficiências da polifonia bakhtiniana à luz das aporias que a *Teoria do romance* desvela para projetar o problema poético em meio a um mundo crescentemente fragmentado:

> Lukács, na *Teoria do romance*, rejeita a alternativa de se apelar ao mundo da forma — a estética — como um modelo de coerência que poderia ser projetado sobre o mundo fragmentário. Tal estratégia conferiria à arte uma prioridade que ela não pode arrogar para si mesma, já que a arte é uma entre as várias esferas sociais a competirem entre si. Tal prioridade estabeleceria uma imposição da racionalidade estética sobre domínios heterogêneos, tais como a política, a economia, a religião etc. (HOLQUIST, 1986, p. 134)[11].

---

11. A colocação do eslavista norte-americano Michael Holquist sobre o caráter de falsa reconciliação do todo através da particularidade da esfera artística dialoga com Adorno e Walter Benjamin. Na *Teoria estética*, Adorno apreende o caráter objetivo da fragmentação artística, quando ele diz que "a liberdade absoluta na arte, que é sempre a liberdade num domínio particular, entra em contradição com o estado perene de não-liberdade do todo" (2012, p. 11). De forma mais rente ao desespero subjetivo do leitor — desespero mediado e fomentado pela crise objetiva —, Benjamin bem sabe que "o romance não pode alimentar a esperança de dar o mínimo passo além daquele limite em que, convidando o leitor a captar intuitivamente o sentido da vida, convida-o também a escrever um 'Finis' embaixo da última

Nesse sentido, enquanto o particular e o universal divergirem, as obras de arte "não devem suprimir a universalidade dominante do mundo administrado através da sua particularização. (...) O que nelas aparece já não é ideal ou harmonia; o seu caráter de resolução só tem lugar no contraditório e no dissonante" (ADORNO, 2012, p. 72; p. 70; p. 133). A arte, então, tem o potencial de exprimir poderosas tensões armazenadas, de trazê-las à tona, de ressignificá-las, de dar-lhes um sentido que aumente o poder de apreensão do real pela Teoria Crítica. Assim, "pela recusa intransigente da aparência de reconciliação, a arte mantém a utopia no seio do irreconciliado", e "os antagonismos não resolvidos da realidade retornam às obras de arte como os problemas imanentes de sua forma" (IDEM, p. 58; p. 18). A dialética a percorrer o negativo da poética que se constitui e se transforma historicamente apreende os elementos que Bakhtin considera socialmente críticos em Dostoiévski como apologia e revela o caráter parcial e datado da tentativa de hipostasiar o todo a partir das partes fragmentárias sem compreender a obra do escritor de modo a submeter-se à sua disciplina imanente. Assim, sem caminhar pelas mediações poéticas devidas, Bakhtin não apenas deriva a totalidade de modo imediato como entrevê suas raízes, também imediatamente, no contexto histórico, social e politicamente polifônico em que Dostoiévski viveu:

> A própria época tornou possível o romance polifônico. Dostoiévski foi *subjetivamente* um partícipe dessa contraditória multiplicidade de planos do seu tempo, mudou de estância, pas-

---

página. (...) O que arrasta o leitor para o romance é a esperança de aquecer sua vida enregelada numa morte que ele vivencia através da leitura" (1980, p. 68; p. 69).

sou de uma a outra e neste sentido os planos que existiam na vida social objetiva eram para ele etapas de sua trajetória vital e sua formação espiritual (2008, p. 30).

No capítulo "O prenúncio da teologia como teleologia — e da teleologia como teologia", discutiremos de modo mais pormenorizado a mudança de estância de Dostoiévski do plano radicalmente esquerdista — o escritor fez parte do chamado Círculo de Petrachévski, um grupo de revolucionários que reivindicava a abolição da servidão, base de reprodução econômica do tsarismo, e, no limite, o estabelecimento de uma república socialista na Rússia — para o plano reacionário de defesa da monarquia contra o niilismo daqueles que propunham fazer tábula rasa da história para fundar uma nova sociedade. Veremos que a virada fundamental na cosmovisão dostoievskiana se deu, fundamentalmente, durante o período em que o escritor esteve em um presídio na Sibéria — a *casa dos mortos* — condenado a trabalhos forçados por conta de sua participação no Círculo de Petrachévski. Na casa dos mortos, Dostoiévski esteve em contato com os oprimidos que a *intelligentsia* revolucionária queria redimir e lá ele descobriu com profundidade as aporias, clivagens e contradições entre a revolução livresca e a tradição histórica do povo. Tais tensões são realmente importantes para a compreensão da obra de Dostoiévski, mas Bakhtin não poderia vincular imediatamente a experiência do autor à constituição de sua obra sem atravessar os momentos imanentes, sem analisar a mimese interna. Conforme a *Teoria estética* de Adorno enfatiza, "a racionalidade é, na obra de arte, o momento criador de unidade e organizador, não sem relação com a que impera no exterior, mas não copia a sua ordem categorial" (2012, p.

91). Para que Bakhtin pudesse apreender os momentos (negativos) de crítica dostoievskiana ao capitalismo e à reificação, seria fundamental entrever a forma dialógica (e dialética) como conteúdo sedimentado, como leitura imanente da história, de modo que "o caráter fetichista da mercadoria" fosse criticado "na própria coisa, não a partir de fora e unicamente porque se transforma em fetiche" (IDEM, p. 43). Tal hipostasia bakhtiniana que transforma a realidade russa em escatologia dostoievskiana — e, reciprocamente, o tenso século XIX já revolucionário e pré-revolucionário em um romance dostoievskiano — não consegue demonstrar, justamente, como as personagens desenvolvem trajetórias vitais e se (trans)formam espiritualmente.

Agora é possível ver que Bakhtin incorre em uma nova contradição que a polifonia que busca a integralidade sistêmica não pode desdobrar: as categorias de coexistência e interação não eram essenciais para a poética de Dostoiévski? Por que, então, o crítico volta a lançar mão da categoria de formação? Como Bakhtin poderia apreender o devir em Dostoiévski se as relações dialógicas estancam o todo como uma catedral tolerante? Adorno diria que, afinal, em Dostoiévski, "realmente existe psicologia [e sociologia], ela é uma psicologia do caráter inteligível, da essência, e não do ser empírico, dos homens como eles circulam por aí. É exatamente nisso que Dostoiévski é avançado" (1980d, p. 270). A citação adorniana (e antibakhtiniana) desponta como um hieróglifo profundamente sintético a ser desdobrado pela análise do próximo capítulo. Adorno fala em essência, e logo a entendemos como a configuração histórico-social — e, no caso de Dostoiévski, escatológica — da psicologia do caráter inteligível, da desagregação das relações, de seu devir limítrofe. A não-coincidência das personagens de Dostoiévski com os seres empíricos arremessa Adorno contra Bakhtin, mas não deixa de enraizar o escritor na história como se suas obras nada dissessem para os homens em transformação. O devir desdobra a essência de um caráter monástico e interior para, agora por meio de Bakhtin, descobrir a voz interior como alteridade e altercação, como inconclusibilidade histórica dos homens não apenas por conta de seu caráter inequivocamente dialógico, mas porque Dostoiévski entrevê que a empostação da voz no mundo e a convivência social dos homens constituem não apenas a sua possibilidade de formação, mas também a reiteração da deformação que os reifica e exacerba suas angústias e desencontros. Assim, também é preciso arremessar Adorno e Horkheimer contra si mesmos, agora por intermédio de Bakhtin, para que Dostoiévski continue a se tornar Dostoiévski, para que as obras falem mais sobre si mesmas não apenas pelo caráter dialógico e positivo, mas pela negação da síntese polifônica em meio ao todo fraturado. Em uma passagem sobre o escritor russo em meio à *Dialética do Esclarecimento*, Adorno e Horkheimer dizem que

> contrariamente ao que imaginavam Dostoiévski e os apóstolos alemães da interioridade, a consciência moral consistia para o ego em devotar-se ao substancial no mundo exterior, na capacidade de fazer seu o verdadeiro interesse dos outros (1985, pp. 184-185).

Enquanto Adorno e Horkheimer, em um sobrevoo algo distanciado da constituição propriamente poética de Dostoiévski (*distant reading*) o aproximam do idealismo alemão, o *close reading* de Bakhtin só faz distanciar o escritor dos princípios do monologismo ideológico, que teriam encontrado

> na filosofia idealista a expressão mais nítida e teoricamente precisa. O princípio monístico, isto é, a afirmação da unidade do *ser*, transforma-se, na filosofia idealista, em princípio da unidade da *consciência*. (...) Em essência, o idealismo conhece apenas uma modalidade de interação cognitiva entre as consciências, ou seja, o sujeito que é cognoscente e domina a verdade, ensinando-a ao que não é cognoscente e comete erros, vale dizer, conhece a interrelação entre o mestre e o discípulo e, consequentemente, apenas o diálogo pedagógico (2008, p. 89; p. 91).

Já sabemos que, para Bakhtin, a consciência é a diversidade do ser, a interação dialógica com o outro — ainda que a noção de imiscibilidade das vozes, conforme já averiguamos, não leve às últimas consequências o próprio princípio de movimento com que Bakhtin se imbricou ao analisar o material dostoievskiano. Como o crítico russo apenas pensa em termos coextensivos; como Bakhtin veda a coexistência das personagens como um momento da formação, do tempo e da formação temporal que move o espaço coextensivo como um devir, Bakhtin não acompanha a dialética encarniçada que contrapõe o senhor e o escravo, dialética que transforma a verdade em algo relacional e fluido a imiscuir o mestre e o discípulo, de modo que as posições não sejam estanques, mas se movimentem em meio ao diálogo que se confunde com o duelo — a alteridade como uma possível e recorrente altercação. Senhor e escravo são contingências, sobretudo no capitalismo que Bakhtin apreende como a base da poética dostoievskiana, capitalismo que desconstrói o privilégio aristocrático e passa, então, a arremessar o escravo contra o senhor, de modo que o senhor também comece a temer a escravidão. Ora, que mais fazem as personagens dostoievskianas senão duelar de maneira intestina de modo a trazer à luz o caráter objetivo das aporias?

O penúltimo capítulo deste livro, "O Sermão da Estepe: Ivan Karamázov e a filosofia dostoievskiana da história", se desdobra, justamente, sobre as antíteses espiritualmente ateias de Ivan — a contradição será movimentada a contento — e as teses ortodoxas do monge Aliócha Karamázov, irmão de Ivan. Dostoiévski não apenas apreende a simbologia que *irmana* o ateísmo como negação determinada da fé ortodoxa e como *Aufhebung* espiritual — eis a ideia central do capítulo em questão —, como arremessa Ivan contra Aliócha e Aliócha contra Ivan para levá-los a novos patamares de contradição, para dinamizar a pedagogia e tensionar as posições inequívocas de mestre e discípulo. Mas, ainda uma vez, vale dizer que, como Bakhtin prescinde da dialética para encontrar a polifonia como movimento da totalidade aberta e contraditória em Dostoiévski, o crítico russo não consegue entender que a tese do *atual* mestre encontra o discípulo como uma possível *antítese* a ser desdobrada até que este último traga ao primeiro uma nova síntese como tese subsequente que tensione e subverta as posições pedagógicas inicialmente configuradas. Se Bakhtin deixasse de apreender a poética de Dostoiévski como fotos estáticas da catedral dialógica e a pusesse em movimento em uma série cinética, isto é, cinematográfica, a narrativa animaria a contradição em meio ao enredo que se volta contra si mesmo, e o tempo, congregado pelo espaço, ao invés de se reproduzir linearmente, buscaria novos patamares qualitativos de contradição como o devir da dialética, já que "o momento do espírito não é, em qualquer obra de arte, um ente; em cada uma é algo que está em devir, que se constitui" (ADORNO, 2012, p. 145). Em meio ao movimento dialético, "cada coisa só é o que ela é tornando-se aquilo que ela não é" (ADORNO e HORKHEIMER, 1985, p. 29). Ao invés da catedral acabada como a utopia já posta, como o positivo tangível, o negativo nos levaria a caminhar entre os escombros do sofrimento. "É mais tangível retratar figuras reais de sofredores atônitos. Por sinal, eu passei a vida toda fazendo isso" (DOSTOIÉVSKI apud KELLY, 1988, p. 254). Tal afirmação de Dostoiévski incorpora pela mediação sujetiva a objetividade histórica e fraturada e acompanha a dialética de Adorno e Horkheimer:

> Os grandes artistas jamais foram aqueles que encarnaram o estilo de maneira *mais íntegra e mais perfeita* [grifo meu], mas aqueles que acolheram o estilo em sua obra como uma atitude dura contra a expansão caótica do sofrimento, como verdade negativa. (...) Se o esclarecimento [e a poética] não acolhe[m] dentro de si a reflexão sobre esse elemento regressivo, ele [e ela] está [estão] selando seu próprio destino (ADORNO e HORKHEIMER, 1985, p. 122; p. 13).

Após a configuração da contradição dialética como *conteúdo temático* fundamental, devemos passar a um último aspecto teórico que, desta vez, aproxima o materialismo de Bakhtin da Teoria Crítica.

Já vimos que a Teoria Crítica consegue dinamizar o *close reading* bakhtiniano, de modo a vislumbrar os conceitos que podem desdobrar as contradições dialógicas rumo ao todo polifônico, contradições que o crítico russo considera insolúveis. Em um momento posterior, a dialética imanente à poética de Dostoiévski se transferiu às (contra)posições de Bakhtin e Adorno. O sobrevoo da dialética negativa a partir de Adorno e Horkheimer discerniu Dostoiévski como um apóstolo da interioridade idealista, ao passo que a dialogia só fazia afastar o escritor russo do monologismo próprio ao idealismo filosófico. Arremessamos, então, Adorno contra si mesmo por intermédio de Bakhtin, para que a história, substrato da poética, pudesse ser apreendida de forma imanente, mediante a disciplina própria à constituição da obra.

Retomemos, agora, um elemento de constituição da poética de Dostoiévski em um novo patamar de questionamento: a dialogia não explica como a liberdade *determinada* — conceito que lhe é estranho — das personagens dostoievskianas pode conviver com categorias como plano autoral e totalidade que não amordacem as vozes, isto é, os momentos particulares, as personagens, em função de uma síntese feita pelo próprio Dostoiévski. Por outro lado, Bakhtin ainda entrevê em seu horizonte teórico a *necessidade* de desvelar o todo polifônico *integral* – todo sistêmico, hierárquico e antidialógico, a negação absoluta de *Problemas da poética de Dostoiévski*. É como se Bakhtin somente conseguisse tatear entre totalidades fechadas, sistêmicas e, portanto, antidialógicas. Assim, insuflemos ar dialético na ossificação da catedral dialógica para colocar a totalidade polifônica e aporética em movimento. Consideramos que a poética de Dostoiévski apresenta a totalidade a partir de suas fissuras e ruínas, pelo movimento da contradição. Neste momento, mediados por esta trajetória, podemos acompanhar a confluência entre Bakhtin e a Teoria Crítica que encontrará a voz autoral de Dostoiévski transformada em objetividade histórica no ápice de sua subjetividade.

Bakhtin, a princípio, nos diz que a autonomia do herói parece contrariar o fato de ele ser representado inteiramente como um momento da obra de arte e, consequentemente, ser, do começo ao fim, totalmente criado pelo autor. [Mas,] Em realidade, tal contradição não existe. Afirmamos a liberdade dos heróis nos limites do plano artístico e neste sentido ela é criada do mesmo modo que a não-liberdade do herói objetificado (2008, p. 73).

Neste momento, ao expor as bases materiais de sua apreensão estética, Bakhtin transforma liberdade e não-liberdade em *instâncias possíveis* em meio aos limites do plano artístico. Ainda uma vez, no entanto, não sabemos *como* o plano artístico se constitui — apenas sabemos que, para Bakhtin, tal categoria é fundamental para a estruturação da obra. O crítico russo não aventa a possibilidade de o plano artístico ser *uma categoria aberta e aporética, uma categoria em devir.* Se tivesse levado às últimas consequências o diálogo entre arte e história, Bakhtin poderia ter acompanhado o movimento da contradição que enreda a liberdade determinada do herói à não-liberdade do todo, de modo a fraturar a reconciliação polifônica e entrever as fissuras entre a parte e o todo como algo próprio ao material dostoievskiano historicamente configurado. Mostraremos, no próximo capítulo deste livro, *como* tal imbricação contraditória ocorre, quando analisarmos a forma fetichista de *Memórias do subsolo.* Por ora, continuemos a acompanhar Bakhtin, de modo a entendermos como o crítico correlaciona a liberdade determinada do herói às categorias de plano artístico e criação e como o embasamento materialista de Bakhtin o aproxima de Adorno:

Criar não significa inventar. Toda criação é concatenada tanto por suas leis próprias quanto pelas leis do material sobre o qual ela trabalha. Toda criação é determinada por seu objeto e sua estrutura e por isso não admite o arbítrio e, em essência, nada inventa, mas apenas descobre aquilo que é dado no próprio objeto. Pode-se chegar a uma ideia verdadeira, mas esta tem a sua lógica, daí não poder ser inventada, ou melhor, produzida do começo ao fim. Do mesmo modo não se inventa uma imagem artística seja ela qual for, pois ela também tem a sua lógica artística, as suas leis. Quando nos propomos uma determinada tarefa, temos de nos submeter às suas leis (BAKHTIN, 2008, pp. 73-74)[12].

Quando nos propomos uma determinada tarefa, temos de nos submeter às suas leis: a negação de Bakhtin em relação à criação subjetiva *ex nihilo* diz respeito à apreensão do crítico de que a logicidade do material se impõe ao criador, de modo que a criação se transforme no *processo criativo que imbrica sujeito e objeto contínua e reciprocamente.* Ocorre que as leis que enformam o material artístico não são estáticas, elas vão sendo plasmadas historicamente, de maneira que as relações entre as partes e o todo — e, conforme vimos discutindo ao longo deste capítulo, a própria noção de todo — se tornam mais contraditórias e modulam continuamente as vozes das personagens.

Theodor Adorno reverbera a logicidade material de Bakhtin ao afirmar que

a parte da obra que "pertence" ao compositor, como a qualquer artista produtivo, é incomparavelmente menor do que supõe a opinião vulgar, orientada ainda pela noção do gênio. Quanto mais alta uma estrutura musical, tanto mais o compositor se relacionará com ela como o seu simples órgão de realização,

---

12. "O 'autor-artista' não inventa a personagem, ele a pré-encontra já dada independentemente do seu ato puramente artístico, não pode gerar de si mesmo a personagem" (BAKHTIN, 2003, pp. 184-185).

como alguém que obedece à exigência do objeto. (...) "O compositor propõe a regra a si mesmo, para depois lhe obedecer" (Hans Sachs) (1980a, p. 264).

O caráter necessário da crítica imanente faz Bakhtin e Adorno apreenderem a completa imbricação de sujeito e objeto para a constituição da obra de arte. Já não estamos falando de entes distintos, mas de uma relação em que a autoria, "a expressão das obras de arte, é o não-subjetivo no sujeito", e o "êxito subjetivo da obra de arte" desponta no momento em que "o sujeito nela desaparece" (ADORNO, 2012, pp. 175-176; p. 95). O êxito e as fraturas subjetivas da obra de arte, nesse momento, apontam para a história, suas completudes e, em relação ao sujeito-objeto Dostoiévski, suas aporias. Se Bakhtin acolhesse o movimento da contradição para superar a paralisia de sua catedral, o crítico mimetizaria, assim como o autor-objeto Dostoiévski, a disciplina da obra para acompanhar suas metamorfoses históricas. Pois, se "os materiais e os objetos são histórica e socialmente pré-formados como os seus procedimentos técnicos e modificam-se de um modo decisivo em virtude do que lhes acontece nas obras" (IDEM, pp. 141-142), a polifonia dialética estaria em condições de realizar a crítica do "esclarecimento [e da poética] que só reconhece[m] como ser e acontecer o que se deixa captar pela unidade. Seu ideal é o sistema do qual se pode deduzir toda e cada coisa" (ADORNO e HORKHEIMER, 1985, p. 22). A autoria subjetiva se objetivaria ao longo da constituição da obra, de modo que a síntese sistêmica do autor como subsunção da alteridade das personagens se visse contradita pelo movimento que, mediante o soerguimento da poética contraditória — edifício-para-a-ruína, afirmação que pressupõe a negação e a consequente negação da negação —, transformaria a unidade em implosão de si mesma, em unidade dos múltiplos escombros. Não apenas a voz do autor Dostoiévski seria contradita ao lado das demais personagens, mas a instância autoral, *em meio à constituição da obra e no devir de suas configurações*, superaria a subjetividade e a contingência do artista para mediar a ressignificação da história como mimese imanente da arte. Como artista — e, sobretudo, como um artista profundamente vinculado ao movimento da história —, Dostoiévski supera suas posições pessoais para, em meio à criação, ser recriado não apenas como criador, mas como sujeito-objeto histórico, relação por meio da qual o espírito de sua época é (re)configurado artisticamente. E, segundo as premissas deste capítulo, se a obra de arte não coincide consigo mesma, se ela pressupõe a contradição entre seus momentos e movimentos constitutivos, a inconclusividade da obra de Dostoiévski pode nos falar não apenas sobre sua época, mas, fundamentalmente, sobre a escatologia poético-histórica que a aproxima de nossos tempos.

Se, com Bakhtin e a Teoria Crítica, com a Teoria Crítica contra Bakhtin e com Bakhtin em contraposição à Teoria Crítica, Dostoiévski ainda está se tornando Dostoiévski, é hora de nos submetermos à (in)disciplina contraditória da obra dostoievskiana, em estreito diálogo com o fetichismo da mercadoria analisado por Karl Marx, para configurarmos a polifonia como um momento da dialética negativa. Tentaremos, então, descobrir — ou melhor, continuaremos a perguntar — como pode a arte "transcender a circulação do meramente vigente, à qual, por outro lado, ela deve a possibilidade da própria existência?" (ADORNO, 1980a, p. 268) Como pode a possibilidade da própria existência transcender a circulação do meramente vigente, à qual, por outro lado, ela deve a arte? Como pode a arte transcender a possibilidade da própria existência, à qual, por outro lado, ela deve a circulação do meramente vigente? Como pode a possibilidade da própria existência transcender a arte, à qual, por outro lado, ela deve a circulação do meramente vigente? O homem do subsolo e Liza (*Memórias do subsolo*), Raskólnikov, Sônia e Svidrigáilov (*Crime e castigo*), o Príncipe Míchkin, Rogójin e Nastácia Filíppovna (*O idiota*), Nikólai Stavróguin e o clérigo Tíkhon (*Os demônios*), os irmãos Aliócha e Ivan Karamázov, Cristo e o grande inquisidor (*Os irmãos Karamázov*) insinuam que, no labirinto dostoievskiano, a saída tende a se configurar como uma nova entrada.

Capítulo 2

A dialética polifônica de Fiódor Dostoiévski

2.1. NO PRINCÍPIO ERAM A DICÇÃO – E A CONTRADIÇÃO

Comecemos a análise, *in media res, ouvindo* o homem do subsolo a discorrer sobre si mesmo (e sobre *nós*) em seu púlpito narrativo:

> Sou um homem doente... Um homem mau. Um homem desagradável. Creio que sofro do fígado. Aliás, não entendo níquel da minha doença e não sei, ao certo, do que estou sofrendo. Não me trato e nunca me tratei, embora respeite a medicina e os médicos. Ademais, sou supersticioso ao extremo; bem, ao menos o bastante para respeitar a medicina. (Sou suficientemente instruído para não ter nenhuma superstição, mas sou supersticioso.) Não, se não quero me tratar, é apenas de raiva. Certamente não compreendeis isto. Ora, eu compreendo. (...) Se me dói o fígado, que doa ainda mais (DOSTOIÉVSKI, 2004, p. 15).

A menção ao verbo *ouvir* dá o tom para um narrador-personagem cujas inflexões discursivas precisamos escavar para descobrirmos as fundações do subsolo. O homem do subsolo fala com a alteridade espectral como o orador que articula seu discurso diante da plateia. Ainda assim, logo veremos que os membros da plateia são mais do que meras abstrações. A alteridade espectral — em cujo bojo *nós*, os leitores pressupostos, também estamos incluídos — é parte fundamental das engrenagens da forma dostoievskiana.

O homem do subsolo tem 40 anos no início da narrativa e vive se arrastando em meio à decrepitude há 20 anos. "Já estive empregado, atualmente não" (IBIDEM). Tão logo recebe uma herança de 6 mil rublos, nosso (anti-)herói, outrora um assessor-colegial[1], aposenta-se sem mais e passa a viver em seu cantinho — o subsolo. A personagem diz padecer do corpo ("doente" e "sofro do fígado") e da alma ("mau" e "desagradável"). Neste primeiríssimo momento, nós ainda não sabemos que estamos sendo cotejados — ainda não fomos avisados sobre a queda de braço. Podemos pensar, a princípio, que se trata de um pobre diabo que só faz flagelar-se. A herança, ao invés de remediá-lo, parece tê-lo feito chafurdar no lodo. "Se me dói o fígado, que doa ainda mais". Mas, ao oferecermos a mão ao náufrago para que ele tente emergir da areia movediça, nos damos conta de que o homem do subsolo nos quer tragar rumo à cirrose de seu subsolo. *Se me dói o fígado, que lhes doa ainda mais.* Senão, vejamos: ele nada entende sobre sua doença e não se trata, "embora respeite a medicina e os médicos". Até aqui, nada de novo no *front* masoquista. Ocorre que o homem do subsolo se diz supersticioso ao extremo — "ao menos o bastante para respeitar a medicina". Ora, nós não lemos o termo errado: trata-se da medicina, e não de bruxaria. Reza o desencantamento do mundo que a razão proscreve a magia. Sendo

---

1. O professor Boris Schnaiderman, tradutor de *Memórias do subsolo*, nos revela que o cargo de assessor-colegial equivale a um "posto mediano da administração civil, no regime czarista" (IDEM, p. 17).

assim, a personagem nos apresenta o primeiro descompasso de sua voz. Dicção e contradição se mostram irmanadas desde o princípio. E mais: nosso (anti-)herói é suficientemente instruído para não ter nenhuma superstição, mas, ainda assim, "sou supersticioso". Sombras se esgueiram de forma rente às luzes racionais. (Como veremos, à racionalidade discursiva — que, desde o conteúdo mais epidérmico, já se mostra deveras irracional — subjaz uma dinâmica que só faz alimentar-se de si mesma *por meio do homem do subsolo e de seus interlocutores/contrapontos.*)

Mas, "se não quero me tratar, é apenas de raiva". Logo, podemos (nos) perguntar: "Raiva do quê? Raiva de quem?" Ao que a dialogia subliminar do homem do subsolo se antecipa — e começa a nos desancar: "Certamente não compreendeis isto". Assim, o homem doente, mau, desagradável e potencialmente cirrótico, o homem instruído porém supersticioso, o homem que se flagela agora passa a nos aviltar. E não se trata de um único outro, trata-se de uma plateia espectral composta por nós outros (vós). Se o detentor do fluxo narrativo sentencia que nós não compreendemos por que ele não quer se tratar, o homem do subsolo faz questão de dizer que "eu compreendo".

Se procedermos a uma primeira abstração do conteúdo modulado pelo (e através do) homem do subsolo, a que *lógica subterrânea* chegaremos? O protagonista se avilta e se eleva, diz e se desdiz, vai e volta. Movimento de gangorra, queda de braço, cabo de guerra. Desde o primeiro parágrafo de *Memórias do subsolo*, a cinética da forma se insinua.

A personagem fala — ou melhor, discursa — à exaustão. "Um momento! Deixai-me tomar fôlego..." (IDEM, p. 17). Em seu monólogo dialogado, o homem do subsolo fala conosco, fala por nós, fala contra si e contra nós. Se os leitores nos fiarmos no canto de Circe do (anti-)herói, se tentarmos definir o homem do subsolo a partir do *conteúdo* volúvel e volátil de seu discurso, seremos solapados de tempos em tempos e não acompanharemos a cadência motriz da narrativa. Identifiquemos, então, mais alguns marcos de inflexão para auscultarmos como a banda toca no subsolo:

> Não aceitava gratificações; no entanto, devia premiar-me ao menos desse modo. (É um mau gracejo; mas não vou riscá-lo. Escrevi-o pensando que sairia muito espirituoso; mas agora, percebendo que apenas pretendi assumir uma atitude arrogante e ignóbil, não o riscarei, de propósito!) (IDEM, p. 15)

> Menti a respeito de mim mesmo quando disse, ainda há pouco, que era um funcionário maldoso (IDEM, p. 16).

> Não vos parece que eu, agora, me arrependo de algo perante vós, que vos peço perdão?... Estou certo de que é esta a vossa impressão... Pois asseguro-vos que me é indiferente o fato de que assim vos pareça... (IDEM, pp. 16-17)

Propositalmente, não aglutinei as três citações em único parágrafo para que os espaços em brancos entre elas mimetizem os transcursos narrativos cujas balizas e pontos de virada são as próprias citações. Quando os leitores pensamos que já sabemos quem é o homem do subsolo a ponto de, como Pôncio Pilatos, dizermos *ecce homo, eis o homem*, a definição se nos escapa e se volta contra si mesma e contra nós mesmos. O homem do subsolo se premia ao não aceitar gratificações, ele se premia ao se privar das locupletações — o gracejo é ruim, os leitores (que a personagem teme e desanca ao mesmo tempo) escarnecem do narrador, mas é precisamente por isso que o chiste deve permanecer no discurso/texto. Assim, quando o homem do subsolo diz que mentira para os leitores e que também, a seu ver, nos parecera que ele estava a pedir perdão [e que, bom, isso (supostamente) lhe era indiferente...], os leitores de ouvidos atentos, aqueles que acompanhamos o compasso e a cadência do subsolo, podemos *prever os solavancos e contradi(c)ções do conteúdo a partir da volubilidade irônica própria ao movimento da forma.* A ironia do subsolo não é apenas um matiz que colore a narrativa de vez em quando. A ironia estrutura a narrativa e a faz mover-se sobre e contra si mesma, como que a forjar os alicerces do subsolo. Assim, a melodia irônica, quando apreendida em seu devir contraditório, nos permite antecipar os sobressaltos da canção. Em *Memórias do subsolo*, a forma como subsolo alicerça e enseja o conteúdo das memórias.

Isso posto, podemos elencar algumas perguntas fundamentais: *como* se dá o duelo entre o homem do subsolo e as vozes que ele projeta e que o perseguem? Há algum *sentido* para o movimento contraditório da forma dostoievskiana? Como o homem do subsolo se indispõe contra a *intelligentsia* revolucionária para espreitar os (des)caminhos da história e suas (im)possibilidades emancipatórias[2], como é que o conteúdo de seu discurso se comunica com a forma do subsolo?

---

2. A análise propriamente dita do *conteúdo* das contraposições do homem do subsolo em relação às posições filosóficas, ideológicas e políticas da *intelligentsia* revolucionária russa será realizada tanto no capítulo 3, "O prenúncio da teologia como teleologia — e da teleologia como teologia", quanto no capítulo 4, "Sermão da Estepe: Ivan Karamázov e a filosofia dostoievskiana da história", ao longo dos quais discutirei a negação dialeticamente determinada de Dostoiévski em relação ao socialismo e as afinidades eletivas da utopia com o cristianismo. Neste segundo capítulo, demonstrarei como o movimento tautológico da forma se transforma em conteúdo decan-

As respostas para tais perguntam estruturam o diálogo original que este livro pretende trazer à tona, isto é, a analogia dialética entre *Memórias do subsolo* e o devir fetichista da mercadoria desenvolvido por Karl Marx ao longo dos primeiros capítulos do volume 1 de *O capital*.

2.2. MARX E A ARQUITETURA DO SUBSOLO

Chegamos ao momento de desvelar *como* se dá o duelo entre o homem do subsolo e as vozes que ele projeta e que o perseguem. Como já sabemos, Bakhtin analisou com minúcia a articulação relacional das vozes das personagens dostoievskianas. No entanto, como o crítico pressupôs o concerto polifônico como uma catedral estática de tolerância e simples coexistência da diferença, Bakhtin não pôde apreender o *movimento* da dialogia, sua vinculação necessária com a dialética. Ademais, como Bakhtin postulou, *a priori*, a equipolência das vozes, ele não pôde extrair as implicações *negativas* do caráter relacional das vozes, isto é, o crítico não explicou como a equipolência dostoievskiana flerta de maneira rente com o caráter relacional que torna as vozes fungíveis — e as reifica. A partir de agora, Bakhtin passará pelo crivo de Marx para que a lógica subterrânea de Dostoiévski venha à tona.

Já sabemos que o homem do subsolo sempre *se mede com (e contra) o outro*. Vejamos mais de perto as diferentes modulações de tal duelo:

(i) Vou dizer-vos solenemente que, muitas vezes, quis tornar-me um inseto (...) (DOSTOIÉVSKI, 2004, p. 18).

---

tado para apreender a reificação das vozes como o sentido — ou melhor, como a falta de sentido — do movimento da dialética polifônica.

(ii) Pensais, sou capaz de jurar, que escrevo tudo isso para causar efeito, para gracejar sobre os homens de ação, e também por mau gosto (...) (IDEM, p. 18).

(iii) Considerei-me, continuamente, mais inteligente que todos à minha volta, e às vezes — acreditam? — tinha até vergonha disso. Pelo menos, a vida toda olhei de certo modo para o lado e nunca pude fitar as pessoas nos olhos (IDEM, p. 21).

(iv) Para nós, homens de pensamento (...) (IDEM, p. 22).

(v) Eu vos inquieto, faço-vos mal ao coração, não deixo ninguém dormir. Pois não durmais, senti vós também, a todo instante, que estou com dor de dentes. (...) Senti-vos mal, ouvindo os meus gemidos ignobeizinhos? Pois que vos sintais mal (...) (IDEM, pp. 27-28).

A dialogia bakhtiniana que apenas constata o caráter relacional das vozes — a noção ético-ontológica de que o outro é parte indissolúvel e, paradoxalmente, imiscível do eu — não analisa os papéis diferenciais que o eu e o(s) outro(s) desempenham em seus duelos. O postulado dialógico desconhece os papéis distintos das *vozes/polos relacionais*. Analisemo-los, então, com a devida minúcia.

Na primeira frase — "Vou dizer-vos solenemente que, muitas vezes, quis tornar-me um inseto" —, a relação se desdobra sobre si mesma e nos mostra um caráter tridimensional. Solenemente, o homem do subsolo (posição 1) *nos* diz (posição 2) que quis se tornar um inseto (posição 3). Na primeira posição, a personagem se mede conosco com *status* sobrelevado. Na posição final, a dinâmica do subsolo procedeu a um rebaixamento de sua condição, de tal maneira que o outrora altivo desceu do altar — e, consequentemente, *nós*, que primeiramente fôramos rebaixados, *a posteriori* somos alçados em relação ao inseto solene.

Na segunda frase — "Pensais, sou capaz de jurar, que escrevo tudo isso para causar efeito, para gracejar sobre os homens de ação, e também por mau gosto" —, há uma projeção sobremaneira dostoievskiana. Identificamos, novamente, três posições na relação — (1) o homem do subsolo que causa efeito e graceja sobre os homens de ação, (2) os outros ("Pensais") e (3) o homem do subsolo que tem mau gosto. O homem do subsolo, ainda uma vez, passa de escritor altivo e galhofeiro a escrevinhador de mau gosto — algo próximo ao que ocorrera na frase anterior. No entanto, o polo da alteridade, polo com o qual o homem do subsolo se mede, não existe a partir de si mesmo — trata-se de uma projeção da personagem, isto é, a alterexistência emana, paradoxalmente, do solipsismo relacional do homem do subsolo. Assim, se, de (1) a (3), a personagem decai, ela ao menos existe a partir de si mesma, ao passo que nós, (2) os outros, não temos existência relacional autônoma e, portanto, somos (existimos) rebaixados na mesma medida em que a relação, momentaneamente, nos eleva.

Não nos deve surpreender que, na terceira frase — "Considerei-me, continuamente, mais inteligente que todos à minha volta, e às vezes — acreditam? — tinha até vergonha disso. Pelo menos, a vida toda olhei de certo modo para o lado e nunca pude fitar as pessoas nos olhos" —, o homem do subsolo, mais inteligente que todos, duvide dos demais (e, consequentemente, de si mesmo, já que ele é o criador dos demais) e, como consequência de sua genialidade altiva, não consiga sequer fitar as pessoas nos olhos, as mesmas pessoas que, há algumas palavras, lhe eram inferiores.

A frase quatro — "Para nós, homens de pensamento" — nos traz uma equiparação positiva (ainda que o homem do subsolo não nos conheça), ao passo que a última frase nos apresenta o homem do subsolo com o chicote em riste diante da alteridade: "Eu vos inquieto, faço-vos mal ao coração, não deixo ninguém dormir. Pois não durmais, senti vós também, a todo instante, que estou com dor de dentes. (...) Senti-vos mal, ouvindo os meus gemidos ignobeizinhos? Pois que vos sintais mal".

É importante frisar que as cinco frases ocorrem em progressão, elas aparecem em páginas que se sucedem. Assim, acompanhamos, *progressivamente*, o caráter desidêntico tanto do homem do subsolo quanto de seus polos relacionais, *a depender da relação específica de que estejamos a tratar.* Como Bakhtin inviabiliza o desenvolvimento da dialogia *ao longo do tempo* e procura cristalizá-la no *espaço coextensivo*, o crítico não consegue acompanhar o devir (e o sentido) das contraposições. Precisamos, agora, entender o que acontece dentro das relações para além das constatações epidérmicas das idas e vindas e dos *ups and downs*.

Marx começa a nos auxiliar com o desdobramento das aporias bakhtinianas quando o autor apreende, *em meio às relações de troca de mercadorias*[3], a tensão entre

---

3. Para Marx, a moderna divisão social do trabalho em termos capitalistas é a "condição de existência para a produção de mercadorias, embora, inversamente, a produção de mercadorias não seja a condição de existência para a divisão social do trabalho. (...) Apenas produtos de trabalhos privados autônomos e independentes entre si confrontam-se como mercadorias" (1998, p. 50). Não estou a transformar o homem do subsolo em proprietário de mercadorias, mas a protoforma capitalista do século XIX é o contexto basilar de *Memórias do subsolo.* O fato de a personagem ter saído da esfera de venda de sua força de trabalho por conta da herança recebida não a retira, de forma alguma, da reificação social e psicológica das relações intersubjetivas — esse é o fetiche por excelência de *Memórias do sub-*

valor de uso e valor de troca. "Os valores de uso constituem o conteúdo material da riqueza, qualquer que seja a forma social desta. Na forma de sociedade a ser por nós examinada [a sociedade capitalista], eles constituem, ao mesmo tempo, os portadores materiais do — valor de troca" (1998, pp. 45-46). Em nossa análise, a noção de valor de uso é problemática por excelência, uma vez que, no universo dostoievskiano, não há um *locus* de subjetividade que não seja, em si e para si, relacional. Veremos, na seção final deste capítulo, como um valor dissonante do homem do subsolo — a tentativa de vivenciar a bondade — se vê silenciado pelo concerto dialético reificado. Por ora, no entanto, continuemos a acompanhar a argumentação de Marx:

> É precisamente a abstração de seus valores de uso que caracteriza evidentemente a relação de troca das mercadorias. Dentro da mesma um valor de uso vale exatamente tanto como outro qualquer, desde que esteja disponível em proporção adequada. (...) [Em *1 quarter de trigo = a quintais de ferro, em 20 varas de linho = 1 casaco*] Ambas [as mercadorias] são (...) iguais a uma terceira [coisa], que em si e para si não é nem uma nem outra. Cada uma das duas, como valor de troca, deve, portanto, ser redutível a essa terceira. (...) [Na relação de troca de mercadorias] Ao desaparecer o caráter útil dos produtos do trabalho, desaparece o caráter útil dos trabalhos neles representados, e desaparecem também, portanto, as diferentes formas concretas desses trabalhos, que deixam de diferenciar-se um do ou-

---

solo, fetiche que sua forma a mimetizar a reificação enseja e reproduz, conforme demonstrarei. Assim, a dialogia bakhtiniana, ao tornar ontológica e positiva a interdependência das vozes, não apreende o caráter reificado da vinculação social das pessoas, reificação que nos *aparece* como a (suposta) independência da mônada burguesa e a necessidade de confronto com os demais.

tro para reduzir-se em sua totalidade a igual trabalho humano, a trabalho humano abstrato. (...) O que há de comum, que se revela na relação de troca ou valor da mercadoria, é, portanto, seu valor [igual trabalho humano, trabalho humano abstrato] (IDEM, pp. 46-47; p. 46; p. 47).

Devemos estabelecer as mediações para caminharmos do universo de Marx para o subsolo de Dostoiévski. Em primeiro lugar, é importante frisar que, para Marx, "os personagens econômicos encarnados pelas pessoas nada mais são que as personificações das relações econômicas, como portadores das quais elas se defrontam". Ademais, trata-se de "um processo social [que passa] por trás das costas dos produtores" (IDEM, p. 80; p. 52). Sintomaticamente, o homem do subsolo afirma que "a vida toda algo me arrastava a fazer esses trejeitos, a tal ponto que acabei perdendo poder sobre mim mesmo" (DOSTOIÉVSKI, 2004, p. 29). Não quero afirmar com isso que as personagens de Dostoiévski se resumam à dinâmica dialógico-dialética que lhes passa por trás das costas. Cada personagem dostoievskiana, sempre em correlação com seus pares, encarna universos complexos e repletos de vivências e questionamentos. (Nesse sentido, os três capítulos que compõem a segunda parte deste livro, a configurar uma antítese em relação aos dois capítulos que compõem esta primeira parte, poderão elucidar *conteúdos* fundamentais próprios às vozes das personagens dostoievskianas.) Neste momento, interessa-nos dizer que a *lógica* subjacente aos portadores das relações econômicas a que Marx se refere nos pode ajudar sobremaneira a esclarecer como a forma dostoievskiana enseja relações reificadas entre as personagens que, analogamente, seriam portadoras — ou, para adaptarmos o termo de Bakhtin ao universo lógico deste livro, as personagens seriam *porta-vozes* — de uma forma que elas, em determinados momentos, pensam articular como sujeitos, mas que, na verdade, lança mão das personagens para sujeitá-las a (não-)relações danificadas.

Voltemos à citação de Marx acima mencionada e a analisemos, em termos dostoievskianos, com mais minúcia. Marx nos diz que "é precisamente a abstração de seus valores de uso que caracteriza evidentemente a relação de troca das mercadorias". A relação de troca de mercadorias pressupõe uma equiparação, isto é, uma igualdade. Quando dizemos que 20 varas de linho equivalem (ou são iguais) a 1 casaco, estamos dizendo que, *em meio à relação de troca*, duas coisas diferentes possuem algo em comum. Por outro lado, não pode haver relação de igualdade onde não há diferença, uma vez que não trocamos 20 varas de linho por 20 varas de linho e/ou 1 casaco por um mesmo casaco. Como as 20 varas de linho são distintas, em si e para si, do casaco, a relação de equiparação das mercadorias precisa proceder à abstração dos valores de uso — as propriedades físicas e de satisfação de necessidades fornecidas pelo linho e pelo casaco — para encontrar aquilo que faz com que duas coisas distintas tenham algo em comum. Esse algo em comum — essa terceira coisa que desponta em meio à relação de troca — é, Marx nos informa, igual trabalho humano, trabalho humano abstrato.

Como bem sabemos, o homem do subsolo *se equipara* aos demais (e a si mesmo) sucessiva e tresloucadamente. O homem do subsolo, em si e para si, *não é idêntico* à alteridade espectral — ainda que a alteridade espectral, da qual, queiramos ou não, acabamos por fazer parte, seja a projeção fantasmagórica da paranoia dialógica da personagem. Como já vimos, a relação de *equiparação* pressupõe, dialeticamente, diferença e igualdade. Para Bakhtin, a diferença diz respeito à imiscibilidade das vozes — e já vimos que tal característica colide com a noção de igualdade que pressupõe dialogia interna entre as personagens e equipolência das vozes. Ao apreendermos a dialogia sob o prisma da dialética, no entanto, conseguimos escavar o subsolo dialético que torna fungíveis diferença e igualdade. Senão, vejamos: a logicidade social da troca de mercadorias, que faz com que igual trabalho humano, isto é, trabalho humano abstrato, seja a substância de equiparação de coisas distintas entre si nos permite pensar que, em meio às relações dialógicas de Dostoiévski, a forma articula as personagens de modo a equipará-las pelo substrato *do duelo e da ironia.* A trajetória até aqui esmiuçada já nos permite dizer que duelos encarniçados subjazem a cada colocação do homem do subsolo. A ironia, por sua vez, apresenta um matiz mais sofisticado: aquele que vive para duelar mutila, quintessencialmente, o caráter social e necessariamente relacional que constitui os homens. Aviltar os demais, em termos da dialogia ontológica apreendida por Bakhtin, também significa aviltar a si mesmo — tornar-se inseguro, desconfiado (não se pode fiar com o outro), irritadiço, briguento, individualista, solitário. Características contumazes do homem do subsolo. No entanto, como nosso (anti-)herói leva "até o extremo, em minha vida, aquilo que não ousastes levar até a metade sequer" (DOSTOIÉVSKI, 2004, p. 146), as flagelações contra os demais acabam lacerando suas próprias costas. Ao danificar as relações com os demais — relações de que o homem do subsolo não consegue e não pode prescindir —, o sadismo acaba se revertendo em masoquismo, de tal maneira que a sociedade alienada de si mesma, a sociedade socializada pela reificação, encontra no homem do subsolo uma mônada burguesa fortíssima, o articulador da (auto)ironia como sadomasoquismo. A partir de agora, começaremos a resvalar as fundações do subsolo formal de Dostoiévski.

Precisamos investigar, agora, se os papéis desempenhados pelos polos dialógicos se equivalem. Já sabemos que o sentido da relação de *troca dialógica* é a equiparação — e/ou a mutilação dos intercâmbios humanos. No entanto, Bakhtin não nos diz como os polos dialógico-fungíveis participam concretamente das relações de troca/duelo para além da noção de equipolência que já questionamos frontalmente. Já sabemos também que o homem do subsolo ora é altivo, ora é um anão; ora é Golias, ora é Davi; ora é Jesus, ora é Judas; ora é Cristo, ora é Barrabás. Ao descobrirmos a lógica (auto)contraditória do subsolo, podemos prever, ao lado de Jesus Cristo, o que o homem do subsolo, vestido com a pele de cordeiro do apóstolo Pedro, fará após idolatrar o Messias. Assim clamou Pedro (tese): "Mesmo que [tu, Jesus,] sejas para todos uma ocasião de queda, para mim jamais o serás". Assim redarguiu Jesus (antítese): "Em verdade te digo: nesta noite mesma, antes que o galo cante, três vezes me negarás". Assim falou Jesus Cristo sobre Pedro, a síntese do mundo dos homens: "Tu és Pedro, e sobre esta pedra edificarei a minha Igreja" (MATEUS, 26, 33-34; 16, 18). Nós somos Pedro, e sob sua pedra edificamos o nosso subsolo.

Não é difícil perceber que o homem do subsolo que empunha a clava assume um papel distinto da personagem que flagela as próprias costas. Ocorre que, como somos socializados para observar as pessoas e as coisas (as pessoas instrumentalizadas como coisas) como entes monadológicos, como existências em si e por si mesmas, não nos damos conta de que o real, mesmo como aquilo que se reproduz sob a égide da reificação, é relacional. Assim, ao (anti-)herói que empunha a clava se equipara a alteridade trêmula a ranger os dentes, ao passo que ao inseto subterrâneo a se flagelar se equipara o outro colossal. Tanto o homem do subsolo quanto a alteridade não coincidem consigo mesmos *ao longo de suas relações metamórficas.* Bakhtin não pôde analisar tal aspecto pelo fato de distanciar a dialogia do transcurso dialético que se desenvolve *ao longo do tempo.* Assim, continuemos a escavar a relação dialógica de equiparação para descobrirmos mais matizes da arquitetura do subsolo.

Marx (1998) nos diz que

> a relação mais simples de valor [por exemplo, *20 varas de linho = 1 casaco,* ou, de forma mais geral, *x mercadoria A = y mercadoria B*] é evidentemente a relação de valor de uma mercadoria com uma única mercadoria de tipo diferente, não importa qual ela seja. A relação de valor entre duas mercadorias fornece, por isso, a expressão mais simples de valor para uma mercadoria (p. 54).

Na expressão de valor, segundo Marx, há dois polos: o polo da forma relativa de valor e o polo da forma equivalente. Se tomarmos como exemplo a expressão *20 varas de linho = 1 casaco,*

> o linho expressa seu valor no casaco, o casaco serve de material para essa expressão de valor. A primeira mercadoria representa um papel ativo, a segunda um papel passivo. O valor da primeira mercadoria é apresentado como valor relativo ou ela encontra-se sob a forma relativa de valor. A segunda mercadoria funciona como equivalente ou encontra-se em forma equivalente (IDEM, p. 54).

O que, na leitura bakhtiniana de Dostoiévski, ficava sempre latente, isto é, pululava como que a ser *des-coberto*, agora pode vir à luz: o homem do subsolo participa, simultânea e sucessivamente, de uma série de relações/duelos de equiparação. Em cada uma delas, ele (e nós) ocupa(mos) um papel determinado. Ora ele expressa seu ego sobre (e contra nós), de tal maneira que sua voz seja relativa à pequenez e à passividade de nossa posição equivalente, ora a relação se inverte, e o homem do subsolo, devidamente acocorado como o equivalente da relação, passa a se flagelar enquanto (pensa que) o insultamos. Como se trata de uma série vertiginosa de relações, as metamorfoses do subsolo implicam inversões de papéis num piscar de olhos, de uma frase para a outra, de uma oração para a outra. Ainda assim, como Marx bem observa,

é verdade que a expressão 20 varas de linho = 1 casaco (...) encerra também a relação contrária: 1 casaco = 20 varas de linho. Porém, assim preciso inverter a equação para poder expressar o valor relativo do casaco e, tão logo eu faço isso, torna-se o linho equivalente ao invés do casaco. A mesma mercadoria não pode, portanto, aparecer, ao mesmo tempo, sob ambas as formas na mesma expressão de valor. Essas formas excluem-se polarmente, [isso porque a] outra mercadoria, que figura como equivalente, não pode ao mesmo tempo encontrar-se em forma relativa de valor. Não é ela que expressa seu valor. Ela fornece apenas o material à expressão do valor de outra mercadoria" (IDEM, p. 55; pp. 54-55).

Com a linguagem histórico-social das mercadorias, Marx nos mostra que o indivíduo monadológico até pode se imaginar independente em relação aos demais em termos de falseamento ideológico da realidade. Mas, como sua existência é intrinsecamente mediada pela alteridade social, o homem do subsolo não pode monologar sem o diálogo, ainda que, no limite, sua sanha solipsista mergulhe na esquizofrenia e transforme o estilhaço de seu alterego em um outro que se lhe equipare. É assim que, quando analisamos as vozes dialógicas dialeticamente, percebemos que

> forma relativa de valor e forma equivalente pertencem uma à outra, se determinam reciprocamente, são momentos inseparáveis, porém, ao mesmo tempo, são extremos que se excluem mutuamente ou se opõem, isto é, polos da mesma expressão de valor; elas se repartem sempre entre as diversas mercadorias relacionadas entre si pela expressão de valor (IDEM, p. 54).

A forma equivalente apresenta o polo de permutabilidade da relação de troca, de tal maneira que, em meio às relações danificadas das personagens dostoievskianas, ela representa, *momentaneamente*, o polo de instrumentalização. Como, em Dostoiévski, a dialética hegeliana que contrapõe o senhor ao escravo e, necessariamente, o escravo ao senhor é levada às últimas consequências, ninguém pode estar seguro diante das contingências do poder. A personagem que grita e expressa seu ego sobre (e contra) a outra logo participará de uma nova relação, em meio à qual o lobo pode ser reduzido a um trêmulo cordeiro. No capítulo anterior, quando falamos sobre a dialética envolvendo crime e castigo em Raskólnikov, vimos que o jovem assassino passa por um processo contraditório de vilania e culpa na medida em que *se defronta (e se equipara)* com a memória de seus assassinatos. A princípio, Amália Ivánovna bem merece machadadas na têmpora, já que o papel passivo de equivalente fungível, aos olhos utilitários de Raskólnikov, serve muito bem à velha usurária. A tese do crime parece se impor sem mais, até que a antítese do fardo de ter aspergido sangue alheio faz com que Raskólnikov passe pela cisão (*raskol*) de se tornar um outro para si mesmo e de fazer parte de uma nova relação: posteriormente, é a memória dos corpos inertes e inocentes de Amália Ivánovna e sua irmã que expressa o sentido histórico de infração da norma sobre (e contra) o cálculo utilitário do homicida. A tese pressupõe o movimento rumo à antítese. Mas, como já sabemos, a antítese reconciliada, por sua vez, não finda o duelo das estórias. A antítese se volta sobre (e contra) si mesma e se transforma em uma nova tese a ser denegada (e superada) por uma tese outra. Assim, a dialética já nos permite iluminar, de forma mais totalizada, as galerias constitutivas do subsolo dostoievskiano. Quando, no capítulo anterior, nos referimos ao movimento da forma como a dinâmica dos escombros, pensávamos, justamente, em construções que se erigem não para a calmaria da trégua e da reconciliação, mas, contraditoriamente, para a própria ruína. É como se a colocação de pilastras no subsolo para impedir o desabamento das galerias fosse apenas uma trégua momentânea para o movimento que há de vir, para os entrechoques que continuarão a se impor. Ainda não estamos em condições de entender por que, em termos processuais e totais, o movimento da forma se alimenta de si mesmo por meio de seus entrechoques dialéticos e por meio das personagens, mas a análise se encaminha para a resolução (irresoluta) de tal imbróglio.

Voltemos à análise da relação de valor — a forma lógica do duelo dostoievskiano. Marx já nos disse que "a forma equivalente de uma mercadoria é (...) a forma de sua permutabilidade direta com outra mercadoria". Assim, uma peculiaridade chama a atenção quando observamos a forma equivalente, já que, em tal polo de expressão, "o valor de uso torna-se forma de manifestação de seu contrário, do valor" (IDEM, p. 59). Na expressão *20 varas de linho = 1 casaco*, as 20 varas de linho são um valor de uso distinto do casaco, mas, para que expressem seu valor como produto de igual trabalho humano, de trabalho humano abstrato, as 20 varas de linho, *em meio à relação de equiparação*, utilizam o corpo do casaco, em proporção determinada socialmente — no caso, 1 casaco. Assim, quando observamos o polo passivo, isto é, o polo de permutabilidade, o polo equivalente, vemos que a relação fez com que o casaco se tornasse, além de casaco, algo distinto de si mesmo, isto é, valor de uso e valor. O casaco, como valor de uso, continua a ser um casaco, mas, como polo equivalente da relação de valor, seu corpo físico expressa uma relação fisicamente intangível, ou seja, a equiparação abstrata do trabalho de produção do casaco com o trabalho de produção do linho, em determinada proporção, como igual trabalho humano, como trabalho humano abstrato. Assim, é possível dizer que a antítese que distancia e aproxima os polos da expressão de valor da mercadoria também impõe uma cisão em um dos polos — o polo passivo, o polo equivalente —, já que, *em meio à relação de equiparação*, o casaco, que se distingue, em si e para si, do linho, acaba por lhe ser equivalente, em determinada proporção, como igual trabalho humano. O polo equivalente, *em meio à relação de equiparação*, é um duplo para si mesmo: seu corpo físico pressupõe a abstração de si mesmo para que a forma relativa de mercadoria expresse seu valor.

Em termos dostoievskianos, o polo equivalente — em nossos exemplos, ora a alteridade espectral (vós; *nós*), ora o próprio homem do subsolo — verga seu corpo para receber as chibatadas (reais e/ou imaginárias) daquele que exerce a tirania do polo relativo. Ademais, devemos observar o polo equivalente sincrônica e diacronicamente, de modo a acompanharmos o processo de sua metamorfose. Momentaneamente e em determinada relação, a voz equivalente é amordaçada — quando tiramos uma foto deste quadro narrativo, notamos uma antítese externa entre os dois polos. No entanto, quando a nossa câmera analítica tira fotos da sequência narrativa, ou, por outra, quando colocamos os quadros narrativos em movimento, como em um filme, vemos que há, ao lado da antítese externa entre as duas vozes contrapostas, uma antítese interna em meio ao polo/voz que desempenha o papel equivalente. No universo de Marx, a antíse interna do polo equivalente diz respeito ao fato de que, em meio à relação de troca de mercadorias, a forma equivalente da mercadoria expressa *valor* — igual trabalho humano, trabalho humano abstrato — por meio de seu valor de uso, que, como já sabemos, não contém valor social em si e para si. Em Dostoiévski, a voz equivalente é instrumentalizada para que a voz relativa se gabe e a desanque, ela expressa, em (e contra) sua subjetividade relacional, o oposto de si mesma, mas também enseja, a partir de sua antítese interna a seu papel na relação, a movimentação da antítese externa rumo a uma nova (e contraditória) antítese externa, isto é, rumo a uma nova relação de equiparação dialógica. Como nós estamos analisando, especificamente, *Memórias do subsolo*, a miríade de relações contraditórias desponta de tal obra. Mas, desde o capítulo anterior — e tal abordagem também vai se dar ao longo do desenvolvimento das discussões da segunda parte deste livro —, podemos romper as fronteiras das obras de Dostoiévski e entrever que a dialogia tende a um concerto antitético infinito, como se, conforme afirmou Sophie Ollivier (1994), Dostoiévski houvesse composto uma "dialética sem síntese" (p. 54), ou, para adaptarmos a boa expressão original de Boris Schnaiderman (1983), estivéssemos diante de um *turbilhão sem sementes.* Assim, ao longo de seu movimento, a poética dostoievskiana dissolve no ar tudo o que é sólido e tenta fincar raízes. O turbilhão autofágico do homem do subsolo — turbilhão que, como veremos mais de perto na última seção deste capítulo, acossa a prostituta Liza — é transmitido ao duplo homicida Raskólnikov, até que a prostituta Sônia Marmieládova, irmã literária de Liza, se apieda do protagonista de *Crime e castigo* e o acompanha até o presídio siberiano. Quando a reconciliação parece ter estancado o movimento antitético com a paz da síntese, o espectro de um velho adágio romano ronda a Eurásia de Dostoiévski: *Se queres paz, prepara-te para a guerra.* Rogójin, irmão literário de Raskólnikov e assassino de Nastácia Filíppovna, requer o perdão cristão do Príncipe Míchkin, a síntese dostoievskiana de Jesus Cristo e Dom Quixote, em *O idiota.* Quando Míchkin pensa em estender a mão para o homicida, o jovem tuberculoso Hippolit o agarra pelo colarinho, já que a Providência não teve piedade de sua condição ao condená-lo a um cadafalso do qual, semana a semana, ele tem cada vez mais consciência. O náufrago Hippolit acompanhará, até o último momento, seu próprio naufrágio, sem que a piedade cristã do Príncipe Míchkin ou de Aliócha Karamázov possam fazer algo a respeito. É assim que, diante do universo abandonado por Deus, em meio ao niilismo mais contumaz, Kiríllov (*Os demônios*) quer proceder à imitação de Cristo: se a seita cristã foi fundada a partir do holocausto de seu fundador — se o sangue confere legitimidade à dinastia —, Kiríllov pretende fundar a seita nihil com o cadáver de seu suicídio. Agora, tudo parece resolvido, não parece haver nada mais malévolo a acontecer, mas Ivan Karamázov, irmão do monge Aliócha Karamázov, e Nikólai Stavróguin, o super-homem de *Os demônios*, se apresentam como os seguidores da seita kiríllovica. Ivan, como grande intelectual, fará terra arrasada da teologia cristã[4], ao passo que Stavróguin, mais preocupado com a prática *nihil*, passará a violar meninas em tenra idade, uma vez que, *se Deus não existe, tudo é permitido*. O clérigo Tíkhon, ao ouvir a confissão pedófila de Stavróguin, entrevê que a personagem sente regozijo na mesma medida em que se lacera moralmente. Já não há discernimento entre prazer e dor, ambos estão umbilicalmente atrelados até as raias do incesto. É assim que, ainda uma vez (e sempre), a protoforma dialética do homem do subsolo se insinua como a *lógica subterrânea* da forma (e do conteúdo) em Dostoiévski:

> Quanto mais consciência eu tinha do bem e de tudo o que é "belo e sublime", tanto mais me afundava em meu lodo e tanto mais capaz me tornava de imergir nele por completo. Porém, o traço principal estava em que *tudo isso parecia ocorrer-me não como que por acaso, mas como algo que tinha de ser* [grifo do movimento poético coercitivo que passa às costas da personagem]. (...) Chegava a ponto de sentir certo prazerzinho secreto, anormal, ignobilzinho quando às vezes, em alguma horrível noite de Petersburgo, regressava ao meu cantinho e me punha a lembrar com esforço que, naquele dia, tornara a cometer uma ig-

---

4. No capítulo 4, "Sermão da Estepe: Ivan Karamázov e a filosofia dostoievskiana da história", veremos que a crítica arrasadora de Ivan em relação à teologia cristã se estabelece, dialeticamente, como uma negação determinada que lança as bases para novas perquirições espirituais em e a partir de Dostoiévski, de modo que Ivan (e esta é a ideia fundamental do capítulo) pode ser tido como um ateu espiritual. Por sinal, o clérigo Tíkhon, personagem de *Os demônios*, assim sentencia: "O ateísmo completo está no penúltimo degrau da fé mais perfeita (se subirá esse degrau já é outra história)" (DOSTOIÉVSKI, 2004, p. 662).

> nomínia e que era impossível voltar atrás. Remordia-me então em segredo, dilacerava-me, rasgava-me e sugava-me, até que o amargor se transformasse, finalmente, em certa doçura vil, maldita e, depois, num prazer sério, decisivo! Sim, num prazer, num prazer! (...) O prazer provinha justamente da consciência demasiado viva que eu tinha da minha própria degradação; vinha da sensação que experimentava de ter chegado ao derradeiro limite; de sentir que, embora isso seja ruim, não pode ser de outro modo; de que não há outra saída; de que a pessoa nunca mais será diferente, pois, ainda que nos sobrasse tempo e fé para isto, certamente não teríamos vontade de fazê-lo e, mesmo se quiséssemos, nada faríamos neste sentido, mesmo porque em que nos transformaríamos? (DOSTOIÉVSKI, 2004, p. 19; pp. 19-20; p. 20)

Ocorre que o clérigo Tíkhon ainda acredita que a transformação é possível — e tal possibilidade se exacerba quando o nada empareda seu interlocutor. Assim, munido do perdão e do paradoxo dostoievskianos, ele recomenda a Stavróguin a cicatrização por meio do monastério. [Por sinal — e em tempo: como o homem do subsolo é deveras (des)idêntico em relação a si mesmo, a personagem, em uma relação de equiparação com seu alterego, assim sentencia a respeito de seu estado mórbido que funde sadismo a masoquismo: "Finalmente, quase acreditei (e talvez tenha acreditado realmente) que o meu estado normal era esse" (IDEM, p. 19).] Aliás, como veremos no quinto e último capítulo deste livro, "A utopia como cicatrização do espírito", Stavróguin e até mesmo Kiríllov não foram suficientemente radicais em seu niilismo. O homem ridículo, protagonista de "O sonho de um homem ridículo", leva às últimas consequências a frieza e a indiferença de um universo desprovido de qualquer sentido. Para ele, não se trata de matar e estuprar

— não necessariamente nesta ordem — as outras, não se trata de fundar o que quer que seja como se ainda quiséssemos permanecer em um mundo transpassado pela idiotia, como se quiséssemos transmitir algum legado mesmo após o suicídio. Trata-se, pura e simplesmente, de cometer suicídio. Aqui, o niilismo parece ter alcançado uma tese escatológica que não pode movimentar uma nova antítese. Mas, como já estamos familiarizados com a retroalimentação do universo dostoievskiano, é possível prever — e isso será desdobrado a contento no capítulo 5 deste livro — que o homem ridículo, ao tocar o fundo do umbral, passará por uma experiência quintessencial — justamente, o sonho transcendental — que o fará tensionar a descrença absoluta.

Nossa análise buscou dar um salto dialético da parte para o todo, de tal maneira que alcançamos uma visão panorâmica da dinâmica do subsolo. Procedamos a um novo salto dialético que nos levará do princípio de *Memórias do subsolo* até a aterrissagem sobre o último parágrafo da narrativa: "Aliás, ainda não terminam aqui as 'memórias' deste paradoxalista. Ele não se conteve e as continuou. Mas parece-nos que se pode fazer ponto final aqui mesmo" (IDEM, p. 147). Percebamos que uma voz autoral se transforma no polo relativo para sentenciar o término da narrativa por detrás das costas do homem do subsolo como polo equivalente, isto é, por detrás das costas do outrora protagonista que, ao fim e cabo, perde a sua condição de *narrador*-personagem. E por que isso teria acontecido? Ora, nosso sobrevoo dostoievskiano a partir das equiparações dialógico-dialéticas já nos pode fornecer uma resposta a tal questão. De forma coerente com o movimento potencialmente infinito da forma (e do conteúdo) em Dostoiévski, o fim de *Memórias do subsolo* é um não-término, ou, para sermos mais precisos, um antitérmino, um término antitético em si e para além de si mesmo. Qual um *deus ex machina*, a voz autoral susta a narrativa sem nos explicar por que lhe parece "que se pode fazer ponto final aqui mesmo". E tudo isso apesar de, uma frase antes, a voz autoral haver dito que o homem do subsolo não se contivera e acabara continuando suas memórias. Isso nos mostra, a partir da imanência da dinâmica poética, que a noção de movimento infinito se imbrica ao movimento da forma. Na segunda parte deste livro, veremos como o conteúdo infinito se converte em *movimento da eternidade*, mas já estamos nos aproximando do momento em que poderemos mostrar como e explicar por que o movimento infinito da forma é análogo ao fetiche da mercadoria. Por ora, no entanto, tenhamos em mente que o término inconcluso (a resolução irresoluta) tanto de *Memórias do subsolo* quanto dos duelos dostoievskianos que se estendem através das outras obras pressupõe as colisões vertiginosas e infindas de teses e antíteses.

2.3. A FORMA DINHEIRO ESCAVA AS GALERIAS SUBTERRÂNEAS

Já estamos em condições de entrelaçar as diversas equiparações dostoievskianas, uma vez que já analisamos a dinâmica da célula e já sobrevoamos a tessitura que vincula os órgãos. Marx continuará a nos ajudar na escavação do subsolo. É chegada a hora de sabermos o que advém do desdobramento da forma simples de valor (*x mercadoria A = y mercadoria B*) em direção à forma dinheiro (por exemplo, *1 casaco = 2 onças de ouro*), em meio à qual o polo de valor equivalente é ocupado, enfim, pela figura social que representa o não-valor de uso por excelência, a coisa externa que, (supostamente) em termos passivos, faz equivaler todos os valores de uso contra ela expressos, isto é, o dinheiro. Quando desvelarmos a ciranda tautológica que transforma o dinheiro em capital, estaremos em condições de entender qual é o (não-)sentido da lógica subterrânea da forma em Dostoiévski.

Marx (1998) nos informa que

> o segredo da expansão de valor, a igualdade e a equivalência de todos os trabalhos, porque e na medida em que são trabalho humano em geral, somente pode ser decifrado quando o conceito da igualdade humana já possui a consciência de um preconceito popular. Mas isso só é possível numa sociedade na qual a forma mercadoria é a forma geral do produto de trabalho e, por conseguinte, também a relação das pessoas umas com as outras como possuidoras de mercadorias é a relação social dominante (p. 62).

Quando, na segunda parte deste livro, discorrermos sobre a filosofia dialética da história em Dostoiévski e em Hegel, veremos como a construção do "conceito da igualdade humana" como um "preconceito popular", isto é, como a segunda natureza do imaginário coletivo, veio à tona por meio de enormes sofrimentos e tragédias históricos. Por ora, devemos salientar o que a dinâmica de Dostoiévski já tornou patente: estamos diante da igualdade humana *negativa*, a igualdade reificada que nos coage ao ápice do utilitarismo — eis a igualdade da equiparação, a igualdade da fungibilidade. A relação social dominante que coisifica a relação das pessoas umas com as outras como possuidoras — ou pior, como não-possuidoras — de mercadorias alicerça a dinâmica do subsolo como mimese poética a levar às últimas consequências o sentido e o ressentimento históricos. As masmorras do subsolo — os *loci* dos polos das relações de equiparação — transformam-se em conteúdo histórico precipitado; a forma, em seu movimento dialético, enforma e deforma o conteúdo das vozes. Para empregarmos uma imagem que desponta do *ethos* — ou melhor, do *pathos* — dostoievskiano, devemos dizer que as vozes das personagens (o conteúdo) são enforcadas pelas cordas vocais (a forma como patíbulo).

A superação (*Aufhebung*) da igualdade reificada pela igualdade emancipatória é um teor de verdade que, em Dostoiévski, agoniza como antítese e sobrevive como ímpeto de síntese em meio ao subsolo. Dostoiévski nos revela o caráter escatologicamente negativo da noção aristotélica de que os homens somos *animais sociais*. A sociedade socializada pela reificação aproxima os homens reduzindo-os a portadores de relações econômicas — ou pior, a porta-vozes de relações intersubjetivas deformadas por interesses utilitários — e apenas muito contingencialmente possibilita que as trocas entre as pessoas resultem em comunhão. Como a (re)produção da realidade se impõe *erga omnes*, a percepção e a vivência das relações humanas para além da reificação se veem deformadas pelo existente tal como ele se apresenta. A obra de Dostoiévski, então, disseca a (tauto)lógica que faz com que o condenado se afeiçoe ao verdugo[5].

---

5. Nesse sentido, o poeta brasileiro Augusto dos Anjos se torna um exímio leitor de Dostoiévski com a visceralidade *histórico--subterrânea* de seus "Versos Íntimos" (In: *Eu e Outras Poesias*. Rio de Janeiro: Civilização Brasileiro, 1998, p. 69): "Vês! Ninguém assistiu ao formidável/ Enterro de tua última quimera./ Somente a Ingratidão — esta pantera —/ Foi tua companheira inseparável!// Acostuma-te à lama que te espera!/ O Homem, que, nesta terra miserável,/ Mora, en-

Ao lado de Marx, acompanhemos o processo da metamorfose da forma simples de valor até sua figuração mais exuberante, totalizante — e totalitária.

> A forma dinheiro da mercadoria é apenas a figura mais desenvolvida da forma simples de valor, isto é, da expressão do valor de uma mercadoria em outra mercadoria qualquer. (...) A forma individual de valor passa por si mesma a uma forma mais completa. (...) Assim, conforme ela entre numa relação de valor com esta ou aquela outra espécie de mercadoria, surgem diferentes expressões simples de valor, de uma mesma mercadoria. (...) Sua expressão individualizada de valor converte-se, portanto, em uma série constantemente ampliável de suas diferentes expressões simples de valor (1998, p. 61; p. 64).

Quando Marx nos apresenta a *via crucis* que culmina na forma de valor total ou desdobrada — isto é, *z mercadoria* A = *u mercadoria* B ou *v mercadoria* C = *w mercadoria* D ou = *x mercadoria* E etc. —, o concerto dialético-polifônico a equiparar e a entrelaçar o homem do subsolo, Liza, Raskólnikov, Sônia Marmieládova, o Príncipe

---

tre feras, sente inevitável/ Necessidade de também ser fera.// Toma um fósforo./ Acende teu cigarro!/ O beijo, amigo, é a véspera do escarro,/ A mão que afaga é a mesma que apedreja.// Se a alguém causa inda pena a tua chaga,/ Apedreja essa mão vil que te afaga,/ Escarra nessa boca que te beija!"

Na segunda parte deste livro, procurarei arremessar Dostoiévski (e a verve demoníaca de Augusto dos Anjos) contra si mesmo(s), de modo a descobrirmos que a mão que fere é a mesma mão que pode curar. Assim, *Ouves? Alguém já ausculta a formidável/ Súplica de tua Fênix./ Não só a Gratidão — esta Pandora —/ É tua companheira inseparável!// Levanta-te do charco que te prostra!/ O Homem, que, nesta terra ainda purulenta,/ Mora, entre feras, sente inextirpável/ Vontade de já não ser fera.// Toma um fósforo. Reconcilia a tua noite com o dia!/ O beijo, bela, é o prenúncio do amparo,/ A mão que fere é a mesma que pode curar.// Se a ninguém causa ainda pena a tua chaga/ Cura essas mãos vis que não afagam,/ Ampara essa boca que ainda não beija.*

Míchkin, Rogójin, Kiríllov, Stavróguin, o clérigo Tíkhon, os irmãos Aliócha e Ivan Karamázov e o homem ridículo já nos aparece em movimento para além das fronteiras de suas respectivas obras. Cada (contra)posição das vozes pressupõe sua(s) respectiva(s) antítese(s). A voz do homem do subsolo, por exemplo, é agora expressa em (e contra) inumeráveis outras vozes do subsolo poético de Dostoiévski. Qualquer outra personagem torna-se eco da voz subterrânea. Assim, desponta essa voz mesma pela primeira vez verdadeiramente como gelatina de ironia e contradição indiferenciadas. Pois a ironia e a contradição que geram o movimento poético são agora expressamente representadas como vozes equiparadas a quaisquer outras vozes, sejam quais forem a forma e o conteúdo peculiares que elas possuam, e, portanto, se objetivam em (e contra) Liza ou Raskólnikov, Sônia ou Míchkin etc. Por meio de sua forma irônico-contraditória, o homem do subsolo se encontra agora também em relação dialético-dialógica não mais apenas com a alteridade espectral, mas sim com o mundo da polifonia. Como voz relacional, o homem do subsolo é o cidadão por excelência deste mundo. Ao mesmo tempo, depreende-se da interminável série de suas expressões de equiparação que são apenas momentâneos à ironia contraditória do subsolo a forma e o conteúdo específicos da voz na qual (e contra a qual) eles se manifestam.

Agora, estamos bem próximos de entender que, quando dizemos que o homem do subsolo desempenha o papel de equivalente universal, uma antítese interna ao seu polo de equiparação se estabelece ao lado da antítese externa que contrapõe toda a miríade de personagens ao nosso (anti-)herói. O homem do subsolo, como narrador--personagem, como a protoforma do devir formal de Dostoiévski, como a chave para a mediação entre polifonia e dialética, articula as equiparações do subsolo na mesma medida em que por elas é articulado. O homem do subsolo realiza a dialética histórico-etimológica da palavra *sujet*: o *sujeito* também é *súdito*, o sujeito também é sujeitado. Isso não nos deve surpreender, na medida em que já analisamos os papéis diferenciais, contrapostos e vertiginosamente sucessivos dos polos de valor relativo e equivalente. "No mesmo grau em que se desenvolve a forma valor em geral desenvolve-se também a antítese entre ambos os polos, a forma valor relativa e a forma equivalente" (MARX, 1998, p. 68). Ocorre que, na posição de equivalente universal, o homem do subsolo acaba por sofrer a abstração por excelência — *todas* as vozes, por peculiares e específicas que sejam, expressam seu valor *por meio da dinâmica do subsolo.* É como se todas as demais personagens dostoievskianas houvessem surgido a partir dos estilhaços do *Big Bang* subterrâneo. Assim, analisemos ainda uma vez, em diálogo com a concretude de *Memórias do subsolo*, o *modus operandi* de tal abstração por meio de uma sucessão de fragmentos:

> **(i)** Eis o que seria melhor mesmo: que eu próprio acreditasse, um pouco que fosse, no que acabo de escrever. Juro-vos, meus senhores, que não creio numa só palavrinha de tudo quanto rabisquei aqui! Isto é, talvez eu creia, mas, ao mesmo tempo, sem saber por quê, sinto e suspeito estar mentindo como um desalmado (DOSTOIÉVSKI, 2004, p. 51).

> **(ii)** [O homem do subsolo assume a voz da alteridade espectral]: E como são importunas, como são insolentes as suas saídas, e, ao mesmo tempo, como o senhor tem medo! Afirma absurdos e se satisfaz com eles; diz insolências, mas sempre se assusta com elas e pede desculpas. Assegura não temer nada e, ao mesmo tempo, busca o nosso aplauso. Garante estar ran-

gendo os dentes e, simultaneamente, graceja, para nos fazer rir. Sabe que os seus gracejos não têm espírito, mas, ao que parece, está muito satisfeito com a sua qualidade literária. (...) Vangloria-se da sua consciência, mas, na realidade, apenas vacila, pois, embora o seu cérebro funcione, o seu coração está obscurecido pela perversão, e, sem um coração puro, não pode haver consciência plena, correta (IDEM, pp. 51-52).

(iii) Está claro que eu mesmo inventei agora todas estas vossas palavras. Isto provém igualmente do subsolo (IBIDEM).

(iv) E eis mais um problema para mim: para que, realmente, vos chamo de 'senhores', para que me dirijo a vós como leitores de verdade? (IBIDEM).

(v) Eu escrevo unicamente para mim e declaro de uma vez por todas que, embora escreva como se me dirigisse a leitores, faço-o apenas por exibição, pois assim me é mais fácil escrever. Trata-se de forma, unicamente de forma vazia, e eu nunca hei de ter leitores. Já declarei isto uma vez... (IDEM, p. 53).

(vi) Alguém poderia implicar com essas palavras e me perguntar: se de fato não conta com leitores, para que faz tais contratos consigo mesmo? (IBIDEM)

(vii) [Eu] talvez também imagine, de propósito, diante de mim um público para que me comporte de modo mais decente, quando estiver escrevendo (IBIDEM).

Já estamos em condições de dizer que, no primeiro trecho, o homem do subsolo, em termos dialéticos, mente ao dizer a verdade e diz a verdade ao mentir. (E, sem que ele saiba por quê, o movimento contraditório da mentira o toma de assalto.) A depender do *locus* de equiparação de que faz parte — se o polo relativo ou o polo equivalente —, nosso (anti-)herói ora expressa (e deforma) determinado conteúdo, ora é equiparado à voz alheia que também o deforma. A conjuminação entre mentira poética e teor de verdade — e teor de mentira e verdade poética — diz respeito a um processo infindo que imbrica uma série de relações e que arremessa o homem do subsolo, contínua e vertiginosamente, para diversos pontos nodais de equiparação ao longo do devir subterrâneo de Dostoiévski.

No segundo trecho, a antítese interna ao homem do subsolo como equivalente universal funde forma e conteúdo e nos apresenta a quintessência hermenêutica da poética de Dostoiévski. Nosso (anti-)herói não apenas assume, ostensivamente, a voz da alteridade espectral, mas também se torna um outro para si mesmo. Ao elencar a contumácia de suas equiparações — "afirma absurdos e se satisfaz com eles; diz insolências, mas sempre se assusta com elas e pede desculpas; assegura não temer nada e, ao mesmo tempo, busca o nosso aplauso; garante estar rangendo os dentes e, simultaneamente, graceja, para nos fazer rir" —, conseguimos escavar as galerias do subsolo como se estivéssemos procedendo a um raio-x esquelético. O processo da metamorfose do homem do subsolo não faz com que ele retorne ao *locus* irônico de origem como se fosse incólume às contradições e (auto)flagelações. O protagonista se distancia continuamente do ponto de origem — o sadomasoquismo desvelado desde o parágrafo inicial de suas memórias —, mas, dialeticamente, seu devir mantém um paralelismo com a fratura original. Ao invés de uma forma poética circular — ao invés, portanto, de um eterno retorno —, estamos falando de um movimento helicoidal em que a contradição, ao invés de se resolver, contradiz a si mesma para continuar sendo contraditória, isto é, para continuar a se mover contraditoriamente. Assim, o processo de equiparação e fungibilidade das vozes encerra relações contraditórias e mutuamente exclusivas. O devir da dialética polifônica não suprime essas contradições, mas gera a forma dentro da qual elas podem mover-se. Essa é, em termos gerais, a dinâmica da poética dostoievskiana com a qual as contradições ficcionais se resolvem. É uma contradição, por exemplo, que um corpo (uma voz) caia constantemente em outro(a) e, com a mesma constância, fuja dele(a). A elipse é uma das formas de movimento em que essa contradição tanto se realiza como se resolve. Assim, já podemos entrever que o subsolo das vozes dostoievskianas é escavado por meio de túneis helicoidais formados por elipses sucessivas, equiparadas e entrelaçadas. Daqui a pouco, quando Marx nos apresentar ainda mais elementos para entendermos a imbricação das galerias subterrâneas, isto é, a imbricação das sucessivas relações de equiparação, tendo em vista que já analisamos a dialética de seus polos constitutivos, conseguiremos desvelar, *in toto*, a noção de (falta de) sentido da poética de Dostoiévski.

Voltemos, agora, aos fragmentos de *Memórias do subsolo*, pois "está claro que eu mesmo inventei agora todas estas vossas palavras. Isto provém igualmente do subsolo" (IDEM, p. 52). O conteúdo desvela a forma, que, por sua vez, enforma e deforma o conteúdo. Já sabemos que a desidentidade objetiva do homem do subsolo faz com que ele acredite em si mesmo enquanto mente. Ocorre que, em um ato falho poeticamente estrutural, nosso (anti-)herói nos revela que *isto provém igualmente do subsolo*. Ora, o protagonista cínico não está apenas se desincumbindo de sua sordidez, ele nos está dizendo que o próprio *locus* que o enforma e que conforma o subsolo enseja tais contradições. Quando outra masmorra do subsolo é aberta com mais esta chave hermenêutica, o paradoxalista nos pergunta "para que me dirijo a vós como leitores de verdade?" (IBIDEM). Ao que bem podemos responder: o sentido de sua forma (sentido que estamos para desvelar) pressupõe a dialogia em relação a leitores pressupostos, a leitores de *mentira (e de mentiras).* Em termos do conteúdo volúvel, trata-se da impossibilidade reificada que o homem do subsolo tem para conviver, efetivamente, com as pessoas que (não) o cercam. Mas, dialeticamente, também se trata da impossibilidade de o homem do subsolo se bastar a si mesmo — o solipsismo povoado pela alteridade ausente diz respeito a um ímpeto de convivência que, mesmo sendo ficcional, sequer a reificação mais encarniçada pôde silenciar de todo. Então ficamos sabendo que o homem do subsolo escreve unicamente para si mesmo e que, embora escreva como se estivesse se dirigindo a leitores, "faço-o apenas por exibição, pois assim me é mais fácil escrever. *Trata-se de forma, unicamente de forma vazia*, e eu nunca hei de ter leitores. Já declarei isto uma vez..." [grifo meu] (IDEM, p. 53). Para a dialética de Dostoiévski — e suas personagens patológicas que o digam —, o incesto lança mão do cordão umbilical para entrelaçar verdade e mentira. O homem do subsolo, intérprete por excelência da forma dostoievskiana, anuncia que o subsolo erige uma forma vazia. Mas agora sabemos que, em seu devir, trata-se de uma forma que, ao equiparar os mais diversos conteúdos, dá vazão às e esvazia (e silencia) as mais diversas vozes. Trata-se de uma forma esvaziada pela reificação em termos poéticos e históricos, uma forma que se esvazia como conteúdo precipitado pelo niilismo. Nada pode perdurar, a não ser o processo de nadificação da realidade (ficcional). Nenhuma ideia sobrevive ao corredor polonês do subsolo, a não ser o processo ideológico de reificação, a ideia social por excelência, o conteúdo por excelência da forma de reprodução social. Ao fim e ao cabo, quando o homem do subsolo projeta a nossa voz para se perguntar "para que faz tais contratos consigo mesmo, se de fato não conta com leitores", a resposta nos leva, de forma helicoidal e dialética, bem ao início deste capítulo, quando mencionamos que nosso paradoxalista narra — ou melhor, discursa — junto a um púlpito e diante de uma plateia: "[Eu] talvez também imagine, de propósito, diante de mim um público para que me comporte de modo mais [in]decente, quando estiver escrevendo" (IBIDEM).

Ora, para poder ser equiparado às vozes díspares de seu público — para proceder à e passar pela abstração mais geral —, o homem do subsolo, *sujeito e súdito*, alcança a universalidade *negativa* da forma dinheiro, que, a bem dizer, é o desenvolvimento ulterior da forma equivalente geral das mercadorias/vozes cuja apresentação fizemos mais acima. A forma equivalente geral pode ser recebida por qualquer voz. Por outro lado, uma única voz quintessencial encontra-se na forma equivalente geral, porque e na medida em que é excluída por todas as demais vozes como equivalentes. E só a partir do momento em que essa exclusão se limita definitivamente a uma personagem determinada a forma valor relativa unitária do concerto polifônico adquire consistência (e consciência) objetiva(s) e validade poética geral. Então, a personagem e sua(s) voz(es) específica(s), com cuja voz a forma equivalente se funde poeticamente, torna-se mercadoria dinheiro ou funciona como dinheiro. Torna-se sua função especificamente poética e, portanto, seu monopólio poético, desempenhar o papel de equivalente geral em meio ao concerto dialético-polifônico.

"A forma dinheiro é apenas o reflexo aderente a uma única mercadoria das relações de todas as outras mercadorias" (MARX, 1998, p. 83). Vale frisar que a abstração que fez com que o homem do subsolo se fundisse à sua herança de 6 mil rublos é a cristalização dialética do processo que nos pôde demonstrar como a dialogia das personagens se estrutura. A forma dinheiro, como equivalente universal, congrega em si e para si a abstração de sua própria voz na mesma medida em que recebe das demais personagens, nos polos relativos infindos, o mote de suas expressões. Tal fungibilidade, ao invés de alicerçar a equipolência bakhtiniana das vozes, implica a equiparação/reificação dos sentidos, ressentimentos e ideias que as personagens tentam fazer valer contra as demais. É assim que a forma dinheiro é a fotografia mais bem acabada de um processo que, como sabemos, tivera início desde o primeiro parágrafo de *Memórias do subsolo.* Mas, como já mencionamos neste capítulo, a poética de Dostoiévski não é fotográfica, ela não se coagula como uma estátua. Nosso processo de análise se fundiu ao movimento narrativo precisamente porque a primazia do objeto requer o acompanhamento cinético, a sucessão fotográfica — uma poética, a bem dizer, fílmica. Assim, se já conseguimos entender como a dialogia vincula as personagens entre si, precisamos, por fim, desvelar como as relações são articuladas tendo em vista a mediação da forma dinheiro, isto é, como (e por que) a poética de Dostoiévski percorre as galerias do subsolo.

2.4. O EVANGELHO SEGUNDO O CAPITAL: MITGEFANGEN, MITGEHANGEN; PRESOS JUNTOS, JUNTOS ENFORCADOS

A análise do solipsismo relacional do homem do subsolo — a forma e a forja para as relações danificadas entre as personagens dostoievskianas — segue sobretudo um caminho oposto ao devir poético. Ela começa *post festum* e, por isso, com os resultados ainda mais reificados do processo dialógico em termos histórico-sociais. À época de Dostoiévski — e de Marx e, posteriormente, de Bakhtin —, a coruja de Minerva ainda não levantara seu voo crepuscular para nos revelar a transformação da reificação e do fetichismo em segunda natureza da sociedade capitalista socializada como a (suposta) ontologia dos homens e mulheres reduzidos a (não-)possuidores de mercadorias. É assim que, hoje, de maneira radicalmente encarniçada — e, sobretudo, após o colapso da antítese soviética (ainda que a reboque das profundas contradições do socialismo realmente existente) —, deparamos com uma "formação social em que o processo de produção domina os homens, e ainda não o homem o processo de produção" (MARX, 1998, p. 76). Ao traduzirmos Marx para o universo dostoievskiano, escavamos uma poética que faz as personagens falarem à rouquidão e que as lança em relações de contraposição como se elas estivessem realmente *convivendo e coexistindo*. Mas, como bem sabemos, trata-se da mutilação fundamental da convivência humana — é como se todas as vezes em que o homem do subsolo e suas vozes poéticas a lhe serem equiparadas quisessem superar a solidão da (não-)coexistência hedonista, atomística e coercitiva, algo turvasse o ímpeto por comunhão, de modo a que o caráter socialmente gregário dos homens e mulheres tivesse que passar por um longo e redivivo período de quarentena. Como a maior parte das personagens dostoievskianas não tem a sorte (reificada) do homem do subsolo — lembremo-nos de que as diatribes solipsistas de nosso (anti-)herói amparam-se sobre a herança de 6 mil rublos que lhe permite o isolamento povoado de vozes —, o resultado e a resultante dos duelos narrativos tendem a expressar, por meio dos conteúdos em duelo e fraturados, aquilo que a forma fetichista já reificara. Eis a redução do processo de socialização a um velho provérbio alemão: *Mitgefangen, mitgehangen*, isto é, *presos juntos, juntos enforcados.* Assim, nossas personagens descobrem que a mesma poética do subsolo, que as torna vozes atomísticas e (supostamente) independentes, torna independente delas mesmas o processo poético e suas relações dentro desse processo e também descobrem que a (suposta) independência recíproca das personagens se complementa num sistema de dependência reificada universal.

Analisemos, então, a lógica de totalização do processo que Marx alcunhou de vampirismo — o Dr. Frankenstein se ajoelha em face de seu monstrengo, o filho de Saturno passa a devorá-lo, os criadores se prostram diante da criatura —, uma vez que o fetichismo das mercadorias se alimenta do sangue dos produtores para continuar a se reproduzir contra todos aqueles e aquelas que o soerguem e não veem suas vidas serem drenadas pelo processo que lhes passa às costas.

> Os homens relacionam entre si seus produtos de trabalho como valores não porque consideram essas coisas como meros envoltórios materiais de trabalho humano da mesma espécie. Ao contrário. Ao equiparar seus produtos de diferentes espécies na troca, como valores, equiparam seus diferentes trabalhos como trabalho humano. Não o sabem, mas fazem. (...) Todas as mercadorias são não-valores de uso para seus possuidores e valores de uso para seus não-possuidores. Elas precisam, portanto, universalmente, mudar de mãos. Mas essa mudança de mãos constitui sua troca, e essa troca as refere como valores entre si e as realiza como valores. As mercadorias têm que se realizar, portanto, como valores, antes de poderem realizar-se como valores de uso (MARX, 1998, p. 72; p. 80).

As personagens dostoievskianas relacionam entre si suas vozes em termos dialógicos não porque consideram o concerto polifônico como a resultante do fato de que todos somos animais sociais. Ao contrário. Ao equiparar suas vozes de diferentes matizes na troca dialógica, como valores fungíveis, elas equiparam suas diferentes subjetividades como igualdade poética *negativa* — ainda que possa haver potencial emancipatório encalacrado em busca de comunhão. As personagens não o sabem, mas fazem. Como nem mesmo o meu nome é algo em si e para si meu, uma vez que o signo de identidade que nos é mais próprio tem um caráter fortemente alheio por nos ter sido dado por nossos pais, isto é, pela alteridade[6], todos os ímpetos das personagens dostoievskianas são não-valores de uso para seu porta-vozes e valores de uso para seus não-porta-vozes. Elas precisam, portanto, universalmente entrar em contato e se comunicar — ainda que as relações de equiparação só façam silenciar os demais. Mas essa comunicação constitui sua troca, sua equiparação, e essa troca as refere como valores entre si e as realiza como valores. As personagens têm que se realizar, portanto, como valores (como súditos), antes de poderem realizar-se como valores de uso (como sujeitos).

Notemos que, tanto em Marx quanto em Dostoiévski, o processo fetichista nos apresenta uma racionalidade virada de ponta-cabeça. A princípio, imaginamos que os possuidores de mercadoria, (supostamente) independentes entre si, estabelecem o intercâmbio de seus produtos para a realização, em termos racionais, do metabolismo

6. Assim, a pergunta "Como você se chama?", em termos lógico-sociais, seria mais precisa se assim fosse formulada: "Como primeiramente chamaram você?"

social. Eu produzo linho, você vende casacos. O linho, como valor de uso, não me interessa. O casaco, como valor de uso, não lhe interessa. Ocorre que, para que nossas respectivas demandas individuais sejam satisfeitas — para que o sentido do valor de uso se realize —, é preciso que consigamos percorrer o corredor polonês da troca de mercadorias. O fetichismo, fundamental e primeiramente, realiza suas próprias demandas — é preciso que as trocas, em termos tautológicos, se alimentem de si mesmas. Em seguida, e apenas em seguida, as demandas dos possuidores de mercadorias podem ser satisfeitas. Nesse sentido, já conseguimos entrever que, ao longo da ciranda fetichista, os meios drenam os fins, a ponto de os meios se tornarem fins em si mesmos. Tal apreciação já nos dá um panorama geral do labirinto com o qual o subsolo se funde e se confunde. Mas, para entendermos como o fetichismo poético se movimenta, precisamos, a partir de agora, acompanhar o entrelaçamento das trocas de mercadorias, isto é, a conexão entre as diferentes equiparações do concerto polifônico de Dostoiévski.

Nesse sentido, Marx nos diz que

> o processo de intercâmbio da mercadoria opera-se por meio de duas metamorfoses opostas e reciprocamente complementares — transformação da mercadoria em dinheiro e sua retransformação de dinheiro em mercadoria. Os momentos da metamorfose da mercadoria são, ao mesmo tempo, transações do possuidor de mercadoria – venda, intercâmbio da mercadoria por dinheiro; compra, intercâmbio do dinheiro por mercadoria, e unidade de ambos os atos: vender para comprar. (...) O processo de intercâmbio da mercadoria se completa, portanto, na seguinte mudança de forma: Mercadoria – Dinheiro – Mercadoria, M – D – M (1998, p. 93; p. 94).

Vender para comprar: tal movimento nos parece racional, uma vez que, quando conseguimos vender nossa força de trabalho, fazemo-lo para sobreviver, isto é, para comprar a sobrevivência. Em termos dostoievskianos, dialogar para comunicar: tal movimento nos parece racional, uma vez que, quando dizemos algo para alguém, fazemo-lo para pô-lo em comum, para existir — ou melhor, para *co-existir.* Ocorre que a racionalidade do movimento M – D – M se imbrica à tautologia do fetiche D – M – D, ou, por outra, comprar para vender, comprar para vender mais caro, comprar para acumular, acumular sobre o acúmulo. É quando o movimento da forma dinheiro se transforma em capital. Em termos dostoievskianos, dialogar para monologar, dialogar para silenciar, monologar sobre o monólogo dialógico. É quando o movimento da forma dostoievskiana se transforma em fetiche. Analisemos mais de perto essa metamorfose que enreda M – D – M a D – M – D — o processo da metamorfose que enforca as vozes dostoievskianas com suas cordas vocais.

Marx quebra o processo M – D – M em seus momentos constitutivos — respectivamente, M – D, primeira metamorfose da mercadoria ou venda, e D – M, metamorfose segunda ou final da mercadoria, isto é, compra — para que entendamos suas imbricações.

O processo uno é um processo bilateral, do polo do possuidor de mercadorias, venda, do polo contrário, do possuidor de dinheiro, compra. Ou venda é compra, M – D ao mesmo tempo D – M. (...) D – M, a compra, é ao mesmo tempo venda, M – D; a última metamorfose de uma mercadoria é, por isso, simultaneamente, a primeira metamorfose de outra mercadoria (IDEM, pp. 95-96; p. 97).

Quando, anteriormente, tiramos uma fotografia da relação de equiparação geral que fez com que todas as personagens se contrapusessem em relação ao homem do subsolo, fizemos menção ao fato de que se tratava de um quadro pertencente a uma sequência fílmica. Nós analisamos as funções dos polos relativo e equivalente em meio às relações, mas não havíamos mostrado efetivamente como as diferentes relações das personagens se imbricavam. Agora, ao traduzirmos Marx para o universo de Dostoiévski, entendemos que o transcurso de M – D até D – M nos fornece os alicerces para acompanharmos a ciranda do subsolo. A contraposição de uma personagem em relação às outras é mediada, conforme podemos ver, pela forma dinheiro. Quando a primeira mercadoria é vendida (M – D), o comprador pode satisfazer sua necessidade mediante a troca solvente, ele retira a mercadoria de circulação e, com isso, a realiza como valor de uso, isto é, como não-mercadoria, ao passo que o vendedor, após a troca, recebe seu quinhão. O segundo movimento (D – M) transforma o vendedor em comprador, e, para tanto, um segundo proprietário de mercadorias entra na cirada. Assim, em termos da nossa analogia entre Dostoiévski e a lógica da mercadoria em Marx, quando o primeiro diálogo é articulado, o falastrão pode satisfazer sua eloquência mediante a equiparação, ele projeta suas ideias em meio ao concerto polifônico e, com isso, supõe que está se realizando como sujeito, isto é, como voz em si e para si, ao passo que o interlocutor, durante e após a equiparação, se vê, momentaneamente, silenciado. O segundo diálogo transforma o interlocutor em falastrão, e, para tanto, uma nova personagem entra na ciranda. Notemos que a forma dinheiro não precisa estar objetivamente presente em meio ao universo dostoievskiano — nas cenas que analisaremos na próxima (e última) seção deste capítulo, a figura monetária estará presente, mas essa não é uma condição *sine qua non*, uma vez que a (tauto)lógica de equiparação e abstração da forma dinheiro movimenta a poética de Dostoiévski de modo a alcançar, por meio e para além das personagens, um *status* impessoal e onipresente.

No capítulo anterior, Bakhtin bem apontou que os conflitos dostoievskianos se dão de maneira radicalmente extensiva — isto é, *co-extensiva*, em meio ao espaço, e não através do tempo. Dissemos que o crítico russo, ao denegar a dialética de maneira estanque, não pôde entender que Dostoiévski lança mão de um tempo radical que se funde ao espaço, como se os diálogos fossem como que relações especulares do devir das personagens que se equiparam — no exemplo que utilizei, Liza e Sônia eram, respectivamente, as imagens potencialmente emancipadas do homem do subsolo e de Raskólnikov. Agora, podemos aprofundar a colocação que fizéramos anteriormente. Já sabemos que o homem do subsolo, por exemplo, participa de uma série vertiginosa de relações *sucessivas e simultâneas*. Já sabemos também que, a depender de cada uma das relações de que faz parte, nosso (anti-)herói desempenha papéis distintos. Ao invés, então, de pensarmos em uma série relacional linear — algo como a linha de produção de *Tempos Modernos*, de Chaplin —, pensemos na imbricação e na sobreposição vertiginosas das mais diversas relações com os mais variados sentidos. Falamos de uma expansão não apenas horizontal e vertical, mas de um movimento tridimensional — chegamos ao espectro da geometria analítica e seus eixos x, y e z. Em tais relações, há temporalidades escorreitas — a sequência cronológica estrita —, mas também há rememorações, ruminações, ressentimentos. O homem do subsolo, por exemplo, oscila continuamente entre o tempo presente e a (im)possibilidade de perdoar ao e (não) se enraivecer com o tempo passado. Interessa-nos dizer, então, que as relações se imbricam umas às outras como uma sucessão vertiginosa de teses e antíteses que se pressupõem e se repelem, de modo que o movimento, para prosseguir, precisa denegar continuamente a si mesmo e, conforme já sabemos, precisa sujeitar os sujeitos que pensam articular suas vozes — ou melhor, seus discursos — como se eles fossem os marcos inicial e final (o alfa e o ômega) de uma ciranda tautológica que se alimenta incessantemente de si mesma.

Mas, como disséramos anteriormente, o ciclo M – D – M parece racional, pois a venda para a compra diz respeito à satisfação objetiva das necessidades humanas, sejam elas quais forem. Ocorre que, conforme Marx nos diz,

> o dinheiro afasta as mercadorias constantemente da esfera da circulação, ao colocar-se continuamente em seus lugares na circulação e, com isso, distanciando-se de seu próprio ponto de partida. Embora o movimento do dinheiro seja portanto apenas a expressão da circulação de mercadorias, a circulação de mercadorias aparece, ao contrário, apenas como resultado do movimento do dinheiro (1998, p. 100).

O quiproquó está armado. Movem-se as mercadorias, como bem sabemos — aliás, tal frase já nos torna vítimas do canto fetichista de Circe (o feitiço se volta contra o feiticeiro), já que as mercadorias são levadas ao mercado, elas não se movem sozinhas. Mas, ora, Marx afirma que

> o mistério da forma mercadoria consiste (...) no fato de que ela reflete aos homens as características sociais do seu próprio tra-

> balho como características objetivas dos próprios produtos de trabalho, como propriedades naturais sociais dessas coisas e, por isso, também reflete a relação social dos produtores com o trabalho total como uma relação social existente fora deles, entre objetos. (...) Não é nada mais que determinada relação social entre os próprios homens que para eles aqui assume a forma fantasmagórica de uma relação entre coisas (IDEM, p. 71).

Vendedores levam suas mercadorias ao mercado, compradores as subtraem da esfera da circulação para realizá-las como valores de uso — isto é, como não-mercadorias —, mas tal movimento, sempre mediado pela forma dinheiro, parece projetar esta forma sempre mais além, sempre para um ponto mais distante em relação ao ponto de partida, como se o movimento do dinheiro sobre si mesmo fosse o objetivo da circulação, e não a consecução das demandas dos homens e mulheres de boa vontade. Nesse sentido, os mais diversos ramos da divisão social do trabalho e as mais diversas vozes do subsolo dostoievskiano se rendem diante da abstração monetária, pois, conforme já sabemos, "no dinheiro é apagada toda diferença qualitativa entre as mercadorias [e, assim], ele apaga, por sua vez, como *leveller* radical, todas as diferenças" (IDEM, p. 111). Resta saber, então, como M – D – M, vender para comprar, se torna um momento da ciranda fetichista D – M – D, comprar para vender mais, comprar para vender mais caro — ou, em termos dostoievskianos, como o diálogo como comunicação e coexistência se transforma na ciranda dialético-tautológica do silêncio loquaz, o concerto polifônico que permite a expressão das vozes à rouquidão na mesma medida em que torna fungíveis (e assépticos) seus mais diversos conteúdos.

Já sabemos que a forma direta de circulação de mercadorias é M – D – M, isto é, transformação de mercadoria em dinheiro e retransformação de dinheiro em mercadoria, vender para comprar. Ocorre que, conforme nos diz Marx, ao lado dessa forma (aparentemente) racional, encontramos, no entanto,

> uma segunda, especificamente diferenciada, a forma D – M – D, transformação de dinheiro em mercadoria e retransformação de mercadoria em dinheiro, comprar para vender. Dinheiro que em seu movimento descreve essa última circulação transforma-se em capital, torna-se capital e, de acordo com sua determinação, já é capital (IDEM, pp. 121-122).

Marx nos pede para que vejamos mais de perto a circulação D – M – D. Assim, logo percebemos que ela percorre, como circulação simples de mercadorias, duas fases antitéticas:

> Na primeira fase, D – M, compra, o dinheiro é transformado em mercadoria. Na segunda fase, M – D, venda, a mercadoria é retransformada em dinheiro. A unidade de ambas as fases é, porém, o movimento global, que troca dinheiro por mercadoria e, novamente, a mesma mercadoria por dinheiro, compra mercadoria para vendê-la, ou, se não se consideram as diferenças formais entre compra e venda, compra mercadoria com o dinheiro e dinheiro com a mercadoria. O resultado, em que todo o processo se apaga, é troca de dinheiro por dinheiro, D – D (IBIDEM).

Geralmente, dizemos que o camarada que rasga dinheiro, em uma sociedade reproduzida segundo a lógica dos recursos escassos, só pode ser louco. Mas, ora, como é possível que o metabolismo social, alicerçado sobre a dinâmica do capital, proceda à tautologia do dinheiro que se desdobra sobre si mesmo? Por que o entesourador, em sã consciência, arriscaria seu tesouro como capital se se trata de trocar dinheiro por dinheiro? Afinal, quem quer comprar precisa, necessariamente, encontrar alguém disposto a vender. No entanto, quem precisa vender, ora, não necessariamente consegue encontrar alguém disposto a comprar. Assim, "é agora evidente que o processo de circulação D – M – D seria insosso e sem conteúdo caso se quisesse, por intermédio de seu rodeio, permutar o mesmo valor em dinheiro por igual valor em dinheiro" (IBIDEM). Marx está para nos mostrar, então, que a ciranda do capital, na verdade, deve ser expressa por D – D', sendo que

D' = D + ΔD, ou seja, igual à soma de dinheiro originalmente adiantado mais um incremento. Esse incremento, ou o excedente sobre o valor original, chamo de – mais-valia (...). O valor originalmente adiantado não só se mantém na circulação, mas altera nela sua grandeza de valor, acrescenta mais-valia ou se valoriza. E esse movimento transforma-o em capital (IDEM, p. 124).

É muito importante frisar que, no transcurso de *O capital*, Marx demonstra que a formação da mais-valia, dialeticamente, se dá e não se dá na esfera de circulação das mercadorias. Na verdade, a consumação do processo de extração da mais-valia só se realiza efetivamente com a ciranda D – M – D', mas é na esfera da produção, isto é, em meio à exploração da mercadoria por excelência — a força de trabalho humano —, que a mais-valia é efetivamente usurpada, na medida em que é o trabalho humano que valoriza o valor, é o trabalho que, além de transformar os valores de uso — 20 varas de linha em 1 casaco, por exemplo —, agrega a eles valor social real a ser explorado (e não devidamente remunerado aos trabalhadores) pela ciranda dos proprietários dos meios de produção. A construção do conteúdo social da mais-valia, fundamental para as análises de Marx, não será acompanhada *pari passu* neste nosso capítulo[7]. Para as discussões que

7. Como Marx e a Teoria Crítica bem o sabiam, a historicização das categorias de análise é fundamental para o acompanhamento do movimento de reprodução social. Assim, uma leitura bastante peculiar da obra de Marx a arremessar o autor de *O capital* contra si mesmo e para além de si mesmo pode ser encontrada ao longo da obra do teórico social e ensaísta Robert Kurz (1943-2012). Ao analisar o devir da valorização do valor, Kurz apreende uma profunda transformação na maneira pela qual o capital passa a se reproduzir com o advento da revolução microeletrônica ocorrida nos processos produtivos após a Segunda Guerra Mundial. Para Kurz, a extração real de mais-valia se torna cada vez mais (auto)contraditória, na medida em que o trabalho humano vem sendo preterido em massa da esfera produtiva. Sem valorização real do valor pela mediação do trabalho humano — e com a consequente contração do poder de consumo por parte da legião de desempregados e subempregados —, o capital, para Kurz, morde cada vez mais a própria a cauda e, além de desmantelar setores produtivos em escala global e legar inanição e miséria aos *loci* proscritos pela exploração, realiza a tautologia de sua falta de sentido ao se financeirizar radicalmente, isto é, ao se realizar virtualmente como D – D'. Assim, o mercado financeiro, o *locus* da circulação do capital — esfera em que, para Marx, não há real valorização do valor —, assume a vanguarda da crise e, por intermédio de um sistema de empréstimos sem lastro no processo real de produção de mercadorias, reproduz dinheiro como se ele pudesse se valorizar indefinidamente como capital, isto é, como se a antecipação de dinheiro por meio de empréstimos pudesse se amparar na produção real de mais-valia futura. Quando a bancarrota, as falências e a inadimplência se sucedem de forma vertiginosa e contumaz, a valorização do valor, para Kurz, apresenta suas contradições fundamentais por meio do *capitalismo de cassino* e dos *sujeitos monetários sem dinheiro.* É assim que, sempre para o teórico alemão, formam-se as bolhas financeiras que, à iminência da ruptura, sustentam a reprodução real da riqueza com a ficção de seus créditos virtuais. Para o devido aprofundamento da análise de tal crise histórica que acaba por realizar a ciranda do capi-

ora estabelecemos, interessa-nos o resultado tautológico da ciranda do capital, a noção de que a razão, ao ser instrumentalizada pela valorização do valor, transforma-se em um movimento global irracional, uma criação que subordina as criaturas que a erigem. Nesse sentido, vale a pena reiterar, agora com mais minúcia, as diferenças fundamentais entre o processo de aquisição de mercadorias (M – D – M) e o giro tautológico do capital, a valorização do valor (D – M – D').

Assim, na circulação simples de mercadorias, M – D – M,

> ambos os extremos têm a mesma forma econômica. Eles são ambos mercadoria. Eles são também mercadorias de mesma grandeza de valor. Mas eles são qualitativamente valores de uso diferentes, por exemplo, grãos e roupas. O intercâmbio de produtos, a mudança dos diferentes materiais em que o trabalho social se representa, constitui aqui o conteúdo do movimento. (...) Consumo, satisfação de necessidades, em uma palavra, valor de uso, é, por conseguinte, seu objetivo final (IDEM, p. 123).

Se quisermos adaptar o universo lógico de Bakhtin às categorias de nossa análise, será possível dizer que o

---

tal como D – D' — algo como o apogeu do tumor que, com o imperialismo de suas metástases, extermina o corpo que alimenta sua própria rapina —, conferir as seguintes obras de Robert Kurz: *O colapso da modernização: da derrocada do socialismo de caserna à crise da economia mundial.* Rio de Janeiro: Paz e Terra, 2004; *Com todo o valor ao colapso.* Juiz de Fora: UFJF, Pazulin, 2004; *Os últimos combates.* Petrópolis: Vozes, 2004. Conferir também o *Manifesto contra o trabalho*, do qual Kurz, como então integrante do *Grupo Krisis*, foi um dos coautores. Eis o link para a obra: *http://www.krisis.org/1999/manifesto-contra-o-trabalho.* Por fim, aqui está um link para uma página que compila os textos de Kurz e as entrevistas que o autor concedeu: *http://obeco.planetaclix.pt/robertkurz.htm.* Acesso em 01/03/18.

crítico russo entreviu na poética de Dostoiévski a equipolência das relações de equiparação como a consecução racional M – D – M. Nesse caso, a troca apresenta um teor de verdade e universalização, uma vez que se trata de um intercâmbio voltado para a satisfação efetiva das necessidades sociais. Em M – D – M, o dinheiro é não um fim em si mesmo, mas a mediação efetiva para que as mercadorias sejam equiparadas e, por fim, trocadas. Assim, em M – D – M, o dinheiro não é capital. Se o movimento da poética de Dostoiévski se pautasse pela circulação simples das vozes, seu sentido seria, de fato, a *comunicação* do conteúdo, e não a reificação que se volta e se desdobra sobre si mesma. Estaríamos, então, em meio à catedral dialógica na qual os intercâmbios implicariam a equipolência das diferenças. E, conforme havíamos antecipado no capítulo anterior e ao longo deste capítulo procuramos demonstrar, se M – D – M fosse a corda vocal a modular as vozes, o concerto polifônico ouviria a tolerância como a melodia e o sentido de sua totalidade.

Ocorre que a escavação dialética do subsolo de Dostoiévski nos revela não o teor de verdade da troca M – D – M, mas a tautologia reificada da ciranda D – M – D. O diálogo visa ao silêncio — ou pior, à loquacidade que, como já sabemos, projeta a voz do outro sem que a alteridade sequer tenha sido interpelada, sem que, muitas vezes, ela sequer esteja presente. Quando o diálogo realmente acontece — e trouxemos uma pletora de exemplos ao longo destes dois primeiros capítulos, assim como o faremos na segunda parte deste livro —, a equiparação que visa ao próprio movimento torna as vozes impotentes diante da impossibilidade de comunhão e verdadeira troca. É assim que, já à primeira vista, a ciranda D – M –

D parece sem conteúdo, porque tautológica. Marx, então, prossegue:

> Ambos os extremos têm a mesma forma econômica. Eles ambos são dinheiro, portanto não-valores de uso qualitativamente diferenciados, pois dinheiro é a figura metamorfoseada das mercadorias, em que seus valores de uso específicos estão apagados. (...) Uma soma de dinheiro pode diferenciar-se de outra soma de dinheiro tão somente mediante sua grandeza. (...) Seu motivo indutor e sua finalidade determinante [da ciranda D – M – D] são, portanto, o próprio valor de troca, (...) e já por isso o movimento é sem fim. (...) O fim de cada ciclo individual, em que a compra se realiza para a venda, constitui, portanto, por si mesmo, o início de novo ciclo. A circulação simples de mercadoria — a venda para a compra — serve de meio para um objetivo final que está fora da circulação, a apropriação de valores de uso, a satisfação de necessidades. A circulação do dinheiro como capital é, pelo contrário, uma finalidade em si mesma, pois a valorização do valor só existe dentro desse movimento sempre renovado. Por isso o movimento do capital é insaciável (IDEM, p. 124; p. 125).

O diálogo monológico e monologado, além de insaciável, discursa por discursar, e não para pôr as ideias em comum e para compartilhá-las com os outros. Assim, a resolução para a aporia da totalidade em meio ao concerto polifônico se resolve ao permanecer irresoluta, isto é, ao permanecer contraditória. A catedral desaba. Suas ruínas — a imagem-síntese das personagens danificadas de Dostoiévski — são movimentadas pelo turbilhão poético que, ao invés de erigir abrigos ou novas moradas (esse seria o sentido racional das trocas M – D – M), só faz arrastar os escombros tautologicamente sem lhes permitir a reconciliação de suas fraturas. Chegamos, então, ao *bunker* da poética de Dostoiévski, o subsolo. As personagens soerguem pilastras e aríetes para não serem esmagadas — se elas conseguissem vislumbrar a totalidade insana do movimento, descobririam que a energia de suas vozes é drenada para que a poética que as enforma e deforma constitua um sujeito automático. A dialética polifônica se torna o sujeito de um processo em que ela, por meio da modulação constante das vozes e dos papéis diferenciais das personagens, amplifica a sua própria ressonância — como diálogo monologado ela se repele de si mesma e, como voz original, se torna um discurso a projetar o e a prescindir do público. A polifonia se torna o processo reificado da dialética, ela orquestra as vozes sujeitadas e, assim, se transforma em um sujeito automático. A polifonia articula os e se articula pelos diálogos das personagens, sustenta-se e se multipla por meio deles e, então, recomeça a mesmidade de seus ciclos contraditórios ainda uma vez e sempre. Diálogos monologados, diálogos reificados, diálogos sem reconciliação — diálogos que geram ruídos, diálogos que gerem o silêncio. Eis o concerto dissonante da polifonia de Dostoiévski.

2.5. DO LEITO DO SUBSOLO, A EXTRAÇÃO DE MAIS-VALIA SE REVERTE EM MENOS-VALIA

Até agora, transitamos majoritariamente pelo subsolo. Passemos a acompanhar, então, nosso (anti-)herói em meio às suas (in)ações reificadas pela superfície do mundo. O tempo retroage, o homem do subsolo tem apenas 24 anos quando a segunda parte de *Memórias do subsolo* — "A propósito da neve molhada" — vem à tona. O subsolo há muito o apartara do contato com as pessoas. Nesse sentido, quando ouvimos o concerto polifônico *como um todo* munidos de nossos resultados analíticos, apreendemos camadas e mais camadas de solidão, ressentimento, (auto)comiseração — e, dialeticamente, saudade. O turbilhão dialógico-reflexivo do homem do subsolo foi contrapondo barricadas às possibilidades de o protagonista estabelecer relações com as pessoas. Ocorre que, a despeito de seus libelos contra os demais — e, fundamentalmente, contra si mesmo —, o homem do subsolo não conseguia extrair de si mesmo o teor de verdade da reconciliação:

> Às vezes, era muito penoso ir à repartição: isto chegou a tal extremo que, muitas vezes, voltei doente para casa. Mas, de súbito, sem mais nem menos, vinha uma fase de ceticismo e indiferença (tudo me acontecia por fases) e eu mesmo passava a rir da minha intolerância e das minhas repugnâncias (...). Ora não queria falar com ninguém, ora não só iniciava uma conversa, mas tentava até tornar-me amigo deles. Toda a repugnância desaparecia num repente. Quem sabe? Talvez ela nunca existisse em mim (DOSTOIÉVSKI, 2004, p. 54)[8].

---

8. Já não nos surpreende, é claro, que tal ciranda tenha tido início logo nas primeiras páginas de *Memórias do subsolo*. Vejamos ainda uma vez como a cacofonia transforma a dialética entre a maldade e a reconciliação, *em termos fetichistas, nas duas faces da mesma moeda:* "Mas sabeis, senhores, em que consistia o ponto principal da minha raiva? O caso todo, a maior ignomínia, consistia justamente em que, a todo momento, mesmo no instante do meu mais intenso rancor, eu tinha consciência, e de modo vergonhoso, de que não era uma pessoa má, nem mesmo enraivecida (...). Minha boca espumava, mas, se alguém me trouxesse alguma bonequinha e me desse chazinho com açúcar, é possível que me acalmasse. Ficaria até comovido do fundo da alma, embora, certamente, depois rangesse os dentes para mim mesmo e, de vergonha, sofresse de insônia por alguns meses. É hábito meu ser assim. (...) Nunca pude tornar-me mau. A todo momento constatava em mim a existência de muitos e muitos elementos contrários a isso. Sentia que esses elementos contraditórios realmente fervilhavam em mim. Sabia que eles haviam fervilhado a

Já sabemos que confiar no homem do subsolo em termos unívocos significa fiar a corda que logo nos enforcará. Já sabemos, ademais, por que tudo lhe acontecia por fases/equiparações antípodas — e entrelaçadas. Mas, ainda assim, por que o homem do subsolo não extirpa de si, de uma vez por todas, o ímpeto por beleza e comunhão que Stendhal certa vez entreviu como a promessa de felicidade? (O homem do subsolo bem poderia nos dizer que a promessa, se é o que há de vir, também desponta como o que ainda não veio.) O ímpeto por fraternidade permanece cativo no subsolo como Pandora em sua caixa-cárcere. Ainda assim, ele lá permanece.

> Embora eu tenha dito realmente que invejo o homem normal até a derradeira gota da minha bílis, não quero ser ele, nas condições em que o vejo (embora não cesse de invejá-lo. Não, não, em todo caso, o subsolo é mais vantajoso!) Ali, pelo menos, se pode... Eh! Mas estou mentindo agora também. Minto porque eu mesmo sei, como dois e dois, que o melhor não é o subsolo, mas algo diverso, absolutamente diverso, pelo qual anseio, mas que de modo nenhum hei de encontrar! Ao diabo o subsolo! (IDEM, pp. 50-51)

Bem vemos que o homem do subsolo, a quintessência do niilismo e do ceticismo sobre os quais discorreremos ao longo dos três últimos capítulos deste livro, faz a dúvida girar sobre e contra si mesma. Nosso escorpião encalacrado quer abandonar sua cela, mas o ímpeto de superação se vê ilhado e emparedado pela contumácia da reificação. "Está claro que não vos descreverei o que me sucedeu três dias mais tarde; se lestes o meu primeiro capítulo, 'O Subsolo', podeis adivinhar sozinhos" (IDEM, p.

---

vida toda e que pediam para sair, mas eu não deixava. Não deixava, de propósito não os deixava extravasar" (IDEM, p. 16).

70). O mesmo renegado que clama, com o cerne de si, por algo outro, acaba por modular, ainda uma vez (e sempre), o sujeito automático que o sujeita ao subsolo, já que

> [eu] não podia compreender sequer um papel secundário e justamente por isso desempenhava bem tranquilamente, na realidade, o último dos papéis. Herói ou imundície, não havia meio-termo. Foi exatamente isto que me perdeu, porque na imundície eu me consolava com o fato de ser herói em outra hora, e o herói disfarçava consigo a imundície (IDEM, p. 71).

Afinal, "pode porventura um homem consciente respeitar-se um pouco sequer?" Eis, em suma, "a consciência de que não tendes um inimigo, mas a dor existe" (IDEM, p. 26; p. 28). Como já escavamos as galerias do subsolo, sabemos que o eu narcísico acaba sendo o mais refinado inimigo não apenas dos demais, mas, sobretudo, de si mesmo. Quando nosso (anti-)herói nos diz que "o sofrimento (...) constitui a causa única da consciência" (IDEM, p. 48), sabemos que a consciência que não consegue se transformar em práxis e solidariedade também se imbrica às causas múltiplas do sofrimento.

Mas é chegada a hora de acompanharmos nosso (anti-)herói para além da masmorra de seu subsolo. A analogia entre Marx e Dostoiévski nos apresenta a *ciranda do capital* como uma imagem-síntese para a *arquitetura formal do subsolo.* A partir de agora, então, veremos como a ciranda do capital funda, dostoievskianamente, a *menos-valia*, isto é, a desvalorização do ser humano na mesma medida em que os coadjuvantes (o homem do subsolo entre eles) se transformam em porta-vozes para a autovalorização do dinheiro como capital.

Encontremos, então, nosso homem do subsolo às voltas com mais uma de suas tentativas "de abraçar toda a humanidade" (IDEM, p. 74). Chega a hora de visitar Símonov, seu ex-colega de escola. É bem verdade que

> havia muitos outros colegas meus de escola em São Petersburgo, mas não me dava com eles e até deixara de cumprimentá-los na rua. É possível que eu me tenha transferido para outra repartição justamente para não ficar junto deles e romper de vez com toda a minha odiosa infância. A maldição cubra aquela escola e aqueles terríveis anos de forçado! (...) Restavam, é verdade, dois ou três, que eu ainda cumprimentava ao encontrar. Entre estes, Símonov, que em nada se distinguira na nossa escola, que era quieto e de hábitos regulares, mas em quem eu reconhecia certa independência de caráter e, mesmo, honestidade. Não creio, até, que fosse de inteligência muito limitada. Passei com ele, outrora, certos momentos bastante luminosos, mas não duraram muito e, de repente, como que se cobriram de névoa. (...) Eu suspeitava que ele tinha grande repugnância por mim, mas, mesmo assim, frequentava a sua casa, pois não tinha certeza disso.
>
> Pois bem, de uma feita, numa quinta-feira, não suportando mais a minha solidão (...), lembrei-me de Símonov. Enquanto subia a escada para o quarto andar, onde ele morava, ia justamente pensando que esse cavalheiro já se cansava da minha companhia e que eu ia em vão à sua casa. Mas, como sempre ocorria, tais considerações pareciam impelir-me, ainda mais, para uma situação dúbia e, por isto, entrei. Havia quase um ano que eu vira Símonov pela última vez (IDEM, pp. 74-75).

O homem do subsolo nos traz um juízo algo dúbio sobre Símonov. Elogios envoltos por ressentimento. O nome de Símonov, tanto em russo quanto em português, nos remete à mercantilização das práticas espirituais, isto é, à simonia (симония). Como o *valor* de Símonov é expresso pelo mecanismo de equiparação universal, bem sabemos que o homem do subsolo, inominado para sempre como a abstração monetária que contém todos os nossos nomes, logo fará parte do comércio de (auto)indulgências.

Parecia haver um conclave no apartamento de Símonov, pois dois outros colegas de escola do homem do subsolo lá estavam presentes. O primeiro é Trudoliubov, cujo nome é composto pelo substantivo труд (*trud*, labuta) e любовь (*liubov*, amor), ou seja, aquele que "ama o trabalho", conforme nos ensina Boris Schnaiderman (IDEM, p. 78). O homem do subsolo lhe reputa uma personalidade pouco digna de nota: trata-se de um "militar de estatura elevada e fisionomia frígida, bastante honesto, mas que se inclinava diante de todo êxito e era capaz de conversar unicamente sobre produção". (Veremos dentro em breve a que labuta o amor de Trudoliubov e seus amigos se dedica.) O segundo é Fierfítchkin, cujo nome algo aliterante lembra o disse-me-disse da maledicência (e do tráfico de influências). O homem do subsolo não deixa por menos:

> Fierfítchkin, descendente de alemães, de pequena estatura e cara de macaco, [era] um imbecil que zombava de todos, meu acirrado inimigo desde os primeiros anos da escola — ignóbil e insolente fanfarrãozinho que fingia a máxima delicadeza de espírito, não obstante fosse, no fundo, um covarde (IDEM, p. 77).

Ora, "quem de vós estiver sem pecado, seja o primeiro a lhe atirar uma pedra" (JOÃO, 8, 7). Na esteira de nosso fetichismo polifônico, o velho dito *quem não conhece que te compre* está para o homem do subsolo assim como a cabeça está para a carapuça. Já sabemos que as equiparações vertiginosas fundem todas as diferenças. Assim, a definição que o homem do subsolo faz sobre Fierfítchkin reflete nosso Narciso subterrâneo diante do espelho.

Símonov, Trudoliubov e Fierfítchkin desprezam o recém-chegado como a "mais ordinária das moscas". Segundo a leitura do homem do subsolo que há muito já se confunde com o látego contra as próprias costas, o desprezo se devia ao "fracasso da minha carreira de funcionário e pelo fato de eu ter decaído muito, de andar mal trajado etc., o que, aos seus olhos, era um sinal evidente da minha incapacidade e insignificância" (IDEM, p. 75). Mas, ora, que faziam tão notáveis cavalheiros ali reunidos?

> Estava em curso uma conversa séria e até animada sobre o jantar de despedida que aqueles cavalheiros pretendiam organizar para o dia seguinte, em homenagem ao amigo deles, Zvierkóv, que era oficial e estava de partida para uma província distante (IBIDEM)

Quando Boris Schnaiderman (IBIDEM) nos informa que o nome Zvierkóv tenta enjaular uma *fera* (зверь, *zvier*), derivamos, rapidamente, as características do homenageado que tanto causam repulsa (e inveja) ao homem do subsolo. A boa aparência e o farisaísmo; o carisma e o tato político; a liderança e a riqueza — isso sem mencionar o sucesso com as mulheres. Zvierkóv partia para uma província distante como um pedágio para, no futuro, poder voltar a São Petersburgo como um tarimbado conquistador. Assim, as colocações do homem do subsolo só fazem imiscuir o joio ao trigo, a apologia à crítica. Amizade e tráfico de influência se cumprimentam, verdade e reificação já não se distinguem, de tal maneira que o jantar de despedida pressupõe a vantagem vindoura para os amigos/investidores. *Friends with benefits.*

Zvierkóv desponta para o homem do subsolo como o homem em quem ele não pôde se transformar. Nosso (anti-)herói se sabe mais inteligente, mas ele também sabe que a sociedade das gratificações e do compadrio só faz relegar o mérito. Assim, o ostracismo revolta nosso protagonista pela profunda consciência que ele tem de ser um coadjuvante. A crítica se confunde com a apologia, na medida em que o homem do subsolo não consegue desconstruir, *in toto*, a atração que as relações reificadas exercem sobre seu imaginário. É como se o homem do subsolo, municiado por Oscar Wilde (2006), assim quisesse nos dizer: "Fazer parte da alta sociedade não é mais do que uma maçada, não fazer parte dela é trágico" (p. 81). É nesse sentido que a tautologia do subsolo, com suas idas e vindas, nos apresenta a dinâmica do ressentimento, ou melhor, do *re-sentimento*, pois a vontade de poder volta à tona com cada vez mais força quando a presa trêmula ousa sair de sua toca subterrânea. E, quando a presa depara com a altivez da fera, a consciência não a impulsiona para que ela deixe de invejá-la — se as relações danificadas socialmente não apresentam veredas para além do duelo, o mero ímpeto subjetivo de transformação nos mostra sua insuficiência para modificar o mundo em si e para si.

A contabilidade dos *friends with benefits* começa a inventariar os custos — ou melhor, os investimentos — para o jantar de despedida. 7 rublos por cabeça. "Já que somos três" — Símonov, Trudoliubov e Fierfítchkin ignoravam solenemente o homem do subsolo —, "serão vinte e uma pratas; pode-se jantar bem. Zvierkóv, naturalmente, não vai pagar" (IDEM, p. 78). Quando nosso protagonista se mostra contrafeito e diz que quer participar do jantar, Trudoliubov sentencia com o cenho franzido: "Você nunca esteve em boas relações com Zvierkóv". Ao que o homem do subsolo redargue com (suposta) nobreza: "Creio que ninguém tem o direito de julgar isto (...). Talvez eu o queira agora, justamente pelo fato de não ter estado em boas relações com ele" (IDEM, p. 79). A tréplica de Trudoliubov – a fiarmos, ainda que momentaneamente, em nosso narrador-personagem – desvela, de fato, que o ressentimento não é unívoco, isto é, que os duelos/equiparações apresentam as feridas purulentas de ambos os polos relacionais: "Bem, quem é que pode compreendê-lo?... Todas essas alturas... – disse (...) sorrindo com ironia" (IBIDEM). Ainda que de maneira reificada, eis uma exígua concessão do vício à virtude: os fariseus bem adaptados se sentem mais rentáveis do que os pensadores, mas, ainda assim, a menção irônica de Trudoliubov às alturas inefáveis do homem do subsolo se volta contra o próprio piadista, uma vez que, no cume do pensamento, o ar para pessoas como Zvierkóv *et caterva* é deveras rarefeito.

Mas chega o momento em que é preciso separar credores de devedores: Símonov sentencia que o homem do subsolo será incluído no jantar a ser realizado no *Hôtel de Paris* – uma homenagem a um peters*burguês* célebre como Zvierkóv merece uma corte parisiense, isto é, um reduto de primeira grandeza, algo para além da subordinação eslava –, mas, quando em Roma, é preciso proceder como os romanos. Assim, quando Trudoliubov e Fierfítchkin saem do apartamento de Símonov sem as devidas despedidas em relação ao homem do subsolo, Símonov interpela nosso (anti-)herói: "Hum... sim... então, é amanhã. Vai dar o dinheiro agora? É para saber com certeza — balbuciou confuso" (IBIDEM). Logo ficamos sabendo que a hesitação entre polida e cética de Símonov dizia respeito a uma dívida de 15 rublos que o devedor do subsolo nunca quitara, apesar de jamais a ter esquecido. [Ora, ora: a solidão do subsolo também diz respeito a (ir)responsabilidades que enfrentam a dialética da altivez e da autoflagelação: quando se sente um rei, o homem do subsolo passa por cima de suas dívidas e as considera mero preconceito a ser superado pelas alturas do reino inefável de suas ideias; quando se sente um súdito, a vergonha por ser um devedor o achincalha ainda mais. Assim, os polos opostos se repelem e se atraem para condenar nosso (anti-)herói à solidão e ao cinismo — a bem dizer, à solidão cínica de quem se exime.]

Não prossigamos sem fazer as contas: 7 rublos para o jantar + 15 rublos de dívida = 22 rublos. A despeito dos juízos ácidos de nosso narrador-personagem, Símonov se mostra suficientemente educado e generoso para aceitar que o devedor faça parte da claque em prol de Zvierkóv, contanto que o homem do subsolo pague "amanhã, durante o jantar. Eu disse apenas para se saber... Por favor..." (IDEM, p. 80).

A polidez dúbia de Símonov inventa uma desculpa para enxotar o homem do subsolo com elegância. Como é de práxis no subsolo, nosso protagonista, tão logo fora do apartamento de Símonov, começa seus contorcionismos mentais para justificar para si (e para nós) o fato de que, na verdade, ele não quer ir ao jantar — mas, como bem sabemos, é precisamente por isso que o homem do subsolo será o primeiro a chegar ao *Hôtel de Paris.* Ocorre que o dinheiro é uma boa desculpa para que ele não vá. "Ao todo, tinha nove rublos guardados. Mas, destes, era preciso dar sete no dia seguinte, como ordenado mensal, a meu criado Apolón, a quem eu pagava sete rublos sem comida. (...) Não os pagar era impossível, tendo em vista o gênio de Apolón" (IDEM, pp. 80-81). Ora, ora, se o homem do subsolo pagasse o salário a Apolón, ainda lhe restariam 2 rublos para amortizar a dívida junto a Símonov — ou para pendurar mais 5 rublos junto ao credor, já que os 2 rublos viabilizariam parte do jantar. "Bem que eu sabia, porém, que não lhe pagaria o dinheiro [a Apolón] e iria, sem falta, ao jantar" (IBIDEM).

Em Dostoiévski, os humilhados e ofendidos, justamente pelo achaque contumaz ao amor próprio, costumam desenvolver um senso de si que contrasta fortemente com a ausência de quaisquer bens. É como se os despossuídos, munidos apenas de sua força de trabalho, afiassem ainda mais o orgulho com a tentativa errante de se apossarem da própria personalidade, de não se deixarem subjugar pela contumácia da injustiça. O homem do subsolo, o baluarte da crítica apologista, mostra sua cara de feitor sob a máscara abolicionista. "Mas deixarei para alguma outra ocasião falar deste canalha, desta minha úlcera" (IBIDEM). Logo veremos que Apolón, longe de ser um canalha, é um trabalhador muito cônscio de sua própria dignidade e de seus direitos, a despeito de todos os ardis que nosso (anti-)herói lhe possa atribuir.

Sem mais, passemos às 17 horas do dia seguinte, no *Hôtel de Paris*. Como previramos, o homem do subsolo é o primeiro a chegar ao jantar. "Mas não se tratava mais de ser o primeiro". Não apenas ninguém ainda chegara, como também a mesa ainda sequer fora posta. "O que significaria aquilo? Depois de muito interrogatório, consegui saber finalmente, *por meio dos criados*, que o jantar estava encomendado para as seis horas e não cinco. *Isto me foi confirmado no bufê*" [grifos meus] (IDEM, p. 85).

"Assim, pois, os últimos serão os primeiros, e os primeiros serão os últimos" (MATEUS, 20, 16). Não foram os outrora colegas de escola do homem do subsolo — supostamente, seus iguais — que o avisaram sobre o novo horário do jantar. Foram os criados do *Hôtel de Paris* — criados como Apolón — que, no bufê, e não junto à mesa posta como sói acontecer com um cliente distinto, o avisaram sobre a canalhice de Símonov, Trudoliubov e Fierfítchkin — isso para não mencionarmos o prazer sádico de Zvierkóv, o porta-voz do jantar, a moeda de troca da vez. Era preciso, então, enfrentar tal humilhação, paulatinamente, ao lado dos garçons que ignoravam a presença de nosso protagonista coadjuvante enquanto traziam os candelabros e dispunham os pratos e talheres. Súbito, após longos 60 minutos de autocomiseração diante dos serviçais, a camarilha de Zvierkóv adentra o *Hôtel de Paris* ao longo do tapete vermelho que não havia recepcionado nosso (anti-)herói.

> Zvierkóv entrou na frente do grupo, evidentemente como chefe. Tanto ele como os demais estavam rindo, mas, vendo-me, empertigou-se, acercou-se de mim sem se apressar, inclinou um pouco o busto com alguma faceirice e me deu a mão, carinhosamente; não muito, mas com certa delicadeza cautelosa, quase de general, como se, dando-me a mão, ele se protegesse de algo (IDEM, p. 86).

Para o homem do subsolo — e para a sociedade tsarista amplamente acostumada com a distinção hierárquico-estamental —, todos e quaisquer elementos que estabelecem mediações (ou, de modo mais preciso, *equiparações*) entre as pessoas, ou pior, entre os porta-vozes de suas respectivas posições sociais, reforçam as clivagens e distinções. Em face do general Zvierkóv, nosso soldado raso do subsolo recebe o cumprimento cinicamente afetuoso quase como uma necessidade de bater continência. Ele esperava pilhérias de pronto por conta do completo desrespeito de seus *muy amigos*, mas a galhofa não tarda a chegar. Primeiramente, os convivas discutem a imprudência – jamais denominada como a mais rematada canalhice – de ter feito nosso paradoxalista do subsolo esperar durante uma hora. Em seguida, o general Zvierkóv, de modo ainda mais condescendente, passa a esmiuçar o trabalho e o soldo do soldado do subsolo, como se o oficial estivesse a examinar se os coturnos de seu subordinado estão devidamente engraxados.

> [Zvierkóv]: – Be-e-m, e quanto à manutenção?
>
> [Homem do subsolo]: – Que manutenção?
>
> [Zvierkóv]: – Quero dizer, o o-ordenado?
>
> [Homem do subsolo]: – Mas, está-me arguindo? Por quê?
>
> Aliás, no mesmo instante, eu disse quanto ganhava. Estava ficando terrivelmente vermelho.
>
> – Não é muito – observou Zvierkóv com superioridade.
>
> – Sim, não dá para jantar em cafés e restaurantes – acrescentou com impertinência Fierfítchkin.
>
> – A meu ver, é simplesmente uma miséria – observou Trudoliubov, sério (IDEM, p. 87).

Ainda que saiba apreciar o prazer do *harakiri*, nem mesmo o homem do subsolo consegue suportar tamanhos desaforos. E qual *não é* a nossa surpresa ao descobrirmos que o revanchista-mor começa a disparar, primeiramente, contra seu arqui-inimigo dos tempos escolares, aquele que já havíamos descoberto como um possível duplo do homem do subsolo – Fierfítchkin. Pois, para começar, [meu caro], "estou jantando aqui, no 'café e restaurante', à minha própria custa, e não de alguém mais, observe isto muito bem, *Monsieur* Fierfítchkin" (IDEM, p. 89). (Logo veremos que, cínica e tautologicamente, o homem do subsolo procederá à imitação do gigolô Fierfítchkin.) Sem mais, o ressentimento encalacrado sobrevoa o campo minado dos *muy amigos* e passa a bombardeá-los com as pechas de medíocres, ignorantes e comezinhos. Zvierkóv tenta restabelecer a ordem hierárquica entre seus subordinados, mas o pileque do homem do subsolo — "bebia *Laffitte* e xerez aos copos" (IDEM, p. 91) — vai gestando a ira até que a crítica e a inveja se fundem e entram em erupção:

> — Sr. Tenente Zvierkóv — comecei —, saiba que detesto as frases, os fraseadores e as cinturas apertadas... Este é o primeiro ponto, e agora vem o segundo. — Todos ficaram muito agitados. — Ponto número dois: detesto a bajulação e os bajuladores. Sobretudo os bajuladores! Ponto número três: amo a verdade, a franqueza e a honradez — prossegui quase maquinalmente, porque eu mesmo estava ficando gelado de horror, não compreendendo como ousava falar daquele modo... — Amo o pensamento, *Monsieur* Zvierkóv; amo a camaradagem de verdade, de igual para igual (...) (IDEM, p. 92).

O orador do subsolo diz que detesta as frases e os fraseadores — quanto às cinturas apertadas dos altos oficiais de uniforme e das mulheres de espartilho, nosso (anti-)herói só as odeia porque não pode conquistá-las, e não porque sua crítica é radical a ponto de ressignificar a vontade de poder. Ele detesta os bajuladores acima de tudo, sobretudo porque a bajulação bem articulada e reificada lhe mostra sua incapacidade para o jogo político — jogo que o homem do subsolo tanto queria liderar. Ademais, o fanfarrão do subsolo, o mesmo que atrasa o salário de Apolón e em quem mal podemos nos fiar, ama a verdade, a franqueza e a honradez — a concessão do vício à virtude diz respeito ao fato de o homem do subsolo ter articulado seu cinismo *maquinalmente*, isto é, sem dar efetivo conteúdo à forma reificada de suas diatribes. Ainda assim, suas críticas alcançam sentidos socialmente estruturais, na medida em que desmascaram o caráter classista da camaradagem que jamais se dá de igual para igual. (É claro que, se o homem do subsolo pudesse envergar a farda de Zvierkóv, a desigualdade repleta de galões, medalhas e gratificações polpudas — para muito além das propinazinhas que o protagonista dissera não aceitar — o vestiria à perfeição.) Mas, como já era totalmente previsível, não há qualquer fixidez nas posições dialéticas do homem do subsolo. Ele não consegue manter a postura crítica, e logo as invectivas não apenas começam a duvidar de si mesmas como passam a temer os e até mesmo a pedir desculpa aos *muy amigos* insultados. Ocorre que um insulto pressupõe que o ofendido considere o ofensor digno de insultá-lo. Quando o homem do subsolo "peço-lhe a sua amizade, Zvierkóv, eu o ofendi", o general escorraça o pracinha de volta para a caserna do subsolo: "Ofendeu? O senho-or! A mi-im! Saiba, prezado senhor, que nunca nem em circunstância alguma o senhor *me* pode ofender!" (IDEM, p. 96)

Se não estivéssemos em uma obra de Dostoiévski, seria possível dizer que muito dificilmente alguém conseguiria chafurdar ainda mais no próprio charco. Mas, como se trata do concerto polifônico reificado, sempre é possível encontrar camadas mais profundas de degradação subsolo adentro. Nosso (não-)herói estava ali, coberto de escarros. Súbito, enquanto Símonov dava gorjeta aos garçons — os mesmos serviçais que, a princípio, lhe haviam avisado, a contragosto e na cozinha, sobre o novo horário do jantar —, nosso herói se aproxima para lhe pedir 6 rublos. Símonov tenta se desvencilhar do intelectual mendigo, mas a insistência que lhe agarra pelo capote — "Por que me recusa? Sou algum canalha? Disso depende tudo, todo o meu futuro, todos os meus projetos" (IBIDEM) — faz com que o credor, para se desvencilhar de uma vez por todas de seu devedor, quase atire o dinheiro contra o pedinte. Agora, os pajens Símonov, Trudoliubov e Fierfítchkin estão prontos a escoltar Zvierkóv rumo ao encontro com Olímpia, a cortesã cujos predicados olímpicos apenas um digníssimo general pode custear.

Não percamos as contas: o homem do subsolo acaba de acrescentar 6 rublos à antiga de dívida de 15 rublos junto a Símonov — dívida que, é claro, jamais será quitada. E não seria nada despropositado perguntarmos se o homem do subsolo de fato chegou a pagar os 7 rublos pelo jantar, tamanho o alvoroço com que toda aquela farsa terminou. Considerando-se, ademais, que o serviçal do subsolo ainda não pagara os 7 rublos mensais — comida não inclusa — a seu criado Apolón e que ele tinha 9 rublos guardados, chegamos ao seguinte acúmulo de capital: 30 rublos, para o caso muitíssimo improvável de o homem do subsolo ter quitado o jantar, ou 37 rublos, caso Símonov, já prevendo o calote do subsolo, tenha coberto a parte do convidado indesejado e indesejável. (Caso isso tenha ocorrido, a mais-valia do subsolo se escora ainda mais sobre a menos-valia das relações interpessoais, na medida em que a dívida junto a Símonov passa de 21 para 28 rublos.)

O mesmo homem do subsolo que acusara Fierfítchkin de não comer às próprias custas agora se dirige ao prostíbulo de Olímpia para tirar a desforra com seus oponentes e, eventualmente, fornicar às custas do financiamento alheio. *Enemies with benefits.*

Nosso (anti-)herói não encontra a camarilha de Zvierkóv no lupanar. Que fazer, então, com o ódio a ser ejaculado? Ora, à falta de um duelo (ficcional, é claro) contra os opressores, resta subjugar os pobres diabos que suportam o subsolo sobre as costas — do humilde cocheiro que o levou do *Hôtel de Paris* à casa de (muita) tolerância até a jovem prostituta letã chamada Liza. Nesse momento, o simbolismo da cadeia de humilhação é por demais tangível: os peters*burgueses* escolhem o *Hôtel de Paris* como o local mais apropriado para o jantar em homenagem a Zvierkóv, uma vez que o primitivismo russo parece lacaiesco aos próprios russos. Nosso intelectual do subsolo, burocrata proletário entre os pequenos-burgueses, agora poderá ejacular a humilhação sofrida contra a lumpemproletária de Riga — como dissemos no capítulo anterior, Letônia, Lituânia e Estônia, isto é, os Países Bálticos, bem sabem o que significa o amor imperial e incestuoso da Mãe Rússia. Já sabemos, ademais, que o homem do subsolo, para se elevar diante daquela que já não poderia estar mais rebaixada, lança mão de passagens belas e sublimes, nosso galanteador articula uma oratória livresca para lembrar a Liza que a vida de prostituta a vai drenar rapidamente — e que ela precisa se persignar e depois se arrepender de tudo aquilo. Assim, a vingança dostoievskiana é oblíqua e dissimulada: ao invés de enxovalhar de uma só vez a mulher jovem, prostituta e letã, o homem algo mais velho, burocrata e russo pretende passar por quem não é, ou seja, o homem do subsolo, ao se alçar como galanteador paternalista e herói romântico para salvar Liza daquela vida impura, tenta proceder à imitação do conquistador Zvierkóv em face do pódium que o congratula com Olímpia. Ocorre que, ao fim e ao cabo, a incauta Liza, verdadeiramente tocada pelo discurso (supostamente) edificante, resolve mostrar ao pregador do subsolo uma carta que um estudante de medicina de boa família lhe havia enviado. Ele não sabia de nada, o rapaz lhe tinha amor verdadeiro, então ainda havia possibilidades de que Liza fosse acolhida por uma boa casa.

A despeito de todo o ardil e de todas as admoestações farsescas, aquela esperança pura e trêmula acaba por trazer uma verdadeira comiseração ao homem do subsolo. Já não nos é nada difícil prever que ele irá maculá-la quando voltar a se encontrar com Liza, mas, por ora, o ímpeto de comunhão, mutilado e frágil, faz com que ele dê seu endereço à jovem para que ela o visite em um local mais humano, um local em que as relações possam se dar de igual para igual — como fôra a reivindicação que o paradoxalista do subsolo fizera em face de Zvierkóv.

Antes de prosseguirmos, uma pergunta propícia e contábil se impõe: teria Liza recebido seus honorários ainda que o intercurso entre ela e o homem do subsolo só tenha envolvido palavras? Se nosso (anti-)herói apenas insuflou o idílio da moça sem remunerar suas esperanças, o processo de extração da mais-valia se torna ainda mais contumaz em seu esvaziamento das relações humanas como menos-valia. Em suma, remunerar Liza é algo reificado; não a remunerar, no entanto, é algo sórdido — e sumamente dostoievskiano. A mais-valia se vale da menos-valia para se autovalorizar, ainda que, em termos tangíveis e objetivos, não tenha havido acréscimo de valor.

Mas eis que os momentos terminais de nossa análise nos devolvem à toca de nosso protagonista. "Eu não podia morar em *chambres-garnies*: meu apartamento era meu palacete, minha casca, o estojo em que me escondia de toda a humanidade" (IDEM, p. 129). É no subsolo que acompanharemos as duas últimas equiparações dialógico-dialéticas de nosso paradoxalista: Apolón e Liza farão as vezes dos polos equivalente e relativo para que totalizemos o concerto polifônico como o movimento da contradição.

O homem do subsolo já nos dissera que o salário de Apolón — 7 rublos sem comida — ainda não fora pago. Se não se tratasse de nossa personagem volúvel, bem poderíamos imaginar, de pronto, a trágica e rotineira relação de exploração entre patrões e empregados domésticos. Ocorre que "Apolón, o diabo sabe por quê, parecia-me pertencer àquele apartamento, e durante sete anos eu não consegui enxotá-lo" (IBIDEM). Ainda que a dialética envolvendo senhor e escravo também aguilhoe o senhor à relação senhorial, não é difícil entrever que, de forma corriqueira, é o subordinado que teme ser enxotado pelo patrão, e não o mandatário que sente dificuldade em se desvencilhar de seu serviçal. Mas, como se trata do homem do subsolo, já entendemos que senhor e escravo são polos de constituição do próprio duelo identitário da personagem — e, de modo mais *subterrâneo*, da *forma* que o articula. Assim, "era impossível, por exemplo, reter o seu ordenado por dois ou três dias que fosse. Ele teria criado um caso tal que eu não saberia onde me esconder" (IBIDEM). Pobre homem do subsolo: de fato, se Apolón não receber seus 7 rublos sem comida, o patrão é que não poderá se alimentar. Só que, desta vez, o duelo envolvendo o senhor subordinado e Apolón já se estende, indevida e inusitadamente, por duas semanas. Tratava-se do ímpeto arrivista de fazer valer a vontade de poder do patrão. Diante disso, quais foram, segundo o homem do subsolo, as atitudes de Apolón?

> [Apolón] começava por fixar em mim um olhar extremamente severo, não o desviava por alguns minutos seguidos, sobretudo ao receber-me ou à despedida, quando eu saía. Se eu, por exemplo, conseguia suportá-lo e fingia não notar aqueles olhares, ele, calado como antes, passava aos suplícios seguintes. Entrava sem mais nem menos, suave e tranquilamente, em meu quarto, quando eu estava caminhando ou lendo, parava à porta, levava a mão às costas, afastava um pé e fixava em mim o olhar, que já não era apenas severo, mas decididamente desdenhoso. Se eu lhe perguntava de chofre o que queria, não respondia nada, continuava a olhar-me firmemente por mais alguns segundos e, depois, apertando os lábios de certo modo peculiar, virava-se lentamente no mesmo lugar, com um ar significativo, e ia, também lentamente, para o seu quarto. Umas duas horas mais tarde, tornava a sair de lá, aparecendo de novo daquele modo na minha frente (IDEM, p. 130).

Em que Apolón age de maneira despropositada? Ora, em países como a Rússia e o Brasil, ao longo de cujas histórias as esferas pública e privada foram conformadas (e deformadas) pelas terríveis relações de assimetria legadas pela servidão e pela escravidão e, consequentemente, por enraizamentos muito frágeis de tradições democráticas, a postura de Apolón só pode passar pela mais rematada insolência. Afinal, como é que um serviçal ousa instigar o senhor a cumprir suas obrigações? Pois Apolón, munido de um profundo senso de si e de sua posição — uma consciência reformista *avant la lettre* que seria inflamada em termos revolucionários pela geração de Lênin —, apenas cruza a fronteira da privacidade de seu patrão para fazê-lo lembrar-se de que sua própria privacidade, como criado, havia sido violada. Apolón é sumamente educado — em termos políticos mais aguerridos, ele não precisaria sê-lo diante do abuso contumaz por parte do patrão —, ele impõe sua presença para sentenciar que *eu existo e quero subsistir.* Mas mesmo o contrato social mais usurpador — 7 rublos mensais sem comida — parece demasiado para a mesquinhez do subsolo. Assim, em mais um de seus rompantes — isto é, em mais uma de suas bravatas —, nosso burguês proletário vocifera a Apolón: "— Espere! — rugi, correndo para junto dele. — Não se mova! Assim. Responda agora: para que veio olhar?" (IDEM, p. 131) Ao que Apolón, de forma educada e verdadeiramente senhorial — isto é, munido do teor de verdade que pressupõe trocas humanas baseadas em respeito e igualdade, ainda que os desníveis sociais as deformem —, assim redargue:

— Se agora o senhor tem alguma coisa para me mandar fazer, a minha tarefa é executar — respondeu, depois de um novo silêncio, ciciando baixo e espaçadamente, as sobrancelhas erguidas, e tendo girado calmamente a cabeça de cima de um ombro para o outro, e tudo isto com uma tranquilidade aterradora (IBIDEM).

Democrata *avant la lettre*, Apolón sentencia que a autoridade bem pode ser exercida — "minha tarefa é executar" —, desde que não haja autocracia. A despeito (e precisamente por conta) das deformações próprias ao narrador-personagem, vemos como um veio de crítica social efetiva e emancipatória se insinua pelas frestas do subsolo. Mas é justamente essa postura segura de si e de sua posição por parte de Apolón — ainda que ele esteja subordinado ao patrão —, é justamente tal personalidade senhorial que o homem do subsolo, o senhor, não consegue suportar. Cada personagem que é equiparada ao homem do subsolo lhe mostra uma fração de dignidade que lhe é ausente, como se, em cada cotejamento, um estilhaço de sua identidade já esgarçada se perdesse. Como nosso herói não existe em si e para si — e aqui já não se trata apenas de sua ontologia relacional —, mas como um *sujet* (sujeito e súdito) do processo de equiparação tautológica da forma dostoievskiana, cada extração de mais-valia parece dele subtrair novas frações de humanidade. Mais-valia, ainda uma vez, como menos-valia. Assim, tresvairado por ter sido *rebaixado à condição de patrão* no preciso momento em que lança mão de sua fúria senhorial, o homem do subsolo explode: "Ouça! — gritei-lhe. — Aqui está o dinheiro, você vê: está aqui! (...) Todos os setes rublos, mas você não os receberá, não rece-e-eberá até que venha respeitosamente, de cabeça baixa, pedir-me perdão. Está ouvindo?!" (IDEM, p. 132) Notemos que o homem do subsolo prolonga a vogal *e* da mesma forma como antes Zvierkóv o fizera: "— D*i*-*i*-ga-me, você... trabalha num departamento? (...) D*i*-*i*-ga-me: o que foi que o obr*i*-*i*-gou a deixar o emprego anterior? (...) B*e*-*e*-em, e quanto à sua manutenção? (...) Quero dizer, o *o*-ordenado?" (IDEM, pp. 88-89) A voz opressora de Zvierkóv rasga o homem do subsolo, então nosso (anti-)herói procura repassar a humilhação que sofrera a seu criado Apolón. No entanto, como o empregado não lhe serve como bucha de canhão, o homem do subsolo fica premido entre o cume e a base da pirâmide. Apolón não se curva diante do patrão como o homem do subsolo fizera em face de Zvierkóv. Não haverá pedido de desculpa por parte do empregado, uma vez que, a bem dizer, quem deve explicações é o patrão. Se o homem do subsolo fosse senhor de si como Apolón o é, ele teria esconjurado a camarilha de Zvierkóv como uma corja de bajuladores e, antes de abandonar o

Hôtel de Paris, a dívida junto a Símonov teria sido finalmente quitada. Mas como a ciranda de nossa(s) personagem(ns) apenas permite que a liberdade desponte por meio de espasmos — a consciência da liberdade não permite sua vivência para além das frestas do subsolo —, nosso (anti-)herói começa a espumar quando Apolón diz que pode denunciá-lo para a polícia, uma vez que o empregado fora chamado, de forma sintomática (e subterrânea), de "carrasco" por seu patrão. Quando o homem do subsolo enfim ordena a Apolón que vá à polícia, ou então "você nem imagina o que acontecerá", o criado, há sete anos acostumado com o fogo fátuo do patrão, atesta para os devidos fins: "E onde já se viu uma pessoa ir procurar uma autoridade contra si mesma? E, quanto ao medo, o senhor está gritando inutilmente, porque não vai acontecer nada" (IDEM, p. 133). Apolón bem sabe que o cão ladra, mas a caravana passa. Assim, quando o ridículo do duelo se mostra em toda a sua extensão, *o acaso poeticamente objetivo* de Dostoiévski faz com que o homem do subsolo volte a se tornar moeda de troca para uma personagem que retorna à ciranda de equiparações no preciso momento em que Apolón e nosso (anti-)herói já não têm mais nada a dizer um para o outro. "Ali está *uma qualquer* e pergunta pelo senhor" (IBIDEM) — eis como Apolón avisa a seu patrão que a jovem Liza quer vê-lo. Neste momento, o empregado ironiza o patrão descarregando seu desdém contra uma mulher que, ele pressupõe, só pode ser *uma qualquer* — afinal, a sociedade dos títulos, das honrarias e das gratificações reificadas destinaria que tipo de dama a nosso peão do subsolo? Neste momento, Apolón também mostra sua face de tsar sob sua máscara republicana.

Pobre Liza: a letã, jovem e prostituta terá que *pagar* pela menos-valia que esmaga o homem do subsolo entre as equiparações com a camarilha de Zvierkóv e Apolón. E, através de uma inversão sumamente dostoievskiana, a bondade de Liza será retribuída com o *pagamento pelos serviços prestados.*

Ao ver Liza, o homem do subsolo, inusitadamente convertido em anfitrião, se desespera diante de seu criado:

> — Apolón — murmurei numa fala apressada e febril, atirando na sua frente os sete rublos que estiveram o tempo todo em meu punho. — Aí está o seu salário. Como vê, entrego-lhe. Mas, em compensação, deve salvar-me. Traga-me imediatamente da taverna chá e dez torradas. Se você não quiser ir, fará uma pessoa infeliz! Você não sabe que mulher ela é... Ela é tudo! Você talvez esteja pensando alguma coisa... Mas não sabe que mulher ela é!... (IDEM, p. 134)

Ainda uma vez (e sempre), não percamos as contas: caso tenha quitado sua parte do jantar junto ao *Hôtel de Paris* — coisa de que bem devemos duvidar —, o homem do subsolo acumula, após o pagamento de 7 rublos (sem comida) a Apolón, o montante de 23 rublos. Para o caso bem mais do que provável de o homem do subsolo, como Fierfítchkin, ter jantado às custas dos outros, restam-lhe 30 rublos. O dinheiro — ou melhor, o movimento tautológico do dinheiro, o capital — impõe-se como o grande mediador narrativo, como se, ao fazer com que as personagens dele dispusessem como se elas girassem ao redor do capital, o dinheiro dissesse, à imitação de Deus: "Eu sou aquele que sou" (ÊXODO, 3, 14). Para Apolón, o homem do subsolo tece os elogios mais pródigos sobre Liza: "Ela é tudo!" Quando um elogio é tecido às costas do elogiado, geralmente o reconhecimento também se volta para aquele que está tecendo o elogio. Afinal, Liza é tudo – e ela acaba de chegar à casa do homem do subsolo, aquele que, além de querer desanuviar o juízo maldoso de Apolón sobre a moça, ainda tenta compensar a derrota no duelo com o criado com uma possível elevação de sua virilidade. Como Apolón, com o ímpeto legítimo da revanche por parte daquele que tivera o salário atrasado, não vai à taverna imediatamente para comprar as iguarias com as quais o homem do subsolo pretende agradar Liza, o contato entre o anfitrião e a visitante já começa mediado pela humilhação – apenas um dos conteúdos da forma ubíqua que o capital assume para nos submeter.

> – Você não sabe, Liza, o que este carrasco é para mim. É o meu carrasco... Foi agora comprar torradas; ele...
> E, de repente, eu me desfiz em lágrimas. Era uma crise. Tinha tanta vergonha, em meio aos soluços, mas não podia mais contê-los (IDEM, p. 135).

A vergonha, verdadeira sombra de nosso protagonista, também depara com seus próprios limites. Vá lá que a corja pequeno-burguesa de Zvierkóv o humilhe. É dificílimo aceitar que um criado como Apolón assuma as rédeas da situação. Mas a humilhação diante de Liza assume o ápice do arrivismo para nosso (anti-)herói. Ocorre que, paradoxal e dostoievskianamente, como logo veremos, Liza é a única personagem de *Memórias do subsolo* que, a bem dizer, estende o punho para o afago, e não para o golpe, para além do horizonte do cálculo utilitário.

> – Liza, você me despreza? – disse eu, olhando-a fixamente, *tremendo de impaciência por saber o que ela pensava.* (...) Eu estava enraivecido contra mim mesmo, mas, naturalmente, ela é que devia sofrer as consequências (IDEM, p. 136).

O homem do subsolo, corroído pela humilhação, promete a si mesmo que não dirá mais nada. Liza, sem saber o que fazer, tenta retomar o fio da meada que a levara do prostíbulo à casa de nosso (anti-)herói. Ela diz que quer abandonar tudo aquilo, mas nosso protagonista permanece impassível. "— Eu não vim estorvá-lo? — insinuou ela com timidez, quase imperceptivelmente, e começou a levantar-se" (IDEM, p. 137). É demais para o nosso arrivista do subsolo: já não basta o criado ser senhor de si, agora é preciso suportar mais uma "explosão de dignidade ofendida" (IBIDEM)? O homem do subsolo perde as estribeiras, ele diz que Liza só viera à sua casa para ouvir mais palavras piedosas e conselhos, ela provavelmente queria receber mais uma injeção de ânimo. "Pois saiba, saiba de uma vez, que eu então estava rindo de você" (IBIDEM). Ao mesmo tempo em que passa a flagelar Liza, o homem do subsolo, capaz de franqueza e sinceridade apenas nos momentos mais escatológicos — como se a verdade apenas pudesse ser vivenciada como algo intersticial e fugidio —, o protagonista nos fornece mais uma de suas várias chaves hermenêuticas que, a partir do conteúdo de sua voz, delineia a ciranda tautológica de equiparações/duelos como a forma do subsolo, o anfiteatro em que é orquestrado o concerto dialético-polifônico:

> Eu tinha sido ofendido, [Liza,] ao jantar, pelos que estiveram naquela casa antes de mim. Fui até lá para espancar um deles, um oficial; mas não deu certo, não o encontrei; tinha que desabafar sobre alguém o meu despeito, tomar o que era meu; apareceu você, e eu descarreguei sobre você todo o meu rancor, zombei de você. Humilharam-me, e eu também queria humilhar; amassaram-me como um trapo, e eu também quis mostrar que podia mandar... Eis o que aconteceu; e você pensou que eu fui para lá de propósito para salvá-la, não? (...) Salvar!

> (...) Salvar do quê? Mas eu mesmo talvez seja pior que você. Por que não me lançou então às fuças, quando eu lhe fui pregar sermão: "E você mesmo, por que veio à nossa casa? Veio pregar moral?" Eu precisava então ter poder, precisava de um jogo, precisava conseguir as suas lágrimas, a sua humilhação, a sua histeria. (...) *Mas eu próprio não suportei isto, porque sou um crápula; assustei-me e, o diabo sabe para quê, dei de bobo o meu endereço a você.* Em seguida, ainda antes de chegar em casa, já eu a xingava a mais não poder. Justamente por causa desse endereço [grifos meus] (IDEM, pp. 137-138).

Não temos quaisquer reparações a fazer em relação à lucidez (momentânea) do homem do subsolo. O paroxismo da humilhação e do revanchismo faz com que a personagem narre o trecho sem qualquer desfaçatez — ou melhor, quase sem qualquer desfaçatez. O trecho acima grifado diz mais sobre o que omite do que sobre aquilo que explicita. É apenas uma meia verdade — meia verdade a esconder uma verdade e meia — o fato de o homem do subsolo não ter suportado toda aquela humilhação e o posterior jogo com Liza porque, em suas palavras, "eu sou um crápula". Na verdade, crápula rematado nosso (anti-)herói seria se já não se sentisse incomodado com a reificação, se a deformação das relações intersubjetivas já se lhe impusesse como a segunda natureza da realidade. Não foi por mero susto que o homem do subsolo deu seu endereço para Liza, não — foi por compaixão e solidariedade, porque ela também é uma humilhada e ofendida, porque ela ainda resguarda um ímpeto de superação em relação ao atual estado de coisas, ímpeto que a reificação do subsolo faz questão de deformar, mas cujo teor de verdade não pôde ser de todo extirpado. Só que, como já dissemos em nossa análise, o homem do subsolo, apesar de sentir os laivos da verdade, apesar de nutrir o ímpeto por comunhão, já não consegue acreditar na humanidade da amizade. Ele já não se sente apto para a vida pulsante, a vida viva, a vida que o subsolo aguilhoou. Assim, a sinceridade e a franqueza equivalem a uma despedida do convívio da pessoa que não pode ser sua companheira, mas apenas uma cúmplice — ou pior, uma potencial delatora. É por isso que o homem do subsolo não perdoa Liza por tê-lo visto chorar, por ter conhecido a pobreza em meio à qual ele sobrevive, por tê-lo descoberto como um lacaio diante de Apolón, por tê-lo visto humilhado e ofendido. Ora, para alguém acostumado às relações humanas como duelos inequívocos, nosso narrador-personagem só poderia esperar que Liza, ao ser humilhada e ao deparar *in toto* com a condição lamentável do subsolo, fosse embora sem mais. Afinal, se tudo é ditado por amor próprio e utilitarismo, *para que* Liza suportaria tudo aquilo? Ocorre que, como um movimento em falso na dinâmica reificada do subsolo — como um atrito em demasia a emperrar suas engrenagens —, eis que algo de inusitado despontou:

> Mas aí deu-se um fato estranho. (...) Ofendida e esmagada por mim, Liza compreendera muito mais do que eu imaginara. Ela compreendera de tudo aquilo justamente o que a mulher sempre compreende em primeiro lugar, quando ama sinceramente, isto é, compreendera que eu mesmo era infeliz. (...) E, quando eu comecei a chamar-me de canalha e crápula, quando me correram lágrimas (...), todo o seu rosto se contorceu em não sei que convulsão. Quis levantar-se, deter-me; e, quando acabei de falar, não foi para os meus gritos que ela dirigiu atenção (...), mas para o fato de que, provavelmente, era muito difícil a mim mesmo dizer tudo aquilo. (...) Súbito, pulou da cadeira num repente insopitável e, querendo atirar-se toda para mim, mas ainda tímida e não ousando sair do lugar, estendeu-me os braços... Nesse ponto, o meu coração também se confrangeu.

> E ela se lançou subitamente a mim, rodeou-me o pescoço com os braços e chorou. Eu também não resisti e chorei aos soluços, de modo como nunca ainda me acontecera...
> — Não me deixam... Eu não posso ser... bondoso! — mal proferi; em seguida fui até o divã, caí nele de bruços e passei um quarto de hora soluçando, presa de um verdadeiro acesso de histeria. Ela deixou-se cair junto a mim, abraçou-me e pareceu petrificar-se naquele abraço (IDEM, pp. 139-140).

Eis o momento mais lírico e emancipatório de *Memórias do subsolo*, momento que dá vazão, literal e literariamente, à noção de que o leitor procura aquecer sua vida enregelada por meio do sopro de Pandora que a obra de arte lhe traz. Liza não é adepta do evangelho segundo Talião, a jovem não retribui as humilhações sofridas com novos insultos, já que, efetivamente, ela se dispôs a oferecer a outra face para o homem do subsolo. Ela se apieda de nosso (anti-)herói com tanto mais ímpeto de comunhão quanto mais ele se flagela e vai erigindo e desconstruindo as muralhas de sua solidão. Quando os dois se abraçam e choram conjuntamente, vem à tona o sentido mais pungente e utópico da *compaixão*, isto é, do *pathos conjunto*, do *sofrimento irmanado*. "Porque onde dois ou três estão reunidos em meu nome, aí estou eu no meio deles" (MATEUS, 18, 20). Depois disso, quando o homem do subsolo afrouxa os aguilhões de Pandora e exala que não o deixam e que ele também não consegue ser bondoso, chegamos à fronteira da expressão de um ímpeto por síntese e reconciliação, um ímpeto por um mundo inteiramente outro. Narrá-lo *hic et nunc*, quando a reificação relega a bondade a um momento inusitadíssimo de ruptura e comunhão, significa se resignar diante da contingência da caridade. E é por isso que, a despeito da luz cicatrizante que chega a banhar o subsolo, precisamos extrair a decorrência dialeticamente trágica da colocação de Walter Benjamin a respeito do leitor e das leituras que buscam a hipostasia da reconciliação histórico-pessoal por meio da Utópolis ficcional: "O romance não pode alimentar a esperança de dar o mínimo passo além daquele limite em que, convidando o leitor a captar intuitivamente o sentido da vida, convida-o também a escrever um 'Finis' embaixo da última página" (1980b, p. 68).

Quando, em meio ao choro e ao ranger de dentes, o homem do subsolo se pergunta "Meu Deus! Será possível que a tenha invejado?" (DOSTOIÉVSKI, 2004, p. 141) — isto é, será possível que a pobre Liza *lhe seja superior?* —, a deformação da poética dostoievskiana arrasta ainda uma vez nosso (anti-)herói para o cárcere de seu subsolo. Afinal, como entender, ou melhor, como vivenciar um amor que apresenta laivos de incondicionalidade? Ora, em verdade, em verdade o homem do subsolo nos diz que

> o amor consiste justamente no direito que o objeto amado voluntariamente nos concede de exercer tirania sobre ele. Mesmo nos meus devaneios subterrâneos, nunca pude conceber o amor senão como uma luta: começava sempre pelo ódio e terminava pela subjugação moral; depois não podia sequer imaginar o que fazer com o objeto subjugado (IDEM, p. 142).

Sócrates já nos dissera que os cativos da caverna acabam por se afeiçoar às sombras e aos aguilhões. Se algo além da penumbra irreconciliada desponta, o homem do subsolo empunha as correntes como se elas já houvessem se tornado suas grandes companheiras. Assim, como arremate de nossa análise — como término irresoluto porque não reconciliado —, o homem do subsolo estanca as lágrimas e volta a ficar em silêncio. O silêncio que prenuncia o pus.

Um quarto de hora depois, eu estava andando a passos largos, numa impaciência furiosa, de um canto a outro do quarto, e a cada instante acercava-me do biombo e espiava Liza por uma pequena fresta. Ela estava sentada no chão, a cabeça reclinada sobre a cama e, provavelmente, chorava. (...) Ela adivinhara que o arroubo da minha paixão fora justamente uma vingança, uma nova humilhação, e que ao meu ódio de antes, quase sem objeto, se acrescentara já um ódio *pessoal, invejoso,* um ódio por ela... (IDEM, p. 141).

Desde o princípio de nossa análise acompanhamos o solipsismo relacional daquele que só faz julgar os outros por si mesmo — daquele que só faz equiparar os outros a si mesmo. Com a subsunção de Liza pela projeção solipsista — nosso narrador cínico e cáustico sequer se incomoda em dizer que "não afirmo que ela compreendesse tudo isto com nitidez" (IBIDEM) —, o tiro de misericórdia está a um passo de ser desferido.

Passaram-se mais alguns minutos, e ela ainda não se levantara, como se estivesse esquecida de si mesma. *Tive o descaramento de bater devagarinho no biombo, para lembrar...* De repente, sobressaltou-se, ergueu-se e começou a procurar o seu lenço, o chapeuzinho, a peliça, *como se quisesse escapar de mim...* Dois minutos depois, saiu vagarosamente de trás do biombo e me dirigiu um olhar penoso. Sorri com maldade, aliás à força, por uma questão de decência, e virei-me, evitando-lhe o olhar.
— Adeus — disse ela, encaminhando-se para a porta.
De repente, corri até ela, agarrei-lhe a mão, abri-a, *coloquei ali...* e tornei a fechá-la. E, no mesmo instante, me virei e corri o quanto antes para o outro canto a fim de não ver, pelo menos... [grifos meus] (IDEM, p. 143)

"Tive o descaramento de bater devagarinho no biombo, para lembrar": nosso protagonista canalha, o polo relativo da relação de equiparação, força Liza como polo equivalente a sentir o quanto a permanência de sua invasão ao subsolo é indesejada e indesejável. Liza começa a juntar suas coisas, já a ocupar o polo relativo da relação subsequente, "como se quisesse escapar de mim" — nosso lobo volta a vestir a pele de cordeiro. Mas, se o cume da beleza em *Memórias do subsolo* despontou há pouco, é preciso que a mais sórdida das ações lhe faça frente como uma antítese inescapável. É assim que, diante da retomada do amor próprio de Liza a dizer "adeus", o homem do subsolo vai até ela e, com a lâmina da reificação a rasgar a jovem e a si mesmo — e, a bem dizer, a todos nós —, a personagem reproduz a quintessência da *mais-valia como menos-valia* ao enxotar Liza com a mediação de 5 rublos: eis a amortização da dívida pelo serviço da compaixão que lhe fora prestado.

O homem do subsolo não quis ver o desenlace de sua brutalidade. Ele não viu que Liza, com toda a altivez e dignidade, amassou a nota azul de 5 rublos e a jogou sobre o tampo da mesa como que a afirmar, ainda que contingencialmente, a mulher para muito além da prostituta.

Se somarmos a menos-valia do ódio, dos ressentimentos e das humilhações como extrações imateriais de mais-valia, a figura monetária dos 30 rublos passa a girar ao redor de si mesma e a nos fazer girar a seu redor. Os criadores se prostram em oração diante da criatura que lhes drena as energias. O Sol volta ao girar ao redor da Terra, Ptolomeu volta a suplantar Copérnico.

Chegamos, então, ao término da escavação de *Memórias do subsolo*. "Aliás, ainda não terminam aqui as 'memórias' deste paradoxalista. Ele não se conteve e as continuou. Mas parece-nos que se pode fazer ponto final aqui mesmo" (IDEM, p. 147). Já havíamos citado o trecho final da obra, e agora, até mais do que em momentos anteriores, não nos deve causar surpresa que, além de terminar de maneira irresoluta, *Memórias do subsolo*, em seu desfecho aberto, nos forneça mais uma chave hermenêutica a imbricar o movimento tautológico da forma à sujeição do conteúdo.

Se Dostoiévski fosse, de forma unívoca, um rematado niilista, a tarefa deste livro estaria terminada. Em diálogo com Bakhtin, restabelecemos as mediações entre dialogia e dialética com vistas à totalização contraditória do concerto polifônico. Ao longo de tal processo, descobrimos que a forma dostoievskiana, por meio da imanência de seu movimento, guarda um profundo e *subterrâneo diálogo* com o devir fetichista da forma mercadoria até sua constituição como D – M – D', isto é, até sua movimentação tautológica como capital. Ocorre que, dialeticamente, as vozes dostoievskianas se rebelam contra o patíbulo das cordas vocais. O conteúdo como utopia irrompe contra o fetichismo da forma.

Nesse sentido, como já disséramos no preâmbulo deste livro, os três próximos capítulos, isto é, a segunda parte de nossa análise a se configurar como uma antítese em relação à tese desta primeira parte, passarão a investigar os sentidos (e os ressentimentos) da filosofia da história em Dostoiévski, de modo que nossa investigação, como totalidade, também se estruture contraditoriamente, isto é, para que as tomadas de posição de nossas análises reverberem a dialética polifônica fundamental à obra de Dostoiévski e às suas imbricações com o movimento da história.

Antítese

O conteúdo em Dostoiévski como a cicatrização do espírito rumo à utopia?

E clamavam em alta voz, dizendo: "Até quando tu, que és o Senhor, o Santo, o Verdadeiro, ficarás sem fazer justiça e sem vingar o nosso sangue contra os habitantes da terra?

— *Apocalipse*, 6, 10

O ateísmo completo está no penúltimo degrau da fé mais perfeita (se subirá esse degrau já é outra história).

— Clérigo Tíkhon, *Os demônios*[9]

Eu vi a verdade, eu vi e sei que as pessoas podem ser belas e felizes, sem perder a capacidade de viver na terra. Não quero e não posso acreditar que o mal seja o estado normal dos homens.

— Homem ridículo, *O sonho de um homem ridículo*[10]

9. Tradução de Paulo Bezerra. São Paulo: Editora 34, 2004, p. 662.

10. Tradução de Vadim Nikitin. São Paulo: Editora 34, 2003, pp. 121-122.

Capítulo 3

O prenúncio da teologia como teleologia – e da teleologia como teologia

3.1. PREÂMBULO

Genebra, 29 de setembro de 1867: em uma carta para a sobrinha Sofia Aleksandrovna, Dostoiévski pergunta se "você lê alguns jornaïs? Por favor, faça isso! Hoje em dia eles precisam ser lidos, não apenas por ser moda, mas *para que se possam traçar as conexões evidentes entre os pequenos e os grandes eventos* [grifo meu]" (2011, p. 128). Serguei Hackel (1982) argumenta que "a finalidade da arte de Dostoiévski não é retratar os eventos da vida cotidiana, mas sua ideia geral, a qual é entrevista de forma aguda e extraída corretamente a partir da multiplicidade total dos fenômenos interrelacionados da vida" (p. 7). Os *pequenos e os grandes eventos*, assim, estariam vinculados ao movimento da totalidade, ao espírito de época: perspectivas de que Dostoiévski jamais abriria mão; eis um dos sentidos de sua obra literária.

O episódico e o contingente, como podemos depreender, não eram desprovidos de mediações para revelar ao escritor uma possível filosofia da história, suas prováveis leis de desenvolvimento, as contradições em que o todo se enreda. Seria possível dizer que a totalidade em Dostoiévski deve ser inicialmente entrevista como a quintessência dos momentos parciais que apontam para além de si mesmos[1]. Nesse sentido, Kate Holland (2000) afirma que

> nos escritos de Dostoiévski sobre a expressão artística da realidade, nós deparamos recorrentemente com uma situação ambígua: os fragmentos dissonantes parecem resistir ao poder unificador e totalizante da arte, mas, ao mesmo tempo, a arte atua como uma espécie de filtro, por meio do qual os fragmentos podem ser transfigurados e conduzidos a um novo tipo de toalidade (p. 95).

Quando Holland menciona a arte como um possível filtro para a apreensão dos fragmentos que, mediados esteticamente, se interrelacionariam em um novo tipo de totalidade, poderíamos pensar sobre a noção adorniana do artista como mediação subjetivo-objetiva para a (res)significação do contexto histórico por meio da imanência da constituição da obra de arte[2]. Dostoiévski não apenas se defronta com o material — o episódico jornalís-

1. A frase em questão estabelece um diálogo dialético com a seguinte colocação de Vladimir Safatle no prefácio para a obra *Três estudos sobre Hegel* (São Paulo: Editora Unesp, 2013), de Theodor Adorno: "Adorno insiste que a totalidade em Hegel deve ser inicialmente vista como a quintessência dos momentos parciais que apontam para além de si mesmos" (pp. 25-26). Como ficará claro ao longo deste capítulo e, sobretudo, nos capítulos 4 e 5, a mediação dialética entre parte e todo, fundamental na filosofia de Hegel, também se faz essencial na filosofia da história de Dostoiévski.

2. Adorno desenvolve tal ideia tanto na *Teoria estética* quanto no ensaio "O artista como representante" (In: *Notas de literatura I*. Tradução de Jorge de Almeida. São Paulo: Editora 34, 2003), em diálogo com a obra de Paul Valéry. Para Adorno, a postura de Valéry, além de apreender, pela imanência da obra, um possível sentido de época, despontaria como um *locus* de reconciliação em meio à sociedade não reconciliada, o negativo (a negação da negação) em meio à reificação, já que a feitura artística de Valéry conteria um princípio de

tico —, como se propõe a estabelecer as mediações para que o supostamente contingente e disperso possibilite uma leitura do espírito de sua época. O sujeito se objetiva ao se confundir com a lógica do material, ao mesmo tempo em que a lógica do material é subjetivamente mediada pelo artista que se torna um sujeito social. A história e sua movimentação como que passam através de sua consciência. Mas, aqui, é importante frisar que o motor artístico não é a Ideia, mas o caráter relacional da consciência do artista que deixa de ser uma mônada subjetiva para se objetivar em meio à realidade histórica por conta de sua imbricação com o material.

O contingente, então, jamais eclodiria como algo fragmentado e desprovido de sentido — algo em si e a esmo que tanto poderia ter ocorrido aqui quanto ali. Dostoiévski aponta um caráter de *necessidade* lógico-histórica que, mediatamente, conectaria o todo às partes.

Florença, 26 de fevereiro de 1869: em uma carta para o amigo Nikólai Nikoláievitch Strákhov, Dostoiévski afirma que

> tenho minha própria ideia de arte: *o que a maioria das pessoas entende como fantástico ou como falta de universalidade,* eu tomo por algo próximo à *suprema essência da verdade. Há muito deixei de ver as áridas observações de trivialidades cotidianas como realismo — é bem o oposto.* Em qualquer jornal encontramos reportagens sobre fatos totalmente autênticos, mas que alguns veem como fora do comum. Nossos escritores os veem como fantásticos e, por isso, não prestam nenhuma atenção a eles. *E eles são verdadeiros, pois são fatos. Mas quem se preocupa em observá-los, gravá-los, descrevê-los? Acontecem to-*

---

ação social racionalmente concatenada a apontar para a utopia, para uma sociedade outra e emancipada.

dos os dias e a todo o momento, logo não são nem um pouco excepcionais [grifos meus] (2011, p. 156).

Discutiremos, neste e no próximo capítulo, o que poderia ser entendido como um dos matizes da *suprema essência da verdade* para Dostoiévski. De qualquer modo, observamos que o escritor parte da empiria factual para desvelar e desdobrar sentidos para além da micrologia cotidiana. A factualidade faria parte de uma rede histórico-conceitual que vincularia a parte ao todo. O inusitado, então, não seria meramente contingente, mas poderia representar o desdobramento *necessário*, uma vez que factual, de determinado sentido histórico até então recôndito. Dostoiévski toma tal revelação como um importante mister de sua arte.

A finalidade do método se confunde com o método como finalidade quando pensamos em Dostoiévski como um leitor do devir histórico de sua época. Ora, se falamos em devir, transportamos os desdobramentos das ideias do escritor para a nossa própria época, de modo que eles sejam lógica e historicamente reconfigurados. A compilação do episódico e contingente faria parte do projeto artístico de Dostoiévski que via a parte como a fenomenologia do todo, a aparição concreta da lógica histórica. Como artista, como sujeito que se funde ao devir do objeto e se torna mediação social individualmente configurada, Dostoiévski criava

através da dramatização imaginativa dos limites absolutos de uma ideia e mediante a percepção intuitiva do comportamento humano concreto e apropriado para viver nessas situações "fantásticas" (embora perfeitamente verossímeis). Essa tendência crescente àquilo que se pode chamar de escatologia ideológica, conjugada com o gênio psicológico que Dostoiévski já demonstrara de forma ampla, abrir-lhe-á o caminho para as grandes obras (FRANK, 2002, p. 345)[3].

Imaginação, aqui, é o encontro de Bakhtin e Adorno, da dialogia com a dialética, do sujeito e do objeto não mais como entes, mas como polos, como o diálogo dialético, como o movimento da relação. A imaginação torna-se a imbricação com o movimento da história, com suas (im)possibilidades lógicas. Como sujeito social, Dostoiévski já não pensa a contradição de fora; ao mergulhar sua consciência criativa no turbilhão da Ideia como devir histórico, a contradição é o motor de sua causalidade artística, da constituição de suas obras, do duelo que imbrica forma e conteúdo. Joseph Frank, munido de laivos idealistas, emprega o termo *percepção intuitiva* para designar o mergulho objetivo de Dostoiévski na configuração histórica. Os pressupostos deste livro tornam *necessário* o emprego dos termos *projeção* e *prospecção*; se as ideias geridas pela história têm uma logicidade imanente, a razão subjetiva (e socializada) pode captar o sentido de seu desenvolvimento ao buscar as pistas da racionalidade

---

3. Victor Terras (1985), em uma linha argumentativa próxima a Joseph Frank, também discorreu sobre o sentido artístico da escatologia em Dostoiévski: "A acusação de que os romances de Dostoiévski têm traços góticos, retratando paixões viscerais ou perversas, intrigas, assassinatos, suicídios etc. é, de fato, válida. A resposta de Dostoiévski a tais críticas era que os extremos seriam mais reveladores da essência da condição humana do que a chamada 'média'. Esta é uma questão fundamental que fazia Dostoiévski discordar da maioria de seus contemporâneos. (...) A força de Dostoiévski reside precisamente nas crises da vida humana, que, mesmo sendo raras, ainda assim são reais; o ímpeto do escritor não se voltava para a vida cotidiana: namoros e casamentos, pessoas ganhando o pão e formando famílias etc. Aquilo a que se atribui maior importância depende da *Weltanschaaung* [cosmovisão] do autor" (p. 166).

objetiva (o devir da história) a partir de seus vestígios — o contingente como aparência e motor para a essência da história, seu movimento, seus desdobramentos.

Ao invés de utilizarmos a noção bastante questionável de que Dostoiévski era um "profeta" da história — noção que poderia, *a priori*, ser derivada das noções de *projeção* e *prospecção* que ora utilizamos —, podemos falar, ao lado de Theodor Adorno, sobre o conceito de *possibilidade objetiva*, isto é, sobre as derivações históricas prováveis, mas ainda não aparentes e concretas, algo que *pode* vir à tona, ou seja, que apresenta o *potencial de necessidade* em meio à fenomenologia da história. Adorno (2013) rechaça a profecia que paira sobre a ou que rompe com a logicidade da história e discorre a respeito da noção de possibilidade objetiva, em Hegel, por meio de termos que nos ajudam a compreender a *racionalidade histórico-"profética"* de Dostoiévski:

> Conforme sua própria ideologia, e como um empregado tolerado por interesses mais poderosos, Hitler tentou erradicar o bolchevismo, enquanto sua guerra trouxe a gigantesca sombra do mundo eslavo sobre a Europa, aquele mundo eslavo do qual Hegel já dizia de forma premonitória que ainda não havia entrado na história. No entanto, *Hegel não foi habilitado para isso por meio de um olhar histórico profético, pelo qual ele nutria apenas desprezo, mas por meio daquela força construtiva que penetra inteiramente no que é, sem sacrificar a si mesma como razão, crítica e consciência da possibilidade* [grifos meus] (p. 81).

É bem verdade que o próprio Dostoiévski fez coro à deificação do profeta, mas podemos entender o seguinte fragmento do escritor, citado por Sergei Hackel (1982), como uma versão dostoievskiana da noção de possibilidade objetiva aberta pela história: "a realidade como um todo está longe de ser exaurida pelo cotidiano, porque ela existe, em grande medida, na forma de uma palavra latente e a ser expressa. De tempos em tempos, surgem profetas que adivinham e expressam a palavra integral" (p. 10). A parte latente aponta para além de si mesma – eis a mediação dostoievskiana da parte que deixa entrever o todo.

É nesse sentido que Robert-Louis Jackson (1981), cem anos após a morte do escritor russo, cita um fragmento do *Diário de um escritor*, de Dostoiévski, que data de 1877:

> A meu ver, o presente período também terminará na velha Europa com algo colossal, i.e., talvez não literalmente idêntico aos eventos que deram cabo do século XVIII, mas, ainda assim, será algo gigantesco, fundamental e terrível – e também algo que trará uma mudança para o mundo todo, ou, ao menos, no Ocidente, na velha Europa.

Logo em seguida, Jackson comenta que

> as palavras de Dostoiévski são impressionantes; foram necessários cem anos para que conseguíssemos apreendê-las integralmente. [Jackson sobrevoa o processo de eclosão da Revolução Russa, das duas guerras mundiais e da Guerra Fria, que ainda despontava com vigor em 1981.] (...) É claro que nós não vamos ressuscitar a imagem desgastada de Dostoiévski como um "profeta": muito do que ele anteviu de fato aconteceu; muito do que ele esperava não veio à tona; e o que ocorreu nem sempre aconteceu quando ou onde ele esperava. A Rússia, a Europa e a Ásia não seguiram uma trajetória precisa ou prescrita, e nós faríamos mal em buscar na obra de Dostoiévski ou de Marx esquemas e previsões exatos, isto é, apreender suas colocações como algo além de impressionantes metáforas que prefiguram insurreições iminentes, caos e transformações – muito daquilo que Nietzsche, mais tarde, chamaria de "a crise do niilismo europeu" (1985, p. 4).

O próprio Dostoiévski, em breve preâmbulo às *Memórias do subsolo*, procurou ilustrar a maneira pela qual sua arte (tese) se enredava à história (antítese) para que a *realidade ficcional* despontasse como síntese.

Tanto o autor como o texto destas memórias são, naturalmente, imaginários. Todavia, *pessoas como o seu autor não só podem, mas devem até existir em nossa sociedade, desde que consideremos as circunstâncias em que, de um modo geral, ela se formou* [grifo meu] (2000a, p. 14).

Partimos do pressuposto — e procuraremos prová-lo neste e nos próximos capítulos por meio da imbricação com a logicidade do material dostoievskiano — de que, para o escritor, a história tinha uma finalidade, um sentido — e uma série de ressentimentos, caso seu movimento fosse arregimentado por cálculos e construções que procurassem se contrapor à *natureza viva* do homem, de suas capacidades e limitações. A discussão fundamental de Dostoiévski sobre a filosofia da história se dá em proximidade com os e em contraposição aos socialistas, a *intelligentsia* russa que antecedeu a geração de Lênin, Trótski e Stálin. O próprio conceito teológico de *natureza viva* se confunde com a teleologia histórica para Dostoiévski. Assim, cabe a este capítulo desenvolver as bases da discussão mundana de Dostoiévski, isto é, suas argumentações que não espreitaram em si e por si mesmas o movimento da história como um momento da eternidade, mas que se enredaram aos objetos e objetivos contingentes daquele determinado período histórico para que o escritor pudesse apresentar as aporias da utopia socialista.

Neste momento, lançaremos mão de fragmentos das correspondências do escritor[4], de *Recordações da casa dos mortos*, *Memórias do subsolo*, *Crime e castigo*, *O idiota* e *Os demônios* para acompanharmos o devir das ideias através das obras como progressão e projeção. No capítulo seguinte, iremos a dois capítulos fundamentais de *Os irmãos Karamázov* – "A revolta" e "O grande inquisidor" –, para alcançarmos as decorrências da teleologia teológica de Dostoiévski no além-mundo – e, então, suas possíveis repercussões para este mundo.

Construiremos, então, a partir da dialogia dialética de Dostoiévski, um novo diálogo entre as obras, de modo que os objetos, ao falarem entre si, nos digam mais sobre si mesmos e sobre os conceitos que desenvolvem.

3.2. O CÁLCULO UTILITÁRIO À LUZ E ÀS SOMBRAS DA HISTÓRIA

Partimos da morte de Deus, o cataclismo histórico que Nietzsche chamou de crepúsculo dos ídolos. Escatologicamente, o desespero epiléptico de Dostoiévski diante da possível inexistência de Deus o levou a imaginar o devir de um mundo que derrogasse o decálogo de Moisés[5]. Assim, a máxima atribuída a Ivan Karamázov se

---

4. *Dostoiévski: correspondências, 1838-1880.* Tradução de Robertson Frizero. Porto Alegre: 8Inverso, 2011.

5. Neste momento, não estamos apenas diante da lúgubre poética de Dostoiévski a exacerbar os desdobramentos possíveis de determinada ideia. Joseph Frank nos conta como o escritor foi tomado por profunda angústia ao deparar com o quadro *Cristo morto* (1521-1522), de Hans Holbein, o Moço, exposto no Museu da Basileia. (Há uma réplica em forma de escultura do quadro de Holbein na igreja do Hotel dos Inválidos, em Paris, igreja que antecede a câmara onde se encontra o sarcófago de Napoleão I.) Quando deparei com o *Cristo*

transformaria em 11º Mandamento: *se Deus não existe, tudo é permitido.* Serguei Hackel (1982) cita o Príncipe Míchkin, protagonista de *O idiota:* "A ideia que liga os homens entre si já não existe" (p. 10). Para Dostoiévski, então, o *não matarás* se tornaria uma mera contingência. Um mundo sem Deus não apresentaria quaisquer bases para as ações morais. O torvelinho do cálculo utilitário e do relativismo ético se instauraria. Então, o niilismo sentenciaria que tudo o que é o sagrado deve ser profanado, já que tudo o que é sólido se desmancha no ar[6].

---

morto, me lembrei imediatamente dos relatos de Frank sobre as agruras de Dostoiévski ao ver representada a derrocada de Cristo após ser retirado da cruz — seu corpo esquálido, as marcas dos suplícios que não mais cicatrizariam, o crepúsculo da transcendência diante da imanência que assassinara Deus. Dostoiévski sofreria uma série de ataques epilépticos após essa experiência, fato que nos mostra como o escritor se imbricava subjetivamente à objetividade de seu tempo a ponto de sofrer, *escatológica* e somaticamente, as decorrências das aporias históricas. Para mais detalhes, conferir Joseph Frank, *Dostoiévski: os anos milagrosos, 1865-1871.* São Paulo: Edusp, 2003, pp. 298-300; p. 352; p. 433; e p. 438.

6. Há uma verdadeira pletora de fontes para a polissêmica discussão sobre o surgimento e os desdobramentos do niilismo no século XIX. Além de mencionar os tomos de Joseph Frank — verdadeiro *subsolo* histórico-ideológico para este livro —, gostaria de citar três outras fontes que parecem desdobrar o nada ético dostoievskiano em direções centrífugas. A primeira, rente à movimentação de Dostoiévski, é o livro panorâmico — mas nem por isso menos preciso e denso — do historiador polonês Andrzej Walicki, *A History of Russian Thought: From Enlightenment to Marxism.* Stanford: Stanford University Press, 1979, pp. 309-326. A segunda fonte acompanha o niilismo ético de modo que a negatividade possa voltar-se contra si mesma para que o sentido de época das ideias revolucionárias seja apreendido em seu ímpeto de (des)construção. Dialogamos, agora, com Marshall Berman e seu formidável *Tudo o que é sólido desmancha no ar.* São Paulo: Companhia das Letras, 1986, sobretudo com o

Eis a ambiência histórico-ideológica que nos leva, primeiramente, à festa de aniversário do Príncipe Míchkin, comemorada em sua *datcha* – figuras da nobreza de São Petersburgo se fazem presentes. Ao longo de toda a obra dostoievskiana, as personagens estão à iminência da con-

---

capítulo I [sobre o *Fausto*, de Goethe, como o primórdio do niilismo capitalista (pp. 37-84)], o capítulo II [sobre o ímpeto construtivo--destrutivo do *Manifesto Comunista*, de Marx e Engels (pp. 85-125)] e o capítulo III [sobre a modernização e a modernidade de São Petersburgo como espaço para confrontos ético-classistas a reboque, sobretudo, mas não só, do homem do subsolo (pp. 167-269)]. A terceira fonte a ser mencionada é o escritor francês Honoré de Balzac, cujo imaginário histórico-escatológico contribuiu sobremaneira para as reflexões sobre as rupturas éticas a partir do advento da modernidade capitalista e ateia. Cito, aqui, um trecho de *Eugênia Grandet* (São Paulo: Abril Cultural, 1971, pp. 106-107) que provavelmente tornou ainda mais febril o jovem Dostoiévski que então cursava a Academia Militar de São Petersburgo e já aspirava a uma efetiva trajetória literária: "Os avarentos não creem numa vida futura, o presente é tudo para eles. Essa reflexão lança uma luz horrível sobre a época atual, na qual, mais que em qualquer outro tempo, o dinheiro domina as leis, a política e os costumes. Instituições, livros, homens e doutrinas, tudo conspira para minar a crença numa vida futura, *sobre a qual se apoia o edifício social há 1800 anos* [grifo meu]. Hoje em dia, o esquife é uma transição pouco temida. O futuro, que nos esperava para além do réquiem, transportou-se para o presente. Chegar *per fas et nefas* [*pelo lícito e pelo ilícito*] ao paraíso terrestre do luxo e dos prazeres vãos, petrificar o coração e macerar o corpo em busca de posses passageiras, *como outrora se sofria o martírio da vida em busca de bens eternos*, eis a ideia geral! Ideia aliás inscrita por toda parte, até nas leis, que perguntam ao legislador: 'Que pagar?', ao invés de: 'Que pensas?' *Quando essa doutrina tiver passado da burguesia ao povo, que será do país?*" [grifos meus]. Para uma análise detida das relações entre Balzac e Dostoiévski, conferir Joseph Frank, *Dostoiévski: as sementes da revolta, 1821-1849*. São Paulo: Edusp, 1999, pp. 130-156. (Frank menciona a obra *Balzac and Dostoevsky*, do crítico russo Leonid Grossman. London: Ardis, 1995.)

vulsão — as ideias as extravasam de modo a serem articuladas junto ao outro, pelo outro, contra o outro. A dialogia de Bakhtin bem pôde analisar o caráter de coexistência necessária da plêiade ideológica das personagens dostoievskianas. No entanto, a pressuposição da equipolência das vozes, a meu ver, escamoteia o caráter aporético das contínuas discussões. É como se as ideias fossem inexoravelmente arremessadas entre si e contra si mesmas, de modo que sua logicidade fosse questionada de forma imanente, tendo em vista seus possíveis desdobramentos e rupturas lógico-práticos, até que uma determinada temática via de regra subjacente se apresentasse como a obsessão dostoievskiana por excelência.

Em meio a tragos de vodca, peixes fritos já nodosos, pepinos em conserva e conversas laterais, as personagens acabam chegando ao ápice do diálogo como duelo. Em disputa, o destino da humanidade. O aniversário do Príncipe Míchkin, então, transforma-se em um mote para que o coral de vozes analise (e contradiga) as (im)possibilidades de haver algum substrato propriamente humano para a (re)produção da sociedade diante da derrocada de Deus. O bufão Liébediev, bem mais do que ébrio, desafia todos os senhores ateus ali presentes:

> Com que os senhores vão salvar o mundo e onde descobriram o seu caminho normal — os senhores são homens de ciência, da indústria, das associações, de pagar salário e tudo o mais? Com quê? Com crédito? O que é o crédito? Aonde o crédito vai levá-los? (2002, p. 417)

Liébediev observa as fundações do cotidiano, seu *subsolo.* Nesse sentido, as reflexões de Liébediev dialogam com o próprio Dostoiévski, em uma carta mencionada por Robert Louis-Jackson (2002): "Não há *fundações* para a nossa sociedade, não há princípios estruturantes para a vida. Uma colossal erosão — tudo está ruindo, despencando, sendo negado, como se nada houvesse existido (...)" (p. 13). Se Deus não existe e tudo é permitido, a modernidade dá lugar a uma nova hierarquia no Olimpo. Novos deuses vêm à tona, todos eles regidos pela batuta do crédito, as rédeas do capital. Ora, que tipo de relações intersubjetivas se reproduzem em uma sociedade fundada pela maximização das satisfações pessoais? Em uma sociedade (des)estruturada pela concentração de riquezas que estimula a escassez de recursos e a consequente luta de seus agentes pelo quinhão da sobrevivência? Em uma sociedade em meio à qual a adição para si pressupõe a subtração alheia? Tudo isso, prossegue Liébediev, "sem aceitar nenhum fundamento moral além da satisfação do egoísmo individual e da necessidade material? A paz universal, a felicidade universal derivam da necessidade!" (2002, p. 417) Como a tese dostoievskiana pressupõe o movimento antitético, o exaltado Gánia faz as vezes de defensor do utilitarismo:

> Sim, porque a necessidade universal de viver, de beber e comer — enfim, a mais plena convicção científica de que o senhor não irá satisfazer essa necessidade sem uma associação universal e nem a solidariedade dos interesses — é, parece, um pensamento bastante forte para servir de ponto de apoio e "fonte da vida" para os futuros séculos da humanidade. (...) E por acaso é pouco (...) o sentimento da autopreservação? Porque o sentimento da autopreservação é a lei normal da humanidade... (2002, p. 417)

Como sabemos que o torvelinho não é estático, que ele não se configura como um edifício coeso, mas se constrói para em seguida ser destruído, de modo que os escombros sejam a matéria-prima para novas (des)construções, a dialética de Dostoiévski volta a arremessar Liébediev contra Gánia — a sequência das obras nos apresenta as personagens como o devir das ideias contrapostas.

Gánia apresenta Charles Darwin como um fundamento mundano para a sociedade que prescinde da transcendência e transforma Deus em mais um de seus nichos de mercado. (Os leitores do século XXI, no entanto, já conhecemos a antítese histórica que transformou o darwinismo social em lei do mais forte como mote para o neocolonialismo e o genocídio industriais.) Assim, a escatologia de Dostoiévski, ainda uma vez, leva às últimas consequências a ideia de que a nova versão da guerra de todos contra todos possa refundar o contrato social. Uma nova voz deve se enredar a Gánia como desdobramento antípoda de sua lógica: "Quem lhe disse isso? — gritou subitamente Ievguiêni Pávlovitch. — Essa lei é a verdade, mas é tão normal quanto a lei da destruição, e talvez da autodestruição. Porventura só na autopreservação está toda a lei normal da humanidade?" (2002, p. 417) Fiódor Dostoiévski desvela a dialética do esclarecimento. Progresso e regresso como momentos recíprocos (e concomitantes) da história. Para além do princípio utilitário do prazer: historicamente acostumados ao discurso da servidão voluntária, os homens deixariam de ser súditos (*sujets*, *subjects*) para se tornarem sujeitos (*sujets*, *subjects*) da noite para as Luzes? Ora, o homem do subsolo, o autonomeado paradoxalista das *Memórias do subsolo*, bem suspeita de que súdito e sujeito são duas faces da mesma moeda histórica que torna necessárias tanto a transformação do mais desenfreado hedonismo em sadismo — o outro como instrumento — quanto a regressão do eu de sujeito a objeto (súdito) da própria violência socialmente gerida — o masoquismo como substrato do sadismo. A síntese regressiva de tal dialética apresenta a modernidade capitalista como a gestora do sadomasoquismo[7]. Vejamos o que o homem do subsolo tem a dizer a esse respeito:

Oh, dizei-me, quem foi o primeiro a declarar, a proclamar que o homem comete ignomínias unicamente por desconhecer os seus reais interesses, e que bastaria instruí-lo, abrir-lhe os

---

7. Vale frisar que Dostoiévski entrevê uma coincidência ideológica essencial entre o *ethos* da modernidade capitalista e a *intelligentsia* russa socialista. O filósofo inglês Jeremy Bentham (1748-1832) estabelece as bases para as ações dos indivíduos a partir do duelo encarniçado entre os princípios da dor e do prazer — a busca pela felicidade e a supressão do sofrimento. A maximização das satisfações pessoais eleva-se como doutrina modernizante, de modo que o capitalismo então nascente não mais precisasse se ocupar com anacronismos feudais como honra e lealdade e de modo que a burguesia não mais se envergonhasse por hastear a bandeira do egoísmo como condição humana universal, atemporal e supra-histórica. Em pleno século XIX, a Rússia ainda reproduzia sua sociedade sobre bases monárquico-feudais, então os republicanos socialistas se apropriam do individualismo metodológico ocidental tanto para questionar as bases (supostamente) orgânicas do tsarismo calcado sobre a desigualdade estamental quanto para propor uma nova sociedade socialista em que a felicidade de um fosse a base para a felicidade de todos. Tendo em vista tal síntese antitética, a obra de Dostoiévski também pode ser lida como a apreensão e o questionamento das profundas contradições que envolvem o transplante de modelos centrais para a periferia do capitalismo. O ornitorrinco russo nos apresenta o mamífero capitalista que bota ovos socialistas — do utilitarismo competitivo seria feita tábula rasa do passado para alicerçar a nova sociedade da solidariedade. Para discussões mais prolongadas sobre os debates que forjaram a *intelligentsia* russa no século XIX, conferir Joseph Frank, *Dostoiévski: os efeitos da libertação, 1860-1865*. São Paulo: Edusp, 2002; Andrzej Walicki, *A History of Russian Thought: From Enlightenment to Marxism* (conferir nota 4); e Isaiah Berlin, *Pensadores russos*. São Paulo: Companhia das Letras, 1988.

olhos para os seus verdadeiros e normais interesses, para que ele imediatamente deixasse de cometer essas ignomínias e se tornasse, no mesmo instante, bondoso e nobre, porque, sendo instruído e compreendendo as suas reais vantagens, veria no bem o seu próprio interesse, e sabe-se que ninguém é capaz de agir conscientemente contra ele e, por conseguinte, por assim dizer, por necessidade, ele passaria a praticar o bem? (...) [Mas] quando foi que aconteceu ao homem, em todos esses milênios, agir unicamente em prol da sua vantagem? (...) E se porventura acontecer que a vantagem humana, *alguma vez*, não apenas pode, mas deve até consistir justamente em que, em certos casos, desejamos para nós mesmos o prejuízo e não a vantagem? E, se é assim, se pelo menos pode existir tal possibilidade, toda a regra fica reduzida a nada (2000a, pp. 32-33).

Desde o capítulo anterior, já sabemos que, em termos ideológicos, o homem do subsolo ocupa, necessária, alternada e contraditoriamente, as posições de promotor e advogado de defesa. No entanto, o entrechoque das ideias nos apresenta as impossibilidades emancipatórias do utilitarismo socialista à luz das contradições históricas. Não à toa os revolucionários franceses — que tanto influenciaram a *intelligentsia* russa — pretendiam fazer tábula rasa da história para fundar a nova era com a égide da Declaração dos Direitos do Homem e do Cidadão. A lógica contraditória do homem do subsolo nos demonstra que a antítese histórica arremete contra a própria tese abstrata dos *citoyens* franceses: ficaríamos surpresos ao descobrirmos que a mesma revolução que procurou fazer tábula rasa da história acabou por dar vazão ao Terror da guilhotina e ao imperialismo de Napoleão Bonaparte? Nesse sentido, Robert Louis-Jackson (2002) cita um fragmento de Dostoiévski que aparece nos rascunhos para o romance *Os demônios*:

"Mas, então, qual será a responsabilidade de vocês pelos rios de sangue que vocês querem derramar?" — seguida de uma resposta obtusa: "Nenhuma responsabilidade, nós simplesmente ofereceremos as nossas cabeças [em sacrifício]. A futura sociedade será criada após a destruição universal, e, quanto antes, melhor (p. 14) [8].

Eu sou aquele que sempre nega. A máxima de Mefistófeles, o espírito malévolo que assola o *Fausto*, de Goethe, bem poderia ser atribuída ao (e incorporada pelo) jovem estudante de Direito Ródion Raskólnikov, protagonista de *Crime e castigo.* Raskólnikov é um pobretão que mal consegue custear os estudos — motivo que, ao fim e ao cabo, faz com que ele tenha que abandonar a faculdade. O teto abaulado de seu quarto, um sótão, verga suas muitas ideias. Mas, para pensar, é preciso pagar o aluguel há muito em atraso. Ainda assim, Raskólnikov caminha em meio à febre de suas reflexões. Sim, porque Napoleão sequer hesitava diante da carnificina de seus soldados nos campos de batalha. É como se a história precisasse de cadáveres como força motriz. Os gritos lancinantes de dor

---

8. Tanto a guilhotina quanto Napoleão e seus desdobramentos históricos rendem bons motes dostoievskianos. Ora, não seria a guilhotina a síntese mais rematada das relações incestuosas que o homem do subsolo apreende entre o utilitarismo e o sadismo? Se compararmos a guilhotina com a morte medieval a pauladas e a machadadas, estaremos diante da piedade racional: o condenado moderno tem uma morte clínica e indolor. Instantânea. A compaixão minimiza a agonia — e anula as chances de sobrevivência. A razão (instrumental) não nos livrou do cadafalso. Ela aprimorou a decapitação. A maximização das satisfações pessoais — as *minhas* satisfações, as satisfações da *minha* família, da *minha* classe, da *minha* raça, do *meu* país — faz com que o inegável e emancipatório progresso técnico dê guarida, reproduza e refine o atavismo histórico. Eis o cálculo utilitário à luz e às sombras da história.

lubrificam as engrenagens. Os mesmos gritos que o generalíssimo francês não ouve. Afinal, um soldado deve lutar. Assim pensam os homens extraordinários — prossegue a logicidade de Raskólnikov —, aqueles que vieram ao mundo para legislar, aqueles diante de quem a massa ordinária deve se curvar. Se Deus já não existe, o deus terreno, Augusto César Napoleão, não deve se importar com o *não matarás*. Quem tem algo a dizer para a humanidade não pode estacar diante de escrúpulos comezinhos[9].

Raskólnikov pretende se autoproclamar imperador como o fez Napoleão. Não falta muito, o plano já foi esboçado, o jovem está a um passo da realização. Um único detalhe — bem pequeno, na verdade — o distancia do trono: ocorre que Raskólnikov, sem ter onde cair vivo, precisa vender o almoço para poder jantar. (O café da manhã também é negociável.) Logo, o ex-estudante de Direito precisa empenhar seus derradeiros objetos de valor para Alióna Ivánovna, a velha usurária que o explora, o piolho cuja existência, sempre segundo a logicidade de Raskólnikov, só faz emperrar seus planos para proceder à imitação de Alexandre, o Grande, isto é, para fazer com que a humanidade efetivamente evolua. Mas e se o piolho usurário se transformar no primeiro grande teste para saber se Raskólnikov está além do populacho? Uma vil exploradora não pode fazê-lo tremer. Em face dos soldados que morriam em pé congelados pelo general inverno russo, Napoleão fazia um trocadilho espirituoso, dava de ombros e, quando de sua volta a Paris, era ovacionado pela

---

9. Se Raskólnikov tivesse vivido para conhecer Ióssif Vissariónovitch Djugachvili, também conhecido como Stálin, o líder soviético lhe teria ensinado que uma única morte, de fato, é uma tragédia; um milhão de vítimas tornam-se material estatístico.

multidão pronta a fornecer mais buchas de canhão para as guerras do imperador. Eis que o dostoievskiano não hesita e prepara sua machada. Golpes secos rompem a têmpora de Alióna Ivánovna. Como imprevistos não apenas acontecem, mas, sobretudo, despencam, a irmã da velha usurária aparece no apartamento de Alióna Ivánovna bem no momento em que o carrasco Raskólnikov está diante do cadáver endinheirado. Uma única morte é uma tragédia; duas, uma decorrência. De um momento para o outro, Ródion Romanovitch Bonaparte transforma-se em um duplo homicida.

Que lógica subterrânea alicerçou as ações de Raskólnikov? Quais os princípios de seu *cálculo utilitário?* Tudo o que é sagrado é profanado: ao invés de apreender que é um indivíduo que vive e convive em sociedade, que estabelece relações com os demais, que os outros fazem parte de sua (de)formação, Raskólnikov só faz observar a alteridade como massa de manobra, isto é, como instrumento para seus próprios fins utilitários. Seu cálculo maximiza os próprios interesses e transforma o outro em alavanca. Se, no limite, for preciso prescindir do outro, que assim seja. Conforme argumenta Lyudmila Parts (2009),

> o exemplo de Raskolnikov mostra suspeição em relação à compaixão sem Deus: sua piedade inicial pelos outros — sua família, a família de Marmieládov e todo o mundo de pobreza a seu redor — leva-o a um protesto, a uma demanda por mudanças imediatas. Mas, uma vez que ele rejeita Deus e a interpretação religiosa do sofrimento e da compaixão, não há nada que possa evitar que Raskólnikov tente se tornar um deus — chame-o de Napoleão ou Maomé — com o poder de decidir o valor e o destino das outras pessoas. A compaixão sem fé conduz Raskólnikov ao homicídio (pp. 70-71).

A usurária Alióna Ivánovna de fato pôde atestar que tudo o que é sólido se desmancha no ar. Ora, não estamos diante dos primórdios da lógica concorrencial que estrutura o capitalismo e pisa sobre o graveto frágil da compaixão? Raskólnikov se quer um legislador, um revolucionário, ele assassina uma das agentes da burguesia. Mas, curiosa e contraditoriamente, a lógica que estrutura sua ação só pode ser considerada revolucionária diante da completa vacuidade ética que estabelece em relação à tradição do *não matarás* oriunda do decálogo de Moisés. No mais, Raskólnikov lança mão de um princípio relativista que transforma o eu, o ego, em princípio único de todas as coisas[10]. Se o indivíduo vivesse em uma bolha autogerida, não haveria grandes dilemas. Ocorre que o

---

10. Em "Dostoevsky versus Max Stirner", Nadine Natov (2002) discorre sobre a influência do individualismo radical do filósofo alemão Max Stirner sobre a *intelligentsia* russa da década de 1840 e, notadamente, sobre a obra de Dostoiévski. O livro de Stirner, *Der Enzige und sein Eigentum* (1844) — publicado, no Brasil, como *O único e sua propriedade* (São Paulo: Martins Fontes, 2009) —, foi fundamental para que a escatologia criativa de Dostoiévski derivasse as aporias e rupturas éticas do individualismo radical. Nesse sentido, Natov cita alguns trechos de Stirner que prenunciam a lógica utilitária e homicida de Raskólnikov: "Em uma breve introdução a seu livro [*Der Einzige und sein Eigentum*], intitulada 'Todas as coisas não significam nada para mim", Stirner escreve: "Que Deus se preocupe com o que é divino; que o homem se preocupe com o que é humano. Minha preocupação não é nem com o divino, nem com o humano, nem com a verdade, com o que é bom, justo, livre etc., mas somente com o que é meu (*das Meinige*), e não se trata de algo geral, mas único (*einzig*), como eu sou único. Nada significa mais para mim do que eu mesmo!' (...) Falando sobre 'O proprietário' (*Der Einziger*), Max Stirner definiu seu conceito de egoísmo da seguinte maneira: 'O egoísmo não pensa em sacrificar nada, em desistir de nada que ele quer; ele simplesmente decide: 'o que eu quero, eu tenho que obter e vou buscar'. Em uma passagem anterior, Stirner escrevera: '(...) o que o homem

homem, a despeito do hedonismo de Raskólnikov, é um animal social — desde as características mais tenras até a complexidade da intelecção, o homem se forma mediado pelo diálogo socialmente configurado. Assim, o cálculo utilitário do protagonista de *Crime e castigo*, a princípio tido como emancipatório, traz à tona o princípio regressivo que passará a estruturar a modernidade. Para vencer a guerra cotidiana de todos contra todos, Raskólnikov precisa amordaçar sua identidade social e aniquilar o outro que é parte primordial de sua formação dialógica.

O transcurso posterior do romance, cuja primeira parte termina com o duplo homicídio cometido por Raskólnikov, narrará uma dolorosa dialética entre crime e castigo. Raskólnikov precisará caminhar com o fardo de ter aspergido sangue alheio. O jovem terá que se submeter ao exame da própria consciência — e de sua inescapável vaidade. Se sofre por conta de suas vítimas, será mesmo Raskólnikov um Napoleão? A despeito de sua megalomania, não fará o ex-estudante de Direito parte da massa ordinária que tanto despreza? Ainda que Raskólnikov estivesse caminhando entre as ruínas do cristianismo como cosmovisão socialmente estabelecida, o Decálogo de Moisés, nos primórdios da modernidade, continuava a calar fundo em meio ao imaginário coletivo. A profunda dor moral que o jovem homicida sente pode ser relacionada ao peso da tradição que o socializou. O cálculo utilitário ainda era embrionário. Vale frisar que Raskólnikov foi o mentor e o executor da ideia. A sociedade contemporânea, cada vez mais distante do *ethos* religioso, tornou

---

conseguir obter lhe pertence: o mundo pertence a *mim* (...); o certo é o que lhe convém'" (p. 28; p. 32; p. 35).

mais complexo e mediado, cínico e introjetado o cálculo utilitário de que Raskólnikov lançou mão.

3.3. A UTOPIA COMO DEGREDO SIBERIANO

Genebra, 29 de setembro de 1867: em uma carta para a sobrinha Sofia Aleksandrovna, Dostoiévski descreve qual seria, segundo sua perspectiva, um dos problemas essenciais do ideário socialista:

> Para obter a paz na Terra, [os socialistas] querem extirpar a fé cristã, aniquilar os grandes Estados e dividi-los em países menores, abolir o capital, declarar que toda propriedade é de uso comum etc. E tudo isso é dito *sem qualquer demonstração lógica*; o que eles aprenderam há trinta anos é o que ainda estão a balbuciar hoje. *Apenas quando o fogo e a espada tiverem exterminado tudo será possível*, segundo eles, que a paz se estabeleça [grifos meus] (2011, p. 129).

O trecho em questão enumera uma série de pontos fundamentais para a contraposição dostoievskiana em relação à utopia socialista. Mas, antes de mais nada, vale frisar que, no fim da década de 1840, o escritor fora condenado a longos anos de trabalhos forçados na Sibéria por ter participado do Círculo de Petrachévski, um grupo revolucionário cuja principal reivindicação voltava-se contra a servidão da gleba e, consequentemente, contra a base econômico-social do tsarismo. O degredo siberiano, na verdade, despontou como decorrência da comutação da pena de morte a que todos os integrantes de Petrachévski haviam sido condenados[11].

---

11. Para uma descrição minuciosa da participação de Dostoiévski no Círculo de Petrachévski, sua detenção na fortaleza Pedro e Paulo durante os inquéritos e todo o cerimonial de execução e comutação da pena de morte na Praça Semiônov, em São Petersburgo, conferir

Tal colocação tem o sentido de afirmar que Dostoiévski dificilmente poderia ser definido como um reacionário típico. É bem verdade que a estada siberiana na *casa dos mortos* transfiguraria sobremaneira a cosmovisão do escritor. Mas Dostoiévski não denegava a utopia socialista por si mesma, como o faria um reacionário que quisesse refrear a movimentação progressista (e contraditória) da história. Como veremos neste e no próximo capítulo, Dostoiévski entrevia profundas contiguidades entre as utopias cristã e socialista. "Eu vos repito: é mais fácil um camelo passar pelo fundo de uma agulha do que um rico entrar no Reino dos Céus. (...) Assim, pois, os últimos serão os primeiros e os primeiros serão os últimos" (MATEUS, 19, 24; 20, 16). O questionamento em relação ao *status quo* e à reprodução da desigualdade social; o ímpeto de construção de uma sociedade solidária, em meio à qual o lema de Marx — *de cada um, conforme sua capacidade; a cada um, conforme sua necessidade* — trouxesse a máxima do Sermão da Montanha para a estepe da história: "Amarás o teu próximo como a ti mesmo" (MARCOS, 12, 31). O conflito de Dostoiévski com a *intelligentsia* revolucionária se exacerba diante da perspectiva de um mundo sem Deus — isto é, sem o sentido da eternidade, sem a salvaguarda para os valores éticos — que só faria coroar o ego como princípio único de todas as coisas. Desenvolvemos este ponto mais acima e o desenvolveremos mais extensamente na sequência da argumentação. A partir de agora, no entanto, será importante analisarmos outros quatro aspectos mencionados por Dostoiévski como problemas intrínsecos do socialismo: (i) a descone-

---

Joseph Frank, *Dostoiévski: os anos de provação, 1850-1859*. São Paulo: Edusp, 1999, pp. 23-105.

xão das ideias com o movimento real da história; (ii) a abolição do capital e da propriedade comum; (iii) a aniquilação e a partilha dos grandes Estados; (iv) a guerra total como mote para a paz futura e perpétua. Tais aspectos esquematicamente listados se imbricam profundamente em meio à crítica dostoievskiana à utopia socialista. Apenas os articulamos separadamente para mostrarmos os momentos de metamorfose das reflexões de Dostoiévski.

3.3.1. HISTÓRIA DE PROVETA, SOCIALISMO DE ESTUFA

Após sua primeira viagem para a Europa — a Rússia, diante do Ocidente, sente os complexos de ser considerada e de se considerar um país eurasiano —, Dostoiévski e o narrador de *Notas de inverno sobre impressões de verão* refletem sobre o caráter livresco das ideias progressistas que pretendem transformar o real passando por cima de suas contradições históricas:

> Ouvi dizer recentemente que um proprietário rural dos nossos dias [referência irônica a Liev Tolstói], para se fundir com o povo, também começou a usar traje russo e passou até a frequentar, assim vestido, as assembleias de aldeia; mas os camponeses, ao vê-lo, diziam entre si: "Por que este fantasiado se arrasta atrás de nós?" E o tal proprietário não conseguiu fundir-se com o povo. (...) E até hoje, em nosso meio, quantos destes progressistas de estufa não existem que formam entre os nossos mais avançados homens de ação, que estão extremamente satisfeitos com a sua condição de criaturas de estufa e nada mais exigem? (...) Atualmente, o povo já nos considera [a nós, nobres] de todo estrangeiros e não compreende uma palavra, um livro, um pensamento nosso, e isto, digam o que quiserem, é progresso. (...) Quão convencidos estamos agora da nossa vocação civilizadora, quão do alto resolvemos os problemas, e que problemas: não há solo, não há povo, a

nacionalidade é apenas um determinado sistema de impostos, a alma, uma *tabula rasa*, uma cerinha com a qual se pode imediatamente moldar um homem verdadeiro, um homem geral, universal, um homúnculo: basta para isto aplicar os frutos da civilização europeia e ler dois ou três livros (2000b, pp. 94-95).

A pilhéria dostoievskiana em relação ao aristocrata Tolstói, proprietário da belíssima herdade de Iasnaia Poliana, tem raízes mais profundas do que a ironia sugere. Na *casa dos mortos*, Dostoiévski pôde entrar em contato com boa parte do lumpesinato russo que, segundo a *intelligentsia*, possuía consciência de classe e se tornaria a vanguarda da revolução após a tomada do poder. Ocorre que a efetiva consciência de classe que Dostoiévski encontrou entre os prisioneiros era bastante contraditória em relação à emancipação: os presos se incomodavam com o fato de que um nobre como Dostoiévski quisesse agir como se não houvesse distinções sociais. O escritor pôde verificar que havia, de fato, um profundo ressentimento social entre os detentos, mas isso poderia estar ligado mais à usurpação do poder por parte da nobreza do que a uma demanda efetivamente democrática e socialista por parte da esmagadora maioria de prisioneiros pobres. Assim, não se trataria, *a priori* e apenas, de uma demanda por uma sociedade radicalmente outra — conforme o socialismo livresco poderia depreender —, mas de uma lógica de corroboração da tradição — que se respeitasse a hierarquia social, de modo que cada estamento cumprisse o seu papel. Ora, bem podemos ver, então, quão distinto era esse impulso da teoria messiânica que atribuía aos oprimidos o germe *inequívoco* da revolução.

Assim, Dostoiévski passou a apreender um problema *congênito* na utopia socialista: tratava-se de transplantar modelos ocidentais *diretamente* para a Rússia, como se a peculiaridade periférica do país pudesse ser esquadrinhada e modificada por cálculos matemático-administrativos que passariam por cima da historicidade das relações sociais efetivas. E mais: quando tais tentativas sistemáticas da utopia de gabinete entrassem em choque com as contradições que a realidade lhes contraporia, que garantias haveria de que a revolução não se reverteria no mais trágico autoritarismo para continuar a enquadrar a história em seus moldes abstratos e pré-concebidos? Susan McReynolds (2003) sintetiza tal tensão com a impossibilidads de os revolucionários "(...) transformarem a sociedade por decreto" (p. 83). Kate Holland (2000), por sua vez, procura responder a essa pergunta ao acompanhar as abstrações dos revolucionários que, para Dostoiévski, geravam os paradoxos para a transformação da sociedade e dos homens.

> O pensamento linear, na famosa frase de [Aleksandr] Herzen [revolucionário russo contemporâneo de Dostoiévski e exilado em Londres], partia do pressuposto de que a história tinha um enredo, um plano. Os pensadores lineares concebiam sistemas racionais para provar a infalibilidade de suas visões de mundo, mas a acabavam baseando em seus sistemas. Quando os acontecimentos e as pessoas reais não correspondiam a essas teorias concebidas *a priori*, tais pensadores, ao invés de questioná-las, negavam-se a aceitar a realidade e subtraíam os desvios de suas visões lineares. Visões de mundo lineares, então, frequentemente levavam à negação das dúvidas, perguntas e paradoxos, elementos que, para Dostoiévski, embasavam toda a psicologia humana (p. 97).

O homem do subsolo, então, volta a se insinuar para que vislumbremos em que poderia redundar o cálculo utilitário da classe redentora[12], caso ele quisesse arregimentar a história com a farda (e a camisa-de-força) de sua revolução:

Proclamo com insolência que todos esses belos sistemas, todas essas teorias para explicar à humanidade os seus interesses verdadeiros, normais – a fim de que ela, ansiando inexoravelmente por atingir essas vantagens, se torne de imediato bondosa e nobre –, por enquanto tudo isso não passa, a meu ver, de pura logística! Sim, logística! Sem dúvida, afirmar essa teoria da renovação de toda a espécie humana por meio do sistema das suas próprias vantagens é, a meu ver, quase o mesmo... bem, que afirmar, por exemplo (...) que o homem é suavizado pela civilização, tornando-se por conseguinte, pouco a pouco, menos sanguinário e menos dado à guerra. (...) Mas o homem é a tal ponto afeiçoado ao seu sistema e à dedução abstrata que está pronto a deturpar intencionalmente a verdade, a descrer de seus olhos e seus ouvidos apenas para justificar a sua lógica. (...) *A civilização elabora no homem apenas a multiplicidade de sensações e... absolutamente nada mais. E, através*

12. Qual o pressuposto da teoria messiânica do proletariado senão o cálculo econômico-utilitário de que os oprimidos não têm nada a perder a não ser os próprios aguilhões? Tal raciocínio subestima as resistências identitárias das classes e indivíduos socialmente mediados pela distinção hierárquica – resistências que viriam a ser estudadas com muita profundidade pela psicologia social e pela Teoria Crítica, após o apoio maciço da classe trabalhadora alemã ao nacional-socialismo. Ao não se distanciar do homem histórico de carne e osso que eventualmente compreende as próprias vantagens, mas que carrega consigo as contradições de sua socialização, Dostoiévski pôde acompanhar com dinamismo e profundidade os movimentos que aproximam e confundem prazer e dor, revolta e submissão, questionamento e resignação. Para uma discussão sobre o enrijecimento do caráter identitário que se contrapõe aos interesses econômicos das classes (a vantagem utilitária), conferir a importante obra de Wilhelm Reich, *Psicologia de massas do fascismo*. São Paulo: Martins Fontes, 1988.

do desenvolvimento dessa multiplicidade, o homem talvez chegue ao ponto de encontrar prazer em derramar sangue [grifo meu] (2000a, pp. 34-35).

O bufão Liébediev, então, aproveita a deixa do homem do subsolo para aprofundar as contradições do sistema utilitário de vantagens em correlação com a história do poder:

> Eu não acredito (...) nas carroças que transportam comida para toda a humanidade! Porquanto as carroças que transportam comida para toda a humanidade, *sem o fundamento moral do ato, podem excluir com o maior sangue frio uma parte considerável da humanidade do prazer com o transportado, o que já aconteceu...* [grifo meu] (2002, p. 419)

Eis que Chigáliov, teórico revolucionário de *Os demônios*, desponta em meio às diatribes que esgarçam as (im)possibilidades da utopia. Chigáliov não é um idealista desmesurado que imagina que a história dará um salto qualitativo absoluto após a revolução — ele tem um conhecimento empírico devido para correlacionar momentos de fratura histórica com as ações possíveis das vanguardas do poder, vale dizer, os grupos revolucionários que realmente têm consciência sobre a possibilidade de transformação político-social. Chigáliov esboça sua teoria de administração do falanstério levando em consideração o discurso da servidão voluntária e a continuação da dialética que só faz senhores e escravos se engalfinhar. Ele propõe

> como solução final do problema, dividir os homens em duas partes desiguais. Um décimo ganha liberdade de indivíduo e o direito ilimitado sobre os outros nove décimos. Estes devem perder a personalidade e transformar-se numa espécie de manada e, numa submissão ilimitada, atingir uma série de trans-

> formações da inocência primitiva, uma espécie de paraíso primitivo, embora, não obstante, continuem trabalhando. As medidas que o autor propõe para privar de vontade os nove décimos dos homens e transformá-los em manada através da reeducação de gerações inteiras são excelentes, baseiam-se em dados naturais e são muito lógicas (2004, p. 392).

O historiador e politólogo Chigáliov entende a importância simbólico-pragmática do culto ao líder. Afinal, quando foi que a história deixou de ditar ao homem que ele deve buscar alguém diante de quem se inclinar? Na *casa dos mortos*, Dostoiévski bem pôde descobrir que

> as gerações não esquecem de uma hora para a outra o que herdaram; não se desprendem com facilidade do que receberam no sangue, daquilo que sugaram com o leite materno; não existem transformações súbitas. Seus erros, seus pecados originais, não basta reconhecê-los. Cumpre erradicá-los bem, e não é empreendimento fácil (1982, p. 178).

Ainda uma vez, o *demônio* dostoievskiano de Chigáliov pode reivindicar o espírito capitalista do socialismo como sua projeção histórico-escatológica:

> Chigalióv é um homem genial! (...) Ele inventou a "igualdade"! (...) Todos são escravos e iguais na escravidão. (...) A primeira coisa que fazem é rebaixar o nível da educação, das ciências e dos talentos. O nível elevado das ciências e das aptidões só é acessível aos talentos superiores, e os talentos superiores são dispensáveis! *Os talentos superiores sempre tomaram o poder e foram déspotas.* Os talentos superiores não podem deixar de ser déspotas e sempre trouxeram mais depravação do que utilidade; eles serão expulsos ou executados. A um Cícero corta-se a língua, a um Copérnico furam-se os olhos, um Shakespeare mata-se a pedradas — eis o chigaliovismo. Os escravos devem ser iguais: sem despotismo ainda não houve nem liberdade nem igualdade, *mas na manada deve haver igualdade, e eis aí*

o chigaliovismo! (...) Não precisamos de educação, chega de ciência! Já sem a ciência há material suficiente para mil anos, mas precisamos organizar a obediência. No mundo só falta uma coisa: obediência. A sede de educação já é uma sede aristocrática. (...) Tudo será reduzido a um denominador comum, é a plena igualdade. (...) Mas precisamos também da convulsão; disso cuidaremos nós, os governantes. Os escravos devem ter governantes. Plena obediência, ausência total de personalidade, mas uma vez a cada trinta anos Chigáliov lançará mão também da convulsão, e de repente todos começam a devorar uns aos outros, até um certo limite, unicamente para não se cair no tédio. O tédio é uma sensação aristocrática; no chigaliovismo não haverá desejos. Desejo e sofrimento para nós, para os escravos o chigaliovismo [grifos meus] (2004, pp. 407-408).

Fiódor Dostoiévski, profícuo intérprete dos sentidos e ressentimentos da modernidade, entrevê o filisteísmo democrático — a igualdade negativa, a igualdade coercitiva, a igualdade dos escravos — como o prenúncio da indústria cultural. Assim, uma colocação fundamental do filósofo Günther Anders sobre o caráter classista e elitista da arte a impulsioná-la para a contínua superação de si mesma nos estimula a pensar sobre um possível aparte de Chigáliov tendo em vista o igualitarismo socialista que paralisaria o confronto e a distinção sociais em prol do rebaixamento antiaristocrático e padronizado:

Mas aquilo a que damos o nome de arte provém sem dúvida de épocas em que existiam relações de domínio, ou seja, diferenças de posição social, portanto, também diferenças sociais de linguagem. De fato, a distância da beleza ou da obra de arte é a tal ponto reflexo da distância e do desnível sociais (...) que, por mais desagradável que a tese possa soar, *a neutralização de classes paralisaria a arte* (...)*; se não expressamente em relação* *à arte, pelo menos em relação ao "espírito" em geral* [grifo meu] (2007, pp. 88-89).

A resposta de Chigáliov não pressuporia o recrudescimento das relações de domínio e o rebaixamento da arte a mera propaganda? Ou pior: o recrudescimento das relações de domínio por meio do rebaixamento da arte a mera propaganda. Arte imediatamente inteligível, consumível — e laudatória. Se a neutralização das classes paralisa a arte, a propaganda a democratiza. Afinal, a modernidade burguesa se vinga dos séculos de jugo aristocrático apresentando aos antigos carrascos o orgulho pelos aguilhões que por tanto tempo a rebaixaram. A vingança não é a superação dialética do privilégio aristocrático pela manutenção/negação determinada de seu momento de verdade — o socialismo identificaria a finalidade não-utilitária do caráter aristocrático como o privilégio que poderia ser elevado a valor universal com o desenvolvimento tecnológico e a justiça social que a revolução fundaria[13]; a vingança é a negação absoluta da superação (*Aufhebung*), o ressentimento filisteu contra a bela vida estética tachada como vagabundagem. O burguês é tão filisteu quanto o proletário; apenas a *quantidade*, isto é, a *contabilidade*, separa as almas/classes com o cálculo atuarial que destinará a cobertura ao endinheirado e as favelas para o miseralato.

Ao apreender o filisteísmo socialista, Dostoiévski não engatilha sua crítica apenas contra a utopia. O escritor já encontrara o princípio do falanstério — o formigueiro

13. Para uma discussão sobre o socialismo como um meio para a libertação dos seres humanos com vistas à realização e à elevação de suas potencialidades éticas e estéticas, conferir Oscar Wilde, *A alma do homem sob o socialismo*. Porto Alegre: L&PM Pocket, 2003.

humano — na capital da burguesia, a Londres da revolução *industrial*:

> A civilização há muito já está condenada no próprio Ocidente (...) e é defendida apenas pelos proprietários [embora ali todos (burgueses e proletários) sejam proprietários ou queiram sê-los], a fim de salvar o seu dinheiro. (...) *Toda nitidez, toda contradição, se acomoda ao lado da sua antítese e com ela avança teimosa, de braço dado, contradizendo-se mutuamente mas sem se excluir, é claro* [grifo meu.] (...) E, no entanto, também ali se processa a mesma luta tenaz, surda e já antiga, a luta de morte do princípio pessoal, comum a todo o Ocidente, com a necessidade de acomodar-se de algum modo ao menos, formar de algum modo uma comunidade e instalar-se num formigueiro comum; transformar-se nem que seja num formigueiro, mas organizar-se sem que uns devorem os outros, senão todos se tornarão antropófagos! (2000b, p. 98; p. 112)

Dostoiévski nos fala sobre a aparente desordem da moderna sociedade produtora de mercadorias, desordem que, "em essência, é a ordem burguesa no mais alto grau" (2000b, p. 113): eis a conclusão do viajante Dostoiévski que, em Londres, apreende a profunda contiguidade entre a pretensa liberdade moderna e a coação siberiana na *casa dos mortos*; a profunda contiguidade entre a modernidade que baniu Deus e o lastro dos valores morais e a fundação da utopia sobre o cálculo utilitário que leva à lei do mais forte; a profunda contiguidade entre o sonho de liberdade e elevação do homem e o pesadelo da caserna que democratiza as servidões material e espiritual. A *casa dos mortos* poderia ser entendida como uma metáfora para o formigueiro humano socialista e/ou capitalista.

Nesse preciso sentido, Robert Louis-Jackson (1981) apreende a crítica dostoievskiana ao materialismo burguês — o *ethos* da modernidade apartada da transcendência que se espraia tanto pelos revolucionários socialistas quanto pelos empreendedores burgueses.

Nós já refletimos sobre quão avessos a Dostoiévski eram os valores burgueses — o materialismo desenfreado, o egoísmo e o individualismo vorazes, a idolatria das coisas e a obsessão pelos "bens" —, valores que se tornaram dominantes em boa parte da vida nos Estados Unidos e na Europa Ocidental e que, agora, parecem fadados a se espraiar por todo o mundo capitalista? Em *Notas de inverno sobre impressões de verão*, Dostoiévski ataca não apenas a pobreza e a iniquidades produzidas pelo capitalismo do século XIX e sua idolatria do comércio e do mercado, mas "os próprios trabalhadores que, em seus corações, também são proprietários". Em *O jogador*, Dostoiévski explorou o entrelaçamento fatal entre economia e psicologia no homem social. *Roulettenburg* — nome da cidade em que a ação acontece e título original da novela — é, em grande medida, a cidade clássica do capitalismo, e a análise de Dostoiévski da cidade e seus habitantes é, entre outras coisas, uma crítica clássica ao dinheiro e à sociedade burguesa de mercado. Aqui, Marx e Dostoiévski se encontram. Em *Os irmãos Karamázov*, Dostoiévski parece ter antecipado algo profundamente característico da vida da classe média quando, por meio de Zósima, ele retrata o homem contemporâneo "atado às inumeráveis necessidades que ele criou para si mesmo". As palavras de Dostoiévski alcançam o coração do chamado *American way of life*. "Quando interpreta a liberdade", prossegue Zósima, "como a multiplicação e a rápida satisfação dos bens, os homens distorcem sua própria natureza — já que muitos desejos e hábitos inócuos e estúpidos passam a ser estimulados. Será que isso é liberdade?", pergunta Zósima (pp. 7-8).

Jackson nos mostra como a crítica dostoievskiana à modernidade apresenta matizes complexos e pouco lineares. A crítica se refere "à profunda antipatia de Dostoiévski ao foco materialista tanto da sociedade burguesa quanto da socialista" (JACKSON, 2002, p. 15). Assim, as diatribes dostoievskianas contra os revolucionários não se referem, por si sós, à transformação profunda da sociedade — transformação pela qual Dostoiévski sempre nutriu simpatias, dadas as afinidades entre os *ethos* cristão e socialista —, o que não nos permite arregimentar o escritor, unilateralmente, nas fileiras dos reacionários. Jackson entreviu os momentos de contiguidade entre Dostoiévski e Marx na crítica às relações sociais sob a égide do capital. No entanto, Marx se voltou para os elementos construtivos e progressistas da revolução, ao passo que Dostoiévski, ao acompanhar a ruptura dos revolucionários em relação à transcendência e à eternidade, pôde entrever as sombras projetadas pelo Iluminismo, o regresso umbilicalmente vinculado ao progresso. O materialismo filisteu, que aproximava os polos a princípio antípodas de socialismo e capitalismo, poderia enredar os homens e as mulheres à busca incessante por propriedade e bens, de tal maneira que a modernidade erigisse um novo deus: a mercadoria — e seu fetichismo. Nesse sentido, os agentes da revolução material poderiam ser transformados em engrenagens. Assim, Jackson (2002) prossegue afirmando que

> Dostoiévski desafia a legitimidade do processo histórico que subvertera o estado do homem — um processo histórico, notemos, que, para Dostoiévski, enreda tanto burgueses quanto socialistas em sua adoção comum do materialismo. Supostamente, o homem é o centro desse processo histórico e o objetivo final desse "progresso" (...). Mas isso é verdade apenas como "ideia". Na realidade, o homem é um meio, já que o fim são as instituições, a complexidade das relações sociais, o poder da indústria e o comércio (p. 17).

Vemos, assim, que a dialética dostoievskiana, ao acompanhar as *possibilidades objetivas* em devir, apreendeu as afinidades eletivas que, após a Segunda Guerra Mundial, *pareceram* dividir o mundo em dois blocos radicalmente antípodas. É nesse contexto que Jackson (1981) se refere à "contemporaneidade de Dostoiévski em nosso mundo" (p. 4). Dostoiévski bem poderia dizer que, por um lado, se de fato havia contraposições bélicas entre EUA e URSS, por outro, a disputa envolvia mais contiguidades do que norte-americanos e soviéticos gostariam de admitir para suas populações em pânico pela hecatombe iminente da Guerra Fria.

3.3.2. O SOCIALISMO SIBERIANO DA CASA DOS MORTOS

Omsk, fim de janeiro, início de fevereiro de 1854: em uma carta para Natália Dmitrievna Fonvisin, esposa do dezembrista M.A. Fonvisin, Dostoiévski discorre sobre as agruras do *comunismo* da *casa dos mortos*: "Estar só é um estado natural, como comer e dormir; nessa forma concentrada de comunismo, qualquer um se torna um inimigo ferrenho da humanidade. A constante companhia de outros funciona como um veneno ou uma praga" (2011, p. 78). A experiência da coação coletivista seria expandida em *Recordações da casa dos mortos*:

> A falta de liberdade não consiste jamais em estar segregado, e sim em estar em promiscuidade, pois o suplício inenarrável é não se poder estar sozinho. A vida comum é fenômeno social escolhido e voluntário, ao passo que os companheiros de presídio são impostos pela sorte aziaga e niveladora de intentos, e não pela vontade selecionadora de inclinações. Inconscientemente, todos os detentos sofrem quando em promiscuidade,

bem mais do que com seus devaneios ilimitados (DOSTOIÉVSKI, 1982, p. 22).

Ora, se a tabela logarítmica da utopia já calcula e projeta todos os desejos humanos; se o todo provê detenção, comida e roupa vez por outra lavada; se a nostalgia da liberdade é compensada por um companheirismo coercitivo em que a amizade *deve* florescer contra qualquer espontaneidade, a ironia do homem do subsolo só faz perguntar: que mais o homem pode desejar? Assim, eis que o paradoxalista das *Memórias do subsolo* irrompe ainda uma vez para espreitar entre as fissuras do socialismo de caserna:

> As vossas vantagens são o bem-estar, a riqueza, a liberdade, a tranquilidade etc. etc.; de modo que o homem que se declarasse, por exemplo, consciente e claramente, contra todo esse cadastro, seria, na vossa opinião (...), um obscurantista ou um demente completo, não é verdade? Mas eis o que é surpreendente: por que sucede que todos esses estatísticos, mestres da sabedoria e amantes da humanidade, ao computar as vantagens humanas, deixam de mencionar uma delas? (...) Não existirá, de fato (e eu digo isto para não transgredir a lógica), algo que seja a quase todos mais caro que as maiores vantagens (justamente a vantagem omitida, aquela de que se falou ainda há pouco), mais importante e preciosa que todas as demais e pela qual o homem, se necessário, esteja pronto a ir contra todas as leis, isto é, contra a razão, a honra, a tranquilidade, o bem-estar, numa palavra, contra todas estas coisas belas e úteis, só para atingir aquela vantagem primeira, a mais preciosa, e que lhe é mais cara que tudo? (...) Essa vantagem é admirável justamente por destruir continuamente todas as nossas classificações e sistemas elaborados pelos amantes da espécie humana, para a felicidade desta (2000a, pp. 34-35).

Mas que vantagem seria essa? Uma vantagem não--utilitária, uma vantagem desvantajosa, mas, ainda assim, a mais importante entre todas as demais? Até aqui, o homem do subsolo a apreendeu *negativamente*, pelo movimento indômito da contradição. Seria esse não-ser a quintessência do homem, o *sentido* de sua existência? O paradoxalista do subsolo chega a aventar a possibilidade de o homem abrir mão de todas as suas (supostas) regalias no presídio socialista para tatear em direção a essa vantagem desvantajosa que seria a expressão do inominável — quiçá a pura vivência que vai se configurando enquanto é vivida, com a única condição de que seja autóctone e autônoma, de que possa vir da expressão mais telúrica do homem. Como o homem do subsolo nos lega como método reflexivo o pensamento a contrapelo das próprias aspirações, uma pergunta se insinua com efetiva objetividade contraditória: conseguiria essa (des)vantagem das vantagens burlar as estruturas de coação e padronização? A *casa dos mortos* pôde apresentar a Dostoiévski a irrupção da (des)vantagem em estreita correlação com a escatologia criativa que procura imaginar uma forma de organização social que pudesse dar vazão a seu ímpeto.

Não raro as autoridades raciocinam: como é que um determinado detento passa anos e anos suportando sua sorte, quieto, acomodado, chegando mesmo devido ao seu comportamento a ser designado "veterano" (ou monitor) e de súbito, sem um motivo lógico, como que possuído pelo demônio, se põe a beber, a fazer estardalhaço, a brigar, indo às vezes até a cometer as piores faltas, matando ou ferindo alguém, desacatando abertamente um alto funcionário, ou coisas assim? Toda a administração fica admirada. Ora, razão há e de sobra para explosões dessa repentina natureza em tal gente; *provêm, por mais inesperadas que sejam, de uma ânsia pela posse outra vez da personalidade, de uma instintiva angústia em busca do próprio eu, o desejo de recuperação de sua entidade humilhada, tudo isso se desencadeando subitamente até o furor, até o paroxismo ou mesmo até a insânia em seus aspectos assim incontidos e convulsos* [grifo meu]. (...) Aqui não se trata mais de saber se há ou não nexo. A razão não intervém nesse paroxismo. (...) Se a vontade é beber, então que se beba à farta; se o risco em que incorre é um fato, então que se arrisque logo tudo de uma vez! Em face mesmo do assassínio por que se deter?! Basta começar para então advir a embriaguez que já agora nada mais sofrerá! O melhor é deixar esse homem dar expansão um pouco à sua potencialidade. Assim haverá mais conveniência social. Está bem. Mas como? (1982, pp. 72-73)

A (des)vantagem quintessencial é a expressão mais cabal da *vontade*. A "ânsia pela posse outra vez da personalidade" se confunde com uma liberdade incriada. Nesse preciso sentido, Zsuzsanna Bjørn Andersen (2000) cita um trecho de um folhetim escrito pelo então jovem Dostoiévski em 1847:

Quando um homem está insatisfeito, quando ele não consegue se expressar e revelar o que há de melhor nele (não por vaidade, mas por causa da mais natural necessidade de realizar seu ego na vida real), ele se vê acossado, de uma só vez, por uma situação incrível: Fulano, se me for permitido dizer, se torna alcoólatra; Beltrano passa a jogar e vira um trapaceiro; Sicrano só faz arranjar brigas; por fim, outro perde a cabeça por causa da ambição, ao mesmo tempo em que a despreza e até mesmo sofre por seu ímpeto desvairado (pp. 53-54).

A "instintiva angústia em busca do próprio eu" começa a fazer com que o não-ser, contraditoriamente, passe pela negação de si mesmo. Dostoiévski contrapõe de modo claro o *sujet* do socialismo de caserna e da vindoura indústria cultural ao eu que busca a expressão de si, no limite, contra a própria vantagem estatística, utilitária e economicamente pré-calculada. "Aqui não se trata de saber se há ou não nexo. A razão não intervém nesse paroxismo". Eis um mote que faz com que parte da fortuna crítica de Dostoiévski o considere um irracionalista que proscreve a razão — tal caminho, a meu ver datado e bastante questionável, pode levar ao Dostoiévski defensor do mistério ortodoxo e da Mãe Rússia como antídotos entrelaçados para a corrosão do Ocidente. Trataremos de tais questões mais adiante. Por ora, vale frisar que a racionalidade contra a qual Dostoiévski se coloca diz respeito ao cálculo utilitário-instrumental que projeta vivências atuariais por sobre o e à revelia do devir efetivo da história. Se o eu se estrutura como uma busca da própria personalidade, como um ímpeto de expressão da própria vontade, a compressão de tais *sentidos* — seja em meio à pobreza extrema, seja em meio à abonança industrial — configura uma humilhação que transformará a alma humana em um gêiser à iminência da irrupção. Para o narrador dostoievskiano da *casa dos mortos*, uma organização social libertária deveria incorporar tal característica essencialmente contraditória da alma humana, de modo que fosse possível a esse todo permitir que o indivíduo se expressasse de forma própria e autóctone. Mas o que a experiência siberiana lhe apresenta? Uma metáfora para os modelos de transformação social que simplesmente fazem tábula rasa das contradições históricas e projetam um homem de proveta como a média estatística das aspirações humanas. A vontade — ou, para usarmos um termo ainda mais indômito, o *desejo* —, quando planificada e padronizada, se esteriliza, reverte-se no contrário de si mesma: embotamento ao invés de ímpeto, reclusão ao invés de liberdade. Por outro lado, como conceber uma organização social que possa dar vazão à expressão indômita da personalidade? A noção de *posse da personalidade*, para Dostoiévski, é um equivalente para a expressão efetivamente telúrica da vontade, seja ela qual for. Estamos falando de um escopo ilimitado de ações que vai do ímpeto por uma sobremesa ao assassínio — a obra de Dostoiévski também pode ser lida como um inventário polissêmico da fenomenologia da vontade, de sua expressão factual a partir dos movimentos ctônicos do desejo. Assim, a questão que esgarça as contradições das transformações revolucionárias se insinua ainda uma vez: como conceber uma organização social que possa dar vazão à expressão indômita da personalidade? Outra síntese para a obra dostoievskiana desponta: uma resposta aos ímpetos livrescos da *intelligentsia* russa em sua tentativa revolucionária de esquadrinhar o homem e fazê-lo viver sobre bases radicalmente outras sem que haja raízes histórica e socialmente configuradas para tanto — mais adiante falaremos sobre as aporias da construção matemática da *fraternidade*. Quando Dostoiévski apreende, escatologicamente, a reversão da utopia em distopia, a contiguidade entre revolução e reação, totalidade e totalitarismo, seu devir lógico-narrativo tem em mente tais reflexões forjadas pela experiência da *casa dos mortos*.

Neste momento, extraiamos da obra de Dostoiévski um exemplo analítico da expressão escatológica da vontade como sentido — e como profundo ressentimento. Eis que desponta o Príncipe Míchkin, o protagonista que vive segundo a máxima de que *a beleza salvará o mundo*. Dostoiévski o concebeu como uma fusão entre Jesus Cristo e Dom Quixote. Cristo, o Sermão da Montanha e o oferecimento da outra face a partir do amor mútuo. Quixote, o cavaleiro de La Mancha e o sonho de que os valores nobres não se arrefecessem; assim, para driblar a realidade, para tornar o sonho menos perecível, Quixote concebe um segundo sonho ainda mais onírico, uma fantasia ainda mais distante da realidade — o Príncipe Míchkin poderia chamá-la de utopia, seu norte de fraternidade. Mas a missão cristã de Míchkin não será fácil. De um lado, temos Rogójin, profundo niilista, de quem Míchkin se aproxima desde a primeira cena do romance, quando ambos voltam a São Petersburgo na mesma cabine do trem. Míchkin sentirá por Rogójin compaixão e amizade. Rogójin, por sua vez, anuncia desde os primórdios de suas conversas com Míchkin que seria capaz de matar a belíssima Nastácia Filíppovna, por quem se sente profundamente apaixonado. E eis que o imbróglio dostoievskiano acaba transformando Nastácia primeiramente em esposa de Míchkin e, depois, em amante de Rogójin. Míchkin se apieda pelo passado tétrico de Nastácia, que fora explorada desde cedo por Totski, aristocrata lascivo que, entrevendo a beleza vindoura da então adolescente, passou a mantê-la como concubina no "chalé das delícias", a casa de campo de suas orgias. A paixão doentia de Rogójin de fato leva Nastácia ao patíbulo. Rogójin assassina aquela que também havia sido a bem-amada de Míchkin, aquela que o Cristo quixotesco de Dostoiévski tanto queria redimir. E agora, Príncipe, que fazer? Se Míchkin julgar Rogójin sem mais — "assassino impiedoso!" —, o que acontecerá com a lógica piedosa do Sermão da Montanha? Mas, ora, quem fere os dez mandamentos não deve ser apedrejado? Que diz Jesus Míchkin a esse respeito? Assim narrou o Príncipe Quixote: os fariseus levam a Cristo uma adúltera. Segundo a lei consuetudinária, a mulher deve ser apedrejada fora dos muros da cidade. Se Jesus corroborasse tal lei, obedeceria à tradição, mas renegaria o Sermão da Montanha e a lógica da compaixão. Se, por outro lado, Cristo abraçasse a adúltera, a lei de Moisés seria enxovalhada. Que fazer? Eis uma dicotomia inescapável entre a justiça e o amor, a clava e o perdão. Que fazer?

> Jesus se inclinou para frente e escrevia com o dedo na terra. Como todos insistissem, ergueu-se e disse-lhes: "Quem de vós estiver sem pecado, seja o primeiro a lhe atirar uma pedra". Inclinando-se novamente, escrevia na terra. A essas palavras, sentindo-se acusados pela sua própria consciência, eles se foram retirando um por um, até o último, a começar pelos mais idosos (JOÃO, 8, 6-9).

Se a compaixão de Cristo abre os braços para afagar o e perdoar ao assassino, que dizer do corpo inerte e esfaqueado de Nastácia a clamar por justiça? Rogójin, o homicida, deve voltar a conviver em meio à sociedade que ele ultrajou? Que fazer se houver uma nova falta, um novo assassínio? Será mesmo possível abrir mão da retaliação, do evangelho segundo Talião, para oferecer a outra face? A seguinte passagem do evangelho não nos deixa dúvidas sobre o ímpeto de perdão de Cristo: "Então Pedro se aproximou dele e disse: 'Senhor, quantas vezes devo perdoar a meu irmão, quando ele pecar contra mim? Até sete vezes?' Respondeu Jesus: 'Não digo até sete vezes, mas até setenta vezes sete'"(MATEUS, 18, 21-22). Para a humanidade acostumada à lógica do bode expiatório, à necessidade de encontrar alguém a quem culpar, o perdão caridoso que só faz oferecer a outra face pode se confundir com sucessivas notas promissórias para voltar a infringir. Ademais, o Sermão da Montanha de Jesus Míchkin também não tem efetivo enraizamento histórico. Se o protagonista de *O idiota* quiser conciliar o perdão ao assassino Rogójin com as condolências por sua amada Nastácia, terá que passar por uma cisão extremamente destrutiva. Parece impossível haver uma síntese. Rogójin e Nastácia se repelem com tanta força quanto dois polos que possuem a mesma carga eletromagnética. Para permanecer cristão, isto é, para abraçar a ambos, que poderá Míchkin fazer? A solução que Dostoiévski oferece para o impasse de Míchkin torna a resolução ainda mais irresoluta — eis o movimento da vontade que se volta contra si mesma a despeito da égide histórica do cálculo utilitário.

Como Míchkin não pode conciliar o perdão a Rogójin com a piedade por Nastácia neste mundo, o Quixote de Dostoiévski acaba realizando a imitação de Cristo: o Príncipe Míchkin se oferece em holocausto, sua razão se cinde, *o idiota* de fato fica louco. Com o estilhaçamento de si mesmo, com a crucificação de sua sanidade, Míchkin permanece tão cristão quanto Dom Quixote continua a ser um cavaleiro medieval em meio à modernidade. Somente o sonho pôde resguardá-lo. Ainda assim, não se pode dizer que Míchkin optou entre Rogójin ou Nastácia. Diante da impossibilidade de viver em comunidade com ambos, Dostoiévski narra uma resolução que permanece historicamente irresoluta para que seu novo Cristo prolongue o dilema que vitimou o Messias original.

Rogójin, Nastácia e o Príncipe Míchkin levaram suas contradições constitutivas às últimas consequências. Desde o início, Rogójin anunciou que poderia vir a assassinar Nastácia, ainda que ela fosse seu grande amor. Nastácia, por sua vez, não conseguiu superar a humilhação que a enredou ao "chalé das delícias" do lascivo Totski. Míchkin lhe estendeu a mão para um amor elevado, um amor que lhe pudesse trazer o esquecimento em relação aos abusos e ignomínias do passado. Mas Nastácia, tomada pelo ressentimento dostoievskiano, já não conseguia projetar sua vida para além do charco da humilhação. Para Nastácia, o cálculo utilitário se confunde com o mais rematado masoquismo — o ego se transforma em automutilação. Assim, torna-se contraditoriamente inteligível o fato de Nastácia ter abandonado o Príncipe Míchkin para se entregar a seu assassino — vale frisar que Nastácia bem pressentia as intenções homicidas de Rogójin. A humilhação tomou de todo sua vontade, de modo que ela acabou se oferecendo em holocausto. Ora, já não dissemos que esta foi justamente a solução irresoluta (e cristã) do Príncipe Míchkin? Quem, então, pôde sair ileso? O assassino Rogójin? Mas Rogójin amava Nastácia, e seu amor humilhado pela dubiedade da moça que oscila de sua órbita para a redenção ao lado de Míchkin o fere sem solução. Assim, para sair redimido, o assassino Rogójin também precisa (se) mutilar.

Após acompanharmos a expressão (autofágica) da vontade por meio das trajetórias de Rogójin, Nastácia e Míchkin, o *ethos* da pergunta dostoievskiana mencionada mais acima volta a se insinuar: seria possível imaginar alguma forma de organização social que pudesse dar vazão à (des)vantagem quintessencial do homem?

Em uma tentativa de explicar o bolchevismo russo à senhora Ottoline Morrell, Bertrand Russell certa vez notou que, ainda que se tratasse de algo terrível, parecia o tipo certo de governo para a Rússia: "Se você se perguntar como as personagens de Dostoiévski devem ser governadas, você acabará entendendo o bolchevismo" (BERLIN, 1994, p. xiii).

A anedota (tragi)cômica de *Sir* Bertrand Russell reverbera a tensão dostoievskiana com propriedade. No entanto, seriam os extremos da automutilação o caminho inexorável para os *humilhados e ofendidos?* Não haveria um sentido ulterior que pudesse não apenas refrear, como também superar (*aufheben*) o ressentimento que tende a estilhaçar a expressão da personalidade e a faz voltar-se contra si mesma? Se esse sentido existir em meio à cosmovisão dostoievskiana, ele poderá transcender a trajetória individual para ser partilhado como uma teleologia histórica? Tais questões nos preparam para a totalização da trajetória deste capítulo, cujas perguntas se irradiarão para "O Sermão da Estepe: Ivan Karamázov e a filosofia dostoievskiana da história". Por ora, ainda precisamos estruturar mais mediações para podermos arremessar a humilhação contra si mesma, a (des)vantagem quintessencial contra a própria mutilação; em suma, Dostoiévski contra Dostoiévski.

Voltemos à *casa dos mortos*. Que outra figura social poderia expressar a *posse da personalidade* como sinônimo para aquilo que estamos chamando de (des)vantagem quintessencial? Dostoiévski narrou uma série de arroubos que constituiriam uma fenomenologia da *busca do próprio eu* — a bebedeira à farta, uma nova transgressão por parte do condenado, o assassínio de Nastácia, o holocausto de Míchkin. Mas que figura social aparece como a mediação inequívoca para que os detentos — dentro ou fora das muralhas da *casa dos mortos* — possam exprimir a *vontade?*

> O dinheiro tinha no presídio um valor enorme, essencial: era uma potência. Posso afirmar de forma absoluta que o presidiário que tivesse algum dinheiro, por menor que fosse a quantia, sofria dez vezes menos do que o que não tivesse nenhum. *A administração possuía o seguinte ponto de vista: para que dinheiro, se o governo fornece tudo?!* [grifo meu]. Repito, porém: se ti-

rassem dos detentos a possibilidade de terem dinheiro consigo, ou perderiam a razão ou morreriam como moscas (embora providos de tudo); ou acabariam cometendo as piores faltas, estes por desespero, aqueles para forçar novo julgamento e variar fosse lá como fosse seu destino, "já que estamos mesmo tralhados", como acentuavam (1982, p. 71).

Teria Dostoiévski, crítico ferrenho da autofagia capitalista, se transformado, neste momento, em um burguês? A dialética sugere que a negação do capitalismo em Dostoiévski é determinada. Em face do formigueiro humano que subsume a personalidade e a despe de todas as suas expressões fenomenológicas — entre as quais o dinheiro e sua materialização como propriedade privada —, Dostoiévski cerraria fileiras com a burguesia *liberal* (os primórdios do capitalismo) para apreender as profundas contradições em que o socialismo se enredaria. Partindo da liberdade abstrata, matemática e absoluta, a utopia construiria o socialismo de caserna expresso pelo autoritarismo da *casa dos mortos*[14]. A personalidade, então,

---

14. Neste momento, é importante empregar a escatologia criativa de Dostoiévski contra suas próprias premissas. O capitalismo tardio já não é liberal — o ideário de pequenos *shopkeepers* perfilados sob a batuta da livre concorrência há muito foi solapado pelos trustes e cartéis multinacionais que amputaram a mão invisível. Assim, seria importante pensar na reconfiguração histórica do papel do dinheiro que, à época de Dostoiévski, apresentava um caráter mais liberal do que em nosso contexto de recrudescimento da indústria (cultural). Já entrevimos que a crítica dostoievskiana à utopia socialista de forma alguma excluía o Ocidente capitalista — o autor bem apreendeu uma contiguidade profunda entre o sentido da civilização e o ímpeto do formigueiro. Assim, o Dostoiévski escatológico, neste momento, mostra-se mais dialético do que o Dostoiévski liberal que se aferra ao dinheiro como momento de expressão da personalidade. A escatologia negativa de Dostoiévski prenunciou o refinamento es-

teria a propriedade privada como uma de suas expressões e extensões.

Mas isso não faria de Dostoiévski um defensor da cultura burguesa? Na verdade, como se pode depreender a partir da (contra-)argumentação dostoievskiana, o dinheiro e a propriedade privada não esgotam a expressão da personalidade — eles estabelecem mediações fundamentais para que os desejos do homem venham à tona. Dostoiévski não pretende estruturar a história em função do crédito — o que o preocupa profundamente é a supressão de tais categorias como maneira de restringir as possibilidades de expressão do homem. O escritor bem entrevia as limitações do capitalismo para dar vazão ao amplo leque de fenomenologia da vontade. Mas tais limitações seriam levadas às últimas consequências se o chigaliovismo executasse o seu projeto utópico de escravidão[15].

---

tatístico da indústria cultural que vai mapeando, classificando e hipnotizando os sujeitos reduzidos a consumidores para que o dinheiro, em sua *aparência* de livre realização do desejo, acabe referendando o autoritarismo das posições ideologicamente construídas *a priori*. Se a lógica artístico-histórica de Dostoiévski prenunciou a indústria cultural, é importante arremessar o escritor contra si mesmo para descobrir os limites de suas posições mais parciais e vinculadas a determinadas premissas de sua época. Ainda assim, o colapso do socialismo real — o socialismo de migalhas para a esmagadora maioria daqueles que não eram e não são admitidos na camarilha de Chigáliov — nos mostra que a Teoria Crítica também precisa pensar contra si mesma para apreender, em termos relacionais, os momentos de maior liberdade propiciados pelas relações de mercado — seus limites, contradições e possibilidades progressistas em face do socialismo de caserna.

15. Em estreito diálogo com o chigaliovismo apreendido por Dostoiévski, podemos mencionar a seguinte passagem histórico-escatológica de *A alma do homem sob o socialismo*, de Oscar Wilde: "Se o socialismo for autoritário; se houver governos armados de

Neste momento, ao imbricarmos o devir concreto e contraditório da história, a noção espectral e ainda mais contraditória da busca pelo próprio eu e a negação (determinada) da razão (utilitária), deparamos com uma nova personagem dostoievskiana: Razumíkhin (*Crime e castigo*), nome derivado de разум (*razum*; razão), aquele que nos teria a apresentar uma possível síntese entre a potência da razão e sua vinculação telúrica com a realidade *viva*:

Para eles não é só a humanidade — que se desenvolveu pela via histórica e *viva* até o fim — que vai finalmente converter-se numa sociedade normal, mas, ao contrário, é o sistema social que, saindo de alguma cabeça de matemático, vai imediatamente organizar toda a sociedade e num abrir e fechar de olhos a tornará justa e pura antes de qualquer processo vivo, sem qualquer via histórica e viva! É por isso que eles detestam tão instintivamente a história: nela veem "só deformidades e tolices", e tudo se explica exclusivamente pela tolice! É por isso que detestam o processo *vivo* da vida: a *alma viva* é dispensável! A alma viva exige vida, a alma viva não obedece à mecânica, a alma viva é desconfiada, a alma viva é retrógrada! E mesmo que cheire a carniça, pode ser feita de borracha, mas aí não é viva, aí não tem vontade, aí é escrava, incapaz de rebelar-se! E daí resulta que no falanstério reduziram tudo a uma simples alvenaria de tijolos e à disposição de corredores e quartos! O falanstério está pronto, mas a natureza dos senhores ainda não está pronta para o falanstério, ela quer a vida, ainda não concluiu o processo vital, é cedo para ir para o cemitério! (2001, pp. 265-266)

---

poder econômico como estão agora armados de poder político; se, numa palavra, houver tiranias industriais, então o derradeiro estado do homem será ainda pior que o primeiro" (2003, pp. 18-19).

O fragmento de Razumíkhin nos traz uma série de (contra)pontos. Em primeiro lugar, Razumíkhin fala sobre a possibilidade do desenvolvimento da humanidade "pela via histórica e *viva* até o fim". Vemos, então, que à história de proveta da *intelligentsia* contrapõe-se um movimento histórico efetivo e *vivo* que tem uma finalidade. Ora, que Razumíkhin quer dizer com tal *vivacidade?* E qual seria a teleologia da história?

Ademais, o aparte de Razumíkhin nos diz que o processo *vivo* da história se imbrica, necessariamente, às contradições que se foram confundindo com a condição humana. Mas, se há uma finalidade, poderíamos pensar que a teleologia procurará superar (*aufheben*) o holocausto de Nastácia Filíppovna para que ela possa encontrar a si mesma em um novo patamar de desenvolvimento — o perdão que transforma o devir em esquecimento (negação determinada) para não mais estacar em meio ao charco do ressentimento. E há, também, uma nova colocação em relação ao falanstério: "O falanstério está pronto, mas a natureza dos senhores ainda não está pronta para o falanstério, ela quer a vida, ainda não concluiu o processo vital, é cedo para ir para o cemitério!" É como se a utopia estivesse saltando por sobre o movimento da história para projetar o seu fim, quando na verdade se trata de desarraigar velhos hábitos para fazer com que a natureza humana *viva* possa continuar a se contradizer em novos patamares qualitativos. Só que, neste momento, a voz dostoievskiana já não prescinde *in toto* do falanstério. Por sinal, a dialética faz com que o falanstério, antes muito próximo da *casa dos mortos,* agora se transforme em fim ulterior do "processo vital". Como o homem não estaria pronto para o falanstério, viver sob sua égide, *agora,* seria estancar a história. Razumíkhin fala em *cemitério*, em paralisia do movimento. Mas, antes de prosseguirmos, analisemos com mais minúcia o novo imbróglio em que se imbricou a teleologia dostoievskiana.

Razumíkhin é o antípoda de Raskólnikov e, dialeticamente, seu melhor amigo. Enquanto Raskólnikov projeta uma nova humanidade a partir dos escombros de Deus; enquanto o protagonista de *Crime e castigo* pretende fundar a nova era sobre e contra o decálogo de Moisés por meio do *matarás*; enquanto a história, para Raskólnikov, deveria ser impulsionada pelo cálculo do grande legislador, Razumíkhin utiliza sua *razum* (razão) para se imbricar com a vida. Estudante de Direito como Raskólnikov, Razumíkhin se põe a dar aulas particulares, escreve ensaios para revistas e periódicos, projeta planos de empreendimentos editoriais e literários. Seu desenvolvimento se quer telúrico, atrelado às possibilidades concretas sem se resignar diante dos freios e da inércia sociais. Enquanto Raskólnikov impulsiona seu cálculo utilitário com o hedonismo mais rematado, Razumíkhin trabalha — e espera. De um lado, o duplo homicídio como terra arrasada para forjar uma nova era abstratamente configurada; de outro, o trabalho vinculado à vocação, o cálculo voltado para a vida, para o contraste efetivo com a realidade, a *razum* de Razumíkhin. Não à toa, antes de ser condenado à Sibéria, Raskólnikov felicita Dúnietchka, sua irmã, pelo fato de ela pretender se casar com Razumíkhin. Eis um dos momentos simbólicos de sugestão dostoievskiana para além do lodo em que Raskólnikov se afundara — um marco para um recomeço. Mas parte considerável da fortuna crítica se perde na floresta negra de Dostoiévski — ou melhor, na taiga russa — e não apreende os sutis momentos de síntese que o escritor apresenta. É bem verdade que tais momentos mais se assemelham a estilhaços diante da vasta estepe de dor, rancor e transgressão que Dostoiévski descortina. Precisamente neste sentido me parece importante perceber a dialética polifônica do escritor que faz com que determinadas vozes, ainda que combalidas e frágeis, se apresentem como pergaminhos a serem arremessados dentro de garrafas de Pandora em meio ao mar contraditório, *vivo* e teleológico da história.

Se voltarmos agora ao *subsolo* de nosso paradoxalista, a crítica à razão, mediada por Razumíkhin, passará a se movimentar pela negação determinada que recupera os momentos de verdade da racionalidade arremessada contra si mesma:

> Embora o homem já tenha aprendido por vezes a ver tudo com mais clareza do que na época bárbara, ainda está longe de ter-se *acostumado* a agir do modo que lhe é indicado pela razão e pelas ciências. (...) Que prazer se pode ter em desejar segundo uma tabela? Mais ainda: no mesmo instante, o homem se transformará num pedal de órgão ou algo semelhante; pois, que é um homem sem desejos, sem vontades nem caprichos, senão um pedal de órgão? Que pensais disso? Calculemos as probabilidades: pode tal coisa acontecer ou não? (...) A razão, meus senhores, é coisa boa, não há dúvida, mas razão é só razão e satisfaz apenas a capacidade racional do homem, enquanto o ato de querer constitui a manifestação de toda a vida, isto é, de toda a vida humana, com a razão e com todo o coçar-se. E, embora a nossa vida, nessa manifestação, resulte muitas vezes em algo bem ignóbil, é sempre a vida e não apenas a extração de uma raiz quadrada. (...) Que sabe a razão? Somente aquilo que teve tempo de conhecer (...), enquanto a natureza humana age em sua totalidade, com tudo o que nela existe de

consciente e inconsciente, e, embora minta, continua vivendo (2000a, p. 37; p. 40; e p. 41).

Para o homem do subsolo, o real pode vir a se tornar racional, porque o racional ainda não é de todo real. O trecho anterior prenuncia as descobertas da psicanálise. A razão dá conta de um vasto espectro de experiências humanas, mas pouca ingerência tem (e ainda pouco conhece) sobre as regiões nebulosas da alma — zona que o século XX viria a chamar de psique. O homem está para além de sua capacidade racional, e volto a frisar que tal perspectiva orientou correntes da fortuna crítica a considerar Dostoiévski um escritor que defende, inexoravelmente, as contradições insolúveis da condição humana. Ora, neste momento já podemos perceber que sua crítica à razão é dialeticamente determinada. Diante da *intelligentsia* revolucionária que pretende arregimentar os homens em meio ao falanstério da *casa dos mortos*, o escritor se mostra um importante defensor da expressão centrífuga, não-utilitária e contraditória do homem.

> O homem, seja ele quem for, sempre e em toda parte gostou de agir a seu bel-prazer e *nunca* segundo lhe ordenam a razão e o interesse; pode-se desejar ir contra a própria vantagem e, às vezes, *decididamente se deve* (...). Uma vontade que seja nossa, livre, um capricho nosso, ainda que dos mais absurdos (...) — tudo isto constitui aquela vantagem das vantagens (...) que não se enquadra em nenhuma classificação e devido à qual todos os sistemas e teorias se desmancham continuamente, com todos os diabos! (...) O homem precisa unicamente de uma vontade *independente*, custe o que custar essa independência e leve aonde levar (2000a, p. 39).

No entanto, a obra de Dostoiévski também apreende os momentos de verdade da utopia socialista *contra* o irracionalismo mais rematado. Que os homens se mutilem e se voltem contra si mesmos não significa que não possa haver um ímpeto por redenção, uma lógica para além da humilhação. E Dostoiévski, a reboque de profícuas reflexões sobre a filosofia da história, tende a nos mostrar que tal transmutação da condição humana precisa de solo *vivo* e dinâmico para poder transcender a condição meramente individual e se transformar em um falanstério verdadeiramente orgânico — em uma organização social. Caso tal organização, no entanto, se ponha a padronizar os homens como os pintinhos de um galinheiro, a infração e o caos se insinuarão como a história real em face das tabelas logarítmicas da *intelligentsia* para a transformação social.

> Não estou propriamente defendendo o sofrimento e tampouco a prosperidade. Defendo... o meu capricho e que ele me seja assegurado, quando necessário. (...) Se, em lugar do palácio, existir um galinheiro, e se começar a chover, talvez eu trepe no galinheiro, a fim de não me molhar; mas, assim mesmo, não tomarei o galinheiro por um palácio, por gratidão, pelo fato de me ter protegido da chuva. Estais rindo, dizeis até que, neste caso, galinheiro e palácio são a mesma coisa. Sim, respondo, se fosse preciso viver unicamente para não me molhar. Mas que fazer se eu próprio meti na cabeça que não é apenas para isto que se vive e que, se se trata de viver, deve-se fazê-lo num palácio? É a minha vontade, o meu desejo. Somente o podereis desarraigar de dentro de mim quando transformardes os meus desejos. Bem, modificai-os, seduzi-me com algo diverso, dai-me outro ideal. Mas, por enquanto, não tomarei o galinheiro por um palácio. (...) Não considerarei como o coroamento dos meus desejos um prédio de aluguel com apartamentos para inquilinos pobres e contratos por um prazo de mil anos (2000a, pp. 48-49).

Bem vemos que Dostoiévski arremessa a utopia contra si mesma para que ela revele suas aporias em face das tentativas (contraditórias) de expressão da personalidade — a busca insone pela própria individualidade, ainda que o encontro consigo mesma signifique a autodestruição. Dialeticamente, então, arremessemos também a automutilação contra si mesma: continuaria a haver movimento quando a personalidade deparasse com o próprio despenhadeiro? A fortuna crítica que transforma Dostoiévski em um apologista da resignação — o escritor da condição humana à revelia de suas contingências e transformações — teria que lidar com a noção de *processo vital* que Razumíkhin traz à tona. Mas qual seria a imagem dostoievskiana da maldade mais rematada e do caos universal? Qual seria o ápice do torpor individual que levaria a personalidade a se fragmentar de forma irredimível? Esse sofrimento seria inescapável ou, no charco do torpor, no ápice da crise, a dialética se insinuaria para que o indivíduo tentasse se encontrar em si e para além de si mesmo? Eis que a *casa dos mortos* apresenta a Dostoiévski a utopia que se reduziu à mais completa distopia:

Certa vez estive a pensar: para se aniquilar um ser humano livre, castigá-lo sem nexo ou, em vez de um homem livre, se se quisesse fazer um facínora virar um covarde com a só ideia de trabalho, *bastaria que àquele e a este se desse trabalho do caráter mais absurdo e inútil possível.* Os trabalhos forçados das organizações penitenciárias ou de degredo, por menos interesses imediatos e individuais que apresentem para o detento, pelo menos significam um trabalho que há de beneficiar a outrem, digamos assim, e *cuja realização tem uma lógica utilitária.* O forçado durante o trabalho se considera operário provisório, é pedreiro, abre alicerce, mistura cal, cimento, terra, levanta parede, serra, corta; nisso se aplica, tem um plano a cumprir e ultimar. Não raro se interessa, capricha, colabora. Mas se em tais horas de tarefa lhe ordenarem levar água dum depósito para outro até enchê-lo, depois esvaziá-lo, indo encher o que antes esvaziou, ou fosse desfiar areia num crivo, ou transportar terra de um canto para outro, depois transferi-la de novo para o local anterior, estou em mim que isso, aquilo ou aquiloutro, ao cabo de uma semana, se tanto, o irritaria a tal ponto que preferiria se enforcar ou então cometeria desatinos de possesso, não aturando tal vilania nem tormento. Essa espécie de castigo seria insensatez hedionda, tortura macabra e *inutilidade perversa* afetando não só a vítima como os mandantes [grifos meus] (1982, p. 21).

No limite *negativo*, Dostoiévski interpreta o trabalho completamente inútil — metáfora para a vida tautológica sem qualquer sentido que a transcenda — como o mal por excelência que estilhaçaria tanto carrascos quanto escravos. Escatologicamente, a inutilidade completa tem um efeito tão deletério quanto o formigueiro utópico. O galinheiro ao menos permite que a vida *viva* flua pelas infrações que irrompem contra a tabela logarítmica dos planos abstratos de transformação social; a ruptura completa da utilidade, por sua vez, destrói qualquer possibilidade teleológica para o indivíduo. É como se a imortalidade *negativa* fosse concedida ao condenado para que sua consciência se reduzisse à indiferença da água que ele carrega tautologicamente de um lado para o outro do pátio, sem que sua atividade possua qualquer finalidade para além do vaivém inútil. A morte, nesse sentido, deixaria de ser uma temeridade. A morte o redimiria. Padecendo do mesmo infortúnio, carrasco e detento viveriam o mito de Sísifo: condenado a rolar uma pesada pedra morro acima sem a possibilidade de alcançar o ápice, Sísifo vê sua sobrevivência reduzida a mero arremedo por conta da sentença tautológica.

Eis um importante ponto de inflexão que faz o ateu (e dostoievskiano) Albert Camus sentenciar: "É preciso imaginar Sísifo feliz" (2006, p. 168). Ao abandonar qualquer possibilidade de transcendência, Camus transita de Dostoiévski para Nietzsche de modo a buscar o instante-já e a redenção tangíveis como fragmentos de felicidade. Camus está amplamente ciente da contrapartida hedonista e utilitária de Raskólnikov para a morte de Deus. Ainda assim, sua lógica mundana (e mediterrânea) busca a reconciliação aquém da transcendência. A finitude que se vê emparedada pela morte — ou pior, pela consciência da morte — tenta imaginar o sorriso de Sísifo a despeito de sua condenação irrevogável. A felicidade talvez se tornasse mais intensa ao ter consciência do cadafalso que a vai decepar. "Ou não" — poderia insinuar a dúvida constitutiva do homem do subsolo. Nesse sentido, Nietzsche fala sobre a importância do *esquecimento* como condição fundamental não para a *superação* da condição histórico-consciente, mas para o enraizamento fugaz do ser em seu instante, para a ruminação do que, por ora, ainda lhe é tangível.

> Toda ação exige esquecimento, assim como toda vida orgânica exige não somente luz, mas também a escuridão. Um homem que quisesse sentir as coisas de maneira absoluta e exclusivamente histórica seria semelhante àquele que fosse obrigado a se privar do sono, ou a um animal que só pudesse viver continuamente dos mesmos alimentos. É portanto possível viver, *e mesmo ser feliz* [grifo meu], quase sem qualquer lembrança, como o demonstra o animal; mas é absolutamente impossível viver sem esquecimento (2005, p. 362).

Munido de sua volubilidade contumaz, o homem do subsolo talvez perguntasse a Nietzsche se ele trocaria seu pathos filosófico pela insciência feliz do animal. Ainda assim, o paradoxalista do subsolo reconheceria uma convergência entre o esquecimento nietzscheano e o ímpeto para o perdão em Dostoiévski. Enquanto Nietzsche discorre sobre o esquecimento como mote fundamental para que o eu-que-se-sabe-para-o-cadafalso não seja diluído por sua consciência histórica, Dostoiévski entreveria o esquecimento como o ímpeto para a superação da crise, como o salto dialético para o perdão. Este será um aspecto fundamental para a discussão do capítulo 5 a respeito do niilismo do homem ridículo que, à beira do suicídio e dialeticamente, reencontra o sentido das coisas. Para o ser que descobre a eternidade — o devir do ser —, o esquecimento deixa de ser a tentativa de driblar o tempo para se reconhecer como a ruptura do rancor contumaz. Discutiremos tais questões de forma pormenorizada também no capítulo "O Sermão da Estepe: Ivan Karamázov e a filosofia dostoievskiana da história". Por ora, podemos apreender que, se desistisse de rolar a pedra de sua vida, Sísifo seria imediatamente esmagado; se continuasse, a finitude daria cabo de sua esperança. Pois essa seria a imagem da existência sem Deus para Dostoiévski. Aqui, já não se trata tão-somente da transcendência como salvaguarda para os valores morais. Trata-se da eternidade como possibilidade de cura, como tentativa de libertação da cativa Pandora.

Dostoiévski entreviu laivos e lampejos de superação da finitude tautológica na própria *casa dos mortos*, em suas imediações, em meio àquelas pessoas cuja finalidade na vida se reduz a tratar fraternalmente os "infelizes" [os condenados], compadecendo-se deles, tratando-os como a seus próprios filhos, com um desvelo inefável. (...) Há quem diga (e também já li em alguma parte) que o mais alto amor sentido pelo próximo não passa no fundo de mero egoísmo. Onde em tal caso pudesse haver egoísmo é coisa com que não atino (1982, pp. 74-75).

Os jogos de palavra sempre podem reverter a abnegação — vale dizer, a negação do ego — em utilitarismo escatológico e masoquista do eu que sente prazer na renúncia a si mesmo, no mais fundamental altruísmo. Mas Dostoiévski entreviu a excepcionalidade da ação daqueles e daquelas que transformaram a própria vida em renúncia ao eu pelo outro. Para o escritor, veremos que se tratava do sentido da eternidade — a teleologia teológica da história — que impulsionava a caridade de Sísifo. Ademais, o que poderia motivar um cativo condenado a mais de 20 anos de *casa dos mortos?*

Seja o prisioneiro quem for, e seja outrossim curto o seu tempo de detenção, não se habitua a considerar a sua sorte como algo definitivo, positivo, como parte da sua existência real. Cada detento acaba por se considerar na prisão não como morador e sim como hóspede. A pena de vinte anos toma a configuração de apenas dois anos e nada lhe modifica a convicção de que quando deixar o presídio com 55 anos já não seja uma pessoa válida de 35 anos. Pensa que então a vida voltará e arreda todo e qualquer pensamento duvidoso e desagradável relativamente a tal assunto. Mesmo os de tempo indeterminado, da seção especial, não raro esperam que alguma alteração possa vir de Petersburgo. "Remeta-se o detento Fulano por tanto tempo para os trabalhos de minas em Nertchinsk". Seria formidável! Primeiro, dali até Nertchinsk, só a viagem demora quase seis meses; depois é muito mais agradável marchar no meio de uma leva correcional do que estacionar num presídio! E uma vez decorrido o prazo lá em Nertchinsk, então... E assim pensam homens já de cabelos brancos! (...) No fundo, porém, pensam na vez de se verem livres das cadeias. E para quê? Ora, para quê! Para, deixando aquela masmorra de abóbadas baixas e de muralhas espessas, irem para um presídio com um pátio onde possam andar... Só, e nada mais. Liberdade, rua, estrada? Nunca mais! Cada qual deles sabe muito bem que os acorrentados à barragem ficarão perpetuamente no presídio, até a morte, com algemas nos pulsos e nos tornozelos. Sabe disso e todavia sua mais bela esperança, seu mais ardente desejo é que o tempo de viver chumbado às lajes passe logo. Como suportaria estar assim acorrentado durante cinco ou mais anos, se não embalasse essa esperança? Morreria ou endoideceria. Sem tal crença, como resistir? (1982, pp. 88-89)

Dostoiévski nos fala, então, sobre a projeção de um outro à revelia da espada de Dâmocles que há de nos calar. Eis o caráter utópico do escritor que arremessa o falanstério contra si mesmo para extrair dos projetos de transformação da humanidade suas aporias e o sentido de sua superação. Se, diante do cadafalso, Dostoiévski recorre à resistência de Pandora, precisamos agora discernir quais seriam os momentos propositivos de sua utopia e quais implicações dela adviriam. Ao escavarmos esse novo subsolo, chegaremos a uma dualidade antitética que arremessará Dostoiévski contra si mesmo para separarmos o joio do trigo: o Dostoiévski datado e afeito à eslavofilia rente ao *ethos* nacionalista do século XIX e o Dostoiévski, a meu ver, transtemporal, cuja universalidade abre a possibilidade de investigações para além de suas afinidades eletivas com a Ortodoxia russa e o anacronismo histórico. Eis a tese da Rússia redentora e a antítese da história como teleologia teológica — e como teologia teleológica — para muito além do messianismo nacional. Este último Dostoiévski lançará as bases para, no próximo capítulo, encontrarmos Aliócha e Ivan Karamázov, Jesus Cristo e o grande inquisidor, como articuladores do Sermão da Estepe. Por ora, estabeleçamos as mediações que farão a contraposição do Dostoiévski eslavófilo-medievalista em relação ao Dostoiévski que se enreda às implicações dialéticas do *processo vital*.

3.4. O PRENÚNCIO DO SERMÃO DA ESTEPE PARA ALÉM DA MONTANHA NACIONAL

As *Notas de inverno sobre impressões de verão* trazem à tona um Dostoiévski que reflete sobre as possibilidades emancipatórias da utopia tomando o Ocidente como contraponto negativo em relação às características autóctones da Rússia. Mas suas ideias cruzam a fronteira das obras, e as formulações do Dostoiévski viajante vão tomando forma e conteúdo nos demais trabalhos. Acompanhemos, então, as mediações que nos levarão a esta primeira proposição dostoievskiana que erige a Rússia ortodoxa e tsarista como uma cidadela em relação à corrosão individualista do Ocidente.

> A razão revelou-se inconsistente ante a realidade e, além disso, os próprios homens de razão, os próprios sábios, começam a ensinar agora que a razão pura nem existe no mundo, que não existem as conclusões da razão pura, que a lógica abstrata é inaplicável à humanidade, que existe a razão de Ivan, de Piotr, de Gustave, mas que a razão pura nunca existiu; que tudo isto não passa de uma invenção do século XVIII, destituída de fundamento (2000b, p. 129).

A alusão do trecho dostoievskiano a Immanuel Kant é clara. Nesse sentido, precisamos estabelecer algumas mediações para que possamos compreender quais são as decorrências da aniquilação da razão pura para o acirramento capitalista das relações de Ivan com — ou pior, contra — Piotr e Gustave. Primeiramente, para continuarmos próximos às reflexões dostoievskianas que procuram apreender o embasamento ético em correlação com a reciprocidade do Sermão da Montanha, mencionemos uma passagem de *A grande transformação*, obra da estudiosa de religiões Karen Armstrong, em meio à qual a base kantiana para a ação racional, o imperativo categórico ético, poderia ser tida como uma secularização da regra de ouro presente nas mais diversas tradições religiosas:

> Não faças aos outros o que não farias a ti mesmo. (...) Se, por exemplo, toda vez que nos sentíssemos tentados a tecer um comentário hostil sobre um colega, um irmão ou um país inimigo, pensássemos em como nos sentiríamos se o mesmo comentário se referisse a nós — e desistíssemos de tecê-lo —, superaríamos a nós mesmos. Esse seria um momento de transcendência. Se tal atitude se tornasse habitual, poderíamos viver num *ekstasis* permanente, não porque entramos num transe exótico, mas porque ultrapassamos as fronteiras do egocentrismo. (...) O teste é simples: se nossas convicções — seculares ou religiosas — nos tornam hostis, intolerantes e maldosos em relação à fé alheia, não são "profícuas". Se, porém, nos impelem a agir compassivamente e a honrar o estranho, são boas, úteis e válidas. Esse é o teste da verdadeira religiosidade em todas as grandes tradições (2008, p. 14; pp. 413-414).

Após a apreensão de que a regra de ouro pressupõe a ação do ego para além de si mesmo, isto é, a ação do ego em (cor)relação com a alteridade tendo por base a universalização da regra de ouro como imperativo categórico ético, podemos mencionar duas passagens da *Dialética do Esclarecimento*, em meio às quais Adorno e Horkheimer apreendem o potencial emancipatório da razão kantiana para a transformação radical da sociedade (tese) e a antítese que nela se instaura com a reificação da razão como o cálculo utilitário do capital, aspecto que já havia despontado com a tensão em meio ao trecho dostoievskiano envolvendo a razão universal e os interesses conflitantes de Ivan, Piotr e Gustave.

> [Tese:] O princípio kantiano de "fazer tudo com base na máxima de sua vontade enquanto tal, de tal modo que essa vontade possa ao mesmo tempo ter por objeto a si mesma como uma vontade legisladora universal". (...) A emancipação incondicional determinada como a essência do esclarecimento (1985, p. 108).

Em seguida, como havíamos dito anteriormente, e a reboque do *ethos* dostoievskiano que procura pensar a contrapelo das próprias aspirações emancipatórias, os frankfurtianos trazem à tona a antítese que explicita as aporias da regra de ouro kantiana para a construção da utopia:

> Os conceitos kantianos são ambíguos. A razão contém como ego transcendental supraindividual a Ideia de uma convivência baseada na liberdade, na qual os homens se organizem como um sujeito universal e superem o conflito entre a razão pura e a empírica na solidariedade consciente do todo. A Ideia desse convívio representa a verdadeira universalidade, a Utopia. *Mas, ao mesmo tempo, a razão constitui a instância do pensamento calculador que prepara o mundo para os fins da autoconservação e não conhece nenhuma outra função senão a de preparar o objeto a partir de um mero material sensorial como material para a subjugação* [grifo meu] (1985, p. 83).

Se a contradição objetiva instalada na razão pura — e historicamente configurada — pressupõe a projeção da utopia como a universalidade secular da regra de ouro que lança as bases para a convivência de Ivan, Piotr e Gustave, ao mesmo tempo em que arregimenta o utilitarismo instrumental para (re)produzir a dominação como instância de projeção do e pensamento sobre o mundo — o ego como ferramenta atuarial —, o que poderia refrear a versão capitalista da guerra de todos contra todos? O universalismo da revolução proletária? Dostoiévski, em Londres, arremessa o proletariado contra seu próprio (e suposto) ímpeto messiânico:

> A quem [os burgueses devem] temer então? Aos operários? Mas os próprios operários são, no íntimo, proprietários: todo o seu ideal consiste em se tornar proprietários e acumular o maior número possível de objetos; assim é a natureza. A natureza não é concedida em vão. Tudo isso foi cultivado e educado durante séculos. Uma racionalidade não se transforma facilmente, não é fácil abandonar hábitos seculares, penetrados na carne e no sangue (2000b, p. 129).

A dialética dostoievskiana entrevê contiguidades fundamentais nos movimentos que a aparência pressupõe como antitéticos[16]. Assim, chegamos a um cenário de

---

16. Para uma análise historicamente profícua sobre o trabalho e o proletariado como momentos intracategoriais fundamentais para a maturação histórica do capitalismo — ao invés da tradicional via da luta de classes que contrapõe capital e trabalho como tese e antítese inequívocas —, conferir o *Manifesto contra o trabalho*, do *Grupo Krisis*. Disponível em: *http://o-beco.planetaclix.pt/mctp.htm*. Consulta feita no dia 01/03/18. O teórico social alemão Robert Kurz (1943-2012), um dos autores do *Manifesto*, propõe uma leitura historicamente instigante do capitalismo de Estado socialista. Enquanto a Europa Ocidental teve a seu dispor quatro séculos de escravidão para consumar aquilo que Marx chamaria de acumulação primitiva de capitais e transfigurar, na carne e no sangue (como diria Dostoiévski), os valores feudais de forma que se fossem modificando as práticas consu-

terra arrasada em que a utopia se vê desprovida de suas bases de constituição. Mas Dostoiévski traz à tona a noção de *natureza* como o devir dos usos e costumes que se vão cristalizando como características identitárias de um povo. "Não é fácil abandonar hábitos seculares, penetrados na carne e no sangue". No entanto, tal colocação pressupõe (i) a possibilidade do tempo como antítese e transformação e (ii) o questionamento sobre se a corrosão ocidental dos valores se estenderia irrestritamente por todos os lugares da mesma forma, ou se haveria alguma nação que teria condições de resistir à autofagia capitalista — a derrocada da civilização — por conta de suas características autóctones que fazem parte de sua carne e de seu sangue.

Mais adiante, apresentaremos a possibilidade do tempo (eternidade) como superação como uma antítese em relação à Rússia idealizada por Dostoiévski como antídoto para a patologia capitalista. Por ora, precisamos analisar os momentos de esgarçamento da fraternidade no Ocidente para apreendermos as características de salvaguarda que a Mãe Rússia[17] supostamente conteria em

---

etudinárias em correlação com a nova forma de metabolismo social, a Rússia deu o salto mortal do tsarismo para o moderno sistema produtor de mercadorias sem mediações paulatinas. Assim, Kurz apreende os campos de concentração sino-soviéticos como o *subsolo* da história de modernização compulsória de tais países para que eles pudessem competir no sistema-mundo do capital. O navio negreiro e a *plantation* além-mar equivaleriam, *mutatis mutandi*, ao arquipélago Gulag de Stálin e Mao Tsé-Tung. Conferir *O colapso da modernização: da derrocada do socialismo de caserna à crise da economia mundial*. Rio de Janeiro: Paz e Terra, 2004.

17. Os Países Bálticos, a Polônia e a Ucrânia, historicamente acossados pelo imperialismo russo, bem conhecem as contradições que a salvaguarda da Mãe Rússia lhes oferece.

sua sociedade. Em *Notas de inverno sobre impressões de verão*, o narrador dostoievskiano procura refletir sobre as tentativas (aporéticas) do Ocidente para derivar a fraternidade da revolução social:

> A fraternidade. Ora, este ponto é o mais curioso e, deve-se confessar, constitui no Ocidente, até hoje, a principal pedra de toque. O ocidental refere-se a ela como a grande força que move os homens e não percebe que não há de onde tirá-la, se ela não existe na realidade. O que fazer, portanto? É preciso criar a fraternidade, custe o que custar. Verifica-se, porém, que não se pode fazer a fraternidade, porque ela se faz por si, concede-se por si, é encontrada na natureza. Todavia, na natureza do francês e, em geral, na do homem do Ocidente, ela não é encontrada, mas sim o princípio pessoal, individual, o princípio da acentuada autodefesa, da autorrealização, da autodeterminação em seu próprio Eu, da oposição deste Eu a toda a natureza e a todas as demais pessoas, na qualidade de princípio independente e isolado, absolutamente igual e do mesmo valor que tudo o que existe além dele. Ora, uma tal autoafirmação não podia dar origem à fraternidade (2000b, p. 130-131).

Liberdade político-econômica, igualdade jurídico-política, mas e quanto à fraternidade? Para Dostoiévski, o Ocidente, no próprio devir da Igreja Católica como continuação de Roma, já teria arraigado o poder, o ateísmo e o poder do ateísmo de maneira profunda à carne e ao sangue das pessoas que, em meio ao avassalador desenvolvimento do capitalismo, só fariam pensar nos próprios benefícios em detrimento de todos os demais[18]. Se

18. A esse respeito, Kate Holland (2000) argumenta que "Dostoiévski estabeleceu em seu *Diário de um escritor* uma visão de mundo que se voltava para o triunfo da 'ideia russa'. Sua visão utópico-religiosa está baseada em uma crença na obsolescência do cristianismo ocidental. De acordo com Dostoiévski, o catolicismo

o ethos da divindade já não faz parte dos usos e costumes, a não ser como uma evocação tradicional cada vez mais contingente – eis a imagem do fiel que faz o Pelo Sinal diante de uma catedral e dá graças a Deus por uma conquista que logrou arrancar ao darwinismo social –, o que poderia refrear a luta fratricida das classes e o utilitarismo dos indivíduos? Dostoiévski arremessa Marx contra si mesmo ao dizer que a felicidade de um é a condição para a infelicidade de todos. O todo social se erige pela usurpação da riqueza; assim, a massa desprovida precisa lutar encarniçadamente para tentar abocanhar o seu quinhão. A suposta fraternidade que rege a convivência dos homens em sociedade se torna a coação da necessidade[19].

---

comprometera o ideal cristão com sua ideia de uma união compulsória da humanidade sob a autoridade do Papa e, assim, sua base ideológica dera vazão ao socialismo e à ideia de união compulsória da humanidade sob a bandeira do materialismo, do egoísmo e do racionalismo. A contrapartida religiosa do catolicismo, o protestantismo, era definida em termos de sua oposição ao catolicismo e, portanto, não tinha autoridade espiritual. O escritor acreditava que essas forças logo entrariam em colisão, abrindo caminho para uma nova ordem na Europa, a partir da qual ascenderia o espírito redentor da Ortodoxia incorporada pelo povo russo, a única religião a conter a 'verdadeira universalidade' da imagem de Cristo e, portanto, a única religião capaz de salvar a Europa da fragmentação" (p. 102). Na sequência da argumentação, falaremos sobre o último trecho da argumentação de Holland, o qual se volta para o messianismo russófilo de Dostoiévski como (suposto) antídoto para a corrosão ocidental.

19. Também seria possível lançar mão da escatologia dostoievskiana para refletir sobre as bases que estruturariam a sociedade comunista caso a utopia fosse erigida. Passaríamos do cotidiano ultracompetitivo à solidariedade com a tomada do poder e a reconfiguração material das relações sociais? Certamente a competitividade acintosa e estrutural teria menos motivo para ocorrer, mas e quanto à carne e ao sangue historicamente configurados? Tais pontos vêm

---

sendo discutidos com vários matizes ao longo deste capítulo. Assim, gostaria de trazer uma projeção de Hannah Arendt, mencionada por Marshall Berman, que arremessa o otimismo iluminista de Marx contra as bases etéreas que fundariam a sociedade comunista. "Arendt compreende a extensão do individualismo que subjaz ao comunismo de Marx e compreende também os rumos niilistas que esse individualismo poderá tomar. Em uma sociedade comunista, onde o livre desenvolvimento de cada um é a condição para o livre desenvolvimento de todos, *o que poderá manter reunidos esses indivíduos livremente desenvolvidos?* [grifo meu] Eles talvez partilhem a busca comum de um infinito bem-estar experimental; todavia, isso não seria 'o verdadeiro domínio público, mas apenas atividades privadas, soltas no espaço aberto'. Uma sociedade como essa poderia perfeitamente vir a experimentar uma sensação coletiva de futilidade: 'a futilidade de uma vida que não se fixa nem se afirma em qualquer objetivo permanente, o qual perdure para além do esforço despendido'"(BERMAN, 1986, p. 124). Os esquerdistas bem poderíamos arremessar Arendt contra si mesma e lhe perguntar se o intento de transformação não valeria a pena em face da atual esfera pública aglutinada pela usurpação e pela privação. Ainda assim, a escatologia dostoievskiana de Arendt é bastante crítica para fazer com que a utopia tenha que pensar a contrapelo de si mesma. E se a esfera pública de Utópolis se desagregasse porque o indivíduo, que já não precisa se preocupar com a privação, agora quer apenas rolar pela grama? Este rapaz ainda seria uma alma tranquila. E quanto àqueles que não desdenhariam do poder como herança histórica da humanidade? Que tipo de poder seria desencadeado se a privação fosse arrefecida? Não haveria a revolta por parte dos ressentidos como a nostalgia da hierarquia? Nesse sentido, o comentário de Marshall Berman (1986, p. 338) à escatologia de Hannah Arendt parece prolongar as aporias e contradições da utopia: "Observe-se que, de acordo com o pensamento de Marx, *o domínio público dos valores e discursos comuns subsistiria e floresceria enquanto o comunismo tivesse a característica de movimento de oposição; ele perderia seu vigor somente onde esse movimento tivesse triunfado e se esforçado* (em vão, sem nenhum domínio público) por inaugurar uma sociedade comunista" [grifos meus].

Mas qual seria, então, a base para a fraternidade? O narrador dostoievskiano de *Notas de inverno sobre impressões de verão* prossegue:

Na fraternidade autêntica, não é uma personalidade isolada, um Eu, que deve cuidar do direito de sua equivalência e equilíbrio em relação a tudo o *mais*, e sim todo este o *mais* é que deveria chegar por si a essa personalidade que exige direitos, a esse Eu isolado, e espontaneamente, sem que ele o peça, reconhecê-lo equivalente e de iguais direitos a si mesmo, isto é, a tudo o mais que existe no mundo. Mais ainda, esta mesma personalidade revoltada e exigente deveria começar por sacrificar todo o seu Eu, toda a sua pessoa, à sociedade, e não só não exigir o seu direito, mas, pelo contrário, cedê-lo à sociedade, sem quaisquer condições. *Mas a personalidade ocidental não está acostumada a um tal desenvolvimento dos fatos* [grifo meu]: ela exige à força o seu direito, ela quer *participar*, e disso não resulta fraternidade. Está claro: ela pode transformar-se. Mas semelhante transformação leva milênios, porque tais ideias devem antes entrar na carne e no sangue para se tornarem realidade (2000b, p. 131)[20].

---

20. Nesse sentido, Robert Louis-Jackson (1981) discorre sobre as fontes e derivações da utopia dostoievskiana: "O ideal de Dostoiévski — estabelecido em *Notas de inverno sobre impressões de verão* — estabelecia que tanto o indivíduo quanto a sociedade fizessem suas demandas absolutas de forma recíproca. O ideal social de Dostoiévski era influenciado pelo ideal cristão de amor e autossacrifício; e, é claro, ele partia do *Contrato social*, de Rousseau, na medida em que rejeitava categoricamente a noção de que, na sociedade ideal — conforme Rousseau a concebia —, o malfeitor "talvez se veja forçado a ser livre". *Nada é mais alheio a Dostoiévski do que a compulsão e a utopia reacionária, que poderia ser concebida em termos racionalistas ou teológicos* [grifo meu]. (...) O ideal social e espiritual de Dostoiévski era certamente utópico, no melhor sentido da palavra, mas era o único pelo qual ele sentia que valia a pena lutar" (p. 8). É importante frisar que, segundo Jackson, Dostoiévski seria totalmente contrário à uto-

Dostoiévski contrapõe a luta secular por direitos — da qual ele inclusive participou ao ser adepto do Círculo de Petrachévski — à *organicidade* que torna recíprocos direitos e deveres dos indivíduos em meio ao todo social. O russo Dostoiévski não vê tal princípio como base do desenvolvimento ocidental. A luta — ou, para usar um termo mais próprio à análise vindoura de *Os irmãos Karamázov*, a *revolta* — só levaria à dissonância entre as vozes dos indivíduos e a polifonia social. O desenvolvimento da *personalidade* no Ocidente, para este Dostoiévski eslavófilo, não levaria à superação do caráter centrífugo das lutas. É bem verdade que a fortuna crítica mais conservadora se esquece da menção de Dostoiévski à efetiva possibilidade de mudança das identidades historicamente configuradas, mas o escritor, rente ao processo mais contraditório de transformação dos usos e costumes, entrevê que o Ocidente levaria milênios para encontrar uma reciprocidade que fizesse com que a demanda das partes fratricidas — e não fraternas — se transformasse em abnegação mútua. Ambos perdemos para ambos ganharmos. Não, tudo teria que ser arrancado à força, de modo revolucionário, ainda que a revolução logo se transformasse no movimento que se volta contra si mesmo para conter o ímpeto de mudanças quando os revolucionários tomassem o poder — não é esta uma síntese para a autofagia das revoluções francesa e russa? Mas, neste momento, é preciso perguntar a Dostoiévski sem mais: onde seria

---

pia compulsória e reacionária tanto em seu matiz utilitário-racional (diatribe contra a *intelligentsia* de esquerda) quanto em seu matiz teológico (diatribe contra os eslavófilos que se contrapunham à modernidade e à modernização da Rússia), situação que dificulta o posicionamento unilateral do escritor em um exclusivo espectro político--social.

possível encontrar tal fraternidade orgânica em contraposição ao fratricídio ocidental?

Eis, então, que o bufão Liébediev volta à tona para nos contar uma estória medieval, uma estória de um tempo em que a divindade lastreava as relações e se confundia com a consciência moral do todo e de cada uma de suas partes. Trata-se da trajetória de um monge que, em uma época de extrema inanição em meados do século XII, havia comido 60 pessoas. Ao contrário do espírito moderno e individualista que levaria o monge a se eximir de seus atos — o anacronismo da culpa e do castigo em face do crime contumaz —, o religioso acaba se entregando. Liébediev, então, quer entender o ímpeto de autoexpiação do monge e a completa excepcionalidade de tal ato em nossos tempos.

Que tormentos o esperavam naquele tempo, que rodas, fogueiras e fogos? Quem o impeliu a ir denunciar-se? Por que não parar simplesmente na casa dos sessenta, mantendo o segredo até o último alento? Por que não largar simplesmente o clero para lá e viver arrependido como um ermitão? Aí está a decifração. Quer dizer que houve algo mais forte do que as fogueiras e o fogo e até mais forte que um hábito de vinte anos! *Quer dizer que havia um pensamento mais forte do que todas as desgraças, más colheitas, torturas, lepra, maldições e toda sorte de inferno que a humanidade não suportaria sem um pensamento que concatenasse, orientasse o coração e fertilizasse as fontes da vida!* [grifo meu] Mostrem-me os senhores algo semelhante a tal força em nosso século de vícios e estradas de ferro... isto é, é preciso dizer, em nosso século de vícios e estradas de ferro, porque eu sou um beberrão, porém justo! Mostrem-me uma ideia que ligue e agregue a atual sociedade humana ao menos com a metade daquela força que havia naqueles séculos. E atrevam-se a dizer, por fim, que não se debilitaram, que não

> se turvaram as fontes da vida sob essa "estrela", sob essa rede que prende os homens. (...) Há mais riquezas, porém menos força; não resta mais uma ideia agregadora (2002, p. 423).

Liébediev nos leva a um Dostoiévski menos elíptico, menos negativo, e agora começamos a entrever o que significa a vida *viva*, a natureza *viva*, o processo *vital*[21]. A noção medievalista a que Liébediev se refere diz respeito a um princípio de solidariedade social que remete cada uma das partes constitutivas da sociedade à (re)produção moral do todo. Para além do princípio de sobrevivência, do princípio de perpetuação do eu — manutenção do ego contra os e para além dos demais —, o medievo se estruturava, segundo Liébediev, pela coesão orgânica do todo. Se *não matarás* é a norma, e o Sermão da Montanha traz o sentido da redenção, como viver fora de tais fronteiras? Como cruzar os limites sem ser arrebatado por um profundo arrependimento? Liébediev transforma o monge em uma personagem típica capaz de congregar a cosmovisão de uma época. Os suplícios da crucificação se mostraram menores do que o alívio

21. Leitor contumaz de Dostoiévski, Nietzsche interpreta o vitalismo de Liébediev de forma bastante distinta daquela realizada pelo escritor russo. Como veremos, a noção de vida *viva*, para Dostoiévski, provém justamente da fusão deste mundo com a espiritualidade, do sentido histórico de realização do espírito e do sentido espiritual de realização histórica. O vitalismo nietzscheano, ao se distanciar da espiritualidade de Dostoiévski, afirma a vida *hic et nunc* e a transforma em sentido a ser superado ao longo deste que seria o único tempo de que dispomos — na verdade, Nietzsche está totalmente ciente de que é o tempo que dispõe de nós, daí o vitalismo pulsional a se vincular de forma entranhada com a vida tangível a ser erigida como uma obra de arte, o simulacro último do sentido agora compreendido apenas em sua dimensão imanente.

moral daquele que volta a se encontrar com o princípio que o socializou.

Em contrapartida — e aqui assumimos momentaneamente a voz de Liébediev —, que princípio poderia refrear a contumácia utilitária na moderna sociedade reprodutora de mercadorias? Os jovens Marx e Engels, no *Manifesto comunista*, estavam fortemente impressionados com o poder revolucionário da burguesia:

> A burguesia, em seu reinado de apenas um século, gerou um poder de produção mais massivo e colossal do que todas as gerações anteriores reunidas. Submissão das forças da natureza ao homem, maquinário, aplicação da química à agricultura e à indústria, navegação a vapor, ferrovias, telegrafia elétrica, esvaziamento de continentes inteiros para o cultivo, canalização de rios, populações inteiras expulsas de seu *habitat* — que século, antes, pôde sequer sonhar que esse poder produtivo dormia no seio do trabalho social? (2002, p. 49)

A base de ação do capitalismo é a contínua revolução de todas as relações sociais, a profanação do sagrado como relíquia ossificada, o niilismo constante que sempre deve morder a própria cauda. Ora, o que isso significa em termos das relações intersubjetivas? Se o todo me obriga a me suplantar continuamente e se as partes — seres humanos como eu — também são estimuladas a fazê-lo, o que me refreará quando as colisões forem necessárias, quando a infelicidade de todos for a condição para a minha felicidade? Ainda uma vez, a Teoria Crítica apreende as limitações da regra de ouro kantiana para fundar uma ética universal em meio ao mundo que prescinde de Deus: "O burguês que deixasse escapar um lucro pelo motivo kantiano do respeito à mera forma da lei não seria esclarecido, mas supersticioso — um tolo" (ADORNO e HORKHEIMER, 1985, p. 85). Emancipação como progresso e regresso – revolução material como niilismo moral. Liébediev nos faz pensar, a contrapelo do Iluminismo e na esteira de seu progresso também regressivo, que o ego liberto pelo capitalismo não encontrou um princípio que o levasse de volta à sociedade como a organicidade para além do cálculo utilitário de Nicolau Maquiavel e Thomas Hobbes.

Diante desse quadro tétrico, eis que o desespero escatológico de Dostoiévski faz com que o escritor diagnostique a Rússia tsarista como a contrapartida social para a autofagia do Ocidente. Conforme argumenta Susan McReynolds (2002), "a nova Rússia e o mundo russo que Dostoiévski entrevê se organizam como totalidades harmônicas e orgânicas" (p. 91). Eis a Rússia e sua (suposta) organicidade de classes/estamentos; a Rússia embasada sobre a comunidade rural de trabalho coletivo e abençoada pela Igreja Ortodoxa; a Rússia cuja resultante vetorial aponta para o tsar. Em suma, o povo teóforo que, em sua constituição autóctone, em seu desenvolvimento ainda não maculado pelo capitalismo que já tomara o Ocidente, poderia apresentar uma nova palavra ao mundo, um novo sentido de desenvolvimento[22]. Nesse sentido,

---

22. Há uma verdadeira pletora de fontes para o debate entre ocidentalistas e eslavófilos na Rússia oitocentista de Dostoiévski. Em termos polares, os ocidentalistas propugnavam pela reconfiguração da Rússia segundo os modelos da modernidade ocidental, ao passo que os eslavófilos consideravam que a Rússia tinha que seguir um caminho autóctone para desenvolver sua civilização. Tais posições extremadas são matizadas por uma série de correntes que buscavam sínteses tensas e contraditórias entre o ocidentalismo e a eslavofilia. O próprio Dostoiévski pode ser entendido como um escritor que buscou narrar as (im)possibilidades de conciliação entre a trajetória do Ocidente e o devir autóctone da Rússia. Para mais detalhes

Chátov, um dos intelectuais revolucionários de *Os demônios*, procura discernir a força essencial de desenvolvimento dos povos:

> Os povos se constituem e são movidos por outra força que impele e domina, mas cuja origem é desconhecida e inexplicável. Essa força é a força do desejo insaciável de ir até o fim e que ao mesmo tempo nega o fim. É a força da confirmação constante e incansável do seu ser e da negação da morte. O princípio da vida, como dizem as Escrituras, são "rios de água viva" com cujo esgotamento o *Apocalipse* tanto ameaça (DOSTOIÉVSKI, 2004, pp. 250-251).

Walter Benjamin (2011), em um breve ensaio sobre o romance *O idiota*, discorre sobre o messianismo russófilo de Dostoiévski em termos que se aproximam das e aprofundam as colocações de Chátov:

> Dostoiévski retrata o destino do mundo em meio ao destino de seu próprio povo. Esse ponto de vista é típico dos grandes nacionalistas, para quem a humanidade só pode se desenvolver

---

sobre os diálogos e tensões entre ocidentalistas e eslavófilos, conferir, sobretudo, o primeiro e o terceiro tomos da obra que Joseph Frank escreveu sobre a vida e a obra de Dostoiévski em estreita correlação com seu campo histórico-cultural: *Dostoiévski: as sementes da revolta, 1821-1849*. São Paulo: Edusp, 1999 e *Dostoiévski: os efeitos da libertação, 1860-1865*. São Paulo: Edusp, 2002. Conferir, também, os seguintes capítulos da obra de Andrzej Walicki, *A History of Russian Thought: From Enlightenment to Marxism* (Stanford: Stanford University Press, 1979): 4. *Anti-Enlightenment trends in early Nineteenth Century*; 6. *The Slavophiles*; 8. *Belinksy and different variants of Westernism*; 10. *The origins of "Russian socialism"*. Uma terceira fonte para consulta em relação ao debate entre ocidentalistas e eslavófilos é a obra *Pensadores russos,* de Isaiah Berlin (São Paulo: Companhia das Letras, 1988). Os capítulos 1. *Russia and 1848* e a primeira seção do capítulo 4. *Uma década notável,* 4.1. *O nascimento da intelligentsia russa,* estabelecem um profícuo panorama do contexto em questão.

em meio a uma herança nacional particuar. A grandiosidade do romance é revelada pela maneira como as leis metafísicas que governam o desenvolvimento da humanidade e as leis que governam o desenvolvimento das nações se mostram absolutamente interdependentes (p. 275).

A força da confirmação constante e incansável do ser russo — o messianismo da nação — seria mostrar que há uma possibilidade outra em relação à autofagia ocidental, uma possibilidade em que cada classe social reconhece sua posição referendada historicamente e clama por direitos em termos orgânicos. A hierarquia russa — mais complexa, dinâmica e contraditória do que os auspícios de Dostoiévski queriam projetar — poderia fornecer um princípio de refreamento da luta intestina e inexorável entre as classes e os indivíduos, precisamente porque a Rússia havia sido fundada sobre a purificação do sofrimento, a *kenosis*[23] de Jesus Cristo. Nesse sentido, acom-

---

23. "*Kenosis* é um conceito da teologia cristã que trata do *esvaziamento* da vontade própria de uma pessoa e da aceitação da vontade de Deus. É encontrado no Novo Testamento como o esvaziamento de Jesus. Os primeiros cristãos da era apostólica procuravam viver segundo esse conceito de autoesvaziamento (...). A principal noção que lhe subjaz é a ideia de abandonar um estilo de vida egocêntrico para adotar uma vida altruísta, viver rumo a Cristo e se doar em serviço aos irmãos de fé. Os primeiros cristãos incorporaram esse conceito com tamanha visceralidade, que chegaram a vender bens materiais e distribuir o valor arrecadado para os que tinham necessidade. Devido ao enraizamento da *kenosis*, muitos cristãos perderam a vida na pregação do evangelho, pois mesmo diante das ameaças de morte os fiéis não conseguiam deixar de falar Daquele para quem viviam" (ARMSTRONG, 2008, p. 403). Victor Terras (2003), nesse sentido, argumenta que "o Príncipe Míchkin participa da *kenosis* de Cristo, esvaziando-se de todas as honrarias e até mesmo da dignidade humana" (p. 112), na medida em que procura conciliar, contra a sua própria sanidade, o perdão para Rogójin, assassino de Nastácia Fi-

panhemos o desdobramento teológico da *kenosis* para entendermos por que Dostoiévski entrevia afinidades fundamentais entre a Rússia e o sentido social da abnegação:

> Escrevendo a seus conversos de Filipos, na Macedônia, em meados da década de 50 — cerca de 25 anos após a morte de Jesus —, Paulo cita um dos primeiros hinos compostos pelos cristãos, que mostra que, desde o início, eles viam a missão de Jesus como uma *kenosis* (Filipenses, 2, 6-11). O hino começa assinalando que Jesus, como todos os seres humanos, existia à imagem de Deus e, no entanto, não se ateve a esse alto *status, porém se esvaziou/ para assumir a condição de escravo.* (...)/ *E foi ainda mais humilde, a ponto de aceitar a morte, morte na cruz.* (...) Assim, [Paulo] apresenta o hino com esta instrução aos cristãos de Filipos: "Em vossa mente, deveis ser iguais a Cristo Jesus". Deviam tirar do coração o egoísmo e o orgulho. Deviam estar unidos no amor, "com um propósito comum e um pensamento comum" (Filipenses, 2, 5). "Não deve haver competição entre vós, nem vanglória; mas sede todos humildes. Sempre considerai o outro melhor que vós, *para que ninguém pense primeiro nos próprios interesses, mas todos pensem nos interesses dos outros*" (Filipenses, 2, 2-4). Reverenciando seus semelhantes com esse altruísmo, entenderiam o *mythos* da *kenosis* de Jesus. (...) O paradoxo "amai vossos inimigos" (Sermão da Montanha) (...) requer *kenosis, porque se deve ter benevolência sem esperança de retribuição* [grifo meus] (ARMSTRONG, 2008, pp. 404-407)[24].

---

líppovna, com a justiça diante do assassínio. A análise que fizemos anteriormente do desenlace de *O idiota,* mediada pela colocação de Terras, dá um novo matiz à *idiotia* de Míchkin com a noção cristã de *kenosis.*

24. Segundo Victor Terras (2003), a mensagem fundamental de Dostoiévski é a de que "a fé em Cristo é a única maneira de salvar o mundo, a Rússia e todos as pessoas do caos sem Deus em que estão chafurdados. A fé em Jesus deve assumir a forma de uma *imitatio*

A teleologia teológica da Rússia, nesse sentido, sua missão histórico-messiânica, seria a encarnação de uma sociedade baseada na *kenosis*, uma nação vasta a acolher sua população e os demais povos com o princípio da reciprocidade orgânica[25]. Dostoiévski pôde descobrir as raízes de tais características autóctones dos russos justamente ao lidar tanto com os prisioneiros da *casa dos mortos* quanto com os abnegados que dedicavam suas vidas a aplacar o sofrimento dos cativos. Os mais cruéis assassinos se persignavam diante da mensagem cristã dos piedosos que os ajudavam. Ouvimos ainda uma vez os laivos de Liébediev: onde seria possível encontrar em meio à sociedade moderna — sobretudo em sua versão de vanguarda no Ocidente — tal princípio de altruísmo que passa por sobre o próprio ego, que transforma a cessão ao outro em princípio vital? Essa seria a sucessão *vital*, o sentido da natureza *viva* que perpassa a obra dostoievskiana e que transforma a história, neste momento, em coincidência com os rumos de uma nação que, como Cristo, tinha uma nova palavra, uma boa nova a ser espraiada para a humanidade[26]. A evolução histórica, nesse

---

Christi" (p. 111). Assim entendemos, em sentido ainda mais expandido, a colocação de Terras sobre a *kenosis* realizada pelo Príncipe Míchkin.

25. Vale mencionar, ainda uma vez, que os países vizinhos ao imperialismo russo sabem historicamente que o *acolhimento* denega a si mesmo em prol da *anexação.*

26. Nesse sentido, Birgit Harress (1999) argumenta que, "pelo prisma de Dostoiévski, somente a Rússia está em posição de salvar o mundo com uma visão cristã. São as pessoas comuns que, com seu sentido de fraternidade, devoção e amor, podem levar a uma verdadeira vida de congregação. O povo russo tem a função de ser um guia para aqueles que estão em perigo de se desviar. Dostoiévski acredita que a maioria se distancia de Deus e preferiria seguir o espírito da

sentido, levaria em conta as construções e contradições próprias aos povos para apresentar suas respectivas contribuições. E, no caso da Rússia, Victor Terras (2003) retoma o argumento do Príncipe Míchkin, para quem

> o sentimento religioso do povo russo não pode ser racionalmente definido, apesar de ser prontamente reconhecível. Ele compreende o amor incondicional e absoluto a Deus e Sua criação, o perdão a todas as injustiças sofridas e a firme crença de que todas as faltas de um pecador arrependido serão perdoadas. A crença coincide com a mensagem messiânica, unitária e penitencial da Igreja Ortodoxa russa (p. 111)[27].

Em *Notas de inverno sobre impressões de verão*, a trajetória de consecução da missão nacional aparece em seus

---

destruição. A ênfase do escritor se volta para aqueles que, com seriedade, lutam para alcançar o caminho correto, mas que, devido a obstáculos exteriores, não conseguem encontrá-lo. Trata-se dos jovens russos [a *intelligentsia* revolucionária] de sua época. O autor se dirige a eles, tentando lhes dizer que procurem respostas em seu próprio povo, e não em culturas estrangeiras. A escolha entre as ideias orientais e ocidentais é idêntica a uma decisão pró ou contra Cristo. Se essa decisão seguir a palava dos evangelhos, então é possível falar em termos da renovação do homem" (pp. 19-20). Kate Holland (2000), como que a desdobrar a colocação de Harress, argumenta que "o isolamento da *intelligentsia* russa, de acordo com Dostoiévski, tinha origem no fato de que ela se apartara do *народ* (*narod*), o povo russo. O escritor argumentava que o posso russo acreditava em um ideal que transcendia todas as utopias terrenas da *intelligentsia*: o sacrifício salvífico de Cristo e a possibilidade de salvação eterna após a morte" (p. 101). Veremos, nos próximos dois capítulos, que a salvação eterna após a morte — ou, por outra, a noção de vida após a morte — pode assumir, em Dostoiévski, matizes bastante distintos da vinculação à fé ortodoxa do povo russo.

27. O próximo capítulo se distanciará da conexão unívoca que Terras estabelece entre a Ortodoxia russa e a espiritualidade em Dostoiévski. A sequência da argumentação trará o prenúncio da antítese em relação à tese russófila e ortodoxa.

momentos constitutivos fundamentais: "Em primeiro lugar, se necessita de natureza; depois, ciência; em seguida, de uma vida independente, telúrica, incontida e de uma crença nas próprias forças nacionais" (2000b, p. 98). Vemos, então, que a racionalidade não é proscrita por Dostoiévski, mas ocupa um lugar entre as demais forças que pretendem reverberar a fraternidade. O cálculo sem enraizamento não passa de mero cálculo, ao passo que a solidariedade telúrica reparte o pão enquanto a razão procura provar, teoricamente, que a partilha é fundamental para suplantar o utilitarismo entranhado na carne e no sangue ocidentais. O credo nas forças nacionais, então, refere-se à percepção de que a Rússia, relativamente ao Ocidente capitalista, poderia se estruturar em função da natureza *viva* por conter em seu desenvolvimento histórico as premissas messiânicas da *kenosis*. O Cristo russo, segundo Dostoiévski, seria o grande legado da nação aos demais povos, o princípio de sua filosofia da história que entrelaçava teleologia e teologia[28]. Seria possível, então, acompanhar o devir da *kenosis* como a organicidade a ser espraiada pelo *pathos* da cruz:

É preciso tornar-se uma personalidade, e mesmo num grau muito mais elevado do que o daquele que se definiu agora no Ocidente. Compreendam-me: o sacrifício de si mesmo em proveito de todos, um sacrifício autodeterminado, de todo consciente e por ninguém obrigado, é que constitui, a meu ver, o sinal do mais alto desenvolvimento da personalidade, de seu máximo poderio, do mais elevado autodomínio, da mais completa liberdade de seu arbítrio. Somente com o mais intenso desenvolvimento da personalidade se pode sacrificar volunta-

28. Serguei Hackel (1982) afirma que "a pessoa ou, na verdade, a imagem de Cristo se torna uma das principais pedras de toque da perfeição moral na obra de Dostoiévski" (p. 11).

riamente a vida por todos, ir por todos para a cruz, para a fogueira. Uma personalidade fortemente desenvolvida, plenamente cônscia do seu direito de ser personalidade, que já não tem qualquer temor por si mesma, não pode fazer outra coisa de si, isto é, dar-se outra aplicação, senão se entregar completamente a todos, para que todos os demais também sejam personalidades igualmente plenas de direitos e felizes. É uma lei da natureza, o homem tende normalmente para isto. (...) É uma desgraça fazer, neste caso, o menor cálculo sequer, no sentido da vantagem pessoal (2000b, pp. 131-132).

Não à toa a epígrafe de *Os irmãos Karamázov* retoma a seguinte passagem do *Evangelho segundo João:* "Em verdade, em verdade vos digo: se o grão de trigo, caído na terra, não morrer, fica só; se morrer, produz muito fruto. Quem ama a sua vida, perdê-la-á; mas quem odeia a sua vida neste mundo, conservá-la-á para a vida eterna" (12, 24-25). Desenvolver-se significa *des-envolver* os laços que me atam ao meu próprio ego, apreender as mediações que me configuram como um ser socialmente relacional — *nós* ao invés do eu, a razão solidária e emancipada que põe Ivan, Piotr e Gustave em comunicação, ao invés da apreensão reificada de que Ivan, Piotr e Gustave só podem existir em contraposição uns aos outros. Ademais, conforme veremos nos dois próximos capítulos deste livro, ao longo dos quais investigaremos o sentido da transcendência para Dostoiévski, a natureza *viva*, o processo *vital*, suprime a morte em face da eternidade — a nação constituiria um momento fundamental de socialização da *kenosis*, da sociedade como liturgia e como vivência da solidariedade.

Neste momento, a história, da qual Dostoiévski jamais procurou se apartar, nos obriga a lançar os auspícios messiânicos do escritor contra o efetivo devir da Rússia. À luz do tsarismo feudal e de sua corrupção e desigualdade sociais fortemente entranhadas, como não dizer que tal Dostoiévski estaria fadado à lata de lixo da história se não pensasse a contrapelo e para além do chauvinismo russo? De fato, Liébediev toca em um ponto nevrálgico: a sociedade moderna solapou sua base moral e a tornou fluida e passível de contínuos questionamentos que, no limite e até mesmo no cotidiano, podem levar à mais completa anomia. Mas, ora, o que queria nosso caro Liébediev? Que a humanidade não se constituísse e continuasse a *sobreviver*, ou pior, a *subsistir* em feudos? Que o caráter cíclico e estático das colheitas continuasse a determinar por quem os sinos dobram? A escatologia dostoievskiana, sempre a caminhar pelo *negativo* da dialética, comporta a antítese histórica que busca um patamar de contradição mais universal e universalizável do que o messianismo russo de instituições arcaicas, anacrônicas e reacionárias que, felizmente, foram solapadas por Outubro de 1917[29]. Se o homem pretende buscar um sentido para suas atividades, que o niilismo seja um momento constitutivo fundamental para que da crise possa despontar um novo nível de consciência. A meu ver, então, se quisermos que a filosofia dostoievskiana da história continue a projetar o devir de modo escatológico, precisamos libertá-la de seus momentos mais datados e

---

29. Para perspectivas teóricas que se embasam no medievalismo de Dostoiévski para interpretá-lo como um profeta antimoderno — a despeito de a dialética dostoievskiana comportar o *negativo* como um momento fundamental de sua constituição para continuar a caminhar pelas contradições do processo de totalização —, conferir Nikólai Berdiaev, *L'esprit de Dostoïevski*. Paris: Stock, 1974, e Luiz Felipe Pondé, *Crítica e profecia: a filosofia da religião em Dostoiévski*. São Paulo: Leya, 2013.

afeitos ao *ethos* de seu tempo para que ela continue a se metamorfosear à revelia de seus anseios *positivos*, isto é, de suas expectativas de enraizamento para que a roda dialética da história ofereça algum alívio ao náufrago que não mais tem em que se escorar. Nesse sentido, as *Notas de inverno sobre impressões de verão* sintetizam o esforço da comunhão:

> É preciso sacrificar-se justamente de tal modo que se entregue tudo e até se deseje não receber nada de volta, e que ninguém se afane por nossa causa. (...) Que fazer então? Não se pode fazer nada, mas é preciso *que tudo se faça por si, que exista na natureza*, que seja compreendido inconscientemente na natureza de todo um povo, numa palavra, que haja um princípio fraterno, de amor: é preciso amar. É preciso que se tenda instintivamente à fraternidade, à comunhão, à concórdia e que se tenda apesar de todos os sofrimentos seculares da nação, apesar da rudez bárbara e da ignorância, que se enraizaram nessa nação, apesar da escravidão secular, das invasões estrangeiras, numa palavra, que a necessidade da comunhão fraterna faça parte da natureza do homem, que este nasça com ela ou tenha adquirido tal hábito através dos séculos (2000b, pp. 132-133).

Quando arremessamos o Dostoiévski moderno contra seu momento arcaizante, a noção de *natureza* mostra suas afinidades eletivas com a noção de *contingência* – *necessidade* e *liberdade* se tornam momentos recíprocos. A Rússia feudal foi varrida do mapa. A espontaneidade da nação, então, precisa lidar com o esfacelamento do messianismo em face do sistema-mundo do capital. Dostoiévski teria que discorrer também sobre as contiguidades historicamente trágicas entre o messianismo nacional e o etnocentrismo imperialista. Ademais, a modernidade desconstrói a *natureza* para transformá-la em *liberdade determinada*. Se o homem do subsolo, paradigma do devir ideológico das personagens dostoievskianas, trouxe à tona o ímpeto indômito da personalidade para buscar a própria expressão — a vantagem das vantagens, no limite, como a própria desvantagem —, seria preciso buscar a teleologia para além das limitações do solo pátrio, seguir a história em suas novas totalizações, levar em conta a peculiaridade do particular como um momento de verdade do universal que não se moveria para subsumi-lo, mas para encontrá-lo como voz na polifonia do todo. O Cristo russo, nesse sentido, seria um momento menor de Dostoiévski em face da *necessidade* universal da *kenosis* pregada por Paulo, o apóstolo dos gentios, o apóstolo do cristianismo para além dos judeus, o apóstolo do universal para além do local, da igualdade para além da diferença. Ora, basta sobrevoar o devir histórico de que Dostoiévski não queria se distanciar para, na primeira escaramuça nacional, perceber que o Cristo russo se transforma no Anticristo armado em face da resistência dos poloneses em aceitar a subsunção de seu país em função do processo *vital* que não lhe é autóctone.

O desafio da (e à) teleologia teológica de Dostoiévski seria expandir o Sermão da Montanha para a estepe da história, de modo que o *amai o próximo como a ti mesmo* se superasse como o amor ao *distante* — o *exótico,* na linguagem da iminência neocolonial a que Dostoiévski também se filiou. Dado o acúmulo de experiências que entrevê as afinidades históricas entre o conceito de totalidade e a dominação político-econômica e dado o maior conhecimento do *modus vivendi* dos diferentes povos, o desafio da (e à) teleologia passa a ser a construção de uma nova síntese que componha o concerto da diferença como momento constitutivo da totalidade histórica. Já não falaríamos em inevitabilidade, o processo vital de

Dostoiévski comportaria avanços e recalcitrâncias. Mas, para tanto, o tempo de cicatrização dos indivíduos e dos povos precisaria se dilatar — como construir a abnegação com o horizonte limitado de uma única vida? Como refrear a autofagia que viola o pacto entre as gerações se o *homo economicus* não vislumbra nada além de seu próprio desejo?

Dostoiévski vislumbra a fraternidade — o sentido do desenvolvimento histórico da humanidade, sua teleologia teológica — como a personalidade que diz à sociedade,

> *sem a menor coação, sem buscar qualquer vantagem* [grifo meu]: "Somente unidos seremos fortes; tomai-me todo, se precisais de mim, não penseis em mim ao promulgar vossas leis, não vos preocupeis sequer, entrego-vos todos os meus direitos e, por favor, disponde de mim. Eis a minha felicidade suprema: sacrificar-vos tudo, e que isto não vos traga qualquer desvantagem. Vou destruir-me, fundir-me com toda a indiferença, contanto que a vossa fraternidade floresça e não morra". E a fraternidade, ao contrário, deve dizer: "Estás nos dando demais. Não temos o direito de não aceitar de ti aquilo que nos entregas, pois tu mesmo dizes que nisso consiste toda a tua felicidade; mas o que fazer se nos dói incessantemente o coração por essa tua felicidade? Toma, pois, tudo de nós também. Vamos esforçar-nos constantemente, com todas as forças, para que tenhas o máximo de liberdade individual, o máximo de autoexpressão. Não temas agora nenhum inimigo, quer entre as pessoas, quer na natureza. Colocamo-nos todos em tua defesa, todos nós garantimos a tua segurança, cuidamos incansavelmente de ti, porque somos irmãos, somos todos teus irmãos, e somos numerosos e fortes; sê plenamente tranquilo e de ânimo rijo, não temas nada e confia em nós". Depois disso, naturalmente, não há mais o que dividir, tudo se dividirá por si. Amai-vos uns aos outros, e tudo isto vos será concedido. Mas, realmente, que utopia, meus senhores! (2000b, p. 133)

Como dizer, então, que Dostoiévski rompeu de forma inexorável com a utopia socialista? Bem vemos que, para o escritor russo, o socialismo pode ser visto como um momento fundamental da teleologia histórica, que o ímpeto socialista vislumbra o sentido para o qual a humanidade *pode* caminhar. No próximo capítulo, articularemos o socialismo como momento essencial de outra visão da teologia teleológica de Dostoiévski. Por ora, resta entender que o enraizamento da fraternidade requer uma nova compreensão do que seria a dimensão histórica da humanidade — algo que as investigações espirituais de Dostoiévski trouxeram de forma apenas latente. Que o falanstério não seja obrigatório, mas que, ainda assim, seja o sentido histórico para além da monadologia burguesa — que o falanstério recupere a revolução progressista do capitalismo que forjou a humanidade pela exploração, mas que lança as bases para a integração mundial para além dos provincianismos. Que Dostoiévski, ao ser arremessado contra seus auspícios nacionalistas, pudesse perceber que a Rússia tendia para o Ocidente — que o mundo tendia para o capitalismo total. (Daí, provavelmente, o desespero do Dostoiévski mais datado para transformar o último quinhão do solo russo, escatologicamente, em bastião messiânico.) E a reflexão dostoievskiana prossegue para trazer à tona uma aporia fundamental da fraternidade não-telúrica, a partilha *a priori*, a partilha coercitiva realizada pelos líderes que antes hasteavam a bandeira da revolução:

> Vendo que não há fraternidade, o socialista põe-se a convencer as pessoas à fraternidade. Ele quer produzir, compor a fraternidade. (...) Que fraternidade pode haver quando antecipada-

mente se faz a partilha e se determina quanto cada um merece e o que cada qual deve fazer? (2000b, p. 134)

Se Dostoiévski projetou personagens-antíteses em relação ao torpor e ao sadismo (sadomasoquismo) do homem do subsolo, as noções de devir e de superação lhe eram fundamentais. Assim, como superar o altruísmo revolucionário que pretende impor a lógica da solidariedade e da partilha? O homem do subsolo prolonga a dúvida e volta a contrapor o princípio indômito de expressão da personalidade ao socialismo das formigas:

É certo que, em liberdade, espancam-no, não lhe dão trabalho, ele [o homem] morre de fome e não tem no fundo nenhuma liberdade, mas, apesar de tudo, o original pensa que viver à sua vontade é sempre melhor. Naturalmente, resta ao socialista apenas cuspir e dizer-lhe que é um imbecil, que não cresceu suficientemente, não amadureceu e não compreende a sua própria vantagem; que uma formiga, uma insignificante formiga, privada do dom da palavra, é mais inteligente que ele, pois no formigueiro tudo é tão bom, tudo está arrumado e distribuído, todos estão alimentados, felizes, cada qual conhece a sua tarefa; numa palavra, o homem ainda está longe do formigueiro (2000b, p. 135).

O formigueiro socialista, como ideia e mesmo como práxis deformada, já é a superação do formigueiro medieval — a modernidade forja a igualdade *negativa* sobre os antigos escombros da hierarquia orgânica, imutável e abençoada. Igualdade *negativa* para além do privilégio aristocrático do não-trabalho: agora, somos todos passíveis de exploração. Mas a crise daí decorrente não gera apenas remorso e paralisia. O que poderia nos guiar para além do entorpecimento? Como podemos voltar a nos mover?

Eis, então, que o *demônio* Stiepan Trofímovitch, à beira da morte, desponta de nossa letargia histórica. Ele sabe que a ideia de um outro mundo sempre existiu, que a história como realização do sentido pressupõe o alargamento completo de nosso corredor polonês — o infinito como ideia, o infinito como busca, a ideia de busca como o infinito.

> Uma ideia que sempre existiu, segundo a qual existe algo infinitamente mais justo e mais feliz do que eu, já me preenche todo com um enternecimento infinito e — com a glória — oh, quem quer que eu tenha sido, o que quer que tenha feito! Para o homem, muito mais necessário que a própria felicidade é saber e, a cada instante, crer que em algum lugar existe uma felicidade absoluta e serena, para todos e para tudo... Toda a lei da existência humana consiste apenas em que o homem sempre pôde inclinar-se diante do infinitamente grande. Se os homens forem privados do infinitamente grande, não continuarão a viver e morrerão no desespero. *O desmedido e o infinito são tão necessários ao homem como o pequeno planeta que ele habita...* [grifo meu] (2004, p. 641).

E se a crença puder dar lugar ao conhecimento? E se o infinito for tangível e disser respeito à *natureza histórica* de que Dostoiévski tanto fala ao longo de sua obra? "Em verdade, em verdade vos digo: se o grão de trigo, caído na terra, não morrer, fica só; se morrer, produz muito fruto. Quem ama a sua vida, perdê-la-á; mas quem odeia a sua vida neste mundo, conservá-la-á para a vida eterna" (JOÃO, 12, 24-25). E se a perda da vida for apenas o (re)encontro com uma nova morada? "Na casa de meu Pai há muitas moradas" (IDEM, 14, 2). A teologia teleológica, então, teria que se confrontar com seus próprios limites — o Dostoiévski oitocentista teria que ser esgarçado por seu próprio devir escatológico para que o Sermão da Montanha, agora com uma nova consciência de época, voltasse a vislumbrar a estepe da história.

O próximo capítulo, "O Sermão da Estepe: Ivan Karamázov e a filosofia dostoievskiana da história", estabelecerá uma discussão sobre a teleologia teológica (e a teologia teleológica) de Dostoiévski a partir de bases distintas daquelas que se vinculam ao messianismo russófilo e ortodoxo. Nariman Skakov (2009), nesse sentido, discorre sobre as leituras religiosas distintas e contrapostas que se estabelecem a partir da obra de Dostoiévski:

> A busca espiritual de Dostoiévski nunca foi tema de uma única interpretação dominante — na verdade, a diferença de opiniões teve início enquanto o escritor vivia. O pensador cristão russo Konstantin Leont'ev escreveu o seguinte em 1880 a respeito do discurso de Dostoiévski sobre Púchkin: "O tom sobremaneira róseo que o discurso de Dostoiévski introduz no cristianismo é uma novidade para a Igreja Ortodoxa, a qual não espera que nada decente surja da humanidade no futuro". Um ano depois, no entanto, o obituário publicado no jornal oficial da Igreja *Strannik* (*Peregrino*) descreveu Dostoiévski como um "cristão russo genuinamente fiel e profundo", que fora acusado erroneamente de misticismo. O texto também reivindicou que Dostoiévski demonstrava a "grandiosidade" da Ortodoxia russa. Essas interpretações divergentes constituem tentativas de dar cabo e se apropriar do discurso espiritual do escritor — incluí-lo na moldura ortodoxa. No entanto, as colocações de Dostoiévski sobre religião são notoriamente diversas e, por vezes, confusas. Sua totalidade reside na própria incompletude (pp. 124-125).

Tendo em vista a incompletude contraditória a que Skakov se refere, procuraremos, nos próximos dois capítulos, estabelecer novas vinculações histórico-filosóficas entre os sermões da montanha e da estepe com base na espiritualidade de Dostoiévski.

Capítulo 4

O Sermão da Estepe: Ivan Karamázov e a filosofia dostoievskiana da história

E clamavam em alta voz, dizendo: "Até quando tu, que és o Senhor, o Santo, o Verdadeiro, ficarás sem fazer justiça e sem vingar o nosso sangue contra os habitantes da terra?

— *Apocalipse*, 6, 10

Sem a guerra, as pessoas tornam-se torpes em suas riquezas e conforto e perdem o poder de pensar e sentir nobremente; tornam-se brutas, retornam à barbárie. Não falo de indivíduos, mas de raças inteiras. Sem a dor, não há como compreender a felicidade. Os ideais são purificados pelo sofrimento, como o fogo purifica o ouro. A humanidade deve lutar por seu paraíso.

— Dostoiévski, Dresden, 17 de agosto de 1870
Carta para a sobrinha Sofia Aleksandrovna[1]

O ateísmo completo está no penúltimo degrau da fé mais perfeita (se subirá esse degrau já é outra história).

— Clérigo Tíkhon, *Os demônios*[2]

---

1. *Dostoiévski: correspondências, 1838-1880*. Tradução de Robertson Frizero. Porto Alegre: 8Inverso, 2011, p. 185.
2. São Paulo: Editora 34, 2004, p. 662.

4.1. SE NO PRINCÍPIO ERA O VERBO, COMO CONJUGAR SUAS APORIAS?

Que a dúvida sobre a existência de Deus tenha atormentado Fiódor Dostoiévski é matéria recorrente entre a fortuna crítica do escritor russo. De um lado postam-se os críticos cristãos, prontos a batizar o *Evangelho segundo Dostoiévski* sob a bênção do Príncipe Míchkin (*O idiota*) e de Aliócha Karamázov (*Os irmãos Karamázov*). Míchkin, o Cristo redivivo, fusão dostoievskiana de Jesus e Dom Quixote. Aliócha, a bondade e o perdão catequizados sob o hábito monástico. Do outro lado do *front*, niilistas e revolucionários dos mais diversos matizes arregimentam as personagens mundanas para converter o *Evangelho segundo Dostoiévski* na *Apologia de Judas Iscariotes*. Os pedófilos Svidrigáilov (*Crime e castigo*) e Stavróguin (*Os demônios*), os homicidas Raskólnikov (*Crime e castigo*) e Rogójin (*O idiota*), os parricidas Ivan Karamázov e Smierdiákov (*Os irmãos Karamázov*), segundo as leituras revolucionárias, só fariam escavar as narrativas dostoievskianas a reboque do rancor, do ressentimento e da revolta originalmente irradiados pelo homem do subsolo (*Memórias do subsolo*). Ora, se o criador do beberrão Marmieládov (*Crime e castigo*) tivesse entornado um sem-número de doses da legítima vodca russa ao lado de Oscar Wilde, poderíamos imaginar que, ao fim e ao cabo, ambos caminhariam trôpegos pela Avenida Niévski, a artéria de São Petersburgo, entoando reiteradamente um aforismo em homenagem aos críticos partidários e parciais: "Quando os críticos discordam entre si, o artista concorda consigo mesmo" (WILDE, 2006, p. 69).

Não pretendo simplesmente afirmar ou negar a profunda religiosidade de Dostoiévski ou mesmo considerá-

-lo um revolucionário inequívoco. A meu ver, a obra de Dostoiévski enforma-se segundo o movimento da contradição. Teses e antíteses são postas e pressupostas, entrechocam-se sem solução, de modo que uma síntese parcial tende a subsumir o caráter irresoluto dos embates dialógicos em função do hasteamento da bandeira de uma determinada ideologia. Eis o que Sophie Ollivier (1994) chamou de "a dialética sem síntese na obra de Dostoiévski" (p. 54). Ao invés de separar de modo imiscível e polar cristianismo e socialismo, procurarei demonstrar de que modo tais polaridades *a priori* antípodas tornam-se mutuamente recíprocas na filosofia da história subjacente a "O grande inquisidor", quinto capítulo do Livro v de *Os irmãos Karamázov*, o último romance de Dostoiévski. Ao analisar o movimento contraditório da filosofia dostoievskiana da história, espero lançar luz sobre as aporias que aproximam as teses do grande inquisidor de conflitos que, a meu ver, ainda possuem atualidade.

As três tentações a que Jesus Cristo foi submetido em sua quarentena no deserto, segundo o grande inquisidor, sintetizariam as contradições da natureza humana em seu movimento através da história. Cristo seria o ômega, isto é, a culminância do processo de desenvolvimento da humanidade, ao fim do qual o eu, no ápice de sua liberdade, renunciaria voluntariamente à própria vontade para se doar em função dos demais. As primeiras pessoas do singular e do plural seriam coincidentes, eu sou porque nós somos. O socialismo seria um momento de desagregação — a revolta contra a injustiça atávica — e de agregação — a reconstrução do real sobre novas bases — para que a humanidade buscasse a universalidade. Mas, adverte o inquisidor que já há muito deixou de acreditar em Deus, a revolução que apreende o movimento da transformação apenas como a saciedade dos homens com o pão usurpado de cada dia está fadada ao sensualismo mais comezinho e deixará de alicerçar a evolução moral da humanidade. Assim, os homens apenas buscarão alguém diante de quem se inclinar, com a condição servil de que os estômagos sejam forrados com a serragem do trabalho usurpado. A liberdade incriada que tanto assusta a humanidade ainda distante da autonomia poderá, ainda uma vez, ser silenciada pela santíssima trindade mundana: o milagre, o mistério e a autoridade.

Ao rechaçar a síntese entre a tese socialista e a antítese cristã, o grande inquisidor nos faz pensar sobre o atual momento histórico, em meio ao qual as noções de totalidade e universalidade são preteridas em nome do existente tal como ele se apresenta. Assim, a contrapelo da resignação atual, a retomada da filosofia dostoievskiana da história pretende esboçar os prolegômenos de um pensamento dialético que traga novamente à tona o conceito de humanidade como contínua superação e agregação, ao invés de compreender a contemporaneidade como a justaposição protobeligerante dos diferentes povos sem que houvesse nada mais a fazer a não ser ressoar a ode ao existente.

4.2. PARA ALÉM DO SERMÃO DA MONTANHA

Na verdade, a mesa de Ivan, perto da janela, estava protegida por um simples biombo dos olhares indiscretos. Encontrava-se ao lado do balcão, na primeira sala, em que os garçons circulavam a todo instante. Somente um velhinho, militar reformado, bebia chá num canto. Nas outras salas, ouvia-se o barulho habitual dos botequins: chamadas, garrafas que se desarrolhavam, os choques das bolas no bilhar. Um órgão fazia-se ouvir (DOSTOIÉVSKI, 1971, p. 177).

Estamos diante de um dos últimos diálogos escatológicos da obra de Dostoiévski. Os irmãos antípodas Aliócha e Ivan Karamázov encontram-se em uma típica taverna dostoievskiana, o reiterado ambiente mundano em que as personagens se digladiam sob os vapores etílicos que as instigam e inebriam a ponto de, no ápice da discussão, as ideias se embaralharem como se não pertencessem a seus sujeitos iniciais; como se elas, as ideias e as personagens, tivessem suas identidades imiscuídas, como se o *eu sou* se tornasse fluido para dizer *nós somos*, vale dizer, o princípio lógico-formal de identidade se esvai diante da entrevisão dostoievskiana de que as ideias e as personagens mais antípodas dialogam segundo um veio de profunda contiguidade.

Ivan, o ateu. Aliócha, o monge. Irmãos. Desde o início do romance, a trama prenunciava o diálogo polar entre o lobo e o cordeiro. Mas seria Ivan um militante ateu que não admitiria qualquer possibilidade de transcendência?

> Admito Deus, não só voluntariamente, mas ainda sua sabedoria, seu fim que nos escapa; creio na ordem, no sentido da vida, na harmonia eterna, na qual se pretende que nos fundiremos um dia: creio no Verbo para o qual propende o Universo que está em Deus e que é ele próprio Deus, até o infinito. Estou no bom caminho? Imagina que, em definitivo, esse mundo de Deus, eu não o aceito e, embora saiba que ele existe, não o admito. Não é Deus que repilo, nota bem, mas a criação; eis o que me recuso a admitir (IBIDEM).

Ora, o problema de Ivan não se refere à gênese do universo, mas aos desdobramentos da criação. “Tenho essencialmente o espírito de Euclides: terrestre. De que serve resolver o que não é deste mundo?” (IBIDEM) Se abstrairmos por um breve momento a voz de Ivan e buscarmos os fios autorais que entretecem a teia romanesca, conseguiremos desvelar a engenhosidade de Dostoiévski. O escritor desloca o centro de gravidade de seu embate teológico da esfera metafísica intangível para a imanência que se desespera pelo esvaziamento cada vez mais patente da transcendência. O mundo é o campo de batalha que Ivan quer perscrutar. Não se trata de analisar o *Gênesis*. Ivan não quer o começo, mas o fim, o último livro do Pentateuco, o *Deuteronômio*, a discussão sobre a lei, a investigação sobre se a teologia, em face da modernidade, ainda pode ser ética.

> Se todos devem sofrer, a fim de concorrer com seu sofrimento para a harmonia eterna, qual o papel das crianças? Não se compreende por que deveriam sofrer, também elas, em nome da harmonia. Por que serviriam de matéria para prepará-la? Compreendo bem a solidariedade do pecado e do castigo, mas não pode ela aplicar-se aos inocentinhos, e se na verdade são solidários com os malfeitos de seus pais, é uma verdade que não é deste mundo e que eu não compreendo. (...) Os carrascos sofrerão no inferno, dir-me-ás tu. Mas de que serve esse castigo, uma vez que as crianças tiveram também o seu inferno? Aliás, que vale essa harmonia que comporta um inferno? Quero o perdão, o beijo universal, a supressão do sofrimento. E, se o sofrimento das crianças serve para perfazer a soma das dores necessárias à aquisição da verdade, afirmo desde agora que essa verdade não vale tal preço. Não quero que a mãe perdoe ao carrasco, não tem esse direito. Que lhe perdoe seu sofrimento de mãe, mas não o que sofreu seu filho estraçalhado pelos cães. Ainda mesmo que seu filho perdoasse, não teria ela o direito. Se o direito de perdoar não existe, que vem a tornar-se a harmonia? Há no mundo um ser que tenha esse direito? (IDEM, p. 184)

Ivan descarta o transcendente que não esteja enraizado na imanência do mundo para falar sobre Deus e a criação. Ivan nos pede que falemos sobre o que há abaixo do céu. Assim, quando constata as contradições mais latentes em termos éticos, a aporia não pode recorrer ao Deus que apenas paira sobre nós para ser dirimida. *Não é possível aceitar que as crianças sejam cúmplices dos malfeitos de seus pais sem recorrer a leis que transcendam a noção de justiça que se foi cristalizando ao longo da historia.* Neste momento, entrevemos uma cisão no pensamento de Ivan, cisão que o aproxima e o distancia de Aliócha de modo eminentemente contraditório.

Ivan não pode admitir a criação divina, o mundo, segundo as bases teológicas que lhe foram legadas. Por esse prisma, Ivan é um ateu convicto e não poderia estar mais distante de Aliócha. Porque o irmão de Ivan, o monge, sintetiza a teologia que se funda sobre o mistério, que quer a prática do amor recíproco sem que haja bases racionais de apreensão do universo e suas leis de desenvolvimento. Ivan transforma-se em um restelo que faz terra arrasada da herança cristã que não consegue dialogar com o devir da razão, que pretende pregar a fé sem que o intelecto se expanda. A lógica de argumentação está profundamente afinada com o sentido da época, com os primórdios da modernidade. Por que a relação com Deus deveria embotar a razão se o espírito do tempo requer homens e mulheres que tenham uma relação cada vez mais intelectiva com a realidade? Se a fé não pode dialogar com a razão, Ivan torna-se um militante ateu quiçá à espera de um prisma espiritual que expanda as fronteiras da teologia para além de suas contradições contumazes que, historicamente, não puderam ser questionadas diante da autoridade do mistério imposto pelo clero.

Se tentarmos capturar a cauda fugidia do argumento de Ivan, acompanharemos a contradição em seu movimento sub-reptício. Segundo Ivan, a mãe só pode perdoar ao carrasco com base em seu próprio sofrimento materno. A mãe não pode perdoar ao algoz com base no sofrimento do filho. O filho, vale recordar, está morto. Assim, ele já não pode perdoar. Neste momento, parece-me fundamental questionar por que Aliócha não interpela Ivan sobre a vida após a morte. Pois, se houver a imortalidade da alma, o filho poderá perdoar ao algoz. Se levarmos tal argumento às últimas consequências, o perdão do filho poderá fazer com que o próprio algoz, um dia, quiçá consiga perdoar a si mesmo. Por que Aliócha se cala diante do argumento do irmão? Ora, Dostoiévski é consequente na radicalidade da crítica que pretende questionar os limites tanto do pensamento ateu quanto do pensamento cristão. Aliócha não se pronuncia porque a teologia que abraça, em essência, não se distingue do pensamento de Ivan. O catolicismo e o cristianismo ortodoxo do monge Aliócha não perscrutam o além-mundo. O que há após a morte? Silêncio, mistério. A imortalidade da alma transforma-se em uma mera projeção para dirimir as contradições de haver o mal e o sofrimento no mundo. Mais importante para tal pensamento teológico, na verdade, é a noção de inferno. A punição, a teologia taliônica. Mas Ivan já não pode aceitar um deus que se funda sobre a dor universal. Como Aliócha se cala, percebemos a engenhosidade de Dostoiévski em fazer com que a teologia do mistério seja emparedada em suas contradições mais limítrofes. Aliócha e Ivan, neste momento, não se aproximam apenas porque a lógica de seus pensamentos se faz contígua. Na verdade, se acompanharmos a dialogia dostoievskiana em seu constante devir, as identidades de Aliócha e Ivan embaralham-se, pois enquanto o monge se choca constantemente contra o muro sem que seu hábito religioso o leve a escalá-lo, Ivan, já no cume das contradições, esgarça a teologia oficial e, por meio da negatividade, da não-cooptação do pensamento diante da autoridade da fé, abre caminho para novas indagações a respeito da natureza de Deus, dos homens e da história. Neste momento, em face do monge Aliócha, Ivan torna-se, dialeticamente, um ateu espiritual.

Se o filho puder perdoar ao carrasco, o direito ao perdão volta a existir. Mas se houver apenas uma vida para que o perdão seja concedido, não será possível acompanhar as transformações que se projetam sobre as relações humanas. Esgarcemos os argumentos de Ivan para acompanharmos o movimento da contradição: ora, como é possível perdoar univocamente se a sociedade está fundada sobre a lógica de Talião? O perdão, no limite, transforma-se em um esquecimento, em um deixar para lá, e não em verdadeiro convívio. Seria possível dizer que, ao longo da história, o perdão nunca existiu. Apenas houve a distância entre a família da vítima e o algoz. A filha do condenado nunca chegou a desposar o carrasco de seu pai. Mas e se a filha do condenado pudesse se tornar a mãe do carrasco em outra oportunidade? E se o condenado, com a cabeça restituída ao corpo, escolhesse voltar como o irmão do carrasco? Ao invés de um sistema total em que há apenas uma oportunidade de perdão, ou, por outra, de reconciliação, falamos de uma totalidade aberta em que o papel da liberdade determinada é levado às últimas consequências. Afinal, a dialética negativa de Ivan abre espaço para que a razão arcaica seja superada por uma racionalidade transcendente que entrevê o mundo como uma transição, como mais uma etapa evolutiva, já que "na casa de meu Pai há muitas moradas" (JOÃO, 14, 2).

"Há no mundo um ser que tenha o direito de perdoar?", pergunta Ivan a Aliócha. O monge exulta ao mencionar Jesus Cristo. A tradicional interpretação de que Cristo é o cordeiro de Deus, de que o Messias foi o enviado do Pai para expiar o pecado dos filhos que ainda não entenderam a parábola que narra o retorno do filho pródigo. Mas Ivan, em sua espiritualidade negativa, transcenderá a lógica da expiação unívoca e tentará concluir um ensaio que seu pai autoral tentou escrever durante toda a vida. "Das relações entre cristianismo e socialismo"[3]. A partir de agora, procuraremos desvelar o diálogo dentro do diálogo. Ivan e Aliócha se desdobram no grande inquisidor e em Jesus Cristo. Voltaremos à Espanha do século XVI. No auge da inquisição ibérica, iremos a Sevilha. O poema de Ivan, "O grande inquisidor", transformará Jesus Cristo e o demônio nos intérpretes da história, as duas personagens que, com a tríade de tentações e refutações, de perguntas e respostas, sintetizam o devir humano em sua transformação da particularidade ins-

---

3. Para maiores detalhes sobre o processo de gênese dostoievskiana das ideias que correlacionam cristianismo e socialismo, ler o terceiro tomo da biografia de Dostoiévski escrita pelo crítico norte-americano Joseph Frank. *Dostoiévski: os efeitos da libertação, 1860-1865*. Tradução de Geraldo Gerson de Souza. São Paulo: Edusp, 2002. O tema concentra-se entre as páginas 505 e 509. Também é possível encontrar uma discussão sobre o entrelaçamento entre cristianismo e socialismo em Dostoiévski no artigo de Geraldo J. Sabo, "'The Dream of a Ridiculous Man': Christian Hope for Humanity". In: *Dostoevsky Studies*. Volume 13. Tübingen: Attempto Verlag, 2009, pp. 47-58. No próximo capítulo, Sabo será um dos interlocutores em nossa análise de "O sonho de um homem ridículo", conto fundamental que Dostoiévski escreveu em 1877.

ciente e heterônoma à universalidade consciente e autônoma, sendo a civilização e seus estertores o processo dialético de construção das bases sobre as quais o eu volta a se fundir ao todo.

4.3. O SERMÃO DA ESTEPE

Após o batismo de Cristo com a cuia de João Batista embebida pelas águas do Jordão, "Jesus foi conduzido pelo Espírito ao deserto para ser tentado pelo demônio" (MATEUS, 4, 1). Parece-me no mínimo curioso — *misterioso*, se quisermos utilizar um adjetivo católico e ortodoxo por excelência — que não se questione por que Cristo deveria ser tentado pelo demônio. Não se trata do filho de Deus? Não se trata da perfeição encarnada? Por que submeter o Messias a uma tentação que não poderá desviá-lo? Ora, mas e se Jesus não fosse idêntico ao Cristo desde o princípio? E se discordássemos de João e disséssemos que no princípio era não o Verbo, mas o silêncio passível de evolução? Se assim o fizermos, Jesus voltará a ser o filho do carpinteiro José. Todos somos ou fomos filhos, assim como Jesus, a princípio insciente sobre a *via crucis* que o levaria ao Gólgota e consumaria a Paixão. A quarentena no deserto, além de sintetizar uma filosofia da história, tem um sentido eminentemente pedagógico. Jesus precisou evoluir como todos nós. Não se trata mais do Escolhido, dos escolhidos, mas de um caminho que todos poderemos percorrer, cada um a seu tempo.

Enquanto esteve na Sibéria, na prisão que ficou conhecida posteriormente como a *casa dos mortos*, só era permitida a Dostoiévski e aos demais detentos a leitura da Bíblia[4]. Podemos pressupor, então, que a imaginação analítica de Dostoiévski perscrutava os fatos aterradores com que ia entrando em contato ao mesmo tempo em que o ímpeto sintético do autor buscava a universalidade dos fenômenos, a unidade da pluralidade caótica, em estreito diálogo com a mediação fornecida pelos textos bíblicos. Eis, a meu ver, o pano de fundo biográfico que desvela a gestação paulatina da obra dostoievskiana do período pós-siberiano. Dostoiévski fizera parte de um grupo revolucionário, o Círculo de Petrachévski, que se contrapunha à autocracia tsarista. Joseph Frank sustenta a tese de que a participação do escritor no círculo socialista não renegava sua formação cristã. E mais: Dostoiévski estaria vinculado ao círculo revolucionário sobretudo por seu repúdio encarniçado à servidão da gleba. De qualquer forma, os anos siberianos alimentados pela leitura bíblica e por recorrentes reflexões sobre o sentido de suas filiações e pensamentos podem indicar um prenúncio do que viria a ser "O grande inquisidor": uma síntese entre cristianismo e socialismo tanto em seu movimento regressivo e restritivo quanto em sua possibilidade de superação a partir de um pensamento que caminha pelo negativo e tensiona as bases da modernidade para acompanhar o movimento da humanidade em sua articulação ulterior.

---

4. Para mais detalhes sobre a estada de Dostoiévski na Sibéria após a condenação por ter participado do Círculo de Petrachévski, grupo revolucionário que se contrapunha ao regime tsarista, ler o livro escrito pelo autor quando de seu retorno à vida literária de São Petersburgo. *Recordações da Casa dos Mortos*. Tradução de José Geraldo Vieira. Rio de Janeiro: Francisco Alves, 1982. Ler também o segundo tomo da biografia de Dostoiévski escrita por Joseph Frank. *Dostoiévski: os anos de provação, 1850-1859*. Tradução de Vera Pereira. São Paulo: Edusp, 1999.

Após quinze séculos, Cristo volta ao nosso plano, caminha entre a multidão sevilhana, realiza milagres, e a massa o aplaude. Não demora até que o grande inquisidor ordene aos gorilas eclesiásticos que levem o Messias redivivo à masmorra da inquisição. No cubículo gradeado e escuro ocorrerá o diálogo, ou melhor, o monólogo dialogado, entre o clérigo-mor, representante do braço armado da Igreja, e o Cristo novamente aprisionado. Logo no início do poema narrado por Ivan, o inquisidor nonagenário, a reboque do exílio siberiano de Dostoiévski, entrevê, na singularidade de cada uma das tentações que compõem a tríade do deserto, a síntese da história humana:

> Se jamais houve na terra um milagre autêntico e retumbante foi o dia daquelas três tentações. O simples fato de terem sido formuladas aquelas três perguntas constitui um milagre. Suponhamos que tenham desaparecido das Escrituras, que seja preciso reconstituí-las, imaginá-las de novo para substituí-las ali, e que se reúnam para esse efeito todos os sábios da terra, homens de Estado, prelados, sábios, filósofos, poetas, dizendo-lhes: imaginai, redigi três perguntas que não somente correspondam à importância do acontecimento, mas ainda exprimam em três frases toda a história da humanidade futura — acreditas que esse areópago da sabedoria humana poderia imaginar nada de tão forte e de tão profundo como as três questões que te propôs então o poderoso espírito? Essas três questões provam por si sós que se tem de ver com o espírito eterno e absoluto e não com um espírito humano transitório. Porque resumem e predizem ao mesmo tempo toda a história ulterior da humanidade, são as três formas em que se cristalizam todas as contradições *insolúveis* da natureza humana [grifo meu] (DOSTOIÉVSKI, 1971, p. 188).

Decretar o caráter eternamente *irresoluto* das contradições próprias à natureza humana e à história faz todo o sentido quando pensamos no inquisidor e em sua instituição como entraves seculares para a disseminação da liberdade incriada. Entraves que, contraditoriamente, possibilitaram a legitimação do cristianismo como campo disseminado do saber e das práticas sociais. Por mais que o inquisidor diga respeito a algo que deve ser superado, segundo a dialética negativa de Ivan que tentamos trazer à tona, trata-se de uma negação determinada, vale dizer, o cristianismo e a espiritualidade não teriam se plasmado ao transcurso histórico do Ocidente não fosse a Igreja Católica. Denegá-la cabalmente, então, implica fazer tábula rasa de um passado de que somos tributários, sobretudo porque a antítese negativa de Ivan não teria se estruturado sem a tese consuetudinária do cristianismo de Aliócha. Dostoiévski se embebeu da tradição em meio à qual foi socializado para, com mais ou menos consciência, escavar os textos bíblicos segundo o espírito da época de cujos debates participou até o fim de sua vida.

As questões, por si sós, foram transitórias e efêmeras, mas, segundo o inquisidor, o sentido que as embasou procurou sintetizar a história humana. A quarentena de Cristo no deserto, assim, transforma-se em um microcosmo que concentra a trajetória evolutiva do espírito, sua liberdade incriada. E quem seria Satanás? O contumaz anjo decaído, Lúcifer e sua legião malévola? Ou estaríamos diante do caráter dialético da liberdade, isto é, da possibilidade de regressão diante da consciência em expansão? Tentemos apreender o entrechoque entre as teses e antíteses cristãs no movimento das tentações desérticas.

"Se és Filho de Deus, ordena que estas pedras virem pães" (MATEUS, 4, 3). A humanidade ainda estava longe de se constituir. O Pai Nosso de Cristo fazia todo o sentido. Para as comunidades que precisavam lutar pela própria sobrevivência, era preciso orar pelo pão nosso de cada dia. Se Cristo transformasse as pedras em pães, um enorme suplício dos homens estaria satisfeito. Mas que resultaria daí? "Reduzi-nos à servidão, contanto que nos alimenteis" (DOSTOIÉVSKI, 1971, p. 189). Os homens ainda pouco diferenciados, membros de comunidades não de todo fixadas, em cujas memórias ainda ressoava o atavismo nômade, seriam congregados em função do pão, orbitariam ao redor do ser místico que os alimentasse sem mais. O ego, que nem de longe havia despontado, continuaria amorfo e plasmado ao espírito coletivo. "'Nos estágios primitivos da sociedade', escreve Dostoiévski, 'Deus é a ideia coletiva de humanidade, da massa, de cada *um*. Quando o homem vive em massa (nas comunidades patriarcais primitivas, sobre as quais foram deixadas muitas lendas), então o homem vive *espontaneamente*'"(FRANK, 2002, p. 505). A espontaneidade, nos primórdios das comunidades humanas, refere-se não ao desenvolvimento da liberdade, mas à vivência contumaz da necessidade. Sem o desenvolvimento técnico, o homem não consegue cortar o cordão umbilical que o aguilhoa à natureza. O eu pode se ver, no ápice de sua trêmula consciência, como um pseudópode do todo. A baixíssima divisão social do trabalho ata os poucos elos produtivos e quase não os distancia geograficamente. O caçador entrega o espólio de sua jornada diretamente àqueles que deverão executar os trabalhos secundários. O aproveitamento da carne e da pele. Quando o excedente produtivo começa a permitir o ócio reverencial, os primeiros sacerdotes abençoam o fruto do trabalho alheio. Deus e seus representantes, assim, fundem-se à alienação do trabalho, à consciência de que um Outro que não a comunidade embasa as realizações do ego amorfo, vale dizer, do todo social pouco diferenciado. Eis os primórdios do totem, do fetiche. Eis o ícone diante do qual a humanidade deve se ajoelhar. Dostoiévski apreende o caráter *negativo* do movimento que faz coincidir a evolução com a saciedade da fome. Nas comunidades iniciais, o eu não tem consciência de si. Um nós indiferenciado transforma os animais sociais em extensões recíprocas da comunidade. Os homens apenas percebem os contornos de seus corpos. A saciedade imediata cristalizaria a heteronomia. Pensemos, por exemplo, na passagem judaica do Maná do Deserto. Moisés, em seu transcurso pelo deserto, não tinha com que alimentar os filhos de Judá. O milagre dos pães de mel pôde aquietar as tribos centrípetas. A passagem é reiterada no Novo Testamento. Cristo e a multiplicação dos pães e dos peixes. A religiosidade, em termos quintessenciais, sempre caminhou a reboque de suas contradições. Quando Cristo disse que não veio para negar a lei, mas para pô-la em prática, entrevemos a superação e o atavismo em suas palavras. Senão, vejamos: o amor recíproco aumenta a liberdade humana, mas a reiteração dos milagres ainda uma vez catequiza os homens segundo a lógica suscetível do mistério. Assim, descobrimos as contradições que os próprios evangelistas animaram. Um Cristo mágico, santo e milagreiro, o passado atávico, ao lado de um Cristo novo e dialético, senhor de uma liberdade que pode ser transmitida a todos e a cada de um nós.

As pedras tornadas pães acorrentariam os homens a um estágio de consciência que geraria um ego animalesco. Um ego eminentemente ligado ao estômago. Não se trata de negar a importância da supressão das carências materiais. Trata-se de correlacioná-la com o sentido de desenvolvimento do todo. Um homem assim pouco diferenciado veria, mágica e instantaneamente, o rompimento dos laços da necessidade. A liberdade lhe cairia no colo. As comunidades se estilhaçariam, o todo se tornaria a somatória centrífuga dos eus recém-forjados pela saciedade do estômago. A nova liberdade, insciente sobre si mesma, traria como consequência a completa dependência dos seres diante do deus fornecedor. E se os pães voltassem a ser pedras? Por mais trêmula que fosse, a consciência apreenderia o retrocesso. Os pães remanescentes trariam de volta as guerras. A consciência seria aguçada, então, não por um sentido de conexão entre o eu e o todo, mas por um ímpeto de beligerância. *Eu* preciso sobreviver contra os *demais*. Apenas um Messias mágico poderia restabelecer a paz pela transformação de novas pedras em pães.

Compreenderão por fim que a liberdade e o pão da terra à vontade para cada um são inconciliáveis, porque jamais saberão reparti-los entre si! (...) Tal é o sentido da primeira pergunta que te foi feita no deserto, e eis o que rejeitaste em nome da liberdade, que punhas acima de tudo. No entanto, ocultava ela o segredo do mundo. Consentindo no milagre dos pães, terias acalmado a eterna inquietação da humanidade — indivíduos e coletividade —, isto é: "Diante de quem se inclinar?" Porque não há, para o homem que fica livre, preocupação mais constante e mais ardente do que procurar um ser diante do qual se inclinar. Mas só quer ele inclinar-se diante de uma força incontestada, que todos os humanos respeitem por consenso universal. (...) Porque essa necessidade da comunidade na adoção é o principal tormento de cada indivíduo e da humanidade inteira, desde o começo dos séculos (DOSTOIÉVSKI, 1971, pp. 189-190).

Neste momento, o inquisidor revela a síntese de suas apreensões sobre os dilemas que configuram a história humana. Deus assume a forma da autoridade. Deus Pai, portanto. Deus é quem provê, Deus é quem realiza. A humanidade devolve a Deus todo o fruto de seu trabalho para Dele receber a produção com a bênção divina. Deus, nesse sentido, é não apenas a transcendência inatingível a partir da metáfora atávica do céu. Deus se transforma na própria produção social deificada pelos dominantes que a usurpam da coletividade. Sem uma base de verdadeira reciprocidade entre o eu e o todo, um dos polos da dialética sempre buscará a constituição contra o outro. Ora o eu arredio buscará se isolar, hipostasiando uma vida livre em meio à solidão, quando na verdade sua suposta independência deriva da divisão social do trabalho, ora o todo procurará padronizar as identidades com uma lógica de manada que tenta evitar a constituição do ego centrífugo. Vemos aqui, a milênios de distância, o dilema que enredou o socialismo. Há milênios, a consciência baça e trêmula mal podia pedir algo para além do pão. A imagem de um deus provedor afinava-se com o espírito da época. Mas eis que os socialistas revisitam a liberdade a partir do estômago. Seus melhores representantes, entre os quais Karl Marx e Oscar Wilde, entreveem que a condição para a liberdade de um é a liberdade de todos. Só assim o homem estaria livre para o exercício de suas máximas faculdades. Que a fome fosse extirpada, que a humanidade se visse livre, efetivamente, do jugo da primeira natureza. Que a emancipação como potencial da segunda natureza aproximasse os desígnios da imaginação da prática cotidiana da humanidade. Mas a história traz em seu bojo a consciência atávica. O otimismo revolucionário vai ficando para trás. O filho dileto da modernidade, o capitalismo, prega que todos e cada um podem maximizar suas satisfações pessoais — com os demais e, sempre que for preciso, contra os demais. A multiplicação dos pães e dos peixes, a acumulação das riquezas, pressupõe a divisão do trabalho em escala competitiva. Sendo assim, que fizeram os líderes comunistas diante do capitalismo estatal soviético? O ímpeto por mais consumo era calado autoritariamente. A sociedade *devia* produzir até chegar a seus estertores, mas o novo Deus, o Partido, e o novo Filho, o Guia Genial dos Povos, decidiriam como se daria a partilha. Vemos, então, que o socialismo se vê enredado por dilemas análogos aos que emparedaram a religiosidade primitiva. A liberdade se vê transformada no culto da necessidade, ainda que o desenvolvimento material tenha potencializado sobremaneira a consciência dos homens.

"Não só de pão vive o homem, mas de toda palavra que procede da boca de Deus" (MATEUS, 4, 4). Curioso: o pão teria vindo de Cristo, filho de Deus. Por que a palavra que procede da boca de Deus não pode coincidir com a saciedade material? Ora, o sensualismo coincide com um eu autossuficiente no sentido mais prosaico do termo. A coletividade havia se diferenciado dos animais ao viver para além da mera contingência. Mas o eu entregue a si mesmo sem a consciência expandida não progrediria para além do ímpeto de se saciar. Sendo assim, por que voltar ao trabalho? Qual o sentido da atividade social quando o eu se liberta das correntes que o condenavam à vida em comunidade? O movimento da dialética nos sugere que pode haver uma utilização conservadora

da noção de que o eu não deve receber os frutos de seu trabalho à exaustão. Assim, sempre deveria haver uma instância de decisão que repartisse de forma justa, ainda que desigual, os frutos da riqueza social. Assim tem sido historicamente. Mas a humanidade alcançou o cume do desenvolvimento que mostra uma inequívoca reciprocidade entre o eu e os outros? A palavra que procede da boca de Deus visaria, então, à diminuição da distância entre o todo e o eu. Cristo chegaria a dizer que todos somos deuses. Mas o movimento de totalização não é imediato. A liberdade não-mediada pode transformar-se em autocracia. E, aqui, não se trata de corroborar a desigualdade atual com vistas a uma aposta em uma melhoria futura. Trata-se de perceber a permanência das aporias que não conseguem transformar o ego humano apenas com a administração dos recursos produtivos. Para seres que estão acostumados a viver sob o signo da distinção, a fundamental supressão das carências materiais tende a elevar o acirramento dos egos. É essa elevação, bastante desigual entre os povos, que constitui a civilização[5].

---

5. Nesse sentido, Zsuzsanna Bjørn Andersen (2000), em "Os conceitos de dominação e poder em 'A dócil', de Dostoiévski", argumenta que "um relacionamento entre seres humanos sempre se baseia, em alguma medida, em um balanço de poder, não importa o caráter que a relação assuma. Nem mesmo o amor está livre da luta por poder. Em termos gerais, há duas possibilidades. A luta por poder que acontece entre os seres humanos pode ser definida como uma questão de pura autopreservação. Em outra palavras, a luta passa a ser uma questão de se obter uma parte dos recursos materiais com os quais cada indivíduo consegue assegurar sua própria sobrevivência. Essa forma de pensamento sobre o poder é encontrada nas obras de Hobbes, Nietzsche, Foucault e Max Stirner, [*Der Einzige und sein Eigentum* (*O único e sua propriedade*)], com cujas ideias Dostoiévski certamente tinha familiaridade" (p. 54). Na sequência, Andersen desenvolve uma argu-

> Mas "então vem o período de transição, isto é, mais desenvolvimento, isto é, a civilização. (A civilização é um período de transição.) Nesse maior desenvolvimento ocorre um fenômeno, um fato novo, do qual ninguém pode fugir: o desenvolvimento da consciência pessoal e a negação das ideias e leis espontâneas (leis autoritárias, patriarcais das massas)". (DOSTOIÉVSKI apud FRANK, 2002, p. 505)

Moisés desceu do Sinai com as tábuas da lei. O imperativo categórico ético petrificado e paternalista, do Criador para as criaturas, de cima para baixo. O todo divino impunha ao eu aquilo que deveria ser feito. O Pai se confundia com o profeta e suas normas. Mas o desenvolvimento material pressupõe o refinamento das profis-

---

mentação derivada da dialética hegeliana do reconhecimento, argumentação que será muito importante no próximo capítulo, quando analisarmos a cicatrização do espírito na trajetória do homem ridículo, protagonista de "O sonho de um homem ridículo" (1877): "No entanto, há outra forma de pensamento sobre o poder mais diferenciada e sofisticada, forma que aparece nas primeiras obras de Hegel (especialmente, na *Fenomenologia do Espírito* e nas obras anteriores chamadas 'Textos de Jena'). De acordo com Hegel, a luta por poder não se volta apenas para a garantia material de recursos às expensas das outras pessoas, mas também, e até mesmo de forma mais importante, se volta para a conquista de *status* imaterial e espiritual — ele chama isso de 'Anerkannstein' e 'Anerkennen' (*thymos*), reconhecimento. E essa é a base necessária do que nós chamamos de autoestima e autoconfiança. Sem o reconhecimento, não há sociabilidade e, o que é mais impressionante, também não há individualidade. Assim, a noção de reconhecimento não pode ser formulada sem o pensamento dialético. Hegel enfatiza que há uma diferença significativa entre a noção da luta por poder entendida como uma luta pela autopreservação e a luta pela honra do reconhecimento e autoconfiança" (p. 55). Veremos como, em "O sonho de um homem ridículo", as noções de reconhecimento e autoconfiança se entrelaçam à superação do niilismo com vistas ao reencontro do eu com a totalidade como movimento do espírito.

sões, isto é, a maior especialização dos ramos produtivos, ou seja, uma divisão social do trabalho mais complexa. O comerciante, mediador inequívoco, se interpõe entre aquele que produz e aquele que compra. O ego, em estreito diálogo material com a história, já apreende muito mais do que o mero contorno original de seu corpo, a consciência se aguça. O ego se funde ao artesão e ao agricultor, às profissões que o identificam diante dos demais. É assim que o senhor Smith, hábil ferreiro, e o senhor Schumacher, exímio sapateiro, orgulham-se de vender aos demais o fruto de seu trabalho em troca da retribuição devida. O eu, agora, já pode morar algo distante, não precisa necessariamente das aglomerações primordiais que sobreviviam sob a batuta do profeta patriarca. O ego pede a Deus que continue a lhe dar forças, pois o trabalho provê aquilo de que ele precisa. Anteriormente longínquo e inacessível, Deus agora passa a habitar a terra, ainda que os olhos reverenciais orem aos céus. Quando o protestante, por exemplo, pede um contato mais íntimo com a divindade sem a mediação do clero, tal intimidade pressupõe mais igualdade, do contrário seria necessária a mediação ritual para que o eu fosse tocado pela divindade em comunhão com os demais. O devir da civilização, assim, aproxima Deus dos homens, mas o faz segundo a lógica de emancipação parcial do ego. O eu que antes se ajoelhava agora quer caminhar com as próprias pernas, ele quer mandar em si mesmo e, potencialmente, comandar os demais.

O demônio transportou-o [a Cristo] à Cidade Santa, colocou-o no ponto mais alto do templo e disse-lhe: "Se és Filho de Deus, lança-te abaixo, pois está escrito: *Ele deu a seus anjos ordens a teu respeito; proteger-te-ão com as mãos, com cuidado, para não machucares o teu pé em alguma pedra*" (MATEUS, 4, 5-6).

A síntese realizada pelas tentações traga o devir do tempo. Quantos séculos não se passaram desde a primeira tentação para que as comunidades amorfas pudessem erigir templos e observar do cume mais elevado o resultado de seu desenvolvimento? Na primeira tentação, Cristo paira sobre os homens famintos. A transformação milagrosa das pedras em pães saciaria a fome animalesca do homem e estagnaria sua consciência como uma função da massa que só faria ajoelhar-se para receber as dádivas. Quando da segunda tentação, porém, o homem civilizado já tem o poderio de um deus. Seu desenvolvimento já lhe permite escalar e colonizar montanhas, uma vez que todas as estepes já foram percorridas. O homem se deslumbra com o próprio poder. Se Deus antes se assemelhava à natureza indômita, agora a divindade passa a ter barbas e músculos tal como Michelangelo a eternizou no teto da Capela Sistina. Deus passa a ser medido à imagem e à semelhança do homem. Chega o momento, então, de destacar o eu do todo. O indivíduo, invenção precípua da civilizada divisão do trabalho, quer se destacar da e na multidão.

Falemos primeiramente daquele que quer se destacar da multidão. O centrífuga por excelência. O ermitão. O solitário. Ele testará o poder de Deus para ver até que ponto seu eu se faz independente. Os produtos à mão, com a única condição de trocá-los mediante dinheiro, lhe dão a ilusão de que, a qualquer momento, tudo lhe pode ser oferecido. Aos poucos, o eu se sente não apenas superior. Ele se sente só. O suicídio, assim, tenta restituir a união primordial perdida. Aquele que se joga do penhasco procura braços etéreos que contenham sua queda. Mas a massa primitiva que só caminhava pelas estepes já se foi há muito tempo. A consciência expandida que se volta apenas sobre e para si mesma não encontra o diálogo que tanto busca em meio àqueles cujo trabalho provê a independência fictícia do artista e do intelectual. Quem tenta se destacar completamente da multidão encontra a coletividade do cemitério como a reintegração ao todo. E assim acontecerá, em suas sucessivas reencarnações, até que se dê conta de que a individualidade, sentido máximo da evolução, não é uma identidade, um ente em si mesmo, mas uma relação polar, uma configuração relacional que pressupõe o outro, os outros, a sociedade. Quando o adulto altivo afaga a criancinha com carinho e saúda o idoso com reverência, ele traz à tona o atavismo imemorial dos períodos de desenvolvimento da humanidade. A criança lembra a massa heterônoma, o idoso a reboque da bengala lembra ao adulto bípede a contingência de sua altivez. Toda independência é determinada, mas a civilização e suas mediações diluem a solidariedade social e a transformam em mero e frio profissionalismo. A segunda tentação aponta o sentido para aquele que já não se reconhece no seio da sociedade que o gerou. A solidão, o exílio, o suicídio. "Também está escrito: *Não tentará o Senhor teu Deus*" (MATEUS, 4, 7). Cristo reverbera ainda uma vez a contradição entre o atavismo e a consciência expandida. Àqueles que se moldam à divisão do trabalho e a seu panorama ideológico, o centrífuga parece um louco. Sendo assim, é melhor não atentar contra Deus. Por outro lado, em nosso transcurso dialético que une, em meio ao movimento da contradição, a preservação e a superação, Cristo também aponta para o eu que volta ao todo. Sim, porque despencar sobre o abismo não é a única saída para aquele que descobre as determinações. O livre arbítrio pressupõe o distanciamento, a fuga, a completa negação. O eu irá se suicidar reiteradamente enquanto compreender a divindade como um mero solipsismo. Enquanto o outro lhe parecer um instrumento, por que não manter contatos apenas pela troca de produtos? No limite, o eu se encerra em sua fortaleza — o solipsista — ou, de forma ainda mais coerente, vai em busca do universo unívoco que sua individualidade projeta — o suicídio que busca a integração mais irrestrita do eu em si mesmo. Mas a consciência expandida não pressupõe apenas a fuga. A liberdade também pressupõe a negação da negação, a percepção de que o eu que se autonomiza apreende os momentos heterônomos de sua expansão. O eu como construção social. O eu como parte do nós, não mais pela união primitiva, mas sim pela consciência do todo. Não tentar a Deus, nesse sentido, refere-se ao movimento centrípeto do eu que retorna, engrandecido, ao sentido da criação. A humanidade toma forma em seus entes conscientes que se percebem relacionais. A quarentena de Cristo, na verdade, durou quarenta séculos, milênios e eras. O tempo individual da maturação do espírito.

O socialismo, em sua possibilidade de ser apreendido como capitalismo de Estado, e o capitalismo de mercado contrapõem necessidade e liberdade como identidades inequivocamente antípodas, como se não houvesse uma determinação recíproca que as imbricasse de modo dinamicamente relacional. Quanto mais necessidade, menos liberdade, até o ponto em que o todo se estilhaça porque o nível de consciência total se retrai. Alguns grupos entendem a dinâmica do poder e, com a consciência pragmática, porém embotada, só fazem planejar golpes para que também eles sejam idolatrados. Quanto mais liberdade, menos necessidade, até o ponto em que o eu se estilhaça porque o nível de consciência pessoal se retrai. Alguns indivíduos entendem a dinâmica do isolamento e, com a consciência embotada, porém pragmática, só fazem planejar a mônada já estéril e a fuga para que também eles permaneçam sós. Ainda não chegamos à fusão entre liberdade e necessidade. O eu transita do amorfo para o morfológico, mas sente muita dificuldade em abrir mão do que lhe é próprio. Que fazem, então, as religiões nos momentos de fratura? Pregam o milagre, o mistério e a autoridade.

> Não há, repito-te, preocupação mais aguda para o homem que encontrar o mais cedo possível um ser a quem delegar esse dom da liberdade que o infeliz traz consigo ao nascer. Mas, para dispor da liberdade dos homens, é preciso dar-lhes a paz da consciência. (...) Não há nada de mais sedutor para o homem do que o livre arbítrio, mas também nada de mais doloroso. (...) Aumentaste a liberdade humana em vez de confiscá-la e assim impuseste para sempre ao ser moral os pavores dessa liberdade. Em lugar da dura lei antiga, o homem devia doravante, com o coração livre, discernir o bem e o mal, não tendo para se guiar senão a tua imagem, mas não previas que ele repeliria afinal e contestaria mesmo tua imagem e tua liberdade, esmagado sob essa carga terrível: a liberdade de escolher? (DOSTOIÉVSKI, 1971, p. 190)

Discernir entre o bem e o mal, eis a alcunha teológica para a expansão da consciência. O bem e o mal, tenso equilíbrio entre a necessidade e a liberdade do eu autoconsciente que vive e convive em sociedade. Para aquele que teme a liberdade e quer esmagá-la sob o jugo da necessidade, sempre haverá a opção por não mais optar. A razão pode se esconder de si mesma, ou, por outra, o livre pensamento pode caminhar em círculos, esferas e mundos que diluam o movimento da contradição com muros que obliterem a superação. Assim, Cristo volta a ser o cordeiro de Deus, aquele que se ofereceu em holocausto para expiar nossos pecados. Devemos sentir culpa em face de Jesus, não devemos entrevê-lo como mais um entre nós. A quarentena e as tentações são meras peças alegóricas, Cristo ainda poderá descer da cruz. Se o fizer, o milagre voltará a nos orientar. Sim, a Graça, a intromissão ao léu, o regozijo do Deus Pai de quem tanta falta sentimos. Fundir a liberdade à necessidade é muito árduo, por que não voltar a cindir tais instâncias? Ter que escolher a cada instante é como tatear no escuro. O mundo depende do ímpeto da consciência, mas é mais fácil ter que se referir a uma totalidade fechada, isto é, totalitária. Quando não soubermos o que dizer, a Igreja lá estará. Concílios atrás de concílios farão o crivo do que deve ser crível. Eis um movimento possível para quem, dialeticamente, é livre para retroagir. A eternidade como palco — e como máscara.

Resta-nos a última tentação, aquela que convoca o eu centrífugo para o fardo dos grandes líderes, a liberdade que se degenera em irrestrita vontade de poder, a liberdade que se transforma em necessidade apenas para os demais que se ajoelham diante do trono. "O demônio transportou-o, uma vez mais, a um monte muito alto, lhe mostrou todos os reinos do mundo e a sua glória e disse-lhe: 'Dar-te-ei tudo isto se, prostrando-te diante de mim, me adorares'"(MATEUS, 4, 10). Assim como Deus se funde ao sentido do todo, o demônio também se transforma em totalidade. A totalidade do poder. O cume é ainda mais alto, local ocupado apenas pelos maiores conquistadores. Cristo seria não apenas o milagreiro da massa; Jesus Cristo se transformaria no Pai, com a única condição de que incorresse no parricídio. Quem são os grandes líderes senão os brados atávicos contra a nova ordem que eles mesmos sintetizaram? Os grandes líderes são a síntese contraditória do novo atávico, isto é, um novo momento histórico que possibilita outras bases de desenvolvimento em estreita conexão com práticas retrógradas profundamente arraigadas ao transcurso identitário dos homens. "Para trás, Satanás, pois está escrito: *Adorarás o Senhor teu Deus, e só a ele servirás*" (IDEM, 4, 11). Mas, ora, quem é Deus? Por que Cristo ficou em silêncio diante do tribunal de Pôncio Pilatos? Quando o romano lhe perguntou "o que é a verdade?", Cristo permaneceu em silêncio. Poderia ter se eximido, poderia ter trazido uma explicação parcial e tática, mas a consciência expandida e irrestrita quer dar a cada um conforme o momento de necessidade e liberdade. Se Cristo houvesse se batido contra Pilatos, o sangue voltaria a tingir a porta dos templos. Podemos até mesmo pressupor que a revolta e a revolução já haviam sido tentadas por outras metamorfoses de Cristo, sem a consequente libertação pela qual todos ansiavam. Se Jesus houvesse obrigado Pilatos a acreditar em seus ideais, a transformação se veria reduzida a uma mera coação, sem que o governante romano pudesse transvalorar seus próprios valores mediante uma nova consciência. Cristo seria, então, um agente da inquisição, alguém que busca uma retratação formal e exterior, sem a dialética entre o ímpeto moral e seu espraiamento pelo mundo. Paradoxalmente, o carrasco não conseguiria se libertar de sua vítima. Pilatos estaria, de uma forma ou de outra, preso ao exercício da dominação. Pôncio não poderia deixar de ser Pilatos. Assim, o silêncio de Cristo pressupõe a liberdade, o caminho plural, o reconhecimento da universalidade no caminho de todos e cada um de nós. "A humanidade", reconhece o grande inquisidor, "teve sempre tendência no seu conjunto para organizar-se sobre uma base universal" (DOSTOIÉVSKI, 1971, p. 193). Mas a universalidade via de regra se constituiu como o chicote sobre o dorso do dominado e do diferente. Assim, os egos nacionais que se odeiam de modo encarniçado dentro de suas fronteiras conseguem projetar uma aliança temporária para hastearem o ódio ainda mais atávico contra o selvagem além-mar. Lembremos que, para a autoridade máxima da Igreja, as contradições históricas da natureza humana são totalmente insolúveis. O homem que quer voltar à espontaneidade da massa deve se inclinar diante do grande líder. Em meio à logicidade histórico-filosófica de Dostoiévski, aquele que apreende a especificidade narcísica do próprio eu pode recorrer ao suicídio como consequência de seu isolamento ou atentar contra a vida alheia para afirmar o poderio estéril de sua própria individualidade. No primeiro caso, será lembrado através da carta que deixou aos familiares. No segundo, receberá a pecha de homicida, será considerado culpado e voltará a ser isolado do convívio social que inicialmente renegou. O homicida apenas passa a ser exaltado quando age mediatamente, quando ora segundo a cartilha de Maquiavel, quando aglutina o ódio geral em função do poder que exerce a violência legítima segundo a delegação aos pares — os carrascos, os únicos que devem sujar as mãos. Vale dizer que os individualistas da segunda tentação também podem procurar emprego entre as fileiras dos verdugos; se assim o fizerem, conseguirão constituir uma síntese contraditória entre o ímpeto individual e a volta ao todo: o carrasco se individualiza radicalmente ao executar o outro que não o reconhece ao mesmo tempo em que volta à comunidade geral obedecendo à risca às leis do ressentimento coletivo.

> [Tu, Cristo,] Terias podido então tomar o gládio de César. Por que repeliste esse derradeiro dom? Seguindo esse terceiro conselho do poderoso espírito, realizavas tudo quanto os homens procuram na terra: um senhor diante de quem se inclinar, um guarda de sua consciência e o meio de se unirem finalmente na concórdia em uma comunidade de formigueiro, porque a necessidade da união universal é o terceiro e derradeiro tormento da raça humana (IDEM, p. 192).

O grande inquisidor sintetiza a heteronomia a que o cristianismo clerical condena a humanidade. Que significa ajoelhar-se diante de um ícone, não tomar decisões por si mesmo e unir-se de modo amorfo e autoritário a uma comunidade que desfigura o indivíduo? Ora, estamos diante da estagnação autoritária e infantil da humanidade. A Igreja do mistério pretende reter o fluxo dialético da contradição. Historicamente, a síntese pacificadora sempre foi abençoada pela comunhão que coage. Como sucedâneo centrífuga, o indivíduo baço, trêmulo e desorientado tateia pelas aporias que, tradicionalmente, o impediram de desenvolver uma consciência *autônoma e determinada.*

> Em consequência desse individualismo, que nega a antiga lei das massas, o homem "sempre perde a fé em Deus". Todas as civilizações terminam nessa fase de irreligiosidade, e Dostoiévski acreditava que a Europa chegara a esse estágio de declínio. "A desintegração das massas em personalidades, ou civilização, é um estado doentio e conduz, com relação ao indivíduo, à perda de uma ideia viva sobre Deus e a uma condição em que o homem sente-se mau, está triste, perde a fonte da vida viva, não conhece sensações espontâneas e está consciente de tudo" (DOSTOIÉVSKI apud FRANK, 2002, p. 505).

Dostoiévski se embebeu das aporias de seu tempo para tentar levar às últimas consequências o movimento do espírito. A Europa em fins do século XIX hasteava bandeiras totais. O positivismo prometia o mapeamento científico do mundo. Darwin reescreveu o *Gênesis*. O socialismo chegara a tomar de assalto a capital do mundo com a Comuna de Paris. A crise oitocentista parecia estar restrita ao subsolo que Dostoiévski sempre se preocupou em escavar. As aporias parecem tão cristalizadas e contumazes a ponto de não mais ser perceptível o movimento da contradição. Afinal, conforme Ivan arremata seu diálogo monologado com Aliócha,

> é uma felicidade medíocre atingir a liberdade perfeita, quando milhões de criaturas permanecem para sempre desgraçadas, demasiado fracas para usar de sua liberdade, (...) [já que] esses revoltados débeis não poderão jamais terminar sua torre [de Babel], e não é para tais gansos que o grande idealista sonhou sua harmonia (DOSTOIÉVSKI, 1971, p. 195).

A resignação nunca foi a síntese da dialética. A felicidade medíocre da indústria cultural, segunda — ou mesmo primeira — natureza da atualidade, tenta estancar o movimento da contradição com a ode irrestrita ao existente. Mas a depressão cotidiana é um sintoma de que a promessa histórica não foi esquecida. A patologia inocula os germes de uma normalidade que transcende a apatia. A individualidade contratual que apenas respeita o outro tática e juridicamente mostra suas garras tão logo a inadimplência e a compressão materiais não mais mantenham os padrões pequeno-burgueses. Dostoiévski via em Cristo o ideal da liberdade daquele que, no ápice do desenvolvimento de sua personalidade, doa-se para a humanidade.

E a lei desse novo ideal [de Cristo] consiste na volta à espontaneidade, às massas, mas de uma maneira livre. Não de forma obrigatória, mas, ao contrário, voluntária e conscientemente no mais alto grau. Está claro que essa maior voluntariedade é ao mesmo tempo uma maior renúncia da vontade (DOSTOIÉVSKI apud FRANK, 2002, p. 506).

Cristo, Buda, Maomé, Kardec. Universalidade verdadeiramente ecumênica. A renúncia à vontade como nova espontaneidade claramente transcende o estado original das massas. Eis o desafio, a síntese da liberdade que se vê imiscuída e compromissada com a necessidade. Uma totalidade mecânica e fechada torna recíprocos e necessários quaisquer incidentes na vida de uma pessoa. A interpretação conservadora se impõe: o que ocorreu e ocorre sempre deveria ter sido e deve ser assim[6]. A consciência

6. No próximo capítulo, a filosofia da história de Hegel acompanhará a trajetória de cicatrização do espírito do homem ridículo. Neste momento, no entanto, nossa análise sobre a teleologia teológica como possível apologia do real como já sendo racional — e não como um vir a ser racional, isto é, a utopia — pode municiar-se da crítica que Theodor Adorno (2013) faz ao conceito de realidade racional (e racionalidade real) em Hegel, de modo a entrevermos a profunda (e dialética) diferença entre a totalidade como um sistema fechado, autorreferencial e que corrobora o existente tal como ele já existe e a totalidade aberta, processual e a entrever as *possibilidades* do real em devir: "Ela [a filosofia de Hegel] gostaria de justificar o real como sendo de todo racional e dispensar a reflexão que a ele se opõe com aquela superioridade que mostra o quão difícil o mundo é, tirando disso a sabedoria segundo a qual ele não pode ser mudado. Se Hegel foi burguês em algum ponto, foi aqui. Mas julgá-lo a esse respeito seria ainda uma atitude subalterna. O elemento mais questionável de sua doutrina, e por isso também o mais divulgado, aquele segundo o qual o real é racional, não era simplesmente apologético. *Para ele, a razão se encontra na mesma constelação da liberdade. Liberdade e razão, uma sem a outra, são absurdas. Apenas na medida em que o*

se vê ainda mais premida. Por que não pensarmos, a reboque da dialética negativa de Ivan, em uma totalidade aberta e contingente que dê tempo e espaço para que a necessidade se imiscua cada vez mais com a liberdade? Que pode fazer a condenação mundana ou espiritual senão resvalar o arrependimento por meio do encarceramento físico ou reencarnado? A consciência do algoz não precisa apenas do perdão alheio. Ela precisa perdoar a si mesma. Tal movimento de introjeção do amor pressupõe a ressignificação completa da culpa. Talião deixa de ser o motor da história para oferecer a outra face. O ressentimento se estilhaça como vestígios da memória, as diferentes vidas do espírito em seu transcurso da heteronomia à autonomia.

O peso que recai sobre a liberdade em meio a uma totalidade aberta não poderia ser maior. Sempre há o risco de que se projete a eternidade como o terreno idílico para a síntese do que não pode ser reconciliado neste mundo. Mas Dostoiévski não concebia a vida terrena

---

real deixa transparecer a ideia da liberdade, a autodeterminação real da humanidade, ele pode valer como racional [grifos meus]. Escamotear essa herança que Hegel tem do esclarecimento e pretender que sua lógica na verdade nada tem que ver com a disposição racional do mundo é falsificá-lo. Mesmo lá, em seu período tardio, no qual Hegel defende o positivismo, aquilo que simplesmente é e que ele atacava em sua juventude, há um apelo à razão, que compreende o que existe para além daquilo que existe, entendendo-o a partir da perspectiva da consciência-de-si e da autoemancipação do homem" (pp. 122-123). A percepção das profundas afinidades eletivas entre razão e liberdade, em Hegel, pode ser claramente relacionada ao entendimento dostoievskiano de que a cicatrização do espírito pressupõe a *liberdade determinada* para que a razão — vale dizer, a reconciliação do que existe, a superação (*Aufhebung*) do atual estado de coisas — possa, então, reger, isto é, libertar a realidade.

como a única possibilidade para o desenvolvimento do espírito.

> Dostoiévski obviamente comunga com aqueles que (...) não conseguiam imaginar uma transformação genuinamente apocalíptica dentro dos limites da vida na terra. Seja como for, acolhe a possibilidade do que chama uma "volta às massas", uma cura para a doença do individualismo e da civilização, seguindo o exemplo de Cristo e aceitando o ideal que ele trouxe para a humanidade. Isso suscitaria a restauração de qualquer unidade que ainda é realizável na terra; e essa nova unidade, em concordância com o mito, também se realizaria num plano mais alto — não mais seria uma unidade do instinto, mas uma unidade realizada livremente mediante uma renúncia consciente da vontade. (...) A ênfase que Dostoiévski, nessa nova unidade a ser alcançada através de Cristo, coloca na "liberdade" já prefigura um dos motivos centrais da lenda do grande inquisidor (FRANK, 2002, p. 508).

Dialeticamente, o grande inquisidor de Ivan faz o papel da antítese para voltar a animar o movimento da contradição. O clérigo cínico e autoritário tem um momento de verdade a contrapelo de si mesmo. Do instinto à consciência, da necessidade à liberdade determinada, o movimento do espírito se supera em suas finitudes reiteradas transformando o finito no infinito determinado. A filosofia dostoievskiana da história aparentemente subsume a pluralidade dos mais diversos povos em função das grandes linhas de força que sintetizariam a base universal sobre a qual a humanidade, segundo o escritor, sempre procurou se assentar. Mas a síntese dostoievskiana, a reboque e a contrapelo da teologia de Ivan, não coage a diferença a uma universalidade unívoca. A renúncia à vontade como o ápice da vontade pressupõe o tempo precípuo para o processo e a pluralidade dos caminhos. Ao fim e ao cabo, a renúncia à própria vontade transforma o indivíduo total e o todo individual em deuses criadores. Não seria o ápice da bondade racional de Deus a permissão para que houvesse deuses, a permissão para que a bondade se espraiasse? A liberdade, inclusive, para que a bondade fosse revogada. Eis a síntese dinâmica entre a ordem e o caos.

Munidos, então, dos resultados de nossa análise sobre a filosofia da história dostoievskiana a partir do grande inquisidor a dialogar com as três tentações no deserto a que Cristo foi submetido, passemos à trajetória de cicatrização do espírito que levou o homem ridículo, protagonista de "O sonho de um homem ridículo", do ímpeto pelo suicídio ao transbordamento daquilo que a personagem vivenciou como o reencontro com a verdade e o sentido. Para usarmos uma expressão sobremaneira dostoievskiana, *a carne e o sangue* do homem ridículo desvelarão os momentos teleológicos da história — suas contradições, aporias e possibilidades de superação em face do atual estado de coisas.

Capítulo 5

A utopia como cicatrização do espírito

5.1. PREÂMBULO

Após a análise da filosofia da história dostoievskiana a partir de uma interpretação das três tentações no deserto a que Cristo foi submetido, é preciso compreender como o escritor russo narra a trajetória de cicatrização do espírito de uma de suas personagens mais emblemáticas: acompanharemos o homem ridículo, protagonista de "O sonho de um homem ridículo" (1877), do (anti)clímax de seu niilismo à beira do suicídio até a retomada de sua vinculação histórico-espiritual com a vida. Nesse sentido, a filosofia da história em Dostoiévski ganhará *alma e corpo.*

Desde o início, vale frisar que o conto "O sonho de um homem ridículo" desponta como uma narrativa peculiar em meio à obra agônica de Fiódor Dostoiévski. Como o homem do subsolo, protagonista das *Memórias do subsolo*, o homem ridículo não é nomeado. Por sinal, Rudolf Neuhäuser (1993) ressalta que

> "O sonho" desponta com a mesma estrutura da primeira parte de *Memórias do subsolo*, na qual a personagem falara sobre a doença do homem contemporâneo — o indivíduo *hiperconsciente.* O homem ridículo é um descendente direto do homem do subsolo, o que o transforma em um "moderno progressista russo e um cidadão deplorável de São Petersburgo" (p. 181).

No entanto, à diferença de *Memórias do subsolo* — e de boa parte da obra de Dostoiévski —, "O sonho de um homem ridículo" narra uma trajetória redentora para o protagonista. O homem ridículo, a princípio um niilista à iminência do suicídio, encontra, por intermédio de um sonho escatológico, uma verdade espiritual que o alça para além do nada que quase o levara a dar um tiro na têmpora direita. Sergei Hackel (1982), nesse sentido, menciona cinco tópicos que Dostoiévski chegara a esboçar em suas anotações para o romance *O idiota*, tópicos que bem podemos utilizar como uma síntese para a trajetória de "O sonho de um homem ridículo":

> (i) O 'centro moral' [Deus] pode ter sido corroído e esquecido; (ii) meramente retratar sua erosão não é o bastante; (iii) a ideia principal requer uma nova justificativa; (iv) pode ser difícil defini-la ou até mesmo retratá-la; (v) ainda assim, alguns sinais da ideia poderiam e deveriam ser apresentados.

Não à toa, Bakhtin (2008) considera a narrativa em questão uma suma das questões que transpassam a obra de Dostoiévski. Rudolf Neuhäuser (1993) afirma que os

> estudos desse conto têm se concentrado em suas óbvias implicações filosóficas e em sua significância para a visão de mundo e a poética de Dostoiévski. Central para o conto é a visão do herói sobre a Idade de Ouro, interpretada por Horst-Jürgen Gerigk como uma "cura da falsa consciência". Vladimir Zakharov chegou a uma conclusão similar, ao ver no conto uma "estória da iluminação do herói, de sua descoberta da verdade, e o sonho se torna um mito sobre os destinos históricos da humanidade". Robert-Louis Jackson, por outro lado, enfatizou a significância do texto para a poética do autor, supondo que a visão de Dostoiévski fosse a seguinte: "A arte última se torna revelação (profecia); ela não explora somente a realidade social do homem, mas escava a realidade última do espírito hu-

mano e de seu destino, esse mundo invisível de 'fins e começos' que permanece para o homem um domínio do fantástico". [Por essa perspectiva, "O sonho" expressa] "uma crença em uma ordem moral e em uma realidade transcendental". Konrad Onasch, por sua vez, considera "O sonho" um diálogo entre "Dostoiévski I e Dostoiévski II, i.e., o religioso e o cético — ambas as posições levadas às últimas consequências" (pp. 175-176).

Entrevista a pletora de temas fundamentais de Dostoiévski movimentados por "O sonho de um homem ridículo", também é importante frisar que, no capítulo 4 deste livro, nossa análise da filosofia da história em Dostoiévski dialogou com o ensaio "Socialismo e cristianismo", que Dostoiévski escreveu em 1864. Nesse sentido, Gerald J. Sabo (2009) também considera importante

para a apreciação cristã de "O sonho" a intertextualidade com o ensaio "Socialismo e cristianismo", cujas três fases do desenvolvimento social e pessoal são replicadas na vida do homem ridículo no duplo do planeta Terra e, então, em sua existência após o sonho. De fato, a aparição sequencial de todos esses vários elementos na narrativa de "O sonho" são marcadores progressivos do processo que transforma o homem ridículo de um ser indiferente e solipsista em uma pessoa dinânica que, sob a influência regeneradora de Cristo e do pensamento cristão, se compromete apaixonadamente a persuadir os demais a se transformar como ele e, ao fazer isso, a transformar a sociedade — e isso sem se importar com o caráter ridículo que sua pregação possa ter para os ouvintes/leitores (pp. 47-48).

Além dos resultados da análise de "O Sermão da Estepe: Ivan Karamázov e a filosofia dostoievskiana da história" serem muito importantes para que entendamos o sentido da redenção que configura "O sonho de um homem ridículo", um filósofo alemão fundamental para a formação de Dostoiévski nos ajudará a ressignificar a trajetória do homem ridículo e de sua cosmovisão: falamos sobre Georg Wilhelm Friedrich Hegel, sobretudo a partir de sua obra *Filosofia da história*[1]. Sobre a influência da filosofia alemã para o contexto artístico-intelectual de que Dostoiévski fazia parte, Susan McReynolds (2002) afirma que

> os estudiosos de Dostoiévski concordam que ele chegou à maturidade intelectual em um ambiente saturado com as ideias de Kant, Schelling e Hegel e que, independentemente dos textos lidos pelo escritor, as ideias de tais pensadores permearam sua arte e pensamento. A filosofia alemã frequentemente chegava a Dostoiévski por meio de suas relações com os intelectuais russos, entre os quais Vissarion Bielinski, que dominava vários dos textos originais (p. 94).

Apresentadas, em termos gerais, as vinculações entre a filosofia dostoievskiana da história, "O sonho de um homem ridículo" como a superação (*Aufhebung*) do niilismo e a influência da filosofia alemã — notadamente, da dialética histórica de Hegel — para a obra do escritor russo, passemos a acompanhar, *in media res*, a trajetória do homem ridículo como a imbricação dialética envolvendo a cicatrização do espírito e a utopia.

5.2. SÓ EXISTE UMA AÇÃO VERDADEIRAMENTE NIILISTA: O SUICÍDIO[2]

Eu sou um homem ridículo. Agora eles me chamam de louco. Isso seria uma promoção, se eu não continuasse sendo para

1. Tradução de Maria Rodrigues. Brasília: Editora da UnB, 1995.
2. Variação dostoievskiana da frase que abre o ensaio *O mito de Sísifo*, de Albert Camus: "Só há um problema filosófico verdadeiramente sério: o suicídio" (Paris: Gallimard, 1942, p. 17).

eles tão ridículo quanto antes. Mas agora já nem me zango, agora todos eles são queridos para mim, e até quando riem de mim — aí é que são ainda mais queridos. Eu também riria junto — não de mim mesmo, mas por amá-los, se ao olhar para eles não ficasse tão triste. Triste porque eles não conhecem a verdade, e eu conheço a verdade. Ah, como é duro conhecer sozinho a verdade! Mas isso eles não vão entender. Não, não vão entender (DOSTOIÉVSKI, 2003, p. 91).

Poderíamos considerar, a princípio, que o homem ridículo, narrador de nossa estória, lança mão do mesmo açoite sadomasoquista com que o homem do subsolo se flagela — e nos flagela. Ambas as personagens se mutilam diante da alteridade espectral — alteridade, não nos esqueçamos, que é derivada do solipsismo paradoxal do subsolo, uma solidão que não deixa de ser transpassada pelo outro sequer por um instante, mas uma solidão que não convive, efetivamente, com a alteridade. O homem ridículo se chicoteia — "ridículo", "louco". Como já conhecemos a (tauto)lógica do subsolo, sabemos que o rebaixamento de si (tese) pressupõe o movimento posterior que achincalha o outro espectral que se pensava superior a partir da voz narrativa autodepreciativa (antítese). Em um paradoxo deveras dostoievskiano, a vítima passa a golpear o algoz — algoz que a própria vítima *projetara* — com as feridas que o carrasco lhe impõe.

Estaríamos, assim, diante de mais uma narrativa ultracompetitiva ao longo da qual todas e quaisquer relações passariam pelo crivo do poder e da disputa — o ego, ainda uma vez, como o princípio único de todas as coisas. Ocorre que, em "O sonho de um homem ridículo", encontramos um raro momento na obra de Dostoiévski em que, como pretendemos demonstrar, o ego deixa de orbitar ao redor do niilismo. O "ridículo" da personagem passará por uma completa transfiguração ao final de sua jornada: *ridículo* será tudo aquilo que o niilismo proscreve; *ridículo* será o ímpeto por uma humanidade totalmente outra — a utopia; *ridículo* será o sentido como eternidade — Deus. Assim, a colocação "(...) agora já nem me zango, agora todos eles são queridos para mim, e até quando riem de mim — aí é que são ainda mais queridos" não pode ser lida apenas como uma queda de braço dostoievskianamente às avessas — o derrotado só faz açoitar o vencedor com o fardo de sua vitória, de modo a atormentá-lo com a culpa. O ressentimento que Nietzsche frequentemente entreviu nos humilhados e ofendidos de Dostoiévski não dá conta de uma tensão que se afrouxa e que já não se quer mais como vontade de poder. "Eu também riria junto — não de mim mesmo, mas por amá-los, se ao olhar para eles não ficasse tão triste". Diferentemente do homem do subsolo, o homem ridículo já não quer rir de si mesmo. Ele quer rir *conjuntamente*. Ocorre que o fato de *eles* não conhecerem a verdade o entristece sobremaneira. Nesse momento, poderíamos pensar em uma personagem que se quer ainda uma vez superior por se dizer detentora da verdade. A vaidade estaria aí. Mas "(...) como é duro conhecer sozinho a verdade!" A verdade não se consuma sem a partilha, a verdade precisa ser *compartilhada*. No início de "O sonho", nosso herói já prenuncia a potência e os limites de sua utopia. Ele pressente que os demais não vão entendê-lo, que será muito difícil repartir o pão da verdade, mas, se isso não acontecer, sua utopia não se tornará história. Assim, em um momento literário que se configura para além da agonia, Dostoiévski reverte a dialogia utilitária em um ímpeto fundamental pela comunhão.

O primeiro parágrafo de nossa estória se apresenta, assim, como uma síntese para toda a trajetória — algo como o alfa e o ômega, a moldura da transvaloração do ridículo. O ímpeto para que o *rir do outro* se converta em *rir com o outro.* O homem ridículo já passara por sua experiência fundamental — o sonho redentor. Há quanto tempo ele vem tentando desvelar a verdade aos homens e mulheres? Não podemos precisar, mas veremos que, ao longo da estória, a curvatura do tempo, sua vertiginosa aceleração, será um fator para entendermos a dimensão cicatrizante das experiências.

Após a apresentação panorâmica do sentido de sua narrativa, o homem ridículo passa sua vida em revista. Nascimento, escola, universidade — tudo sempre lhe pareceu ridículo, vale dizer, completamente desprovido de sentido. E o ridículo, nesse momento em que o homem ridículo narra com uma consciência retraída — isto é, uma consciência que procura retomar seu horizonte embotado e anterior ao sonho —, significa autoflagelação, competição e orgulho.

> A cada ano aumentava e se fortalecia em mim essa mesma consciência do meu aspecto ridículo em todos os sentidos. Todos riam de mim, o tempo todo. Mas ninguém sabia nem suspeitava que, se havia na terra um homem mais sabedor do fato de que sou ridículo, esse homem era eu, e era justo isso que mais me ofendia, que eles não soubessem disso, mas aqui o culpado era eu mesmo: sempre fui tão orgulhoso que por nada no mundo jamais iria querer confessar o fato a ninguém. Esse orgulho cresceu em mim ao longo dos anos, e se acontecesse de me deixar confessar, diante de quem quer que fosse, que sou ridículo, creio que imediatamente, nessa mesma noite, estouraria os miolos com um revólver (IDEM, pp. 91-92).

Vemos em funcionamento, no fragmento em questão, a dialética dostoievskiana que imiscui, visceralmente, masoquismo e sadismo. Todos os demais — e todos os demais, por não serem o eu, se tornam competidores — humilham o homem ridículo. Ele, a quintessência do que é o ego deformado pelo individualismo burguês, sabe que, ainda assim, eles não o conhecem suficientemente, ele se sabe ainda mais ridículo do que o juízo que todos os demais fazem sobre ele próprio. Assim, a hiperconsciência de sua própria humilhação o eleva em relação aos demais — *e eles não têm consciência disso.* Como os outros tendem a ser derivações e projeções do homem ridículo, os ignorantes zombam do que não entendem. Ocorre que o inferior ridículo, para ser superior, resguarda para si a hiperconsciência de sua inferioridade. E o orgulho, nesse sentido, é o mecanismo que o aparta dos demais na mesma medida em que, supostamente, eleva o homem ridículo de forma secreta. Eleva-o em sua miséria, eleva-o para isolá-lo. Essa dinâmica profundamente doentia é a imagem mais rematada do niilismo que nos torna ilhas de nós mesmos em meio ao arquipélago da sociedade. O orgulho — a bem dizer, a vaidade mórbida — do homem ridículo não sabe como abrir mão das relações reduzidas a duelos, a não ser com o próprio naufrágio, isto é, o suicídio.

Mas desde que me tornei moço, apesar de reconhecer mais e mais a cada ano a minha horrível qualidade, por um motivo qualquer fiquei um pouco mais tranquilo. (...) Talvez porque na minha alma viesse crescendo uma melancolia terrível por causa de uma circunstância que já estava infinitamente acima de todo o meu ser: mais precisamente — ocorrera-me a convicção de que no mundo, em qualquer canto, *tudo tanto faz.* (...) Senti de repente que para mim *dava no mesmo* que existisse um mundo ou que nada houvesse em lugar nenhum. Passei a perceber e a sentir com todo o meu ser que *diante de mim não havia nada.* (...) Antes também não havia nada. (...) Pouco a pouco me convenci de que também não vai haver nada jamais. Então de repente parei de me zangar com as pessoas e passei a quase nem notá-las (IDEM, pp. 92-93).

Nesse momento, não é o ímpeto por comunhão que faz com que o homem ridículo pare de se zangar com as pessoas, mas o mais rematado solipsismo. Como *tudo tanto faz*, já não lhe importa que os demais o considerem ridículo — e também já não lhe importa a queda de braço sádica entre senhor e escravo. Presente, passado e futuro se embaralham e não significam nada. O passado não pode ser redimido, o presente só se esvai e o futuro não passa de uma mera ilusão. *Tudo tanto faz* — à exceção da possibilidade de tornar coerente a pasmaceira do nada, à exceção do suicídio. Ocorre que o homem ridículo, à iminência do suicídio, encontra, em um dia 3 de novembro e por intermédio de um sonho escatológico, uma verdade espiritual que o alça para além do nada que quase o levara a dar um tiro na têmpora direita.

É bem verdade que Raskólnikov, protagonista de *Crime e castigo*, passa por um longo e doloroso processo de conversão após cometer um duplo assassinato. O ex-estudante de Direito vertera sangue alheio para testar, pragmaticamente, se era possível matar o *não matarás* e ocupar o trono que a morte histórica de Deus deixara vago. Ocorre que Raskólnikov, contra seu ímpeto hedonista, contra sua vontade de poder, não consegue suportar o fardo de Caim: o criminoso sucumbe diante da culpa, o crime se ajoelha diante do castigo. [Nietzsche bem poderia dizer que o homicida, *no momento em que comete o assassínio*, está para além do bem e do mal;

as decorrências do crime, no entanto, fazem com que o (suposto) super-homem volte a rastejar entre os homens ordinários, para os quais nem tudo — ou pior, quase nada — é permitido.] Sônia Marmieládova, uma síntese dostoievskiana entre Maria e Maria Madalena, uma fusão inconsútil entre a santa e a prostituta, entre o céu e a terra, encarna o sentido da redenção para Raskólnikov. O homicida encontra em Sônia uma companheira que se dispõe a abandonar a si mesma para segui-lo durante o degredo siberiano — para consolá-lo durante o processo prisional de expiação e cicatrização de sua culpa. É assim que, ao fim de *Crime e castigo*, deparamos, em linhas gerais, com o processo de redenção de Raskólnikov:

> Ela [Sônia] passou todo esse dia intranquila e à noite chegou até a adoecer. Mas ela estava tão feliz que quase se assustava com a sua felicidade. Sete anos, *apenas* sete anos! No começo da sua felicidade, em outros instantes, os dois estavam prontos para considerar esses sete anos como sete dias. Ele não sabia nem que essa nova vida não lhe sairia de graça, que ainda deveria pagar caro por ela, pagar por ela com um grande feito no futuro...
>
> Mas aqui já começa outra história, a história da renovação gradual de um homem, a história do seu paulatino renascimento, da passagem progressiva de um mundo a outro, do conhecimento de uma nova realidade, até então totalmente desconhecida. Isto poderia ser o tema de um novo relato — mas este está concluído (DOSTOIÉVSKI, 2001, p. 561).

Aquilo que *Crime e castigo* apenas esboça, vale dizer, o processo de transvaloração de Raskólnikov, constitui a quintessência de "O sonho de um homem ridículo" — "a história da renovação gradual de um homem, a história do seu paulatino renascimento, da passagem progressiva de um mundo a outro, do conhecimento de uma nova realidade, até então totalmente desconhecida" —, com a diferença de que, como veremos, o sonho escatológico do homem ridículo desponta não como uma renovação gradual, mas como uma explosão efetivamente dostoievskiana.

O homem ridículo é o antípoda por excelência de uma gama de personagens dostoievskianas que encarnam as diversas fenomenologias da vontade de poder. Como já dissemos, o homem do subsolo lança mão de sua consciência hipertrofiada para diagnosticar o niilismo de sua época e se regozijar, de forma sadomasoquista, com a impossibilidade de estabelecer relações verdadeiramente humanas com os demais. O homem do subsolo se vangloria por poder se resguardar em sua cripta, por ter um refúgio de onde pode observar o mundo — sem entrar em contato efetivo com a vida. O prazer do subsolo se confunde com a dor do recluso. Já Svidrigáilov (*Crime e castigo*) e Stavróguin (*Os demônios*) auferem prazer da sexualidade desenfreada que não poupa sequer as criancinhas. Se Deus não existe e tudo é permitido, apenas a manada respeita as normas que não têm repercussão alguma senão aqui e agora. Se não há eternidade — raciocinam as personagens dostoievskianas —, toda e qualquer transgressão só terá repercussão se a sanha do meu prazer for castrada; em outras palavras, se eu não for ardiloso o suficiente e me deixar punir pelos hipócritas da lei — aqueles que querem nos fazer acreditar que *suas* leis, isto é, as leis de *seus* interesses e de *sua* classe têm validade universal.

Imbuído do ímpeto do suicídio, o homem ridículo diria que o homem do subsolo, Svidrigáilov e Stavróguin não estão sendo suficientemente radicais em seu niilismo. Ser um sádico, ser um assassino, ser um pedófilo, ser o

Todo-Poderoso, tudo isso é agir em um mundo que, após o crepúsculo dos deuses, já não faz sentido algum. Imbuído da dialética dostoievskiana, o homem ridículo sentencia que querer romper a norma, ainda que por intermédio da destruição, significa ovacionar o mundo. Para o homem ridículo, a única conclusão escatologicamente coerente para o desterro transcendental dos homens é o suicídio. Toda e qualquer tergiversação após a morte de Deus — à direita e à esquerda, para a conservação ou a revolução, a fim de destruir ou criar — não passa de mera covardia. Quando o homem ridículo compreende que o flagelo do tempo é a substância de todas e quaisquer experiências, o suicida ressoa Mefistófeles, para quem tudo o que existe merece perecer. Os entes queridos, a amada, os amigos, nada e, sobretudo, ninguém permanecem. Sendo assim — prossegue a (escato)lógica do homem ridículo —, *tudo tanto faz*. Tanto faz se ela diz que me ama em meio à felicidade da nudez ou se fico a espreitar a neve pela janela para driblar a solidão; tanto faz se o filho (não) perdoou ao pai moribundo; tanto faz se a mãe se despediu dos filhos. *Tanto faz, tudo tanto faz*. Tudo passa a ser indiferente. Em verdade, em verdade, o homem ridículo nos diz: só há apenas uma ação verdadeiramente niilista — o suicídio. Nesse sentido, Kate Holland (2000) cita um fragmento do *Diário de um escritor* datado de 1876 — um ano antes, portanto, de Dostoiévski escrever "O sonho de um homem ridículo": "Eu estou absolutamente convencido de que a maioria desses suicídios, direta ou indiretamente, acontece por causa da mesma doença espiritual: a ausência de um ideal de existência mais elevado na alma dessas pessoas" (p. 101).

É assim que o homem ridículo nos leva a uma gélida noite de São Petersburgo, "a mais tenebrosa noite que pode haver" (DOSTOIÉVSKI, 2003, p. 93). Nosso herói caminha a esmo e, quando olha para o céu e espreita uma estrelinha brilhante, ele decide que é chegado o momento de o niilismo existencial se transformar em túmulo. Naquela noite, sem mais, ele se suicidaria.

> Fazia dois meses que isso já estava firmemente decidido, e, apesar de ser pobre, comprei um belo revólver e carreguei-o naquele mesmo dia. Já se tinham passado dois meses, porém, e ele ainda jazia na gaveta; mas para mim tudo era a tal ponto indiferente que me deu vontade, afinal, de arranjar um minuto em que tudo não fosse assim tão indiferente, para quê — não sei. E, desse modo, durante esses dois meses, a cada noite eu voltava para casa pensando que me mataria. Só esperava o minuto. E agora essa estrelinha me trouxe a ideia, e decidi que seria *sem falta* nessa mesma noite. Mas por que a estrelinha me trouxe essa ideia — não sei (IDEM, p. 94).

Apesar de ser pobre, o homem ridículo nos diz que comprara um belo revólver e o carregara naquele mesmo dia. Ora, mesmo o niilismo mais rematado precisa de uma despedida solene — afinal, o solipsista, criador do universo, precisa de um suicídio à altura. Essa derivação da vaidade não nos deve fazer esquecer que, sob a indiferença contumaz, se esgueirava a vontade de que houvesse "um minuto em que tudo não fosse assim tão indiferente, para quê — não sei"[3].

---

3. A esse respeito, Allan Kardec (1944), um autor com o qual dialogaremos mais adiante, faz a seguinte colocação: "E, se as consequências [do niilismo] não são tão desastrosas quanto poderiam ser, é, em primeiro lugar, porque na maioria dos incrédulos há mais jactância que verdadeira incredulidade, mais dúvida que convicção — possuindo eles mais medo do nada do que pretendem aparentar —, o qualificativo de espíritos fortes lisonjeia-lhes a vaidade e o amor-próprio; em segundo lugar, porque os incrédulos absolutos se con-

A estrelinha lhe traz a ideia do suicídio — a mesma estrelinha que, dentro em breve e em meio ao sonho, o homem ridículo verá em sua viagem intergaláctica conduzida pelo espírito-guia. Como nosso narrador já vivenciou seu sonho e nos conta suas experiências retrospectivamente, é possível dizer que o passado caótico e (supostamente) indiferente é ressignificado por meio do *acaso objetivo*. Tudo o que lhe parecia disperso e desprovido de sentido — a manifestação fenomenológica do niilismo, o paradoxo do nada encarnado — passa a compor a miríade dos momentos que, *a posteriori*, são apreendidos como mediações para comunicar ao nosso herói que havia algo além (e não aquém) do fundo do poço. Não é à toa, então, que, logo em seguida à entrevisão da estrelinha que lhe fizera chegar à decisão cabal do suicídio, o homem ridículo depara com uma menininha em desespero que começa a forjar seu processo de conversão.

Se estivéssemos diante de uma narrativa bíblica — se estivéssemos, por exemplo, diante do altar que o patriarca Abraão preparara para imolar seu filho Isaac *ad majorem Dei gloriam* —, um anjo do Senhor apareceria no momento derradeiro para impedir a consecução da tragédia. Se Dostoiévski quer refletir, narrativamente, sobre os estertores do niilismo, isto é, sobre o nada como a quintessência do homem-que-se-sabe-para-a-morte, é preciso criar uma situação limítrofe que submeta o desprezo e a indiferença a um último desafio — a um desafio derradeiro. Assim será possível descobrir, vivencialmente, se tudo o que existe merece perecer. Súbito, enquanto caminha pelo ocaso noturno de São Petersburgo, uma menini-

tam por ínfima minoria e sentem a seu pesar os ascendentes da opinião contrária, mantidos por uma força material" (p. 13).

nha pálida e desesperada resvala a indiferença do homem ridículo.

> A menina tinha uns oito anos, de lencinho e só de vestidinho, toda encharcada (...). De repente ela começou a me puxar pelo cotovelo e a me chamar. Não chorava, mas soltava entre gritos umas palavras que não conseguia pronunciar direito, porque tremia toda com tremedeira miúda de calafrio. Estava em pânico por alguma coisa e berrava desesperada: "Mámatchka! Mámatchka!" Voltei o rosto para ela, mas não disse uma palavra e continuei andando, só que ela corria e me puxava (...). Embora ela não articulasse bem as palavras, entendi que a sua mãe estava morrendo em algum lugar, ou que alguma coisa acontecera lá com elas, e ela fora correndo chamar alguém ou achar alguma coisa para ajudar a mãe. Mas não fui atrás dela e, de repente, me veio a ideia de enxotá-la. Primeiro lhe disse que fosse procurar um policial. Mas ela de repente juntou as mãozinhas e, soluçando, sufocando, corria sem parar ao meu lado e não me largava. Foi então que bati o pé e dei um grito. Ela apenas gritou bem forte: "Senhor, senhor!..." (IDEM, p. 95).

O homem ridículo enxota a menininha como a um vira-lata, mas ela acabara de lhe trazer a semente da discórdia. Já de volta ao cubículo humilde que alugava, ele se senta à mesa em silêncio. "Tirei o revólver e o coloquei à minha frente. (...) [Então,] perguntei a mim mesmo: 'É assim?' Ou seja, vou me matar. (...) E é claro que teria me matado, se não fosse aquela menina" (IDEM, p. 97). Aquela menininha indefesa a lhe pedir ajuda, na verdade, e sem o saber, estendera a mão (e a vida) ao homem ridículo.

5.3. A MÃO QUE FERE É A MESMA MÃO QUE PODE CURAR[4]

Ora, se tudo tanto faz e se tudo lhe é diferente, o homem ridículo não pode se apiedar pela menininha que clama pela mamãe; o homem ridículo não pode pensar que, sem a proteção da mamãe, a menininha acabaria caindo nas garras de pedófilos e cafetões como Svidrigáilov e Stavróguin.

> Me irritei em consequência da conclusão de que, se eu já tinha decidido que nessa mesma noite me mataria, então, por isso, tudo no mundo, agora mais do que nunca, deveria me ser indiferente. Por que é que eu fui sentir de repente que nem tudo me era indiferente e que eu tinha pena da menina? Lembro que tive muita pena dela, quase até o ponto de uma estranha dor, aliás completamente inverossímil na minha situação. (...) Se eu vou me matar (...) daqui a duas horas, então o que é que me importa a menina? (...) Eu me transformo num nada, num nada absoluto. Se o nada é a verdade, não há lugar para a piedade (IDEM, pp. 99-100).

Ocorre que o homem ridículo, assim como Raskólnikov, sente a náusea do outro — a dor conjunta, a compaixão. [Nietzsche diria que o niilista, ainda uma vez, não está à altura de seu niilismo. Se o pensador alemão assim o fizesse, o homem ridículo poderia perguntar a Nietzsche se a gaia ciência conseguiria esboçar uma ideia de convívio social para além da competitividade utilitária da vontade de poder. É como se o homem ridículo descobrisse, após o encontro com a menininha, que Nietzsche

---

4. "The hand that inflicts the wound is alone the hand that can heal it" (Hegel). Citado por Marshall Berman em *The Politics of Authenticity: Radical Individualism and the Emergence of Modern Society*. New York: Verso, 2014, p. 145.

e sua gaia ciência pressupõem, unilateralmente, a altivez do jovem e a (suposta e contingente) independência do burguês, seu egoísmo por excelência. Em verdade, em verdade, o homem ridículo nos diz: a lógica do senhor, Nietzsche, é a lógica daquele que tem medo de se tornar escravo. Ocorre, Nietzsche, que, a despeito da magnanimidade de Zaratustra – *ecce homo*, eis o homem! –, o tempo não apenas envilece os homens como também os envelhece. Se até mesmo Júlio César foi posto de joelhos, Nietzsche, que dizer do jovem diante de seu vir a ser senil? Que dizer do retrato de Zaratustra enquanto velho? Apoiado em sua bengala, o outrora super-homem logo voltará a usar fraldas como um bebê de colo. (Se a vontade de poder só pode suplantar o niilismo negativo do suicídio com um niilismo momentâneo de afirmação jovial da vida – Svidrigáilov e Stavróguin afirmam que o homem como que engana a letalidade do tempo enquanto o desejo se mantém ereto –, a escatologia do homem ridículo sentencia que, após o êxtase do prazer que não perdura, o niilista orgíaco deve se matar.)]

No limite máximo do niilismo, já à beira do penhasco de seu exílio, o homem ridículo reencontra um bastião de humanidade em sua compaixão pela menininha desesperada e indefesa. Nesse sentido, Robert Louis-Jackson (2002) observa que

> o verbo russo para "sentir compaixão", notemos aqui, é сострадать ("sostradat") – "sofrer *conjuntamente*", como em alemão existe o substantivo "Mitleid" ou o verbo correlato, "mitfühlen". Dostoiévski certa vez escreveu, "a compaixão – eis o cristianismo", o que significa, literalmente, "sofrer com os outros – eis o cristianismo". Sofrer, sofrer com os outros, o problema do sofrimento, a ideia da "salvação por meio do sofrimento", tudo isso preocupou Dostoiévski em suas obras.

O sofrimento, acreditava o autor, era uma necessidade moral e espiritual para o indivíduo, introduzindo equilíbrio em uma natureza que não nascera para o amor[5]. Para Dostoiévski, sem o sofrimento, não há verdadeira felicidade. O ideal, acreditava o escritor, é testado pelo sofrimento como o ouro em meio às chamas[6] (pp. 19-20).

Eis a maestria de Dostoiévski em encontrar pontos de inflexão existenciais: se o homem ridículo tivesse sido interpelado por um mendigo (o enésimo maltrapilho...), sua comiseração nem de longe teria sido tensionada em comparação com o choque que nos traz a fragilidade de uma criança indefesa (uma menininha ainda por cima!) a clamar pela mamãe. E não se trata de qualquer amor, mas do amor de mãe, um dos últimos redutos de verdade em meio ao mundo rasgado pelo niilismo do cálculo utilitário. Assim, podemos argumentar, ao lado de Zsuzsanna Bjørn Andersen (2000), que, como um momento primeiro e essencial para a transvaloração de seu niilismo, o homem ridículo descobre

5. Assim, Sergei Hackel (1982) lembra que o homem do subsolo, irmão mais velho do nosso homem ridículo, "também levanta dúvida sobre a adequação da famosa colocação de Descartes, 'Penso, logo existo'. Tem sido bem enfatizado que o homem do subsolo a substituiria por 'Sofro, logo existo'. (...) Assim Dostoiévski escreveu em um de seus cadernos de anotações para *Crime e castigo*: 'O homem não nasceu para a felicidade'. E ele acrescentou: 'O homem conquista a felicidade – e sempre por meio do sofrimento. Pois o sofrimento é a base do ser; o sofrimento e a liberdade caminham de mãos dadas; o sofrimento é o preço da liberdade'"(pp. 16-17).

6. A dialética a apresentar o sofrimento que reencontra a compaixão como um momento fundamental da cicatrização do espírito para além do niilismo foi sintetizada por Theodor Adorno (2013) com a seguinte citação hegeliana: "Somente a lança que causou a ferida pode curá-la" (p. 158).

por meio do reconhecimento que o homem deixa de ser um indivíduo isolado. Em outras palavras, por meio do reconhecimento nós descobrimos, ao mesmo tempo, a dependência do homem como um animal social e sua independência como um eu (*self*). Em uma fórmula simples, Hegel [e Dostoiévski] exprimem aqui a unidade entre sociabilidade e individualidade (pp. 55-56).

O niilismo solipsista e monadológico — o princípio burguês desprovido da vontade de poder e levado às últimas consequências — começa a encontrar uma antítese para o suicídio inequívoco com o caráter quintessencial da compaixão, a compaixão que transforma o outro em mediação para o eu. *Nós*, a bem dizer. Assim, a logicidade que aproxima Dostoiévski de Hegel (2008) anuncia a dor conjunta como a possibilidade para a superação (*Aufhebung*) da dor:

> A miséria externa tem que se tornar a dor do homem em si mesmo: ele precisa se sentir como o negativo de si mesmo; ele precisa reconhecer que seu infortúnio é o infortúnio de sua natureza, que ele é, em si mesmo, a separação e o rompimento (p. 272).

O homem ridículo poderia dizer, a partir de Hegel, que a miséria externa tem que se tornar a dor do homem em si e para além de si mesmo: ele precisa se sentir como o negativo de si mesmo — e como o positivo da menininha, a mão que já não a enxota, a mão que lhe estende a cura; ele precisa reconhecer que seu infortúnio é o infortúnio da *nossa* natureza, que nós somos, em nós e por nós mesmos, a separação, o rompimento — e a possibilidade de reconciliação. É assim que Hegel prossegue dizendo que, "por meio da perda, da realidade meramente externa, o espírito é impelido para si [o homem ridículo bem poderia acrescentar – e para além de si]. O lado da realidade é purificado para a universalidade pela [retomada da] relação com o Uno. (...) O infortúnio sabe-se algo necessário para a mediação da unidade do homem [e da menininha] com Deus" (IDEM, p. 274; p. 275). Esse tipo de compaixão, em Dostoiévski e em Hegel, tem uma forte conotação espiritual – e político-social. Esse será um ponto muito importante que exploraremos no decorrer da nossa análise, mas, como o escritor russo e o filósofo alemão bem sabiam, a compaixão para com os humilhados e ofendidos, se permanecer ilhada em uma ação contingente, tende a não se enraizar em uma proposta para a transformação moral e social da realidade. É assim que Theodor Adorno (2009) entenderia o resgate do homem ridículo de seu *bunker* niilista a partir da compaixão – e da esperança.

> A consciência não poderia de modo algum se desesperar quanto ao cinza se ela não cultivasse o conceito de uma cor diferente cujo traço errático não faltasse ao todo negativo [e niilista]. Esse traço provém constantemente do passado [e do ímpeto pelo futuro], a esperança nasce do seu oposto, daquilo que precisou cair ou é condenado [e daquilo que quer voltar a se levantar]; uma tal interpretação estaria completamente de acordo com a última frase do texto de Benjamin sobre as *Afinidades eletivas* [de Goethe]: "A esperança só nos é dada em nome dos desesperançados" [fiz os adendos em diálogo com o *pathos* transvalorado do homem ridículo] (p. 313).

Mas, em meio ao princípio de reconciliação suscitado pela compaixão, Dostoiévski faz com que o homem ridículo submeta, dialeticamente, o teor de verdade de seu altruísmo a um novo teste do niilismo relativista e corrosivo:

> Se eu vivesse antes na lua, ou em Marte, e lá cometesse o ato mais canalha e mais desonesto que se possa imaginar, e lá fosse achincalhado e desonrado como só se pode imaginar às vezes dormindo, num pesadelo, e se, vindo parar depois na terra, eu continuasse a ter consciência do que cometi no outro planeta e, além disso, soubesse que nunca mais, de jeito nenhum, voltaria para lá, então, olhando a lua da terra — tudo me *seria indiferente ou não?* Sentiria vergonha por aquele ato ou não? (DOSTOIÉVSKI, 2003, pp. 100-101)

O raciocínio é dostoievskianamente ardiloso: será que o homem ridículo sentiu pena da menininha que clamava pela mãe moribunda por conta do *hábito* que nos impele a estender a mão aos demais (apenas) quando alguém se encontra em estado de extrema penúria? (É bem verdade que os mendigos seriam os primeiros a testemunhar que o teor de verdade de tal *hábito*, cotidianamente reproduzido em nossa sociedade como algo contingente e reificado, não se lhes aplica.) Quando tal *hábito* é infringido, a condenação alheia se converte em vergonha para aquele que incorre no desvio. Assim, o homem ridículo, tentando resistir às invectivas da verdade da compaixão para proceder a seu suicídio, se pergunta (e nos pergunta), em suma, se a moralidade é totalmente contingente, se ela depende, *in toto*, das peculiaridades dos usos e costumes de determinada época, ou se, ao contrário, haveria um teor de verdade que, a despeito de todas as transformações fenomênicas, permaneceria [e seria *elevado* (*aufgehoben*)] através da história. Quando começarmos a analisar o sonho escatológico, veremos que a referência à lua ou ao planeta Marte não é nada fortuita. O homem ridículo descobrirá aquilo que passará a vivenciar como verdade em um planeta outro que é o duplo da Terra. Neste momento, interessa-nos a pergunta afiada como um punhal: se o homem for entregue a si mesmo — ainda que, em termos dialéticos, não haja qualquer pessoa que exista em si e por si mesma —, isto é, se os juízos alheios se transformarem em um espectro, se apenas o infrator da norma tiver que lidar com o fardo de sua infração, tudo lhe será indiferente ou não? Se o arrependimento — vale dizer, a purificação — tiver que partir do próprio eu, do homem como juiz de si próprio, do homem como consciência de si, ou melhor, do homem como consciência entre os homens, haverá o ímpeto do castigo em face do crime ou o homem soterrará a culpa no subsolo de suas memórias? Já sabemos que Raskólnikov não conseguiu suportar o fardo de tal pergunta — e foi justamente isso que fez sua vaidade sofrer, pois o intelectual niilista se deu conta de que não estava à altura (reificada) da indiferença moral de um Napoleão.

Com o retorno da possibilidade de um sentido a lhe atormentar, o homem ridículo se dá conta de que "essa menina me salvou, porque com as questões eu adiei o tiro" (IBIDEM). Então, extenuado por conta de seus conflitos limítrofes, o sono, como há muito tempo não acontecia, acaba por arrebatá-lo. O homem ridículo adormece diante do revólver.

Antes de nos conduzir pela purificação do suicídio mediada pelo sonho redentor, nosso herói esboça uma teoria sobre os sonhos, teoria que, além de nos fazer entender por que Sigmund Freud era um leitor contumaz de Dostoiévski, nos apresenta a (escato)lógica que nos levará, narrativamente, à superação dos marcos de pensamento e vivência do niilismo:

> Os sonhos, como se sabe, são uma coisa extraordinariamente estranha: um se apresenta com assombrosa nitidez, com minu-

cioso acabamento de ourivesaria nos pormenores, e em outro, como que sem se dar conta de nada, você salta, por exemplo, por cima do espaço e do tempo. Os sonhos, ao que parece, move-os não a razão, mas o desejo, não a cabeça, mas o coração, e no entanto que coisas ardilosas produzia às vezes a minha razão em sonho! (IDEM, p. 101)

Para além da apreensão freudiana que faz os sonhos jorrarem do matiz sexual do desejo, a contraposição dostoievskiana entre razão e desejo, cabeça e coração — contraposição totalmente quintessencial para a transfiguração do niilismo de nossa personagem, como logo veremos — parece nos sugerir que o pensamento e a vida limitados pelo marco da existência niilista e, consequentemente, finita não têm condições de apreender, *na carne e no sangue*, o sentido do universo — a infinitude. É nesse preciso sentido que o salto por cima do espaço e do tempo a que o homem ridículo se refere aproxima, ainda uma vez, Dostoiévski e Hegel:

Costuma-se dar muita importância aos limites do pensamento, da razão etc., e se afirma mesmo que esses limites não podem ser transgredidos. Nessa afirmação reside a ausência da consciência de que no fato mesmo de algo ser determinado como limite já se transgridem esses limites. Pois uma determinidade, uma fronteira, não é determinada como limite senão em oposição ao seu outro em geral, em oposição ao seu ilimitado; o outro de um limite é justamente o para-além desse limite mesmo (HEGEL apud ADORNO, 2009, p. 317).

É possível dizer, ainda que com alto grau de tensão após "O sonho de um homem ridículo", que a obra de Dostoiévski respeita, dialeticamente, os marcos de representação e verossimilhança do realismo. Respeito que, hegelianamente, pressupõe a transgressão com o salto dialético da quantidade para a qualidade, isto é, com a narração de situações escatológicas e limítrofes que, a partir do extravazamento de suas próprias dinâmicas, requerem a expansão dos marcos de apreensão da realidade. É assim que a obra de Dostoiévski leva às últimas consequências o niilismo para arremessá-lo contra si mesmo, para comprimir a finitude até que, no ápice da retração (eis uma síntese para o ímpeto de suicídio do homem ridículo), ela acabe sendo explodida para superar os marcos que antes a limitavam. É nesse preciso sentido que, no capítulo anterior, retomamos uma colocação hegeliana de que o finito é o infinito determinado: Dostoiévski não faz o homem ridículo cruzar galáxias distantes por cima do espaço e do tempo fora do sonho – se bem que, com a profunda evolução tecnológica, a narração de tal evento já não precisaria se dar em meio a um sonho para respeitar, em termos gerais, os marcos do realismo. O finito como infinito determinado volta a ter consciência sobre si mesmo na medida em que, do ápice do torpor, advém o resgate. A jornada tem (re)início com a tensão na suma paralisia. Para o homem ridículo, a vida se revigorou com a vertigem do penhasco. Em uma belíssima passagem, Hegel fala sobre o mar e a infinitude da mesma maneira que o homem ridículo discorre sobre os sonhos:

> O mar nos fornece a representação do indeteminado, do ilimitado e do infinito; e quando o homem se sente nesse infinito, isso o estimula a transcender o limitado. (...) A terra, na região do vale, fixa o homem ao solo, tornando-o infinitamente dependente; o mar o conduz para além desses limitados círculos de pensamento e ação (2008, pp. 80-81).

É assim que, ao perguntar "como é que não me espanto com o fato de que, embora esteja morto, mesmo assim ele [o irmão de nosso herói, falecido havia 5 anos] está aqui ao meu lado e se atarefa junto comigo? Por que o juízo admite isso?" (DOSTOIÉVSKI, 2003, pp. 101-102), o homem ridículo — que, lembremos, narra sua estória após ter vivenciado o sonho — já não consegue aceitar o existente tal como a modernidade niilista o apresenta, já que a vida após a morte e o infinito, como veremos, se insinuam como a base transcendental que atravessa a história e alça (*aufheben*) o teor de verdade da moralidade e do sentido para além das contingências relativistas de espaço e tempo. Assim, à beira do penhasco que, para fazer nosso herói voar à velocidade da luz, acabou por incitá-lo à queda, chegamos, agora, ao sonho de um homem ridículo, sonho que, para implodir o realismo, anuncia a verdade enquanto a razão dorme (e se expande):

> Mas por acaso não dá no mesmo, seja isso um sonho ou não, já que esse sonho me anunciou a Verdade? Pois, se você uma vez conhece a verdade e a enxerga, então sabe que ela é a verdade e que não há outra e nem pode haver, esteja você dormindo ou vivendo. Ora, que seja um sonho, que seja, mas essa vida que vocês tanto exaltam, eu queria extingui-la com o suicídio, e o meu sonho, o meu sonho — ah, ele me anunciou uma vida nova, grandiosa, regenerada e forte! (IBIDEM)

5.4. SÓ HÁ UM PROBLEMA EXISTENCIAL VERDADEIRAMENTE SÉRIO: A ETERNIDADE

> De repente sonhei que apanho o revólver e, sentado, aponto-o direto para o coração — para o coração, e não para a cabeça; e eu que antes tinha determinado que meteria sem falta um tiro na cabeça, mais precisamente na têmpora direita. Apontando-o para o peito, esperei um ou dois segundos, e a minha vela, a mesa e a parede diante de mim começaram de repente a se mexer e a balançar. Puxei depressa o gatilho (IDEM, p. 103).

Já vimos que a oposição entre razão e desejo, cabeça e coração é fundamental para a expansão da própria vida — ou, para usarmos uma expressão sumamente dostoievskiana (expressão que logo reaparecerá em nossa análise), para a expansão da *vida viva.* Em relação à decisão do homem ridículo de atirar contra o coração, e não contra a cabeça, Gerald J. Sabo (2009) observa que

> em uma carta de 31 de outubro de 1838 para seu irmão, Dostoiévski exprimiu o papel do coração na cognição e na vida humanas: "Para conhecer a natureza, a alma, Deus, o amor... Tudo isso é conhecido pelo coração, não pela mente. (...) Se o objetivo do conhecimento for o amor e a natureza, então se abre uma clareira para o *coração*". Em "O sonho", o homem ridículo observa que, "aparentemente, não a razão, mas o *desejo,* não a cabeça, mas o *coração* dirige o sonho" (pp. 51-52).

Diferentemente de Gerald J. Sabo, não interpretamos e não interpretaremos tal oposição como uma ode dostoievskiana ao irracionalismo e/ou à fé cristã que se cinde da apreensão racional do (além-)mundo. Como vimos argumentando ao longo deste livro, a crítica dostoievskiana à razão é *dialeticamente determinada* e se vincula ao momento de superação do ego, ou, por outra, da razão instrumental. Assim, a despeito do que pregam os estudiosos que filiam Dostoiévski, inequivocamente, ao partido do mistério e da fé, a relação do autor com o devir do pensamento como momento de elevação humana é quintessencial para entendermos a cicatrização do espírito. Ficará claro, ao fim da análise, que o embotamento do conhecimento sobre o e no mundo não faz parte da redenção do homem ridículo — não voltaremos a acender velas de cera diante de altares para resgatarmos relações com a espiritualidade. O tiro contra o coração, então, também dispara contra a razão, pois, como vimos anteriormente, para Dostoiévski, a vida compreende a razão e todas as estruturas que lhe são vivificantes. Razão e desejo, cabeça e coração, assim como as personagens-ideias dostoievskianas, não são mônadas, mas polos relacionais. Se o coração é o cerne da *vida viva*, a razão, para muito além do cálculo utilitário, é uma das fontes que o municiam.

Pois muito bem: no início de seu sonho, o homem ridículo dispara contra o próprio coração e, portanto, consuma o suicídio. Após assistir ao próprio enterro, nosso herói diz que jazia em sua sepultura úmida e fria e "nada esperava, aceitando sem discussão que um morto nada tem a esperar" (DOSTOIÉVSKI, 2003, p. 104). Súbito, através da campa do caixão, se infiltra uma goteira que passa a lhe torturar o olho esquerdo, com toda a indiferença do universo, a cada 60 segundos. Além de descobrir que continua vivo após a morte, o homem ridículo sente o gotejamento infinito como um castigo pelo suicídio — ao que, em sumo desespero, ele suplica:

> — Seja você quem for, mas se você é, e se existe alguma coisa mais racional do que o que está acontecendo agora, então permita a ela que seja aqui também. Se você se vinga de mim pelo meu suicídio insensato com a hediondez e o absurdo da continuação da existência, saiba que nunca nenhum tormento que eu venha a sofrer vai se comparar ao desprezo que eu vou sentir calado, nem que seja durante milhões de anos de tortura!... (IDEM, pp. 104-105)

Com a goteira eterna contra o olho do suicida encalacrado em seu caixão, Dostoiévski nos oferece mais uma imagem aterradora do niilismo que, antes de se voltar contra si mesmo e para além de si mesmo, precisa descer aos mais tenebrosos círculos de Dante. O inferno da tortura chinesa a que Dostoiévski submete o homem ridículo só parece superado pela eternidade concebida como mal absoluto pelo lascivo Svidrigáilov, personagem de *Crime e castigo:*

> Para mim a eternidade é uma idéia impossível de compreender, algo de enorme, imenso. Mas por que há de ser precisamente enorme? E, de repente, em vez disso, imagine (...) que existe aí um quarto, no gênero duma sala de banho em pleno campo, negra de fumo e com aranhas por todos os lados, e que a isso se resumisse a eternidade. Olhe, eu imagino-a muitas vezes assim (2002, p. 268).

Se for possível levar tal horror dostoievskiano ainda além, fará sentido a colocação de Theodor Adorno (2009) a dialogar com Samuel Beckett, quando o autor irlandês reage à

> situação do campo de concentração, uma situação que ele [Beckett] não nomeia, como se ela estivesse submetida à interdição das imagens. O que é se mostra, segundo ele, como um campo de concentração. Em um certo momento, ele fala de uma pena de morte perpétua. A única esperança emerge do fato de não haver mais nada (p. 315).

Ocorre que, após o seu clamor em desespero — e como mais um evento do *acaso objetivo* que paira como um guia a estruturar a sucessão dos fenômenos parciais para além de si mesmos, isto é, com vistas à constituição dinâmica da totalidade —, o homem ridículo passou a acreditar, paradoxal, "imensa e inabalavelmente, que agora sem falta tudo mudaria" (DOSTOIÉVSKI, 2003, p. 105). De repente, o caixão se rompe e uma criatura desconhecida toma nosso herói nos braços. Tem início a odisseia no tempo e no espaço.

> Voávamos no espaço já longe da terra. (...) Não lembro quanto tempo voamos, nem posso imaginar: tudo acontecia como sempre nos sonhos, quando você salta por cima do espaço e do tempo e por cima das leis da existência e da razão e só pára nos pontos que fazem o coração delirar. Lembro que de repente avistei na escuridão uma estrelinha. (...) [Ao que a criatura que o levava, após a interpelação do homem ridículo, respondeu]: "(...) Essa é a mesma estrela que você viu entre as nuvens quando voltava para casa" (IDEM, pp. 105-106).

Como já havíamos dito no decorrer deste capítulo, o sonho propriamente dito começa a duplicar e a tornar repletos de sentido os momentos narrativos anteriores que, aparentemente, estavam submetidos à indiferença e ao caos que apenas apontavam para o suicídio. Já não parece aleatório o fato de que nosso herói tenha outrora decidido se matar justamente ao olhar para a estrelinha que, agora, demarca o início da jornada que propiciará as experiências para o homem ridículo vivenciar sua verdade. Dostoiévski faz queda e elevação, suicídio e redenção se imbricarem de forma inconsútil. Tese e antítese se enlaçam em busca de uma possível síntese.

Mas quem seria a criatura que conduz o homem ridículo em sua odisseia espaço-temporal?

> Eu sabia que ela possuía como que um rosto humano. Coisa estranha, não gostava dessa criatura, sentia mesmo uma aversão profunda. Esperava o não-ser absoluto e, por isso, dei um tiro no coração. E eis que estou nos braços de uma criatura, não humana, é claro, mas que *é*, existe: "Ah, então há também uma vida além-túmulo!" (...) "E se é preciso *ser* novamente — pensei eu — e viver mais uma vez pela vontade inelutável de seja lá quem for, então não quero que me dominem e que me humilhem!" — "Você sabe que eu tenho medo de você e, por isso, me despreza" — disse eu de repente ao meu companheiro

de viagem, não conseguindo conter uma pergunta humilhante, que trazia uma confissão em si, e sentindo, como uma picada de alfinete, a humilhação no coração. Ele não respondeu à minha pergunta, mas senti de repente que não me desprezam e não riem de mim, que nem mesmo se compadecem de mim (...) (IBIDEM).

Se estivéssemos imbuídos da tradição católica, poderíamos chamar a criatura de anjo da guarda. Quiçá um espírito afim — um espírito-guia. É fundamental frisar que, em meio ao sonho, irrompe a vida após a morte e, consequentemente, o homem ridículo passa a vivenciar o além-mundo. Não é nada gratuito que o recém-suicida projete, em sua relação com o guia interestelar, o mesmo duelo sadomasoquista que frequentemente caracteriza as personagens dostoievskianas. Nosso herói não aceita ser conduzido — a vaidade mórbida do suicida fora ferida, uma vez que o não-ser não existe. Se ele estava errado, é provável — segundo a lógica do duelo — que a criatura queira humilhá-lo pelo medo profundo que o homem ridículo sente do que lhe é desconhecido, isto é, de tudo aquilo que ele não consegue subjugar. Mas, assim como no início de nossa narrativa, uma lógica outra se insinua para além da tensão e do conflito. O homem ridículo diz que não há risos e comiserações contra ele — nosso herói tenta reencontrar a consciência de quando ainda não sabia que as relações entre os seres podem ocorrer em comunhão e fraternidade.

A odisseia intergaláctica continua de forma vertiginosa. "Fazia tempo que já não via as constelações familiares ao olho. Sabia que há nos espaços celestes certas estrelas cujos raios só alcançam a terra depois de milhares e milhões de anos. Talvez já tivéssemos voado por esses espaços"[7] (IDEM, pp. 106-107). Súbito, o homem ridículo depara com um duplo do Sol — ele sabia que não se tratava do *nosso* Sol, que já havia ficado há milhões de anos-luz.

> Um sentimento doce, invocatório, começou em êxtase a ressoar na minha alma: a força matriz do universo, desse mesmo universo que me deu à luz, pulsou no meu coração e o ressuscitou, e eu pude sentir a vida, a vida de antes, pela primeira vez desde a minha sepultura.
> — Mas se esse — é o sol, se esse sol é exatamente igual ao nosso — gritei eu —, então onde está a terra? — E o meu companheiro me apontou uma estrelinha que reluzia na escuridão com um brilho de esmeralda. Estávamos voando diretamente para ela.
> — Serão possíveis tais repetições no universo, será possível que seja assim a lei da natureza?... (IBIDEM)

O homem ridículo se refere à força matriz do universo, Deus, a força que lhe deu à luz — o fiat lux do *Gênesis* —, e então seu coração *ressuscitou.* Nesse momento, o homem ridículo não apenas nos fala que, segundo a experiência de seu sonho, a vida é eterna. Ele nos diz que a vida, "a vida de antes", é *retomada.*

Diante do duplo do Sol, nosso herói pede à criatura que lhe mostre a Terra. Eis, então, que o sonho se encaminha para o logradouro próprio da conversão do homem ridículo — o duplo da Terra. E me parece fundamental para a compreensão do que seja a *retomada* da vida após

---

7. A esse respeito, Allan Kardec (2009) afirma que "a matéria existe em estados que vos são desconhecidos. Pode ser, por exemplo, tão etérea e sutil que nenhuma impressão vos cause aos sentidos; entretanto, é sempre matéria, embora para vós não o seja. (...) Na matéria, (...) [há] duas propriedades essenciais: a força e o movimento (...). [Os espíritos gastam algum tempo para percorrer o espaço?] Sim, porém, rápido como pensamento" (p. 40; p. 43; p. 57).

o suicídio a pergunta sobre se tais *repetições* existem no universo, sobre se esta seria a *lei da natureza*.

Neste momento, precisamos interromper a análise propriamente dita para, mediados por Rudolf Neuhäuser, estabelecermos alguns pontos de diálogo entre Dostoiévski e Hippolyte Léon Denizard Rivail (1804-1869), mais conhecido como Allan Kardec, o codificador da doutrina espírita. Veremos que a noção de cicatrização do espírito que Dostoiévski e Hegel partilham e desenvolvem se fará ainda mais lógica com a mediação do espiritismo. Tentaremos, nesse sentido, responder à pergunta postulada pelo homem ridículo a respeito da *retomada da vida* e das *repetições no universo*. Quando retornarmos à análise de nossa narrativa, veremos como as contribuições de Kardec — já espectrais desde o capítulo anterior deste livro — passarão a nos acompanhar.

5.4.1. UM ESPECTRO RONDA DOSTOIÉVSKI, O ESPECTRO DO ESPIRITISMO

Rudolf Neuhäuser (1993) afirma que

> em três edições de seu *Diário de um escritor* (janeiro, março e abril de 1876), Dostoiévski escreveu sobre o espiritismo. (...) Começando nos anos 1860, Dostoiévski parece ter se sentido crescentemente atraído pelo espiritismo. Ele ficou muito impressionando com as experiências mediúnicas, mas, ainda assim, se opôs firmemente ao espiritismo por razões religiosas, até mesmo o colocando em um nível igual ao do niilismo. "Não, eu prefiro o puro ateísmo ao espiritismo!" E ele deu suas razões: "Mas eu odeio apenas a hipótese nauseante dos espíritos e de manter relações com eles". Dostoiévski entendia por "espíritos" sobretudo "demônios" ("tcherti"), conforme ele disse, de maneira chistosa, na edição de janeiro de seu *Diário de um*

escritor. A ideia de que pessoas mortas pudessem reaparecer na Terra como espíritos era, para o autor, uma kochtchunstvo (blasfêmia), uma hipótese nauseante. Outro aspecto que parece ter perseguido o escritor era a possibilidade de que o espiritismo se transformasse em uma fé sectária que levasse a posteriores "obosoblenie" ("isolamento") e "raz'edinenie" ("separação") na sociedade russa. Por esse ponto de vista, ele tinha medo dos aspectos místicos dos ensinamentos espirituais (p. 186; p. 187).

As colocações iniciais de Neuhäuser sobre as relações de Dostoiévski com o espiritismo mostram uma aproximação bastante tensa e contraditória. Primeiramente, Neuhäuser menciona que os fenômenos mediúnicos impressionavam sobremaneira o escritor. Isso não nos deve surpreender, uma vez que o autor, que era epiléptico, considerava que os surtos lhe expandiam a consciência e propiciavam uma profunda ressignificação da realidade — já discutimos, neste capítulo, a noção de que, para Dostoiévski, os marcos do *realismo*, na verdade, embotavam a verdadeira e essencial *realidade*, que incluía o além-mundo que a modernidade ateia passara a considerar *fantástico.* Nessa medida, Neuhäuser prossegue dizendo que

Dostoiévski tinha um interesse pronunciado pela natureza e pelos efeitos de estados psicológicos anormais de consciência. A "hiperconsciência" poderia levar o homem ao crime [como, por exemplo, no caso de Raskólnikov, em *Crime e castigo*], mas ela também poderia trazer à tona um renascimento espiritual levando o homem a uma compreensão mais profunda sobre o mundo e sua própria existência [como, por exemplo, no caso do Príncipe Míchkin e do homem ridículo]. De qualquer forma, a hiperconsciência expunha o indivíduo a inflluências que o levavam para além dos limites da existência física. Dostoiévski tinha considerável interesse pela relação tênue entre a realidade cotidiana, por um lado, e a esfera intangível porém "real" do que está além do alcance dos sentidos e da nossa mente. Ele até mesmo clamava que, sob certas circunstâncias, tais como em estados de consciência elevada, sejam eles causados por *doenças ou sonhos* [grifo meu], o homem poderia estabelecer contato com um mundo intangível que existiria paralelamente ao nosso mundo visível e tangível (1993, p. 188).

Mencionemos, então, o seguinte fragmento em que Svidrigáilov, personagem de *Crime e castigo*, discorre a respeito das relações com o além-mundo:

> As aparições são, por assim dizer, pedaços ou fragmentos de outros mundos, o seu princípio. É claro que o homem são não tem motivo para vê-las, porque o homem são é o homem mais terreno e deve viver uma vida terrestre, atendendo à harmonia e à ordem. Mas quando adoece, ou quando a ordem terrena se altera no organismo, começa imediatamente a mostrar-se a possibilidade de outro mundo, de maneira que, *quando morre completamente, o homem vai direto para esse mundo.* Já há muito tempo que medito nisso. Se o senhor acredita na outra vida, pode acreditar também nesse raciocínio [grifo meu] (2002, p. 268).

Crime e castigo foi escrito em 1866, 11 anos antes de "O sonho de um homem ridículo", mas, como vemos pelas colocações de Svidrigáilov, a temática essencial já rondava o imaginário de Dostoiévski, e o tema da expansão da consciência rente a estados patológicos volta a aparecer em *O idiota* (1869). Se Svidrigáilov é um nobre lascivo que extorque a irmã de Raskólnikov para a consecução de seus prazeres e chega a flertar com a pedofilia, a próxima personagem a discorrer sobre a expansão da consciência a tangenciar o além-mundo é o espiritualizado Príncipe Míchkin, que, como o próprio Dostoiévski, sofre ataques epilépticos. Eis algumas considerações de Míchkin sobre os instantes que antecedem os ataques:

> Qual é o problema se essa tensão é anormal, se o próprio resultado, se o minuto da sensação lembrada e examinada já em estado sadio vem a ser o cúmulo da harmonia, da beleza, de uma sensação inaudita e até então inesperada de plenitude, de medida, de conciliação e de fusão extasiada e suplicante com a mais suprema síntese da vida? (...) Esses instantes eram, justamente, só uma intensificação extraordinária da autoconsciência (...), da autoconsciência e ao mesmo tempo da autossensação do imediato no mais alto grau. (...) Nesse momento me fica de certo modo compreensível a expressão insólita: *não haverá demora*[8] (2002, p. 261; p. 262).

Ainda que tal temática tenha perpassado a obra de Dostoiévski, Neuhäuser nos apresentou acima colocações do autor que associam o espiritismo ao niilismo. E o motivo para tanto — algo tão contraditório quanto o próprio escritor — é que, apesar de suas personagens pressentirem o contato com o e discorrerem sobre o além-mundo, Dostoiévski afirma que "eu odeio apenas a hipótese nauseante dos espíritos e de manter relações com eles (DOSTOIÉVSKI apud NEUHÄUSER, 1993, p. 187), pelo fato de, como mencionamos mais acima, o autor entender que os espíritos eram demônios. Tal consideração nos apresenta um Dostoiévski ao mesmo tempo

8. O Príncipe Míchkin faz referência à seguinte passagem do *Apocalipse* (10, 5-7): "Então o anjo, que eu vira de pé sobre o mar e a terra, levantou a mão direita para o céu e jurou por aquele que vive pelos séculos dos séculos, que criou o céu e tudo o que há nele, a terra e tudo o que ela contém, o mar e tudo o que encerra, *que não haveria mais tempo*; mas nos dias em que soasse a trombeta do sétimo anjo, se cumpriria o mistério de Deus, de acordo com a boa nova que confiou a seus servos, os profetas".

para além do e enraizado em seu tempo, na medida em que a aproximação vanguardista com o espiritismo convive com os preconceitos tanto do catolicismo quanto do cristianismo ortodoxo em relação ao além-mundo — lembremos que, para tais tradições religiosas, tudo o que diz respeito ao além-mundo está na ordem do *mistério* [mistério a ser mediado (e obscurecido) pelo monopólio litúrgico do clero]. A respeito da associação entre espíritos e demônios, a passagem intitulada "Expulsão dos demônios", presente nos evangelhos de Mateus (8, 28-34), Marcos (5, 1-20) e Lucas (8, 26-39), nos apresenta uma boa indicação sobre o temor e o tremor de Dostoiévski:

> No outro lado do lago, na terra dos gadarenos, dois possessos de demônios saíram de um cemitério e vieram-lhe [a Jesus] ao encontro. Eram tão furiosos que pessoa alguma ousava passar por ali. Eis que se puseram a gritar: "Que tens a ver conosco, Filho de Deus? Vieste aqui para nos atormentar antes do tempo?" Havia, não longe dali, uma grande manada de porcos que pastava. Os demônios imploraram a Jesus: "Se nos expulsas, envia-nos para aquela manada de porcos". — "Ide", disse-lhes. Eles saíram e entraram nos porcos. Neste instante toda a manada se precipitou pelo declive escarpado para o lago e morreu nas águas. Os guardas fugiram e foram contar na cidade o que se tinha passado e o sucedido com os endemoninhados. Então a população saiu ao encontro de Jesus. Quando o viu, suplicou-lhe que deixasse aquela região (MATEUS, 8, 28-34).

O medo de Dostoiévski, então, parecia estar associado à tradicional interpretação litúrgica da expressão *espírito de porco.* Mas, para além de temores obscurantistas e apesar de o homem ridículo, como logo veremos, voltar à Terra após a morte, a ideia de os mortos poderem reaparecer na terra como espíritos, para Dostoiévski, era uma "'kochtchunstvo' (blasfêmia), uma 'hipótese nauseante'", a qual poderia estar associada à noção de que o espiritismo se tornasse uma fé sectária "que levasse a posteriores 'obosoblenie' (isolamento) e 'raz'edinenie' (separação) na sociedade russa. Por esse ponto de vista, ele tinha medo dos aspectos místicos dos ensinamentos espirituais" (DOSTOIÉVSKI apud NEUHÄUSER, 1993, p. 187). O receio de Dostoiévski de que o espiritismo poderia trazer a semente da discórdia à sociedade russa assentada sobre o obscurantismo tsarista e ortodoxo não nos é novidade: no fim do terceiro capítulo desta tese, analisamos as contradições que envolviam, de um lado, o Dostoiévski eslavófilo, reacionário e arcaizante, e, de outro, o autor afinado com as transformações racionais do espírito do tempo, transformações que propugnavam por um diálogo dialética e qualitativamente distinto entre razão e espiritualidade. Neuhäuser nos apresenta uma contradição fundamental em Dostoiévski e em sua obra — contradição que, conforme vimos discutindo, também se comunica à fortuna crítica do escritor. O medo de que a Rússia viesse a se cindir parecia uma blasfêmia ao nacionalista ortodoxo que via o imperialismo do tsar como um antídoto para a corrosão individualista do Ocidente. Mas, como já disséramos no capítulo anterior, não devemos nos deter diante das contradições dostoievskianas que, em grande medida, refrearam o próprio Dostoiévski. Lancemos Dostoiévski contra si mesmo para que a obra do autor se abra para contradições históricas e espirituais de que seus textos estão repletos.

Assim, Neuhäuser (1993) prossegue dizendo que Dostoiévski

tinha razão em ter medo, porque ele mesmo admitiu ter sido afetado pelo espiritismo. Uma sessão espírita em fevereiro de 1876, disse o escritor, "exerceu uma poderosa impressão sobre mim", e ele explicou que a "fé" dos espíritas que encontrou por lá tinha sido a fonte para a sua primeira oposição ao espiritismo — apesar do óbvio apelo emocional para ele. Dostoiévski se forçou — com base em um cálculo racional — a rejeitar o espiritismo: "Eu me recusei completamente a acreditar — de modo que nenhum tipo de prova me tocará novamente". Certamente, este é um tipo de argumento irracional que cabe a uma personagem de Dostoiévski como o homem do subsolo. Obviamente, Dostoiévski compartilhava as descobertas da comissão do Prof. Mendeleiev, que investigara as reivindicações mediúnicas, entre setembro de 1875 e maio de 1876, e concluíra: "O ensinamento espírita é uma superstição" (p. 187).

Quando Neuhäuser faz menção ao argumento irracional de Dostoiévski contra o espiritismo que bem se parece com os argumentos irascíveis de suas personagens — notadamente, o homem do subsolo —, podemos perceber quanta tensão *subterrânea* há sob a colocação de que o espiritismo é uma superstição, uma vez que, conforme vimos demonstrando e continuaremos a demonstrar, há forte vinculação entre a *logicidade* espírita e a cicatrização do espírito narrada por Dostoiévski.

Estabelecidos os contatos mais imediatos de Dostoiévski com o espiritismo, reiteremos a questão que o homem ridículo fez à criatura que o conduzia pela viagem intergaláctica para que possamos analisá-la à luz da doutrina de Kardec.

> — Mas se esse — é o sol, se esse sol é exatamente igual ao nosso — gritei eu —, então onde está a terra? (...) Serão possíveis tais repetições no universo, será possível que seja assim a lei da natureza?... (DOSTOIÉVSKI, 2003, p. 107)

Rudolf Neuhäuser (1993) menciona o fato de que a reiteração dos planetas em conexão com a pluralidade de existências era um interesse fundamental de Dostoiévski:

> O interesse de Dostoiévski pelos aspectos físicos e astronômicos da matéria é testemunhado pelo fato de que sua biblioteca continha dois livros do astrônomo francês Nicolas Camille Flammarion (1842-1925) traduzidos para o russo. Flammarion também estudara a questão da pluralidade dos mundos e tinha um forte interesse por fenômenos parapsicológicos![9] (pp. 184-185)

Ademais, Neuhäuser nos informa que Dostoiévski tinha em sua biblioteca o livro *Sobre os céus, o mundo espiritual e o inferno*, do espiritualista sueco Emanuel Swedenborg (1688-1772)[10], no qual há o seguinte o fragmento:

---

9. Eis a nota de rodapé que Rudolf Neuhäuser (1993) apõe para falar sobre o astrônomo francês: "Flammarion, fundador da Sociedade Francesa de Astronomia, tinha um sério interesse por fenômenos parapsicológicos. Ele organizou sessões espíritas e compilou relatos de eventos paranormais, alguns dos quais publicou em forma de livro com o título de *O desconhecido e os problemas psíquicos* (Paris: 1900). Outros livros de sua autoria são *A pluralidade dos mundos habitados* (1862) e *Os mundos imaginários e os mundos reais* (1862)" (p. 185).

10. Em 1859, na *Revista espírita* (Sorocaba, SP: Edicel, 2014), Allan Kardec fez os seguintes comentários sobre Swedenborg: "Como todos os homens que professam ideias contrárias à maioria [referência à heterodoxia de Swedenborg em relação às interpretações então correntes de catolicismo e protestantismo], ideias que ferem certos preconceitos, ele teve e ainda tem os seus contraditores. Se estes se tivessem limitado a refutá-lo, estariam no seu direito. Mas o facciosismo nada respeita, e as mais nobres qualidades não são reconhecidas por eles, os contraditores. Swedenborg não poderia ser uma exceção" (p. 332). Ao comentar um aspecto da doutrina de Swedenborg, Kardec observa: "Um ponto fundamental repousa naquilo que ele chama de *as correspondências*. Na sua opinião, estando os mundos, espiritual e natural, ligados entre si, como o interior ao exterior, resulta que as

Todos os planetas visíveis aos olhos no nosso sistema solar são como a Terra, e, além deles, o universo está repleto de incontáveis planetas, os quais são povoados por habitantes precisamente da mesma maneira (...). O homem poderia convencer a si mesmo sobre a pluralidade dos planetas no universo pelo fato de os céus estrelados não terem limites e estarem repletos de inumeráveis estrelas, cada uma das quais com seu lugar e sistema — não se pode deixar de acreditar que, onde quer que haja um planeta, haverá também seres humanos (1993, p. 185).

Vemos, assim, que Neuhäuser nos traz as possíveis gêneses ideológicas que foram consubstanciando "O sonho de um homem ridículo" pelas leituras de Dostoiévski. O estudioso de Dostoiévski chega a afirmar que, "no volume 1 de sua *Opera Philosophica et Mineralia*, Swedenborg argumentou que qualquer mundo recém-surgido no universo seria similar ao nosso mundo em sua juventude!" (1993, p. 185). Como veremos na sequência de nossa análise, a pluralidade habitável e habitada dos planetas e a noção de que tais mundos, em sua juventude, se assemelham à infância da Terra são vivências efetivas do homem ridículo quando ele adentra o paraíso. Neste momento, no entanto, já é possível estruturar uma resposta, com base no espiritismo, para a pergunta do homem ridí-

---

coisas espirituais e as coisas naturais constituem uma unidade, por influxo, e há, entre elas, uma correspondência. Eis o princípio; mas o que deve ser entendido por essa correspondência e esse influxo: eis o que é difícil apreender" (p. 334). Veremos, na sequência de nossa análise, como o homem ridículo, quando depara com o paraíso no planeta que mimetiza a Terra, vivenciará a unidade entre espírito e natureza como o encontro orgânico da bondade. Por ora, é importante frisar que, nos "Prolegômenos" com que Kardec inicia *O livro dos espíritos*, o nome de Swedenborg aparece ao lado de Sócrates e Platão, que são tidos como precursores do cristianismo e do espiritismo.

culo sobre se as duplicações e repetições planetárias no universo constituiriam a lei da natureza. Assim, Neuhäuser afirma que há no homem ridículo

> uma paráfrase das visões apresentados por Allan Kardec, em seus livros *O que é o espiritismo?* (1857) e *O livro dos espíritos* (1859). Rivail é o fundador do primeiro periódico espírita francês, a *Revista espírita*, e autor de obras como o *Livro dos médiuns* e *O céu e o inferno.* Ele afirmava que havia diversas "estrelas" no universo colonizadas por seres humanos em diferentes estágios de desenvolvimento espiritual, sendo que a Terra ocupava uma posição inferior como um tipo de purgatório que, nas palavras de Kardec, não estava longe do inferno. Ele a considerava um local de purificação para os espíritos pecadores. Por detrás dessa visão havia a pressuposição de que planetas distantes servem como locais de vida para os espíritos dos mortos (1993, pp. 181-182).

Quando o homem ridículo fala em lei da natureza, vemos que as leituras que Dostoiévski vinha fazendo — e, sobretudo, sua relação com o espiritismo — o influenciaram para refletir sobre a espiritualidade para muito além da fé no mistério sobre a vida após a morte. A pluralidade dos planetas (e das existências) já fora ecoada por Cristo, quando Ele disse que

> não se turbe o vosso coração. Crede em Deus, crede também em mim. *Na casa de meu Pai há muitas moradas* [grifo meu]. Não fora assim, e eu vos teria dito; pois vou preparar-vos um lugar. Depois de ir e vos preparar um lugar, voltarei e tomar-vos-ei comigo, para que, onde eu estou, também vós estejais. E vós conheceis o caminho para ir aonde vou (JOÃO, 14, 1-4).

Em *O evangelho segundo o espiritismo*, Kardec (2004) fala que "a casa do Pai é o universo; as diversas moradas são os mundos que circulam no espaço infinito e oferecem aos espíritos encarnados estâncias adequadas ao seu adiantamento" (p. 44), uma vez que, para o espiritismo, a evolução espiritual é a lei que preside o universo. Observemos que Jesus afirma que aqueles que seguem seus preceitos estarão onde Cristo está — e veremos ao fim de "O sonho de um homem ridículo" que a máxima "amarás o teu próximo como a ti mesmo" (MARCOS, 12, 31), proferida ao longo do Sermão da Montanha, encerra (e liberta) o teor de verdade descoberto por nosso herói. Ao invés, então, de uma oposição hierárquica quintessencial entre Deus e os demais seres, Kardec diria que Cristo fala sobre a possibilidade de evolução para todos e cada um de nós. Daí o *instruí-vos* além do amai-vos uns aos outros — "e vós conheceis o caminho para ir aonde vou" (JOÃO, 14, 4). Assim, para Kardec (2004), decorre da lei da evolução espiritual que,

> conforme [o espírito] esteja mais ou menos purificado e desprendido dos laços materiais, *variarão ao infinito o centro em que se encontra, o aspecto das coisas, as sensações que experimenta, as percepções* [grifo meu para ressaltar a contiguidade entre Kardec e a lógica ridículo-dostoievskiana da expansão da consciência]. Enquanto uns não se podem afastar da esfera em que viveram, *outros elevam-se e percorrem o espaço e os mundos* [grifo meu para ressaltar a frase como síntese para a transubstanciação do homem ridículo]. (...) Também aí há diferentes moradas, embora não localizadas nem circunscritas [isto é, pode haver fluidez e trânsito entre os mundos para os seres, de acordo com sua evolução]. (...) Os diversos mundos estão em condições muito diferentes uns dos outros, quanto ao grau de adiantamento e de inferioridade [moral] de seus habitantes. (...) Ainda é possível, considerando seu estado, destino e matizes mais destacados, dividi-los, de um modo geral, em: mundos primitivos, reservados às primeiras encarnações

da alma humana; mundos de expiação e de provas, onde predomina o mal; mundos regeneradores, onde as almas que nada têm a expiar adquirem nova força, descansando das fadigas da luta; mundos felizes, onde o bem sobrepuja o mal; e mundos celestes ou divinos, morada dos espíritos purificados, onde o bem reina sem qualquer mistura. A Terra pertence à categoria dos mundos de expiação e de provas, razão por que o homem nela está sujeito a tantas misérias.

Os espíritos encarnados em um mundo não estão a ele sujeitos indefinidamente, nem tampouco nele cumprem todas as fases progressivas, que devem ser percorridas até chegar à perfeição. Quando em um mundo alcançaram um grau de aperfeiçoamento nele permissível, passam a outro mais adiantado [isto é, morrem e reencarnam, sendo a morte um fenômeno muito distinto conforme a evolução espiritual] e assim sucessivamente até o estado de espíritos puros (pp. 44-45).

Munidos de tais pressupostos, poderíamos nos perguntar sobre qual seria, segundo o espiritismo, o elemento quintessencial para a cicatrização ou depuração dos espíritos em sua trajetória evolutiva pelo universo. Em *O livro dos espíritos*, Kardec (2009) reafirma que

os espíritos não pertencem perpetuamente à mesma ordem. Todos progridem, passando por diferentes graus de hierarquia espírita[11]. (...) Esse progresso ocorre pela [re]encarnação, que

11. Vale frisar, sempre em diálogo com Kardec, que a hierarquia espírita, fluida e dinâmica conforme a evolução dos espíritos, é de ordem moral. Nesse sentido, conforme afirma Kardec (2009), "não há faltas irremissíveis e que não possam ser apagadas pela expiação. O homem encontra o meio, nas diferentes existências, que lhe permite avançar, segundo seus desejos e esforços, na senda do progresso e na direção da purificação que é seu objetivo final" (p. 17). Eis, então, à luz do espiritismo, a colocação de Cristo de que "os últimos serão os primeiros, e os primeiros serão os últimos" (MATEUS, 20, 16), colocação revolucionária que se contrapõe ao atual estado de coisas

é imposta a uns como expiação [em relação às faltas das vidas passadas] e a outros como missão [de acordo com a lei da fraternidade em estreita correlação com a depuração espiritual]. A vida material é uma prova que [os espíritos] devem suportar por várias vezes, até que hajam alcançado a perfeição absoluta. É uma espécie de exame severo ou depurador, de onde eles saem mais ou menos purificados (p. 15).

A partir de agora, o homem ridículo entrará, efetivamente, em seu processo de depuração — ou, para retomarmos a expressão hegeliana, nosso herói aprofundará a cicatrização de seu espírito. O processo é tão dostoievskianamente vertiginoso que o sonho fará o tempo sobrepujar a si mesmo, de modo que a queda rediviva do paraíso sobrevoe a história humana para apreender seus momentos dialéticos de (de)formação. Em poucas páginas, "O sonho de um homem ridículo" transpassa a nervura milenar da humanidade para encontrar os patamares de contradição que alçam os homens para além de si mesmos na mesma medida em que a reconciliação para além do ego ainda não se processou. A eternidade em Dostoiévski, mediada por Hegel e Kardec, nos mostrará como o ímpeto de síntese, que jamais esteve ausente da obra do escritor [mesmo (e sobretudo) em seus momentos mais niilistas], constitui o que há de mais essencial ao movimento contraditório da história.

---

como se ele fosse imutável e como se os valores e as práticas que reproduzem o existente — a razão instrumental a presidir a reificação — tivessem que ser adulados apenas por serem dominantes. Nesse sentido, seria possível, dialeticamente, fazer Jesus se contrapor a Cristo, uma vez que a continuação de sua colocação parece nomear eleitos para o Reino de Deus: "Muitos serão os chamados, mas poucos os escolhidos" (MATEUS, 20, 16). Ao que o espiritismo poderia redarguir que todos serão chamados, aos poucos ou mais rapidamente, conforme sua evolução. Assim, todos seremos escolhidos.

5.5. DO ÉDEN À QUEDA

Assim que o homem ridículo pergunta ao guia de sua jornada intergaláctica se as repetições dos mundos configuram a lei do universo, a criatura lhe diz que "você vai ver tudo — (...) e um certo pesar se fez ouvir na sua voz" (DOSTOIÉVSKI, 2003, p. 107). O pesar se deve ao fato de que a criatura, a vivenciar, com o ápice da consciência, um tempo expandido, já conhece o que acontecerá a partir do momento em que o homem ridículo chegar ao paraíso. Apesar de nosso herói deparar com a concretude do além-mundo mediada por seu sonho, ele ainda considera que

> na nossa terra não podemos amar de verdade senão com o tormento e só pelo tormento! De outro modo não sabemos amar e não conhecemos amor diferente. Eu quero o tormento para poder amar. Eu tenho desejo, eu tenho sede, neste exato instante, de beijar, banhado em lágrimas, somente aquela terra que deixei, e não quero, não admito a vida em nenhuma outra!... (IDEM, p. 108)

Dostoiévski pode ser tido como um dos autores que mais escavaram o subsolo da síndrome de Estocolmo, o amor da vítima pelo carrasco, o apego do prisioneiro pelas grades de sua cela. No mito da caverna dostoievskiano, os cativos se debatem não para arrebentar os elos das correntes que os submetem, mas para apedrejar todos aqueles que tentam demovê-los do charco de suas sombras, do regozijo em sentir prazer com o embotamento da realidade. É assim que tudo aquilo que desponta como algo terno e desprovido de confronto — algo que tem o sentido de converter a dor em purgação — parece flagelar o niilista com o mesmo rancor que pauta suas (não-)relações. A reconciliação lembra ao homem ridículo a necessidade de se haver com suas próprias faltas, a necessidade de se cicatrizar, ao passo que a inércia tautológica da dor começa a sentir prazer com o punhal a escarafunchar a ferida purulenta. O passo seguinte, como logo veremos, é transmitir aos felizes (e inscientes) a consciência (e a liberdade) não como compaixão, mas como partilha da dor – se a dor flagela o homem ridículo, que ela passe então a flagelar a todos os demais. Eis o que o niilismo concebe como convivência.

O homem ridículo já vê os oceanos, ele consegue discernir os contornos da Europa – súbito, o guia de sua viagem já não está mais ao seu lado.

> Eu me achava, ao que parecia, numa daquelas ilhas que formam na nossa terra o Arquipélago Grego, ou em algum lugar na costa do continente vizinho a esse Arquipélago. Ah, tudo era exatamente como na nossa terra, mas parecia que por toda a parte rebrilhava uma espécie de festa e um triunfo grandioso, santo, enfim alcançado (IBIDEM).

As imagens idílicas pululam. O vaivém das ondas beija e afaga as margens, as copas coloridas das árvores ensinam a olhar para o céu, os pássaros libertam o homem ridículo da cadeia alimentar e, sem qualquer receio, pousam sobre os ombros de nosso herói e ressoam o cântico de reconciliação que a relva aromática já prenunciara. Até que, "finalmente, eu vi e conheci os habitantes dessa terra feliz" (IDEM, p. 109). O homem ridículo se vê cercado não pela horda, mas pela comunhão. Eles o beijam e saúdam, seus olhos não são crispados pela dúvida, "nas palavras e nas vozes dessa gente soava uma alegria de criança" (IBIDEM).

> Foram-lhe, então, apresentadas algumas criancinhas para que pusesse as mãos sobre elas e orasse por elas. Os discípulos,

porém, as afastavam. Disse-lhes Jesus: "Deixai vir a mim estas criancinhas e não as impeçais, porque o Reino dos céus é para aqueles que se lhes assemelham" (MATEUS, 19, 13-14).

Cristo se refere à noção de pureza das crianças, ao ímpeto desarmado, à maturidade do adulto que recupera a seriedade da criança ao brincar (Nietzsche), à comunhão que sorri. E, então, o homem ridículo compreende para onde seu sonho o levou:

> Ah, imediatamente, (...) entendi tudo, tudo! Essa era a terra não profanada pelo pecado original, nela vivia uma gente sem pecado, vivia no mesmo paraíso em que viveram, como rezam as lendas de toda a humanidade, os nossos antepassados pecadores, apenas com a diferença de que aqui a terra inteira era em cada canto um único e mesmo paraíso. Essas pessoas, rindo alegremente, se achegavam a mim e me afagavam; levaram-me consigo; e cada uma delas queria me apaziguar (DOSTOIÉVSKI, 2003, p. 109).

O paraíso perdido sempre rondou o imaginário de Dostoiévski. De acordo com Sergei Hackel (1982),

> ao lado do ideal cristão, Dostoiévski partilhava o ideal de uma Idade de Ouro, o ideal de uma harmonia cósmica há muito perdida, à qual a humanidade sofredora ainda poderia aspirar, o distante objetivo para o qual a contemplação da beleza ainda poderia impelir a humanidade mesmo hoje. (...) Algumas das personagens de Dostoiévski vivenciam uma visão em sonho de tal Idade de Ouro nostálgica como um paraíso terrestre perdido; outras a vivenciam como um paraíso a ser reconquistado. Cristo e a Idade de Ouro, de modo separado, fornecem uma alternativa e um antídoto ao presente estado de coisas, no qual tudo se dirige à fragmentação (p. 12).

As colocações do homem ridículo sobre o paraíso, em meio ao qual os seres animados e inanimados se relacionam de forma orgânica e reconciliada, nos vão fazendo subir até o penhasco íngreme que logo vai precipitar a alegria insciente dos primeiros homens e mulheres para a queda. Nosso herói não consegue entendê-los — já sabemos que, "para o moderno progressista russo" e "petersburguês sórdido", cuja racionalidade egoico-instrumental só fazia coincidir entendimento e duelo, nem de longe era possível compreender como "eles não desejavam nada e eram serenos, [como] não ansiavam pelo conhecimento da vida como nós ansiamos por tomar consciência dela" (DOSTOIÉVSKI, 2003, p. 111). O homem ridículo conseguia vislumbrar que, para eles, a plenitude era algo dado, algo simplesmente vivenciado.

> A sua sabedoria era mais profunda e mais elevada que a da nossa ciência; uma vez que a nossa ciência busca explicar o que é a vida, ela mesma anseia por tomar consciência da vida para ensinar os outros a viver; ao passo que eles, mesmo sem ciência, sabiam como viver, e isso eu entendi, mas não conseguia entender a sua sabedoria. Eles me apontavam as suas árvores, e eu não conseguia entender o grau de amor com que as olhavam: era como se falassem com seres semelhantes a eles. E, sabem, talvez eu não esteja enganado se disser que falavam com elas! Sim, eles descobriram a sua língua, e estou certo de que elas os entendiam (IDEM, pp. 111-112).

Como é que nós poderíamos compreender o paraíso orgânico vivenciado pelo homem ridículo, se nossa época só fez aprofundar as aporias niilistas? Assim, em contraposição à nossa própria época civilizada, para Gerald J. Sabo (2009), a partir do ensaio de Dostoiévski "Socialismo e cristianismo" que analisamos no capítulo anterior, o homem ridículo vivencia o paraíso como a condição primordial do patriarcado — a vida espontânea em meio à massa: [Dostoiévski afirma que] "Deus é a ideia da humanidade coletiva, das massas, de tudo/todos. Quando um ser humano vive em meio às massas, então ele vive *espontaneamente*". Entre eles — as crianças do Sol e então o homem ridículo —, a comunicação é espontânea e intuitiva, com uma inefável aceitação amorosa. Na verdade, isso ocorre até mesmo com as criaturas não-humanas nesse duplo da terra. A interação do homem ridículo com as crianças do Sol de forma tão espontânea e amorosa indica a presença de Deus entre eles conforme se verifica nas palavras dos versículos 7 e 8 do capítulo 4 na "Primeira epístola de João" sublinhada à caneta às margens do Novo Testamento russo de Dostoiévski: "Amados, amemo-nos uns aos outros, porque o amor é de Deus, e qualquer um que ama é nascido de Deus e conhece a Deus. Aquele que não ama não conhece a Deus, porque Deus é amor" (pp. 53-54).

É assim que, em meio ao Éden, por meio do amor comunal que integra as partes como completas extensões do Todo, que é Deus, não há esforço para a obtenção e a partilha do fruto do trabalho, não há propriamente *meu* e *teu*, a integração orgânica sequer precisa separar o que é *nosso*, pois o Verbo divino faz com que Adão e Eva só se conjuguem como *nós*. O homem ridículo nos diz que não há ciúme e inveja, mesmo o núcleo familiar ali não existia, já que os filhos eram filhos de todos. Será que há morte no paraíso? Sim, mas um sentido inato de eternidade faz com que a morte seja vivenciada como um até breve. A integração, sempre segundo o homem ridículo, era tão plena, que eles "não tinham fé, mas em troca tinham a firme noção de que, quando a sua alegria terrena se plenificasse até os limites da natureza terrena, então começaria para eles, tanto para vivos quanto para mortos, um contato ainda mais amplo com o Todo do universo"

(DOSTOIÉVSKI, 2003, p. 113). Se nos lembrarmos da tipologia panorâmica dos mundos espirituais mencionada por Kardec, será possível dizer que tal paraíso idílico estaria no tempo primevo da humanidade, em que o mundo — a Terra e seus infinitos duplos — estava repleto de seres "simples e inscientes" (KARDEC, 2009, p. 67), cuja alegria orgânica se contrapunha, entretanto, à ausência de liberdade.

Quando o homem ridículo sentencia que "esses homens não se esforçavam por fazer com que eu os entendesse, amavam-me assim mesmo, mas em contrapartida eu sabia que eles também jamais me entenderiam, e por isso quase não lhes falava da nossa terra" (DOSTOIÉVSKI, 2003, p. 112), não há apenas ressentimento na colocação de nosso herói. É bem verdade que o rancor do homem ridículo o impede de sequer imaginar relações que não estejam sob o signo da desconfiança e do desentendimento recíprocos. Ainda assim, a hiperconsciência de nosso herói, filha de uma civilização muito mais complexa e contraditória do que a organicidade primeva, pressupõe o ímpeto por uma reconciliação que supere o individualismo encarniçado com novos marcos de liberdade[12].

Nesse sentido, podemos utilizar, *mutatis mutandis*, duas categorias de que Hegel lança mão para apreender o movimento dialético que envolve a *liberdade substancial* (tese), algo próximo ao patriarcado orgânico que o homem ridículo ora nos narra, e a *liberdade subjetiva* (antítese), que pressupõe um longo transcurso histórico para o surgimento de estruturas sociais mais complexas, de

12. Nesse sentido, Geraldo J. Sabo (2009) nos lembra, no ensaio "Socialismo e cristianismo", de que Dostoiévski considera o patriarcado como "a condição primeva/primordial. A civilização é uma condição intermediária, de transição" (p. 52).

modo que o eu adquira consciência de si e, consequentemente, possa se perceber como um ente distinto da imediatez do todo. Nas palavras de Hegel (2008), "a liberdade substancial é a razão da vontade existente em si", de forma orgânica, ou sob o jugo de um Estado patriarcal. "Todavia, essa determinação da vontade não contém ainda sabedoria e vontade próprias" (p. 93). Os filhos do Sol que circundam o homem ridículo são plenos, mas não são livres, vale dizer, eles não têm consciência da dimensão de sua própria existência. A vida até pode jorrar de uma fonte viva, como querem os laivos mais conservadores, nostálgicos e anacrônicos presentes em Dostoiévski, mas o ônus para tal retomada do Éden idílico seria o completo embotamento das conquistas histórico-racionais da humanidade. Aceitar tal fator limitado e limitante para a interpretação da obra de Dostoiévski seria o mesmo que pedir ao escritor que não compusesse suas narrativas, uma vez que elas aguçam, justamente, a hiperconsciência do ego solapado pelo niilismo. Assim, ao invés de um recuo, precisamos de um salto qualitativo para além da integração orgânica, em meio à qual

> leis e ordenamentos são consistentes em si mesmos, e diante deles os sujeitos comportam-se com perfeita subordinação. Ora, tais leis não devem ser conformes à vontade individual, e os sujeitos assemelham-se a crianças obedientes a seus pais, sem vontade nem julgamento próprios (HEGEL, 2008, p. 93).

O estado de integração orgânica é ainda mais simples do que a liberdade substancial hegeliana, porque, como *ainda* não houve a queda, seres humanos, animais, vegetais e seres inanimados não se distinguem entre si. (Lembremos que os filhos do Sol viviam em tamanha simbiose com a natureza que conseguiam conversar, *imediata-*

mente, com as árvores.) A liberdade subjetiva, por sua vez, "só se determina no indivíduo, constituindo a reflexão dele em sua consciência". Assim, prossegue Hegel,

> quando se produz a liberdade subjetiva [e, aqui, o filósofo alemão acelera o tempo histórico e a transformação das relações sociais da mesma forma que o homem ridículo o fará quando sobrevoar a história humana a partir da queda] e o homem desce da contemplação da realidade exterior para a sua própria alma, surge o contraste sugerido pela reflexão, envolvendo a negação da realidade [isto é, o destacamento do ego do todo imediato]. De fato, sair do presente já forma uma antítese, da qual um lado é Deus – ou o divino – e o outro o sujeito, como um indivíduo (2008, pp. 93-94).

A liberdade substancial que, em face da liberdade subjetiva, é, na verdade, uma não-liberdade, pressupõe a "moralidade objetiva espontânea", em meio à qual "a vontade individual do [não-]sujeito adapta-se imediatamente aos costumes, aos hábitos jurídicos e às leis. O [não-]indivíduo está, portanto, em unidade espontânea com o fim universal" (IDEM, p. 95). Em contrapartida, a moralidade objetiva deve ser "conquistada na luta pela liberdade subjetiva em seu *renascimento*" [grifo que sintetiza o sentido da cicatrização do espírito e que, em diálogo com Dostoiévski e Kardec, aponta para a dialética ao longo da eternidade.] A moralidade objetiva precisa se elevar, "pela purificação, até a livre subjetividade" (IBIDEM). Kardec (2009) diria que "a sabedoria de Deus" — sabedoria dialeticamente distinta do Deus Pai e orgânico, uma vez que os homens e as mulheres já não são idênticos a Adão e Eva — "está na liberdade que ele deixa a cada um de escolher, porque cada um [em meio à liberdade subjetiva] tem o mérito de suas obras" (pp. 67-68). Como veremos até o fim de nossa análise, para os homens ridículos, a negação da liberdade subjetiva — individualidade que, como Hegel nos demonstrou, é uma negação primeira do ego que se aparta do todo orgânico para poder existir como consciência de si e para si —, caso se queira emancipatória, precisa se consubstanciar, historicamente, como uma negação determinada, isto é, como a negação da negação da liberdade subjetiva com vistas à reconciliação dos egos hedonistas em meio a uma sociedade de sujeitos emancipados.

Segundo Theodor Adorno (2013), o temor do Hegel tardio e conservador — aquilo que viria a ser derivado como hegelianismo de direita — se relacionava à projeção de que a esfera por excelência da liberdade subjetiva, a sociedade civil e suas relações antagônicas, não pudesse superar (*aufheben*) a guerra intestina de todos contra todos. Daí "a idolatria do Estado por Hegel" (p. 104), já que o Estado, como instituição a se erigir para além dos sujeitos individuais em colisão, (supostamente) representaria o universal em meio à guerra dos particulares da sociedade civil. Se considerarmos a situação de uma Alemanha ainda não unificada e transpassada por principados antagônicos em meados do século XIX, veremos como o princípio hegeliano do Estado como a representação do universal dizia respeito à superação (*Aufhebung*) da dispersão fratricida, aspecto que matiza a atribuição de um conservadorismo unívoco a Hegel. Ainda assim, Adorno nos faz pensar que o Hegel mais próximo do Estado prussiano seria o Hegel para quem o real, tal como ele *já* se apresenta, é racional, assim como o racional, ainda que comporte a irracionalidade da autofagia individualista e centrífuga, *deve ser* real, isto é, *deve corroborar* os poderes existentes tais como eles se apresentam (e nos oprimem). Poderíamos utilizar o mesmo raciocínio adorniano para o temor de Dostoiévski que, a despeito de sua pujança racional que flerta com uma espiritualidade dialeticamente outra, ainda tenta encontrar antídotos para a modernidade por meio de soluções anacrônicas, idílicas e pré-modernas. Assim, se substituirmos a menção que Adorno faz a Hegel no trecho seguinte, entenderemos, com mais profundidade, a necessidade de negação determinada da razão instrumental com vistas a uma síntese verdadeiramente racional, isto é, emancipatória — e não, portanto, regressiva, nostálgica e irracionalista:

> Hegel manifestou que a sociedade reificada e racionalizada da era burguesa, na qual a razão dominadora da natureza se consuma, poderia se tornar uma sociedade digna dos homens, não através da regressão a estágios mais antigos e irracionais, anteriores à divisão do trabalho, mas ao aplicar sua racionalidade a si mesma, em outras palavras, ao reconhecer salutarmente as marcas do irracional em sua própria razão [a tensão entre a Razão que tende ao universal e a razão utilitária, particularista e excludente], assim como do rastro do racional no irracional [a utopia do universal que subsiste em meio à desrazão utilitária] (2013, p. 158).

Nesse sentido, Richard Peace (1982), a meu ver, se equivoca ao dizer que a utopia de Dostoiévski está univocamente baseada "não no progresso da razão humana, mas na retenção dos sentimentos inocentes e primitivos; para o escritor, a Idade de Ouro não está no futuro, mas no passado" (p. 73). Se há em Dostoiévski a nostalgia edênica, Richard Peace não acompanha a dialética dostoievskiana que, desde o ateísmo espiritual de Ivan Karamázov — como vimos no capítulo anterior —, abre a possibilidade para que a utopia se projete para o futuro, de modo que sejam superadas, histórica e espiritualmente, as contradições encarniçadas da civilização egoica que a modernidade levou às últimas consequências.

Por motivo análogo, também preciso discordar, dialeticamente, de Birgit Harress (1999), quando ela afirma que "Dostoiévski enfatiza que o homem governado por sua própria vontade acabará descendo ao nível dos animais" (p. 24). Dostoiévski certamente estaria de acordo com Hegel (2008), para quem "o conceito de uma relação da essência de Deus como substância universal da ação humana" [fundamenta] a "moralidade objetiva" (p. 137). O aspecto aterrador da modernidade, para Dostoiévski, dizia respeito à perda da conexão com a eternidade — isto é, Deus — por conta do acirramento dos egos. Conforme Gerald J. Sabo (2009) pontua ao retomar uma passagem do ensaio de Dostoiévski intitulado "Socialismo e cristianismo", trata-se do segundo estágio do desenvolvimento humano e social:

> Nesse desenvolvimento posterior [em meio à civilização] surge um fenômeno, um fato novo, do qual ninguém consegue escapar — trata-se do desenvolvimento da consciência pessoal e da negação das ideias e leis espontâneas (leis autoritárias e patriarcais das massas). (...) Essa condição, que implica a desintegração das massas em personalidades, como civilização, é insalubre. A perda da ideia vivencial sobre Deus dá testemunho disso. Nessa condição, as pessoas se sentem mal, ficam deprimidas, perdem a fonte da vida viva, não conhecem sensações espontâneas e estão conscientes de tudo (p. 53).

A perda da relação com a eternidade, para Dostoiévski, significava o embotamento da realidade em seu sentido quintessencial — precisamente aquilo que a modernidade ateia passaria a proscrever como *fantástico* e/ou *maravilhoso* – e o solapamento da base consuetudinária para as ações morais. É assim que Lyudmila Parts (2009), com um argumento que se aproxima do sentido desenvolvido ao longo deste livro, compreende que

> não é contra a ciência ou a lei que Dostoiévski dirige seus argumentos; na verdade, o autor as vê como ineficazes sem uma base cristã. (...) Assim, se a piedade é necessária para a comunidade social e se a piedade é inerentemente cristã, então a coesão social é impossível sem o cristianismo. (...) Um dos objetivos de Dostoiévski em *Crime e castigo* é mostrar as limitações da piedade secular e a impossibilidade da moralidade secular. Para esse fim, ele mostra como a tentativa de eliminar a religião da fundação da sociedade leva à degradação moral (p. 62; p. 70).

Concordo com Birgit Harress quando a autora fala sobre o terror de Dostoiévski em relação ao homem entregue a si mesmo, isto é, o temor em relação ao homem sem vinculação com a fonte da *vida viva*, vale dizer, Deus. No paraíso edênico, o homem ridículo pôde entrever que "eles continuavam em contato com os seus mortos mesmo depois de sua morte, (...) [pois] a morte não rompia a ligação terrena entre eles. (...) Estavam tão inconscientemente convictos dela [da vida eterna] que isso não constituiria para eles uma questão" (DOSTOIEVSKI, 2003, p. 113). Nesse sentido, Kate Holland (2000) também entreviu que

> as visões de mundo lineares da *intelligentsia* [os revolucionários] se baseavam no triunfo da razão e da lógica e em um paraíso terrestre, mas, segundo Dostoiévski, não passavam de abstrações, porque elas não satisfaziam as necessidades morais e espirituais do homem, e, em particular, elas não respondiam à questão que Dostoiévski considerava a mais crucial para o

homem: a possibilidade de vida eterna para além do túmulo[13] (p. 101).

Sem jamais deixarmos de considerar o caráter fundamental da eternidade para Dostoiévski, podemos proceder à negação determinada da colocação de Birgit Harress, uma vez que não se trata de relegar os homens ao estado primevo de massa insciente, mas de fazer com que a humanidade, ao se tornar autoconsciente, possa transformar a consciência de si em consciência entre si, entre os homens — em consciência partilhada em meio a uma sociedade emancipada. Já Hegel (2008) falara que, na liberdade substancial — isto é, em meio à não-liberdade, se tivermos em mente a antítese da futura conformação da liberdade subjetiva —, falta "a vontade que cumpre as ordens por convicções exteriores", já que o espírito, "por não ter atingido a interioridade", isto é, a condição (auto)reflexiva, "mostra-se como mera espiritualidade natural" (p. 101). A decorrência do argumento de Hegel nos mostra por que o então jovem e materialista Karl Marx iniciou sua trajetória intelectual como um hegeliano de esquerda:

> A mundaneidade deve ser adaptada ao princípio espiritual, mas *deve*, apenas: a força profana, abandonada pelo espírito, logo se esvai, necessariamente, diante da força espiritual, enquanto aquela, mergulhando na primeira, perde com a sua determinação também a sua força. (...) A forma mais elevada do

---

13. Nesse sentido, podemos entrever com que avidez Dostoiévski teria lido a seguinte passagem de Hegel (2008): "A ideia de que o espírito é imortal inclui a posse pelo indivíduo humano de um infinito valor em si. O mero natural parece isolado, é pura e simplesmente dependente de outro e tem a sua existência em outro: com a imortalidade, manifesta-se a concepção de que o espírito é infinito em si mesmo" (pp. 180-181).

pensamento racional [é] o espírito de novo refluindo sobre si próprio, produzindo a sua obra sob a forma de pensamento e tornando-se capaz de realizar o racional graças unicamente ao princípio de mundaneidade. Acontece que, em virtude da eficácia de determinações universais, que têm o seu fundamento no princípio do espírito, *o reino do pensamento é engendrado no real.* (...) *Isso é o resultado final a que o processo histórico deve chegar*, e nós temos que percorrer o longo caminho que acaba de ser sumariamente indicado. *Mas a extensão do tempo é algo muito relativo e o espírito pertence à eternidade*; para ele, não há propriamente extensão [grifos meus] (2008, p. 97).

A história, tanto para Hegel (e o jovem Marx) quanto para Dostoiévski, se transforma no terreno primordial para a cicatrização do espírito, para que "ele se produza e se transforme no que é". O espírito é "originalmente livre, e a liberdade é sua natureza e seu conceito" (IDEM, p. 209). Mas Hegel e Dostoiévski diriam que não se trata de afirmar, em si e para si, a liberdade original do espírito, o estado insciente e primordial dos homens, pois

não podemos considerar tal estado de selvageria como algo sublime, cometendo talvez o erro de Rousseau, que imaginou a situação dos selvagens da América como aquela na qual o homem estivesse no domínio da verdadeira liberdade. O selvagem desconhece uma grande parte do infortúnio e da dor, mas isso é apenas negativo, enquanto a liberdade tem que ser essencialmente afirmativa. Os benefícios da liberdade afirmativa são os benefícios da consciência sublime (IBIDEM).

Como já havíamos discutido no capítulo anterior, a liberdade em Dostoiévski constitui a quintessência da trajetória do espírito. Vale frisar, ainda uma vez, que se trata de uma liberdade determinada, uma vez que a liberdade completamente centrífuga — o ego que apenas se volta para e sobre si mesmo — bem poderia redundar em fratura social. (Também já vimos os desdobramentos que a obra de Dostoiévski apresenta nesse sentido, por meio do homicídio, da extorsão, da pedofilia e do suicídio.) Em diálogo com Hegel e com a trajetória do homem ridículo, começaremos a compreender, a partir de agora, que o movimento da história, com a deformação advinda da queda dos homens do paraíso edênico, apresenta, dialeticamente, a possibilidade de superação da insciência original por meio das feridas como um momento fundamental da liberdade — as feridas do ego individualizado e não mais organicamente integrado pressupõem o ímpeto pela cicatrização, o ímpeto pela reconciliação em uma nova totalidade para além da manada original.

De volta à nossa trajetória narrativa, o homem ridículo quer saber por que, em meio aos habitantes do Éden que o recebem como a um irmão, "não consigo odiá-los, se não os amo, por que não consigo deixar de perdoá-los, e ainda assim no meu amor por eles há melancolia: por que não consigo amá-los, se não os odeio?" Nosso herói sentencia, então, que "a sensação de plenitude da vida me tirava o fôlego, e eu os adorava calado" (DOSTOIÉVSKI, 2003, p. 114; p. 115). Ainda uma vez, a tensão entre o passado orgânico e o futuro com potencial de liberdade se estabelece para apreendermos a utopia da reconciliação em Dostoiévski. Estamos a um passo de descobrirmos que o homem ridículo fará as vezes da serpente demoníaca do *Gênesis*. Nosso herói será o artífice da queda, isto é, ele propiciará a síntese radical para o transcurso da história que vai da massa insciente e suas formações sociais orgânicas e simples à complexidade da civilização e sua divisão social trabalho que ensejam o indivíduo e a autoconsciência egoica. Assim, dialeticamente, o homem ridículo sente a dor de não poder se irmanar, *imediatamente*, à comunhão paradisíaca. Mas, conforme vimos argumentando, tal melancolia implica uma evolução, um movimento qualitativamente distinto: é duríssimo não poder amá-los, é um horror entrever que o desamor egoico levou o homem ridículo ao suicídio, mas não é possível retornar a momentos que a história superou sem mutilar as mediações que foram conformando a identidade humana através do transcurso das gerações. Preciso concordar com Richard Peace (1982), quando o autor diz que

> é o homem a se apartar dos demais que constitui a causa do declínio da Idade de Ouro em "O sonho de um homem ridículo". (...) Nos romances de Dostoiévski os homens que se apartam dos demais, tais como o homem do subsolo, Raskólnikov, Kiríllov, se tornam propensos a ideias extremistas, negativas e destrutivas (p. 72).

Ocorre que, conforme discutimos no capítulo anterior, a reintegração dos egos não se dará, como quer Aliócha Karamázov, por meio da clausura da humanidade, ainda uma vez, em feudos e/ou monastérios, não humanizaremos a humanidade ao embotarmos o nível de consciência social historicamente erigido. O temor e o tremor dostoievskianos fazem o autor levar a razão utilitária tanto ao ápice dialético de sua superação pela razão emancipatória quanto ao retrocesso pela desrazão que se volta para o embotamento do paraíso orgânico e/ou para o misticismo do cristianismo ortodoxo. A obra de Dostoiévski testemunha, nesse sentido, uma colocação lapidar do clérigo Tíkhon, personagem de *Os demônios*: "O ateísmo completo está no penúltimo degrau da fé mais perfeita (se subirá esse degrau já é outra história)" (2004, p. 662). Por nutrir essa contradição agônica até o fim de sua vida — contradição que, na verdade, ultrapassa Dostoiévski e se alça da subjetividade do escritor para o caráter objetivo de sua época, como espírito do tempo —, o autor fomentou em sua obra a tese positiva do retrocesso orgânico, histórico e espiritual e a antítese negativa e radical da espiritualidade dialética a acompanhar a razão. A angústia sobre a possibilidade histórica de negação da negação (a síntese) — angústia que, como já vimos, comporta um Dostoiévski revolucionário para além do Fiódor nacionalista e ortodoxo cerceado por sua época — tornou a contradição o elemento histórico-motor da obra do escritor russo, de modo a não antecipar (e hipostasiar) "a reconciliação como um atentado contra a conciliação real" (ADORNO, 2013, pp. 102-103), uma vez que a síntese ainda não adveio — e a dúvida lancinante do niilismo que sempre rondou Dostoiévski suspeita que ela pode não advir. Nesse sentido, Sergei Hackel (1982) nos relata que, quando um amigo de Dostoiévski o intimou a fornecer respostas para as críticas de Ivan Karamázov a Deus, em sua *Lenda do grande inquisidor*, o escritou assim redarguiu:

> Precisamente, e toda a minha preocupação e ansiedade residem nisso agora. O próximo livro trará uma resposta a todo o *lado negativo*. E eu fico até trêmulo com isso: será que chegarei a uma resposta *suficiente?* Especialmente porque a resposta, na verdade, não será direta, não será uma resposta ponto a ponto em relação às questões levantadas anteriormente, mas ela virá de forma indireta. Isso é o que me perturba, isto é, será que chegarei a uma resposta compreensível e será que alcançarei sequer uma parte do meu objetivo? (p. 13)

Como Dostoiévski faleceu em 1881, dois anos após a publicação de *Os irmaõs Karamázov*, não veio à tona a obra que poderia se contrapor, ainda que obliquamente, às diatribes do grande inquisidor — diatribes que, conforme vimos argumentando, procuram resguardar, dialeticamente, a possibilidade de a espiritualidade acompanhar a razão. Ainda assim, "O sonho de um homem ridículo", a meu ver, desempenha um papel *positivo*, na medida em que, ao transitar da agonia para a possibilidade de redenção, ilumina as contradições objetivas de sua obra e nos fornece a possibilidade de apreender o ímpeto por uma nova totalidade através das fraturas e caminhos exíguos abertos pela história que *ainda* não se reconciliou.

É assim que, no ápice da integração edênica da qual o homem ridículo já não pode fazer parte, nosso herói nos conta o segredo que já antecipáramos: "Tudo isso, talvez, não tenha sido sonho coisa nenhuma!" Afinal, a espiritualidade proscrita pela modernidade como um sonho fantástico, para Dostoiévski, é a realidade elevada à máxima potência. "Porque aqui [no Éden] se passou uma coisa tal, uma coisa tão horrivelmente verdadeira, que não poderia ter surgido em sonho (...) O fato é que eu... perverti todos eles!" (DOSTOIÉVSKI, 2003, pp. 115-116)

5.6. DA QUEDA À RECONCILIAÇÃO?

> Sim, sim, o resultado foi que eu perverti todos eles! (...) O sonho atravessou um milênio voando e deixou em mim apenas a sensação do todo. Só sei que a causa do pecado original fui eu (IDEM, p. 117).

A última parte de "O sonho de um homem ridículo" volta aos primórdios do *Gênesis* com a reedição da queda de Adão e Eva. Assim, em uma passagem que um leitor desavisado poderia atribuir a Dostoiévski, Hegel (2008) nos conta que o homem, criado à imagem e semelhança de Deus, perdeu o seu contentamento absoluto ao comer da árvore do conhecimento do bem e do mal. O pecado aqui reside no conhecimento: ele é pecaminoso, e por sua causa o homem perdeu a felicidade natural. É bem verdade que o mal reside na consciência, pois os animais não são nem bons e nem maus, da mesma forma que o homem natural. Só a consciência possibilita a divisão do eu, depois de sua infinita liberdade como arbitrariedade e do puro conteúdo da vontade, do bem. O conhecimento da elevação da unidade natural é o pecado, não sendo uma história acidental, mas a história eterna do espírito, pois esse estado da inocência, esse estado paradisíaco, é animalesco. O paraíso é um jardim onde só os animais podem permanecer, não os homens, pois o animal forma uma unidade com Deus, mas apenas por si. Só o homem é espírito, ou seja, para si mesmo. Esse ser para si, essa consciência, é, todavia, a divisão do espírito universal divino. Se me oponho, em minha liberdade abstrata, ao bem, então essa é a posição do mal. O pecado original é, por isso, o eterno mito do homem, pelo qual ele se torna humano (p. 273).

A questão dostoievskiana por excelência, conforme vimos argumentando, é saber se a humanidade conseguirá se humanizar *para além* do pecado original, se ela conseguirá se religar com a eternidade, já que a estagnação no pecado original, na individuação hedonista, "é o mal; (...) [eis] o sentimento de dor sobre si e a ânsia que encontramos em Davi, quando ele canta: 'Senhor, concede-me um coração puro e um espírito novo'"(IDEM, p. 273). O homem ridículo dera um tiro em seu coração, e Cristo já dissera que o Reino de Deus pressupõe espíritos puros como as crianças. A pureza, aqui, se refere à reforma moral, sobre a qual falaremos mais adiante, mas não corrobora o embotamento da consciência. O coração puro, no cântico dos cânticos de Davi, quer se aliar a um espírito dialeticamente novo — eis uma síntese para a trajetória do homem ridículo.

Nosso herói nos diz que a perversão por ele inoculada entre os filhos do Sol logo dá vazão à mentira. O sobrevoo quintessencial pelos elos de queda e conexão da humanidade segue de forma vertiginosa — cada palavra e cada frase sintetizam séculos de transcurso da história: a mentira enseja o gosto pela mentira, a beleza começa a se irmanar a tudo o que é lúgubre, logo chegamos à volúpia, por sua vez contígua ao ciúme — se já há o ciúme, estamos diante da ruptura da não-propriedade, isto é, da produção social como o todo comunal. O ciúme pressupõe a cisão entre o *meu* e o *seu*, o *nosso* se fratura e já aponta para os primórdios da luta de classes. "Bem depressa respingou o primeiro sangue" (DOSTOIÉVSKI, 2003, p. 117).

> Caim disse (...) a Abel, seu irmão [ambos filhos de Adão e Eva]: "Vamos ao campo". Logo que chegaram ao campo, Caim atirou-se sobre seu irmão e matou-o. O Senhor disse a Caim: "Onde está teu irmão Abel?" — Caim respondeu: "Não sei! Sou porventura eu o guarda do meu irmão?" O Senhor disse-lhe: "Que fizeste! Eis que a voz do sangue do teu irmão clama por mim desde a terra. De ora em diante, serás maldito e expulso da terra, que abriu sua boca para beber de tua mão o sangue do teu irmão. Quando a cultivares, ela te negará os seus frutos. E tu serás peregrino e errante sobre a terra" (GÊNESIS, 4, 8-12).

O *Gênesis* nos diz que Abel era pastor e Caim, lavrador (4, 2). A simbologia é profunda: Abel, nosso antepassado mais puro e longínquo, ainda desempenhava atividades nômades e rudimentares. Ademais, o pastor pressupõe o rebanho, forma pela qual os filhos do Éden eram chamados em sua integração e indiferenciação orgânicas. O lavrador Caim pressupõe a sedimentação oriunda da agricultura. Quando Deus condena o primeiro assassino mítico à errância e à peregrinação, os homens e mulheres decaídos sentimos o início da contradição de termos nos destacado do todo amorfo, de termos nos reconhecido como criaturas, de termos nos sedimentado, mas, ainda assim, de não mais conseguirmos nos reconciliar. A ironia que Caim desfere contra Deus mostra a altivez do ego que ousa se contrapor Àquele que o forjou. Quando o onisciente pergunta a Caim onde está Abel, o assassino Lhe responde: "Não sei! Sou porventura eu o guarda de meu irmão?" Ora, Deus mesmo já deveria saber. O tema é dostoievskiano e hegeliano por excelência: a liberdade subjetiva dos novos homens pressupõe o desvio; a liberdade, no limite, pressupõe a mimese das aniquilações divinas por parte dos homens — Caim toma para si o gládio e, ao matar seu irmão Abel, sentencia que não apenas Deus é capaz de afogar suas criaturas com o dilúvio. Diante da cumplicidade de Deus com o assassínio, Kardec (2009) diria que "Deus não criou espíritos maus, criou-os simples e ignorantes, isto é, com aptidão tanto para o bem quanto para o mal [com capacidade para a perfectibilidade divina]. Aqueles que são maus [como Caim o foi] assim se tornaram por sua vontade" (p. 67). Como ainda somos mais descendentes de Caim do que de Abel, Dostoiévski, Hegel e Kardec diriam que "a sabedoria de Deus está na liberdade que ele deixa a cada um de escolher, porque cada um tem o mérito de suas obras" (IDEM, pp. 67-68). Do contrário, seríamos felizes e autômatos, reconciliados e inscientes. Em suma, mais *animais* que *racionais*.

Após o assassínio de Abel, os homens e mulheres, à imagem e à semelhança de Caim, "começaram a se dispersar, a se dividir. Surgiram alianças, mas dessa vez umas contra as outras" (DOSTOIÉVSKI, 2003, p. 117). As epígrafes dostoievskianas sobrevoam movimentos ctônicos da história humana. O jovem Marx de *A ideologia alemã* (1998) desponta, então, para estabelecermos mediações entre a integração original e orgânica e o surgimento das alianças facciosas e encarniçadamente antípodas:

> A primeira forma da propriedade é a propriedade tribal. Ela corresponde àquele estágio rudimentar da produção em que um povo se alimenta da caça e da pesca, do pastoreio ou, eventualmente, da agricultura [tenhamos em mente as imagens de Abel e Caim]. (...) Nesse estágio, a divisão do trabalho é ainda muito pouco desenvolvida e representa apenas uma extensão maior da divisão natural que ocorre na família. A estrutura social se limita, por isso mesmo, a uma extensão da família: chefes da tribo patriarcal, abaixo deles os membros da tribo e os escravos. A escravidão latente na família só se desenvolve paulatinamente com o aumento da população e das necessidades, com a extensão dos intercâmbios externos, tanto da guerra como do comércio (pp. 12-13).

As famílias vão se tornando maiores, o excedente da produção coletiva passa a ser apropriado pela família mais numerosa e poderosa, as cisões ensejam o nomadismo de Caim — a agricultura talvez ainda não tenha atingido a pujança total para a fixação. A dispersão dos homens e mulheres pressupõe a divisão do trabalho social a partir da divisão do trabalho no seio familiar — o masculino dominante e o feminino subalterno para além da distinção biológica, o regime da casa e a busca por alimento. Marx prossegue dizendo que

> essa divisão do trabalho encerra ao mesmo tempo a repartição do trabalho e de seus produtos, distribuição *desigual*, na verdade, tanto em quantidade quanto em qualidade. Encerra por-

tanto a propriedade, cuja primeira forma, o seu germe, reside na família em que a mulher e os filhos são escravos do homem (IDEM, p. 27).

Nessa nova guerra de todos contra todos que se retroalimenta do micro ao macrocosmo, o surgimento de alianças facciosas e encarniçadamente contrapostas pressupõe a expansão dos clãs e a formação de nações. O homem ridículo nos diz, então, que surgem "as acusações, as censuras. Conheceram a vergonha, e a vergonha erigiram em virtude. Nasceu a noção de honra, e cada aliança levantou a sua própria bandeira" (DOSTOIÉVSKI, 2003, p. 117). Vemos, aqui, um marco dialético importante: a superação da (não-)liberdade substancial do todo orgânico pela liberdade subjetiva do ego passa a aprofundar a lei do mais forte. Assim, as alianças se assemelham à ideia do contrato social hobbesiano: para que os egos fratricidas não se aniquilem completamente, a nova liberdade começa a alicerçar mecanismos de coesão e autoridade sociais que possuem teores de verdade para além da lei do mais forte. Ainda que os grupos mais poderosos prevaleçam, a vergonha e a honra, vistas pelo homem ridículo como uma perda em relação à integração original, representam, dialeticamente, a retomada do ímpeto de integração para os homens e mulheres que já não podem ser subsumidos pelo rebanho do Éden. Os homens passam a falar línguas diferentes, a torre de Babel ganha contornos e se irradia com as grandes navegações, a ciência irrompe e se retroalimenta da manufatura e da indústria vindouras — "na indústria, o homem é o seu próprio objeto e trata a natureza como algo subjugado a ele, imprimindo o selo de sua atividade" (HEGEL, 2008, p. 163), de modo que, conforme Marx (1998), logo encontramos a oposição entre cidade e campo e, mais tarde, a oposição entre os Estados que representam o interesse das cidades e aqueles que representam o interesse dos campos (...). A partir do instante em que o trabalho começa a ser dividido, cada um tem uma esfera de atividade exclusiva e determinada, que lhe é imposta e da qual ele não pode fugir; ele é caçador, pescador, pastor ou crítico e deverá permanecer assim se não quiser perder seus meios de sobrevivência. (...) A divisão do trabalho implica também a contradição entre o interesse do indivíduo isolado ou da família isolada e o interesse coletivo de todos os indivíduos que mantêm relações entre si (pp. 13-14; pp. 27-28).

Quando as contradições se exacerbam de maneira a quase estilhaçar o todo frágil que só se mantém pela exploração das desigualdades e pela necessidade de sobrevivência,

quando todos se tornaram maus, começaram a falar em fraternidade e humanidade e entenderam essas ideias. Quando se tornaram criminosos, conceberam a justiça e prescreveram a si mesmos códigos inteiros para mantê-la, e para garantir os códigos instalaram a guilhotina. Mal se lembravam daquilo que perderam, não queriam acreditar nem mesmo que um dia foram inocentes e felizes (DOSTOIÉVSKI, 2003, p. 118).

A dialética avivou o processo de antítese no homem ridículo justamente quando o suicídio já lhe fazia entrever a lápide de sua sepultura. Assim, o ápice do processo de autofagia social enseja a eclosão de ideias totalizantes que alcem os homens para além de si mesmos, que estruturem o movimento global da história como a tensão entre o particular e o universal, a exploração e a emancipação. Era nesse sentido que Hegel (2008) compreendia o empreendimento das grandes navegações:

> O oceano convida o homem à conquista e à pilhagem, mas igualmente ao comércio e ao lucro. A terra, na região do vale, fixa o homem ao solo, tornando-o infinitamente dependente; o mar o conduz para além desses limitados círculos de pensamento e ação. Aqueles que cruzam os mares visam também ao lucro; mas os meios que utilizam para realizar esse intento são paradoxais: arriscam a propriedade e a própria vida. Os meios são, portanto, o oposto daquilo que tencionam (pp. 80-81).

Que a guilhotina irrompa como um símbolo bárbaro em meio à tentativa de humanização da humanidade para além da barbárie absolutista e medieval não deveria embasbacar nem a escatologia do homem ridículo e nem seu pai criador, uma vez que Fiódor Dostoiévski sempre acompanhou de forma rente as contradições da história e dos homens. Nesse momento, se quiséssemos tornar unilateral a apreensão da narrativa dostoievskiana, diríamos que o escritor possui um profundo materialismo crítico quando se trata de apreender as aporias dos movimentos esquerdistas de transformação da humanidade, criticidade que se arrefece e se torna algo idealista quando Dostoiévski narra a distância entre a história material dos homens e a Ideia de reconciliação com o paraíso perdido. Como este livro não apreende Dostoiévski como um nostálgico — apesar de analisarmos os momentos em que tal perspectiva está presente em sua obra —, trata-se de insuflar dialética para entendermos como a mão que fere também pode curar, como o punho cerrado do soco pode se distender de modo a oferecer a mão para a amizade e o afago. Hegel, nesse sentido, estabelece a mediação para voltarmos a arremessar o homem ridículo contra si mesmo, para que tentemos entrever as cabeças que voltam a se unir ao corpo após a guilhotina: "A escravidão é, em si e por si, injustiça, pois a essência humana é liberdade. Mas, para chegar à liberdade, o homem tem que amadurecer. Portanto, a abolição progressiva da escravidão é algo mais apropriado e correto do que a sua abrupta anulação" (2008, p. 88). Mas, prossegue o homem ridículo, "se pelo menos fosse possível que eles voltassem àquele estado inocente e feliz do qual se privaram, e se pelo menos alguém de repente o mostrasse a eles de novo e lhes perguntasse: querem voltar? — eles certamente recusariam" (DOSTOIÉVSKI, 2003, p. 118). Ao que responderíamos ao homem ridículo: não é possível retornar ao Éden insciente sem mutilar a história, sem condenar a humanidade à prostração diante de um Deus Pai supremo que trata seus filhos como crianças eternas. A recusa é dialética: a volta ao Éden não se dará como um movimento linearmente circular, ao fim do qual o ponto de chegada coincide com o ponto de partida. Isso significaria a supressão das conquistas históricas que brotaram do solo da pilhagem, significaria o embotamento da memória transmitida através das gerações. Só a completa barbárie — uma hecatombe nuclear como a imagem da totalidade a se confundir com o nada — nos faria voltar a acender velas de cera diante de ícones silenciosos. Como Hegel bem o sabia desde Heráclito de Éfeso, o retorno se dá por meio de um movimento em espiral — há paralelismo entre pontos de consciência e desenvolvimento análogos (a memória sempre nos trará nostalgia), mas não se trata das mesmas situações, pois o rio de Heráclito faz a quantidade transbordar pelas margens para alcançar uma nova qualidade. Assim, a sociedade irreconciliada sente saudade da Idade de Ouro, uma saudade, na verdade, projetada dialeticamente para o futuro, uma saudade que quer recuperar o teor de verdade do Éden (a integração) para alçá-lo em convivência reconciliada dos novos homens e mulheres cientes de si e entre si.

Ocorre que — assim dizem os outrora filhos do Sol ao homem ridículo — nós

> temos a ciência, e por meio dela encontraremos de novo a verdade, mas dessa vez a usaremos conscientemente, o entendimento é superior ao sentimento, a consciência da vida — é superior à vida. A ciência nos dará sabedoria, a sabedoria revelará as leis, e o conhecimento das leis é superior à felicidade". Era o que eles me diziam, e nem podiam fazer diferente. Cada um tornou-se tão cioso de sua individualidade que não fazia outra coisa senão tentar com todas as forças humilhar e diminuir a dos outros, e a isso dedicava a sua vida (DOSTOIÉVSKI, 2003, p. 119).

O fragmento em questão enuncia o sentido dialético da utopia: a elevação racional dos homens para além da razão utilitária — como os autores mais conservadores da fortuna crítica dostoievskiana tendem a interpretar as diatribes do escritor como se elas fossem críticas *in toto* (e, portanto, não dialéticas), o contrário supostamente reconciliado da sociedade racional seria a organicidade idílica e sentimental. Entretanto, já Theodor Adorno (2009) se perguntara se

> as coisas seriam tão diferentes em épocas que se presumem como sob uma abóbada celeste metafísica, épocas que o jovem Lukács [da *Teoria do romance*] denominava as épocas prenhes de sentido. (...) O caráter fechado das culturas, a imperatividade coletiva de concepções metafísicas, o seu poder sobre a vida não garantem a sua verdade. A possibilidade de uma experiência metafísica é antes irmanada com a possibilliddade da liberdade, e, dessa liberdade, somente o sujeito desenvolvido é capaz, o sujeito que destruiu os laços louvados como sagrados (p. 328).

Como Dostoiévski pode ser tido como um dos autores que, dialeticamente, mais arremessaram a razão contra si mesma por meio do próprio movimento racional, não é possível enquadrá-lo na fileira dos irracionalistas (por mais que algumas tendências do próprio Dostoiévski assim o quisessem) e não é possível aceitar o ninho idílico do homem ridículo sem abortar a liberdade a que Hegel e Adorno (e o próprio Dostoiévski) fazem menção. Os filhos do Sol que se tornaram ciosos da própria individualidade vivem em um contexto histórico-social que, a administrar de forma cada vez mais rente (e introjetada) todas e cada uma de nossas ações, arremessa os sujeitos uns contra os outros em meio à sanha pela sobrevivência e apresenta a irracionalidade fundamental a reproduzir a sociedade socializada. Então — prossegue o homem ridículo —, nesse contexto de escravidão coletiva (e até mesmo de escravidão voluntária) e de apedrejamento dos justos,

> surgiram pessoas que começaram a imaginar: como fazer com que todos se unam de novo, de modo que cada um, sem deixar de amar a si mesmo mais do que aos outros, ao mesmo tempo não perturbe ninguém e possam viver assim todos juntos como que numa sociedade cordata (DOSTOIÉVSKI, 2003, p. 119).

Neste momento em que o eco do socialismo ressoa no sobrevoo vertiginoso da história em "O sonho de um homem ridículo", a voz autoral do ex-socialista, ex-membro do Círculo de Petrachévski e ex-prisioneiro político Fiódor Dostoiévski pulsa sob a colocação de nosso herói. Susan McReynolds (2003) sintetiza a tensão entre transformação moral e social em Dostoiévski ao afirmar que

> ao longo de sua vida após o exílio, o autor insiste que o progresso comunal só é alcançado por meio do avanço moral dos

indivíduos. "O homem não muda por razões *externas*, mas apenas por transformações *morais*", escreve Dostoiévski em seu caderno de anotações em 1863. Assim, de acordo com o escritor, a melhoria das formas externas e institucionais da vida social não resulta das mudanças nos papéis políticos, mas das transformações da condição interior e moral dos indivíduos" (p. 82).

A noção de que a transformação interior e moral *precede* a transformação externa e político-social pôde ser vivenciada por Dostoiévski no frêmito da comutação da pena de morte a que os integrantes do Círculo de Petrachévski haviam sido condenados. Robert Louis-Jackson (2002) menciona um trecho de uma carta de Dostoiévski a seu irmão Mikhail, trecho marcado por um extraordinário senso de descoberta espiritual:

> Meu irmão, eu não perdi a coragem e não me sinto desmotivado. Vida é vida em qualquer lugar, a vida está em nós mesmos, e não no exterior. Haverá pessoas ao meu redor, e ser um homem entre os homens, permanecer assim para sempre, não perder a esperança e desistir, não importa quão duras as coisas possam se tornar — isso é a vida, e esse é seu propósito. Eu acabei descobrindo isso. Essa ideia agora se tornou parte da minha carne e do meu sangue (p. 20).

O trecho é extremamente tocante e nos mostra, ainda uma vez, o talento de Dostoiévski para extrair o sentido fundamental da vida a partir de situações escatológicas — a realidade efetiva e superior que jorra da realidade embotada pelo cotidiano. Ainda assim, precisamos arremessar o homem ridículo e Dostoiévski contra si mesmos, uma vez que não há uma vida em si e para si que não esteja dialeticamente relacionada às condições materiais e à história. Com Dostoiévski, seria bem possível dizer que a transformação das instituições e das relações sociais não esgota a cicatrização do espírito — a revolução política, assim, seria apenas o começo de uma revolução muito mais profunda e encarniçada, a revolução do coração dos homens, uma vez que a humanidade liberta da esfera da necessidade passaria a viver a exponencialização dos desejos segundo novas (e imprevisíveis) possibilidades. Mas a discussão sobre a moralidade como uma esfera autônoma, como se o sujeito ético pudesse legislar sobre suas ações com coerência em meio a um contexto contraditório e fraturado, aponta para um solipsismo que enfraquece a crítica dostoievskiana ao atual estado de coisas e não desvela as imbricações e implicações entre a parte e o todo, o indivíduo e a sociedade. É nesse sentido que Theodor Adorno (2013) traz à tona uma consideração de Hegel que nos vale como uma negação determinada da moralidade em Dostoiévski:

> A frase de Hegel de que não existe realidade moral alguma não é um mero momento de transição para a sua doutrina da eticidade objetiva. Nessa frase transparece já o reconhecimento de que o moral não se conhece de forma alguma a partir de si mesmo, de que a consciência não garante a ação justa e de que o Eu que se retrai em direção a si mesmo para saber aquilo que ele deveria ou não fazer se perde no irracional e na vaidade. Hegel continua perseguindo um impulso do esclarecimento radical. À vida empírica, ele não opõe o bom como um princípio abstrato, como uma ideia que se satisfaria a si mesma, mas ele o liga segundo seu conteúdo próprio à produção de um todo justo — àquilo que, na *Crítica da razão prática*, aparece com o nome de humanidade. Com isso, Hegel transcende a separação burguesa entre o *ethos* como uma determinação que obriga incondicionalmente, mas que vale tão somente para o sujeito, e a objetividade pretensamente empírica da sociedade (p. 127).

A vinculação *necessária* entre moralidade e sociedade, ética e história irrompe, então, como uma implicação recíproca. E se, por um lado, o Dostoiévski que escapa da pena de morte após o perdão do tsar enfatiza, de forma algo unilateral e escatológica, a dimensão da internalidade como o bastião de tudo aquilo que é vívido e moral, também é preciso arremessar Hegel e Adorno contra si mesmos, à luz das tragédias históricas perpetradas pelos regimes tidos como socialistas, por meio da noção de que a moral não se conhece de forma alguma a partir de si mesma, isto é, de que não há um teor de verdade na integração a partir da ideia de uma bondade que deva ser socialmente partilhada. Se a moralidade em si e por si mesma padece de abstrações que são neutralizadas pelo mal reproduzido cotidianamente em termos sociais, a ética concebida meramente como ideologia das classes dominantes a serem destronadas e como entrave anacrônico para a nova sociedade pode gerar aquilo que Robert Louis-Jackson (2002), em estreito diálogo com a obra de Dostoiévski, chamou de "os problemas dos crimes contra a humanidade em nome da humanidade" (p. 13). Assim, ao considerarmos Dostoiévski um autor que se imbrica à (escato)lógica da história de modo a levar as ideias às últimas consequências em termos de seus desdobramentos futuros e *possíveis*, não deixa de ser totalmente *premonitória* a seguinte consideração do homem ridículo à luz dos campos de concentração sino-soviéticos, dos campos de extermínio no Camboja e do *paredón* cubano:

Os beligerantes acreditavam firmemente e ao mesmo tempo que a ciência, a sabedoria e o sentimento de autopreservação [sem a fonte da vida viva que, para Dostoiévski, se nutria da eternidade] vão afinal obrigar o homem a se unir numa sociedade cordata e racional, e assim, enquanto isso, para apressar as coisas, os "sábios" esforçavam-se o mais depressa possível por exterminar todos os "não sábios" que não entendiam a sua ideia, para que não interferissem no triunfo dela (DOSTOIÉVSKI, 2003, p. 119).

É assim que o homem ridículo logo entrevê que o sentimento de autopreservação vai se embotando, na medida em que os homens, seres sociais por excelência, só se veem privados da felicidade em meio à solidão compartilhada com os demais, na medida em que os homens não veem qualquer sentido em uma vida fadada à morte e que apenas pode recompensá-los — se é que o pode fazer — nos breves anos de juventude. O sofrimento se torna a beleza, "já que só no sofrimento existe razão" (IDEM, p. 120). Eis, aqui, uma síntese para a obra de Dostoiévski se a considerarmos apenas pelo prisma do niilismo, isto é, dos homens a viver sob o crepúsculo de Deus. O homem ridículo se apieda, ele se sente responsável pela queda dos filhos do Sol, nosso herói logo quer ser crucificado, a dor é enorme, "mas eu não conseguia, não tinha forças para me matar sozinho, (...) [eu] queria tomar deles os suplícios, estava sedento de suplícios, sedento de que nesses suplícios o meu sangue fosse derramado até a última gota" (IBIDEM). Se a vaidade mórbida não pode fazer com que Narciso — uma das máscaras do homem ridículo e do homem do subsolo e, a bem dizer, de grande parte das personagens agônicas de Dostoiévski — seja canonizado por sua beleza, que o culpado pela queda dos homens se ofereça em holocausto e, ainda uma vez, se torne o centro das atenções. Não deixa de ser sintomático, nesse sentido, que o mesmo homem ridículo que descobre o egoísmo historicamente reproduzido como um mal fundamental a ser superado seja o herói que não consegue vivenciar as situações para além do egocentrismo. Quando os filhos decaídos do Sol começaram a ameaçar o homem ridículo com o exílio no hospício se ele não deixasse de tentar lembrá-los sobre o paraíso perdido — paraíso que poderia ser dialeticamente recuperado —, "a dor entrou na minha alma com tanta força que o meu coração se oprimiu e eu senti que estava prestes a morrer, e foi aí... bem, foi aí que eu acordei" (IDEM, p. 121).

O sonho propriamente dito termina, e quando o homem ridículo depara com o revólver diante de si, nosso herói o repele com a sensação de que fora novamente ungido pela vida.

> Sim, a vida e — a pregação! Naquele mesmo minuto decidi que iria pregar, e é claro que pelo resto da minha vida! Eu vou pregar, eu quero pregar — o quê? A verdade, pois eu vi, eu a vi com os meus próprios olhos, eu vi toda a sua glória! (...) Todos seguem em direção a uma única e mesma coisa, pelo menos todos anseiam por uma única e mesma coisa, do mais sábio ao último dos bandidos, só que por caminhos diferentes. (...) Eu vi a verdade, eu vi e sei que as pessoas podem ser belas e felizes, sem perder a capacidade de viver na terra. Não quero e não posso acreditar que o mal seja o estado normal dos homens (IDEM, p. 121; p. 122).

Gerald J. Sabo (2009) analisa as implicações do termo utilizado pelo homem ridículo para se referir à verdade, истина (*istina*):

> Que *istina*/verdade é um sinônimo para Cristo foi notado por Diane Oenning Thompson em uma análise de *Os demônios*. Aqui, o velho Vierkhoviénski faz a distinção entre *pravda* e *istina*: "Eu menti a vida inteira. Mesmo quando eu falava a verdade [*pravdu*], eu nunca falava a verdade [*istinu*], mas so-

mente para mim mesmo". De acordo com Thompson, então, "a verdade própria a Stiepan, *pravda*, que geralmente designa a verdade terrena ou a justiça, agora se opõe à *istina* (verdade), um termo bíblico comum e um sinônimo para Cristo"[14] (p. 58).

Em discussão com o ensaio de Dostoiévski "Socialismo e cristianismo", Sabo nos lembra de que "o cristianismo é o terceiro e último estágio do ser humano, mas, aqui, o desenvolvimento termina, e o ideal é alcançado, [já que há] uma *vida futura* [*buduschaia jizn'*]" (IDEM, p. 52). Poderíamos dizer que, para Dostoiévski, cicatrização do espírito e eternidade se pressupõe reciprocamente. Assim, se torna compreensível a colocação de Robert Louis-Jackson (1981), quando o autor diz que

> Deus criou o homem à Sua própria imagem. Mas essa imagem se torna obscura e até mesmo desfigurada. [Trata-se da queda que faz com que o homem adquira sua própria liberdade para, dialeticamente, voltar ao sentido divino em um novo patamar, liberdade que, como vimos argumentando, pode pressupor as maiores transgressões.] Ela nunca se perde completamente; no entanto, a imagem precisa ser redescoberta, "restaurada" — em termos teológicos, redimida — em toda a sua pureza original. As preocupações fundamentais de Dostoiévski em sua arte estão sempre relacionadas a essa tarefa de restauração (p. 18).

Os niilistas e resignados que leem a obra de Dostoiévski têm muita dificuldade em lidar com a colocação do homem ridículo de que "não quero e não posso acreditar que o mal seja o estado normal dos homens"

---

14. "Problems of the Biblical Word in Dostoevsky's Poetics". In: *Dostoevsky and the Christian Tradition.* Eds. George Pattion and Diane Oenning Thompson. Cambridge: Cambridge UP, 2001, pp. 69-99; aqui, p. 78.

(DOSTOIÉVSKI, 2003, p. 122). Mas, então, como se daria a trajetória de *restauração*, ou, por outra, *cicatrização*, não só do homem ridículo, mas também de seus semelhantes? Quando nosso herói diz que "eu vou seguir, vou seguir, ainda por mais mil anos!" (IBIDEM), não devemos associar a noção do milênio a uma mera hipérbole, mas à noção que aproxima Dostoiévski de Kardec: a tentativa de disseminar a verdade para além do espírito que se curou pressupõe, *necessariamente*, a eternidade. "E, quanto àquela menininha, eu a encontrei... E vou prosseguir! E vou prosseguir!" (IDEM, p. 123) Seria factível que o homem ridículo a tivesse (re)encontrado nesta vida, após o sonho, ou então que a eternidade tivesse possibilitado o (re)encontro sob novas formas. Resta saber, no entanto, como disseminar a verdade. "Mas como instaurar o paraíso — isso eu não sei, porque não sou capaz de transmitir isso em palavras. (...) Ah, como é duro conhecer sozinho a verdade!" (IDEM, p. 123; p. 91) Neste momento, nos damos conta do caráter parcial e não-reconciliado da verdade descoberta pelo homem ridículo. Toda a trajetória de conversão e cicatrização fez com que nosso herói saísse de sua (monado)lógica e buscasse a reintegração dialeticamente outra com os demais. Mas, no momento em que tenta retornar à convivência que ele antes só fazia repelir, a solidão se ressignifica, o homem ridículo não consegue fazer suas palavras ecoarem. Não se trata apenas de uma aporia subjetiva a lhe solapar a pregação. Trata-se da profunda falta de ressonância de seu teor de verdade em meio às ações e reações que embasam o convívio social. Não se ignora impunemente a dialética entre decisão moral e reverberação pragmático-social, parte e todo, indivíduo e sociedade.

A respeito da síntese dostoievskiana, Robert Louis--Jackson (2002) retoma uma citação do escritor em um de seus cadernos de anotações, na qual Dostoiévski afirma que a lei de Cristo, como o ideal para a humanidade, consiste em uma "volta para um senso de imediatez, para a massa das pessoas, mas — algo livre, e não por meio da vontade, não por meio da razão, mas por meio da consciência, por meio de um sentimento direto, terrivelmente forte e incontornável de que *isso* é muito *bom*" (pp. 22-23). Tal colocação parece estar totalmente de acordo com o que diz o próprio homem ridículo ao fim de sua narrativa:

> Num dia qualquer, *numa hora qualquer* — tudo se acertaria de uma vez só! O principal é — ame aos outros como a si mesmo, eis o principal, só isso, não é preciso nem mais nem menos: imediatamente você vai descobrir o modo de se acertar. E no entanto isso é só — uma velha verdade, repetida e lida um bilhão de vezes, e mesmo assim ela não pegou! "A consciência da vida é superior à vida, o conhecimento das leis da felicidade — é superior à felicidade" — é contra isso que é preciso lutar! E é o que eu vou fazer. Basta que todos queiram, e tudo se acerta agora mesmo (DOSTOIÉVSKI, 2003, p. 123).

Em um dos trechos mais problemáticos da obra de Dostoiévski, o homem ridículo atribui à descoberta espiritual e filosoficamente *idealista* a transformação e a reconciliação imediatas das contradições encarniçadas da realidade, como se um *deus ex machina* pudesse saltar por sobre a condição humana historicamente configurada. Assim, o teor de verdade da descoberta onírico-espiritual — o ímpeto pelo amor recíproco que já fora prenunciado pelo Sermão da Montanha proferido por Jesus Cristo — se vê emparedado pelo aprofundamento radical da reificação hedonista em nossa sociedade. O fato de a velha verdade, repetida e esvaziada um bilhão de vezes nas missas, cultos e celebrações das igrejas, sinagogas, mesquitas, terreiros, templos e centros espíritas não ter aderido ao real é suficientemente tenso e contraditório para nos fazer perguntar, ainda uma vez, por que a emancipação humana ainda não adveio. Assim, há um problema profundíssimo na noção de que, *numa hora qualquer, bastando que todos queiram, tudo se acerta agora mesmo.* Já Hegel dissera, segundo Theodor Adorno (2013), que "não há nada entre o céu e a terra que não seja 'mediado', nada que, por conseguinte, mesmo determinado como existência simples, não contenha reflexão, um momento espiritual: 'a imediatez é ela própria essencialmente mediada'"(p. 138). O problema se aprofunda ainda mais diante da impossibilidade de imediatez da vida em uma sociedade em que as estruturas de administração e opressão já se fazem internalizadas a ponto de se confundirem com as próprias categorias da consciência. Hegel (2008) concorda com o teor de verdade do Sermão da Montanha, mas, para o filósofo, a imediatez insciente (a natureza) precisa ser dialeticamente superada pela *mediação* da relação com Cristo:

A essência do princípio cristão que já foi abordada anteriormente é o princípio da mediação. O homem só se torna realmente um ser espiritual quando supera a sua naturalidade. Essa superação só é possível a partir do pressuposto de que as naturezas humana e divina formam em si e por si uma unidade, e de que o homem, sendo espírito, contém a essencialidade e a substancialidade que pertencem ao conceito de Deus. A mediação depende da consciência dessa unidade, e a intuição dessa unidade foi dada ao homem *in Christo.* Portanto, o essencial é que o homem alcance essa consciência e que ela seja constantemente despertada nele (p. 317).

O homem ridículo nos fala, justamente, sobre o despertar constante dessa consciência *in Christo*. Entretanto, tanto em diálogo com Dostoiévski quanto em diálogo com Hegel, já havíamos descoberto como a tese da unidade do homem com Deus pressupõe a antítese da desunião, antítese mediada pela liberdade própria à queda, para que a síntese do reencontro entre o homem e Deus se dê pela ascensão da criatura ao Criador por meio de sua cicatrização. Ocorre que tal processo, explosivamente contraditório e a pressupor a eternidade, se vê entravado por uma série de barreiras objetivas. Ora, a noção de que basta a todos querer se faz profundamente polifônica em sociedades de classe tão desiguais como a russa, a brasileira e a norte-americana, por exemplo. O oferecimento da outra face se vê emparedado pela necessidade de o eu *ter que* competir, cotidianamente, por sua sobrevivência, ainda que, subjetivamente, a deslealdade possa incomodá-lo sobremaneira. É assim que a sociedade socializada (re)produz a esquizofrenia como polifonia identitária objetiva: uma pessoa religiosa pode amar a humanidade como um todo, de forma abstrata, durante a celebração espiritual. Ela pode se sentir ungida pelo *religare* cósmico. Ainda assim, à saída de seu *locus* sagrado, se um mendigo a interpelar por uma ajuda substantiva que ultrapasse a indiferença da esmola, o homem ridículo *terá que* sentir a impotência da compaixão contingente diante do atual estado de coisas.

Nesse momento, entrevemos as fagulhas do entrechoque do Dostoiévski idealista com o escritor dialético. É assim que Hegel (2008), para quem a história e a eternidade são os terrenos por excelência da cicatrização do espírito, aponta para o potencial de transformação moral em completa imbricação com a necessidade de transformação social que há nos evangelhos, ao mencionar duas passagens de Cristo. A primeira narra os dissabores de um jovem rico:

> Um jovem aproximou-se de Jesus e lhe perguntou: "Mestre, que devo fazer de bom para ter a vida eterna?" Disse-lhe Jesus: (...) "Se queres entrar na vida, observa os mandamentos". — "Quais?", perguntou ele. Jesus respondeu: "Não matarás, não cometerás adultério, não furtarás, não dirás falso testemunho, honra teu pai e tua mãe, amarás teu próximo como a ti mesmo". Disse-lhe o jovem: "Tenho observado tudo isto desde a minha infância. Que me falta ainda?" Respondeu Jesus: "Se queres ser perfeito, vai, vende teus bens, dá-os aos pobres e terás um tesouro no céu. Depois, vem e segue-me!" Ouvindo estas palavras, o jovem foi embora muito triste, porque possuía muitos bens. Jesus disse então aos seus discípulos: "Em verdade vos declaro: é difícil para um rico entrar no Reino dos céus! Eu vos repito: é mais fácil um camelo passar pelo fundo de uma agulha do que um rico entrar no Reino de Deus" (MATEUS, 19, 16-24).

O potencial e os limites da espiritualidade do homem ridículo estão contidos nessa passagem. À exceção do mandamento radical da caridade — caridade em sua elevação para muito além do materialismo contumaz e da esmola —, o jovem rico era moralmente probo. Ocorre que, como Cristo desvela com muita argúcia, a probidade do jovem abastado se assentava sobre a exploração dos mais pobres. Assim, Cristo é bastante efetivo: o amor ao próximo como a si mesmo — o mandamento mais universal de todos, do qual tudo deriva — *precisa* revolucionar a sociedade, do contrário sempre haverá impedimentos objetivos para que mais pessoas possam exercer a bondade.

Suponhamos, no entanto, que o jovem rico tivesse legado toda a sua fortuna aos pobres para seguir Cristo. Tal ato, sem dúvida, se tornaria um exemplo sumamente formidável, mas, ainda assim, a *estrutura social reificada* não seria abalada pela ação contingente do rapaz. E mais: se o jovem assim o fizesse, o que aconteceria com seus filhos? Seria preciso que houvesse uma profunda reciprocidade entre o todo social e os indivíduos, de modo que as transformações se retroalimentassem. Por outro lado, Hegel (2008) faz um comentário sobremaneira arguto que arremessa a transformação social contra si mesma para que ela não deixe de se assentar sobre o teor de verdade do homem ridículo: "Caso isso tivesse sido seguido [caso o jovem rico tivesse legado sua fortuna aos pobres], teria havido uma inversão: os pobres teriam se tornado ricos" (p. 277). Tal comentário de Hegel, além de se imbricar às possibilidades objetivas do devir, sintetiza, dostoievskianamente, uma profunda contradição em que se enredariam muitos movimentos revolucionários vitoriosos: a vanguarda do proletariado destrona a classe dominante de outrora e, então, passa a se encastelar no poder com práticas de concentração de riquezas, injustiça e desigualdade que fariam inveja aos antigos dominantes, caso a maioria deles não tivesse sido fuzilada. Hegel e Dostoiévski entreveem que não basta revolucionar o todo sem novos marcos morais — marcos morais que, dialeticamente, precisam embasar a e surgir da revolução do todo. Para que a revolução não configure uma volta (conservadora) sobre si mesma, Cristo faz o teor de verdade do Sermão da Montanha e da luta de classes colidirem, de modo que ambos se irmanem para forjar um novo tempo da história.

A segunda passagem do evangelho que Hegel menciona diz respeito às instruções que Cristo dá a seus apóstolos. "Não julgueis que vim trazer a paz à terra. Vim trazer não a paz, mas a espada. Eu vim trazer a divisão entre o filho e o pai, entre a filha e a mãe, entre a nora e a sogra, e os inimigos do homem serão as pessoas de sua própria casa" (MATEUS, 10, 34-36). Hegel (2008) nota então que "aqui reside uma abstração de tudo que pertence à realidade, mesmo dos laços morais. Pode-se dizer que em nenhum lugar se falou de forma tão revolucionária como nos evangelhos, pois tudo o que antes tinha validade passa a ser algo indiferente, desprezível" (p. 277). Se a esmagadora maioria das instituições religiosas pensasse em levar a cabo tal instrução de Cristo, as religiões perderiam seu caráter reificado e liberariam seu teor de verdade para a transformação da realidade. A família, forma nuclear da sociedade, guarda um teor de verdade, na medida em que, *às vezes*, relações profundamente amorosas e verdadeiras se estabelecem como antíteses em relação à reificação social. Ainda assim, a família também configura a célula motriz para o aprendizado da hierarquia, para a tensão entre pais e filhos, para a competição entre os irmãos, para a preparação do egocentrismo que arremessa uma família contra a outra. O espiritismo entenderia a colocação de Cristo a respeito da centelha de discórdia em meio à família justamente como a necessidade de cicatrização, ao longo das reencarnações, para espíritos que têm muitas afinidades e também muitos conflitos a serem resolvidos. Mas, nas passagens em questão, Cristo mostra que todas as formas ossificadas, conforme a consciência do homem evolui, apontam para a sua própria diluição com vistas à integração da humanidade.

Agora que vimos as afinidades profundamente eletivas entre o Sermão da Montanha e a estepe da história humana, resta-nos saber como a cicatrização do espírito pode assumir matizes coletivos e totais para além das trajetórias cristãs e contingentes do Príncipe Míchkin e dos irmãos Aliócha e Ivan Karamázov. O homem ridículo pressupõe a pregação, a conversão que se propaga. Mas, como já vimos, há estruturas e agentes sociais encarniçadamente refratários a mudanças. Nesse sentido, quando Cristo fala em desembainhar a espada — "Não julgueis que vim trazer paz à terra. Vim trazer não a paz, mas a espada" (MATEUS, 10, 34) —, o oferecimento pacífico da outra face se vê preterido, em momentos históricos de transformação, pelo exercício da violência renovadora, de modo que, para permanecer idêntico a si mesmo, o teor de verdade da cicatrização do espírito precisa se revolucionar. Entretanto, quando a violência perde o caráter revolucionário e sua teleologia passa a se enredar a um fim em si mesmo, a banalidade do mal desafia a noção de sentido e transforma a onisciência divina em cumplicidade, de modo que já não consigamos entrever um sentido dialético de purgação em meio ao sofrimento. Conseguimos entrever sentido na trajetória de cicatrização do espírito própria ao homem ridículo, mas como seria possível apreender a purgação espiritual em meio ao navio negreiro ou ao holocausto? Eis o núcleo da argumentação de Adorno (2009) para tensionar a metafísica após os campos de concentração nazistas — tensão histórica que ora fazemos se voltar também contra Dostoiévski:

> Depois de Auschwitz, comete-se uma injustiça contra as vítimas com toda afirmação de *positividade da existência* [isto é, Deus]; uma afirmação (...), com toda tentativa de *arrancar de seu destino um sentido qualquer* [isto é, Deus], por mais exíguo que seja, (...) [condena] ao escárnio a construção de um sentido da imanência que emane *de uma transcendência positivamente posicionada* [isto é, de Deus]. (...) A faculdade metafísica é paralisada porque o que aconteceu [em Auschwitz, no navio negreiro, em Hiroshima, em Nagasaki e no Gulag soviético] destruiu para o pensamento metafísico especulativo [o pensamento sobre a espiritualidade] a base de sua unificabilidade com a experiência [isto é, com a história] (p. 299).

Após tragédias históricas da proporção de Auschwitz, a (suposta) bondade de Deus é exumada de sua sepultura construída no século XIX para que a divindade também seja asfixiada em uma câmara de gás. Ainda assim, Dostoiévski poderia dizer a Adorno, como bem podemos depreender, que a cisão definitiva da história em relação ao Absoluto, isto é, em relação à eternidade, não apenas estanca a fonte da *vida viva*, mas também relega os homens e as mulheres ao caos do acaso, à consciência-para-a-morte — e ao niilismo. Ocorre que o mesmo Adorno que certa vez chegara a sentenciar a impossibilidade da poesia (e da) metafísica após Auschwitz volta a insuflar dialética no ápice do horror para tentar movimentar o sentido perfilado pelo extermínio industrial dos campos de concentração:

> No que diz respeito àqueles para os quais o desespero não é uma palavra vã, é possível perguntar se não seria melhor que não houvesse absolutamente nada além de algo. Mas tampouco é possível dar uma resposta geral a essa questão. Para um homem em um campo de concentração, se é que um outro homem que escapou na hora certa tem o direito de julgar, se-

ria melhor não ter nascido. Apesar disso, diante do brilho de um olhar, sim, diante do cachorro que abana um pouco o rabo porque alguém lhe deu para morder algo que ele logo esquece, desvanece o ideal do nada (IDEM, p. 315).

A tentativa adorniana de reconstruir o sentido histórico em meio à suma beleza de um momento – algo como a tentativa de eternizar o gozo e a felicidade em meio ao instante a ser ceifado pelo tempo, isto é, uma releitura adorniana da máxima de Albert Camus de que é preciso imaginar Sísifo feliz – se vê emparedada tanto pela finitude quanto pela premente impossibilidade de vivenciar o belo como algo sagrado e eterno após a destruição e o horror a partir dos quais não advém sentido algum.

O homem ridículo vivenciou a dialética da cicatrização do espírito por meio do sofrimento – e da iminência da destruição de si. Mas e quanto aos milhões de condenados da terra? Deus os teria esquecido? Estaríamos diante do *pesadelo dos homens ridículos?* Ora, Adorno já falara que a esperança deve se dar sempre em nome dos desesperançados. Assim, se o homem ridículo desvelou a eternidade, que sentido cicatrizante poderia haver em tragédias rematadas?

Nesse momento, Kardec (2009) se insinua para que tentemos entrever se haveria alguma dialética entre destruição e renascimento:

[A destruição é uma lei da Natureza?] É preciso que tudo se destrua para renascer e se regenerar, porque o que chamais destruição não é senão uma transformação que tem por objetivo a renovação e o melhoramento dos seres vivos. (...) A destruição é necessária para a regeneração moral dos espíritos, que adquirem, a cada nova existência, um novo grau de perfeição. É preciso ver o fim para lhe apreciar os resultados. Não os julgueis senão sob o vosso ponto de vista pessoal e a chamais de flagelo por causa do prejuízo que vos ocasionam. Mas esses transtornos são, frequentemente, necessários para fazer alcançar, mais prontamente, uma ordem melhor de coisas e, em alguns casos, o que exigiria séculos (p. 233; p. 235).

Está claro que os sobreviventes de atrocidades e chacinas e, muitas vezes, os filhos que lograram sobreviver ao extermínio dos pais teriam muita dificuldade em abrir mão do *ponto de vista pessoal* para depreender sentidos de seus flagelos. Ainda assim, o homem ridículo e Kardec pedem que *o processo* seja visto como um movimento rumo à reconciliação da totalidade, que a chaga mais própria seja cotejada com o sentido de cicatrização que se confundiria com a história. A destruição — isto é, a morte —, pelo prisma da eternidade, não existe como aniquilação, mas, conforme o homem ridículo e Kardec, constitui uma transformação, o movimento da renovação. Se a lei do universo é a perfectibilidade moral (e social), o ato de desencarnar estaria relacionado ou à expiação de determinada(s) falta(s) cometida(s) nesta vida ou em vidas passadas, ou então à noção de que, no plano em que se encontra, o espírito já teria vivenciado todas as provações para a sua cicatrização. Mas reparemos que Kardec menciona a questão de que convulsões mais traumáticas teriam o papel de acelerar a renovação espiritual que, sem os turbilhões da história, levaria séculos para se consumar.

É bem verdade que Hegel já sentenciara que a coruja de Minerva só alça voo ao entardecer, de modo que, dialeticamente, é o crepúsculo dos processos que nos permite entrever os momentos de sentido a partir de sua aurora. Ainda assim, duas questões fundamentais se impõem quando tentamos cotejar a cicatrização do homem ridículo com as tragédias coletivas da história: (i) por que acontecem expiações coletivas que, muito potencialmente, imiscuem justos e injustos em meio à punição que pressupõe a possibilidade de purgação?; (ii) como entender a renovação da humanidade por meio da guerra que parece ceifar o ímpeto humano por comunhão?

Kardec (2008) procura responder à questão sobre a expiação coletiva da seguinte maneira:

> O carrasco expia para com a sua vítima, seja achando-se em sua presença no espaço, seja vivendo em contato com ela numa ou várias existências sucessivas, até a reparação de todo o mal cometido. Ocorre o mesmo quando se trata de crimes cometidos solidariamente, por um certo número; as expiações são solidárias, o que não aniquila a expiação simultânea das faltas individuais.
>
> Em todo homem há três caracteres: o do indivíduo, do ser em si mesmo; o de membro de família, e, enfim, o de cidadão; sob cada uma dessas três faces pode ser criminoso ou virtuoso, quer dizer, pode ser virtuoso como pai de família, ao mesmo tempo em que criminoso como cidadão, e reciprocamente; daí as situações especiais que lhe são dadas em suas existências passadas.
>
> Salvo exceção, pode-se admitir como regra geral que todos aqueles que têm uma tarefa comum reunidos numa existência já viveram juntos para trabalharem pelo mesmo resultado e se acharão reunidos ainda no futuro, até que tenham alcançado o objetivo, quer dizer, expiado o passado, ou cumprido a missão aceita.
>
> (...) Compreendeis agora a justiça das provas que não resultam de atos da vida presente, porque já vos foi dito que é a quitação de dívidas do passado; por que não ocorreria o mesmo com as provas coletivas? Dissestes que as infelicidades gerais atingem o inocente como o culpado; mas sabeis que o inocente de hoje pode ter sido o culpado de ontem? (...) E, depois, como

dissemos, há faltas do indivíduo e do cidadão; a expiação de umas não livra da expiação das outras, porque é necessário que toda dívida seja paga (...). [As] faltas coletivas (...) são expiadas coletivamente pelos indivíduos que para elas concorreram, os quais se reencontram para sofrerem juntos a pena de talião, ou ter a ocasião de repararem o mal que fizeram (...). O que é incompreensível, inconciliável com a justiça de Deus, sem a preexistência da alma, se torna claro e lógico pelo conhecimento dessa lei (pp. 152-153).

Quando o homem ridículo deparou com o paraíso como o duplo da Terra, nosso herói pôde acompanhar, em outro plano espiritual, uma série de vidas pregressas da humanidade — lembremo-nos do sobrevoo vertiginoso pelo tempo histórico — e perceber as correlações entre a queda, o ímpeto pela liberdade, o desvio egocêntrico e o ímpeto por reconciliação. Sem a eternidade, já vimos que Dostoiévski e Kardec concordam em relação ao niilismo mais contumaz. Kardec, entretanto, vai além de Dostoiévski em relação às explicações sobre a dialética que envolve destruição e renovação espiritual. Poderíamos considerar a lei de Deus sumamente taliônica e draconiana, mas a própria noção de *evolução* pressupõe a renovação dos próprios parâmetros da renovação, isto é, a transformação dos movimentos destrutivos em face da cicatrização da humanidade, pois "a necessidade de destruição se enfraquece entre os homens, na medida em que o espírito se sobrepõe à matéria, e é por isso que vedes o horror à destruição seguir o desenvolvimento intelectual e moral"[15] (KARDEC, 2009, p. 234).

---

15. Hegel (2008) falou em termos muito próximos aos de Kardec, quando afirmou que "a forma de luta [para a cicatrização do espírito] se modifica bastante quando o fundamento é outro, e a reconciliação é verificada na realidade. O caminho do sofrimento ruiu (mais

Os leitores de Dostoiévski e todos aqueles que conhecemos as atrocidades do século XX — atrocidades cometidas a partir das mesmas premissas de desenvolvimento técnico que, em germe, poderiam emancipar a humanidade da inanição e do trabalho reificado — já sabemos que não é possível interpretar a evolução moral a que o homem ridículo, Kardec e Hegel fazem referência como um sentido historicamente linear. As recalcitrâncias e regressões se imbricam ao processo histórico, as resistências dos poderosos em relação à igualdade e à verdadeira democracia entravam o processo de construção de uma nova humanidade. É assim que desponta a segunda pergunta a que fizemos menção mais acima: há alguma possibilidade de, a partir da guerra, sentidos ossificados serem renovados para que cheguemos a novos patamares de reconciliação?

Susan McReynolds (2002) cita um Dostoiévski belicoso, a partir das páginas do *Diário de um escritor*, a discorrer sobre o egoísmo que se recrudesce com a paz:

> Uma paz prolongada sempre dá vazâo à crueldade, à covardia, ao egoísmo grosseiro e inflado e, acima de tudo, à estagnação intelectual. A paz gera uma terrível ânsia pela aquisição e acumulação de dinheiro, cada um se isola e se aparta, e o resultado é que uma paz prolongada e burguesa quase sempre gera um desejo pela guerra (p. 98).

Nas páginas do *Diário de um escritor*, em 1876, Dostoiévski publicou um diálogo intitulado *Um paradoxa-*

---

tarde ele ressurge, mas sob outra forma), pois a consciência despertou e encontra-se no homem como elemento de uma condição moral. O momento da negação é certamente necessário ao homem, mas conserva agora a forma calma da educação, e com isso desaparece todo o pavor da luta interior" (p. 337).

lista[16], no qual um dos interlocutores, justamente o paradoxalista, procura demonstrar que o egoísmo, dialeticamente, seria tensionado com a agregação que a guerra propicia:

> Afirmo categoricamente que um longo período de paz endurece o coração do povo. Durante o interminável período de paz, a balança social sempre pende para o lado do que é estúpido e grosseiro na humanidade, principalmente em direção à riqueza e ao capital. Imediatamente após uma guerra, a honra, a filantropia e o autossacrifício são respeitados, valorizados e altamente resguardados; quanto mais a paz se estende, mais tais valores nobres e belos se tornam pálidos e insípidos, até que desapareçam, enquanto todos e cada um estão obcecados pela riqueza e pelo espírito da aquisição. (...) Uma paz prolongada produz apatia, ideais medíocres, depravação e um arrefecimento das paixões. Os prazeres não se mostram refinados e se tornam mais e mais envilecidos. (...) A guerra obriga as nações ao respeito mútuo. A guerra renova os povos. O amor ao próximo chega ao ápice no campo de batalha. (...) A guerra aumenta o moral do povo e o seu senso de amor-próprio e dignidade. A guerra torna todos e cada um iguais durante as batalhas e reconcilia o senhor e o escravo na manifestação mais sublime de dignidade humana — o sacrifício da vida pela causa comum, por todos e cada um, pela pátria (1994; p. 453; p. 454; p. 455).

Quando o paradoxalista diz que o amor ao próximo chega ao ápice no campo de batalha, nos lembramos do homem ridículo a readquirir vínculos humanos diante da menininha encharcada e indefesa a suplicar por sua mãe. Apenas a face tangível da dor tende a romper as muralhas do ego. Os indivíduos ultracompetitivos e belicosos

---

16. *A Writer's Diary, Volume 1, 1873-1876*. Evanston, Illinois: Northwestern University Press, 1994, pp. 452-457.

se unem não em um todo emancipado, mas sob as fardas dos batalhões. Assim, ao vislumbrar o caráter de coesão mutilada que a guerra propicia, Dostoiévski se aproxima ainda uma vez de Allan Kardec (2009), quando o espírita afirma que "o egoísmo, longe de diminuir, aumenta com a civilização, que parece excitá-lo e entretê-lo (...). Quanto maior o mal, mais ele se torna hediondo. Era preciso que o egoísmo fizesse muito mal para fazer compreender a necessidade de extirpá-lo" (p. 283). Assim, com uma verve efetivamente dostoievskiana, Kardec (2009) sintetiza a dialética da cicatrização do espírito:

> [A história nos mostra uma multidão de povos que, depois dos abalos que os agitaram, caíram na barbárie; onde está, nesse caso, o progresso? Onde está a evolução moral?]
> Quando tua casa ameaça ruir, tu a derrubas para reconstruí-la de maneira mais sólida e mais cômoda; mas até que ela esteja reconstruída, há perturbação e confusão em tua residência (p. 246).

Eis as bases dostoievskianas para a cicatrização do espírito, cicatrização que pressupõe a história e a eternidade em seu processo dialético que envolve sofrimento e purgação, destruição e renovação, tensão e reconciliação, nostalgia e futuro, Éden e utopia. Susan McReynolds (2009) cita uma colocação de Liev Tolstói sobre Dostoiévski, colocação que, em termos efetivamente dialéticos, isto é, a contrapelo de si mesma, sintetiza a contradição objetiva que confere atualidade à obra agônica (e potencialmente redentora) do autor de "O sonho de um homem ridículo":

> Vocês exageraram sua importância e o fizeram da maneira usual, elevando ao patamar de profeta e santo um homem que morre no limite inflamado de sua luta interna entre o bem e o

mal. O escritor nos toca e nos interessa, mas é impossível colocar em um pedestal um homem inteiramente composto de luta para edificar a posteridade (p. 20).

Enquanto a história humana for sumamente dostoievskiana, vale dizer, enquanto a mão que fere não se converter na mão que afaga, a luta intestina entre a fratura e a reconciliação não apenas continuará a fazer de Dostoiévski um escritor atual, mas também prosseguirá com a escavação (e a erosão) do subsolo para que Pandora desça do cárcere de seu pedestal.

Considerações finais

Ao fim de nossa leitura dialética das obras de Dostoiévski, façamos uma recapitulação dos principais pontos desenvolvidos por este estudo, de modo a que seja possível elencar as conclusões e repropor alguns debates sobre aspectos que julgamos fundamentais em meio ao legado do escritor russo.

A primeira parte desta pesquisa (tese), "Dostoiévski e o fetichismo da mercadoria", procurou realizar uma síntese dialética de questões que, em Mikhail Bakhtin, não alcançaram o âmbito dialético da totalidade. O caminho através das aporias dialógico-polifônicas nos revelou que a incompletude do projeto bakhtiniano se relaciona tanto ao autoritarismo do contexto estalinista quanto à não-realização — isto é, à impossibilidade de realização — de uma crítica efetivamente dialética à polifonia de Dostoiévski.

Por um lado, a construção bakhtiniana da catedral polifônica como a imagem-síntese para o coro das vozes dostoievskianas — imagem que consideramos limitada e limitante em relação ao caráter efetivamente contraditório do universo do escritor russo — tem o potencial de liberar uma diatribe velada de Bakhtin em relação à total falta de dialogia e tolerância, equipolência e alteridade democrática por parte do Estado soviético. (Não à toa, a primeira versão de *Problemas da poética de Dostoiévski*, publicada em 1929, só receberia uma segunda versão crítica em 1963, dez anos após a morte de Stálin.) Por outro lado, o horizonte epistemológico de Bakhtin — horizonte necessariamente apequenado e reificado pela ideologia oficial — não permitiu que o crítico acompanhasse, com a efetiva radicalidade que a (in)disciplina das obras requer, o movimento da contradição em Dostoiévski, de modo a que a dialogia, em suas fraturas e aporias, se tornasse um momento da dialética polifônica do escritor russo. Como Bakhtin parte da ontologia dialógica das personagens como se a equipolência das vozes fosse uma realidade ficcional apriorística, o crítico não consegue acompanhar a equi-impotência das vozes em meio ao concerto polifônico reificado. Conforme procuramos argumentar, não é possível hipostasiar a ontologia dialógica como se a equipolência das vozes, a tolerância e a democracia efetiva — para muito além dos arremedos da ditadura do partido e da democracia de mercado — já fossem marcos sociais plenamente constituídos. Se Bakhtin queria projetar o diálogo emancipado como o ápice da utopia que desponta com forte latência em Dostoiévski, teria sido necessário escavar o subsolo das obras para que, a partir das densas camadas de carvão dos círculos infernais, fosse possível extrair o diamante da liberdade. A dialogia plena, isto é, o concerto polifônico emancipado, configura-se não como o ponto de partida, mas como o ponto de chegada das estórias e da história. Assim, a revolução formal que Bakhtin quis ensejar a partir de Dostoiévski não pode hipostasiar a efetiva revolução político-social.

Procuramos insuflar ar dialético através das estruturas aporéticas e ossificadas da catedral erigida por Bakhtin, de modo a acompanhar o *movimento de ruína* da arquitetura dostoievskiana. À catedral sistêmica, cartesiana e integral soerguida a contrapelo da poética de Dostoiévski, contrapusemos a trajetória dialética que caminha pelos *escombros* da obra do escritor. Assim, tensionamos a noção apriorística de totalidade em Dostoiévski não para que o todo fosse preterido de nosso horizonte de análise, mas para que o movimento da contradição abalasse as fundações do subsolo e nos mostrasse que o caráter aporético e fragmentário da totalidade desponta desde o caráter irreconciliado das partes. Bakhtin não conseguiu demonstrar como a liberdade relativa e determinada das vozes dialógicas pode compor um todo polifônico sem que a totalidade erija, ao fim e ao cabo, uma síntese monológica a amordaçar e a reificar a ontologia dialógica. Nesse sentido, este livro procurou totalizar o projeto bakhtiniano na medida em que, dialeticamente, a análise se propôs a superar (*aufheben*) o sistema cartesiano e integral de modo a desvelar como o movimento da contradição enseja, em meio à obra de Dostoiévski, totalidades abertas e processuais, ao longo das quais a irreconciliação sintetiza, *negativamente*, o prolongamento das fraturas e a impossibilidade, ainda atual, de erigir novos abrigos a partir dos escombros da utopia.

Buscamos, então, estabelecer uma analogia entre a poética de Dostoiévski e o movimento fetichista da mercadoria, tal como Marx o analisa nos primeiros capítulos do volume 1 de *O capital*. Ao fazermos um *close reading* de *Memórias do subsolo* — e, em grande medida, ao rompermos as fronteiras das obras de Dostoiévski para ouvirmos os diálogos das vozes dostoievskianas como duelos encarniçados —, procuramos mostrar *de que forma* a reificação da polifonia ocorre como extração de mais-valia poética que se reverte em menos-valia humana. A analogia entre o subsolo dostoievskiano e o devir tautológico do capital nos permitiu apreender o horizonte bakhtiniano como M – D – M — vender para comprar, isto é, dialogar para comunicar —, momento metabólico racional em meio à ciranda do capital. Se a humanidade como um todo pudesse decidir sobre a produção e a distribuição de sua riqueza social; se, em suma, a ontologia dialógica já se confundisse com a história, a latência utópica de Dostoiévski já teria libertado as memórias da masmorra do subsolo. Ocorre que, conforme argumentamos ao lado do e contra o homem do subsolo, M – D – M — vender para comprar, dialogar para comunicar —, em termos histórico-poéticos, configura apenas um momento da ciranda tautológica do capital, isto é, D – M – D' — comprar para vender, ou melhor, comprar para vender mais caro, dialogar não para comunicar, mas para silenciar. Nossa análise buscou desvelar a (tauto)lógica da polifonia como concerto reificado de vozes e restabeleceu tanto a dialética como *arquitetura formal* do subsolo quanto Marx e a Teoria Crítica como interlocutores fundamentais de Dostoiévski e Bakhtin.

Assim, tendo em vista os resultados da primeira parte deste livro — a *tese* deste concerto dissonante e dialético —, torna-se importante, a meu ver, repropor e expandir os debates entre os estudos bakhtinianos de Dostoiévski e a dialética de Marx e da Teoria Crítica. A *tese* deste livro, "Dostoiévski e o fetichismo da forma mercadoria", centrou-se em *Memórias do subsolo* como o *locus* primordial a partir do qual a reificação e o ímpeto encalacrado por reconciliação se irradiam em Dostoiévski. Nesse sentido, estudos vindouros poderão verificar, com os devidos e respectivos *close readings, de que forma (e conteúdo)* a extração de mais-valia poética revertida em menos-valia humana poderia desvelar, *in toto*, a realidade ficcional de obras como *Notas de inverno sobre impressões de verão,*

Recordações da casa dos mortos, Crime e castigo, O idiota, Os demônios e *Os irmãos Karamázov.*

A segunda parte desta pesquisa, "O conteúdo em Dostoiévski como a cicatrização do espírito rumo à utopia?", conforme dissemos já no preâmbulo deste trabalho, configura-se como uma antítese em relação à primeira parte. Se o fetichismo da forma em Dostoiévski apreende a articulação das relações danificadas das personagens e entrevê o movimento da totalidade poética como o devir de fraturas e contradições que ainda não foram historicamente reconciliadas, o ímpeto de cicatrização do espírito rumo à utopia em meio às obras do escritor procura discorrer sobre uma temática que também não foi suficientemente analisada pela fortuna crítica de Dostoiévski: o teor de verdade do conteúdo de suas obras como a articulação de uma filosofia da história.

Argumentamos que socialismo e cristianismo constituem os polos de tal filosofia da história em Dostoiévski. Em um primeiro momento, analisamos os fatores que distanciam o escritor da *intelligentsia* revolucionária — a geração que antecede os bolcheviques e Outubro de 1917 —, tendo em vista as aporias éticas que Dostoiévski pôde apreender para a fundação de um novo tempo histórico que buscou fazer tábula rasa de Deus e da eternidade da alma como salvaguardas para a construção de uma eticidade objetiva. A reificação das relações intersubjetivas que veio à tona na primeira parte de nosso estudo também nos municiou para acompanhar a possível reversão da utopia em distopia. Criticamos a percepção de que, ao projetar uma série de características trágicas daquilo que viria a ser o socialismo real — sobretudo em sua vertente soviética —, Dostoiévski seria um *profeta.* Na verdade, ao se imbricar profundamente com a logicidade de sua época, o escritor pôde levar às últimas consequências os sentidos e os ressentimentos das *possibilidades latentes e objetivas da história.*

Vale frisar, ademais, que o filisteísmo — em termos dostoievskianos, o *chigaliovismo* — que o escritor atribui ao socialismo de formigueiro, a emancipação reificada apenas para a cúpula dirigente, o rebaixamento dos (e o ressentimento em relação aos) padrões artísticos e intelectuais elevados como características aristocráticas e o caráter altamente autoritário da produção e da distribuição da riqueza socialmente produzida também se aplicam, *mutatis mutandis*, ao capitalismo tardio e às suas democracias de mercado. Assim, *as possibilidades latentes e objetivas da história* trouxeram a Dostoiévski uma projeção das afinidades eletivas entre socialismo e capitalismo para muito além do dogmatismo bem próprio à *Realpolitik* da Guerra Fria.

Se o socialismo é submetido pelo ex-revolucionário e ex-prisioneiro político Fiódor Dostoiévski a uma negação determinada, o cristianismo também tem seu sentido "revertido" pelo escritor russo, tendo em vista as contradições encarniçadas e objetivas para que o Sermão da Montanha desça à estepe de nossa história. Do estilhaçamento da consciência do cristão Míchkin a se oferecer em holocausto para perdoar ao assassino Rogójin e para afagar sua bem-amada assassinada Nastácia Filíppovna ao chauvinismo datado segundo o qual a Rússia tsarista e ortodoxa poderia contrapor barricadas em relação ao espraiamento capitalista do Ocidente, o oferecimento da outra face, em Dostoiévski, vai se tornando tão recluso e contingente quanto as efetivas possibilidades de o monge Aliócha Karamázov disseminar a boa nova para além dos muros e claustros de seu monastério.

Quisemos demonstrar, dessa maneira, que a negação determinada tanto do socialismo quanto do cristianismo por parte de Dostoiévski chega a um novo patamar de síntese e superação (*Aufhebung*) dialéticas por meio do ateísmo espiritual de Ivan Karamázov e seu Sermão da Estepe. A partir das três tentações a que Cristo é submetido no deserto, o grande inquisidor, personagem-mor do *poema* de Ivan, articula o núcleo das grandes contradições que a natureza humana historicamente configurada ainda não conseguiu dirimir. Socialismo e cristianismo, conforme argumentamos, deixam de ser polos antagônicos para se imbricarem como momentos *necessários e recíprocos* da teleologia teológica da história que tem o potencial de cicatrização do espírito de época. O teor de verdade de igualdade e justiça do socialismo é rearticulado com o princípio cristão de eternidade da alma — segundo Dostoiévski, a base substancial para a constituição da eticidade objetiva para além do niilismo que só faz sentenciar que *se Deus não existe, tudo é permitido* —, de modo a que, do cume ao qual Cristo é alçado pelo demônio em meio à terceira e última tentação, seja possível vislumbrar a filosofia da história como o ímpeto de reconciliação da utopia.

Tal transcurso global nos levou, como arremate deste livro, a analisar as potencialidades e aporias da utopia como cicatrização do espírito em diálogo com "O sonho de um homem ridículo". E, para acompanhar a trajetória da personagem que vai da iminência do suicídio à verdade que a redime, Georg Wilhelm Friedrich Hegel e Allan Kardec se mostraram fundamentais.

Hegel nos municiou com o conceito de "cicatrização histórica do espírito", por meio do qual as relações danificadas passam por um processo de purgação, através do sofrimento e das rupturas que vivificam a consciência, para que a possibilidade de reconciliação venha à tona. Qual um espírito objetivo a pairar sobre a, a transitar pela e a articular a história, o ímpeto de cicatrização e cura se apresenta ao homem ridículo no momento em que, à beira do suicídio, a personagem restabelece um vínculo humano ao sentir compaixão, contra suas próprias premissas niilistas, por uma criancinha desesperada que, em uma tenebrosa noite de inverno petersburguês, clama por sua mãe possivelmente moribunda. A agonia do niilista ao descobrir que nem tudo lhe é indiferente e que a negatividade do sofrimento o religa à verdade da compaixão desvela o sentido da reconciliação entre os escombros. É esse o mote que faz com que o homem ridículo, em meio ao sonho escatológico, percorra o devir da história humana como a reedição da queda mitológica que teria expulsado os primeiros seres do Éden. É o quase-suicídio reconciliado pela compaixão que faz com que a queda histórica o leve ao ímpeto de ascensão, assim como, dialeticamente, a mão que fere é a mesma mão que pode curar.

No momento em que a personagem descobre a vida para além da morte, o espiritismo desenvolvido por Allan Kardec configura uma mediação essencial para entendermos as muitas casas e encarnações do universo como as moradas de cicatrização que a razão transcendental nos forneceria em meio ao processo de existência como cura e evolução. Como procuramos argumentar, a aproximação entre Dostoiévski e Kardec, além de desvelar os veios de profunda contiguidade entre ambos os autores no que diz respeito à eternidade e à multiplicidade da(s) vida(s), tem o sentido de estabelecer um diálogo outro sobre a espiritualidade do escritor russo para além das tradicionais interpretações de determinadas tendências da fortuna crítica que entreveem a liturgia ortodoxa como o espectro unívoco de sua obra.

Ainda assim, quando voltamos a sobrevoar a história a partir da reconciliação vivenciada (*oniricamente*) pelo homem ridículo, o caráter tenso e aporético da utopia histórico-transcendental também vem à tona, uma vez que, da cicatrização individual para a reconciliação social e coletiva, a dialética histórica ainda teria que dar vazão a muito sofrimento e a muito belicismo para que a (auto)consciência de época pudesse superar (*aufheben*) a si mesma e fundar novas relações entre as pessoas como a práxis do cotidiano.

Assim, este livro, que intitulamos *Dostoiévski e a dialética: fetichismo da forma, utopia como conteúdo,* busca trazer à tona tomadas de posições antitéticas não apenas ao se submeter à (in)disciplina dialeticamente contraditória das obras e reflexões dostoievskianas, mas também ao repropor debates e temáticas que se contradizem entre si e que requerem que tendências diversas e antípodas da fortuna crítica de Dostoiévski passem a analisar a obra do escritor de forma efetivamente relacional e dialógica, isto é, a contrapelo de suas próprias premissas poético-ideológicas. Ora, uma obra dialeticamente polifônica como a de Dostoiévski requer que as tomadas de posições de Bakhtin e Adorno, Kardec e Hegel, Cristo e Marx duelem entre si para que o princípio dialógico de *concórdia* se transforme na *síntese histórica* que *eleva* o teor de verdade das mais contrapostas teses e antíteses como a latência da ontologia polifônica que, desde já, nos leve a imaginar Sísifo livre.

Referências Bibliográficas

ABDULMASSIH, Fabio Brazolin. *Aulas de literatura russa – F.M. Dostoiévski por V. Nabokov: por que tirar Dostoiévski do pedestal?* Dissertação de mestrado defendida junto ao Departamento de Letras Orientais da FFLCH-USP sob a orientação do Prof. Dr. Homero Andrade de Freitas.

ADORNO, Theodor e HORKHEIMER, Max. *Dialética do Esclarecimento.* Tradução de Guido Antônio de Almeida. Rio de Janeiro: Jorge Zahar Editor, 1985.

ADORNO, Theodor. *Dialética negativa.* Tradução de Marco Antônio Casanova. Rio de Janeiro: Jorge Zahar Editor, 2009.

________. "Idéias para a sociologia da música". Tradução de Roberto Schwarz. In: *Os Pensadores.* São Paulo: Abril Cultural, 1980a.

________. "Lírica e sociedade". Tradução de Wolfgang Leo Maar. In: *Os Pensadores.* São Paulo: Abril Cultural, 1980b.

________. "O artista como representante". Tradução de Jorge de Almeida. In: *Notas de Literatura I.* São Paulo: Editora 34, 2003.

________. "O fetichismo na música e a regressão da audição". Tradução de Rubens Rodrigues Torres Filho. In: *Os Pensadores.* São Paulo: Abril Cultural, 1980c.

________. "Posição do narrador no romance contemporâneo". Tradução de Modesto Carone. In: *Os Pensadores.* São Paulo: Abril Cultural, 1980d.

________. *Teoria Estética.* Tradução de Artur Morão. Lisboa: Edições 70, 2012.

________. *Três estudos sobre Hegel.* Tradução de Ulisses Vazzante Vaccari. São Paulo: Editora Unesp, 2013.

ALMEIDA, Jorge Mattos Brito de. *Crítica dialética em Theodor Adorno: música e verdade nos anos vinte.* Cotia, SP: Ateliê Editorial, 2007.

________. "Pressupostos, salvo engano, dos pressupostos, salvo engano". In: *Um crítico na periferia do capitalismo: reflexões sobre a obra de Roberto Schwarz.* Maria Elisa Cevasco e Milton Ohata (Orgs.). São Paulo: Companhia das Letras, 2007, pp. 44-53.

________. *Theodor W. Adorno: Indústria cultural e sociedade.* São Paulo: Paz e Terra, 2002.

ANDERS, Günther. *Kafka: pró e contra.* Tradução de Modesto Carone. São Paulo: Cosac & Naify, 2007.

ANDERSEN, Zsuzsanna Bjørn. "The Concepts of Domination and Powerlessness in F. M. Dostoevsky's 'A Gentle Spirit'". In: *Dostoevsky Studies.* Volume 4. Tübingen: Attempto Verlag, pp. 53-60.

ARMSTRONG, Karen. *A grande transformação.* Tradução de Hildegard Feist. São Paulo: Companhia das Letras, 2008.

ARSENTIEVA, Natália. "El sueño de un hombre ridículo: el viaje hacia la verdad". In: *Caderno de Literatura e Cultura Russa: Dostoiévski.* São Paulo: Ateliê Editorial, 2008.

BAKHTIN, Mikhail. *Estética da criação verbal.* Tradução de Paulo Bezerra. São Paulo: Martins Fontes, 1983.

________. *Problemas da poética de Dostoiévski.* Tradução de Paulo Bezerra. Rio de Janeiro: Forense Universitária, 2008.

BALZAC, Honoré de. *Eugênia Grandet.* Tradução de Antônio Pereira da Costa. São Paulo: Abril Cultural, 1971.

BENJAMIN, Walter. "A obra de arte na época de suas técnicas de reprodução". Tradução de José Lino Grünnewald. In: *Os Pensadores.* São Paulo: Abril Cultural, 1980a.

________. "Dostoevsky's *The Idiot*". Translated by Michael Katz. In: *Early Writings: 1910-1917.* Translated by Howard Eiland and Others. Cambridge, Massachussetts: The Belknap Press of Harvard University Press, 2011, pp. 275-280.

________. "O narrador – observações sobre a obra de Nikolai Leskow". Tradução de Modesto Carone. In: *Os Pensadores.* São Paulo: Abril Cultural, 1980b.

BERDIAEV, Nikolai. *L'esprit de Dostoïevski.* Paris: Éditions Saint-Michel, 1929

BERLIN, Isaiah. *Pensadores russos.* Tradução de Carlos Eugênio Marcondes de Moura. São Paulo: Companhia das Letras, 1988.

BERMAN, Marshall. *The Politics of Authenticity: Radical Individualism and the Emergence of Modern Society.* New York: Verso, 2014.

________. *Tudo que é sólido desmancha no ar.* Tradução de Carlos Felipe Moisés. São Paulo: Companhia das Letras, 1999.

BERNARDINI, Aurora Fornoni. "Dostoiévski: criação, poesia e crítica". In: *Caderno de Literatura e Cultura Russa: Dostoiévski.* São Paulo: Ateliê Cultural, 2008.

________. "'O grande inquisidor' *e Os irmãos Karamázov*". In: Novinsky, A. W.; Carneiro, M. L. T. (Orgs.). *Inquisição: ensaios sobre mentalidade, heresias e arte.* São Paulo: USP/Expressão e Cultura, 1992, pp. 682-691.

________. "Questões de forma e modernidade em Gogol e Dostoiévski". In: MUTRAN, M. H. e CHIAMPI, I. (orgs), *A questão da modernidade.* Caderno 1, Departamento de Letras Modernas, FFLCH/USP, 1993.

BEZERRA, Paulo. "Dostoiévski: *Bóbok*, Tradução e análise do conto". São Paulo: Editora 34, 2009.

________. "Mundos desdobrados, seres duplicados". In: *Caderno de Literatura e Cultura Russa: Dostoiévski.* São Paulo: Ateliê Cultural, 2008.

Bíblia Sagrada. São Paulo: Editora Ave-Maria, 1994.

BIANCHI, Maria de Fátima. *Os caminhos da razão e as tramas secretas do coração: a representação da realidade em* A dócil, *de Dostoiévski.* Dissertação de mestrado. São Paulo: FFLCH-USP, 2001.

________. "O domínio do homem pelo homem na novela *A senhoria*, de Dostoiévski". In: *Revista de Literatura e Cultura Russa.* Volume 2, número 2. São Paulo: 2013, pp. 35-54.

________. *O "sonhador" de* A Senhoria, *de Dostoiévski.* Tese de doutorado. São Paulo: FFLCH-USP, 2006.

CAMUS, Albert. *Le mythe de Sisyphe.* Paris: Éditions Gallimard, 2006.

CICOVACKI, Predrag. "The Enigmatic Conclusion of Dostoevsky's *Idiot*: A Comparison of Prince Myshkin and Wagner's Parsifal". In: *Dostoevsky Studies.* Volume 9. Tübingen: Attempto Verlag, 2005, pp. 106-114.

_______. "The Role of Goethe's *Faust* in Dostoevsky's Opus". In: *Dostoevsky Studies.* Volume 14. Tübingen: Attempto Verlag, 2010, pp. 153-166.

CLARK, Katerina e HOLQUIST, MICHAEL. *Mikhail Bakhtin.* Tradução de J. Guinsburg. São Paulo: Perspectiva, 1998.

DOSTOIÉVSKI, Fiódor Mikháilovitch. "A dócil – narrativa fantástica". Tradução de Fátima Bianchi. São Paulo: Editora 34, São Paulo, 2003.

_______. *A Writer's Diary, Volume One, 1873-1876.* Translated by Michael Katz. Evanston: Northwestern University Press, 1994.

_______. _______, *Volume Two, 1877-1881.* Translated by Michael Katz. Evanston: Northwestern University Press, Evanston, 1994.

_______. _______. In: *Fiódor Dostoiévski – obra completa.* Rio de Janeiro: Editora Nova Aguilar, 2004.

_______. *B'esy: roman v triokh tchastiakh.* Berlin: Izdatel'stvo L.P. Ladyjnikova, 1921.

_______. *Brat'ia Kamazovy: roman v tchetyriokh tchastiakh s epilogom.* Moskva: Sovremennnik, 1981.

_______. *Crime e castigo.* Tradução de Vera Pereira. São Paulo: Editora Nova Cultural, 2002.

_______. _______. Tradução de Paulo Bezerra. São Paulo: Editora 34, 2001.

________. *Correspondências: 1838-1880*. Tradução de Robertson Frizero. Porto Alegre: 8Inverso, 2011.

________. *Idiot: roman v tchetyriokh tchastiakh*. Moskva: Sovestskaia Rossiia, 1981.

________. *Memórias do subsolo*, Tradução de Boris Schnaiderman. São Paulo: Editora 34, 2000a/2004.

________. *Notas de inverno sobre impressões de verão*, Tradução de Boris Schnaiderman. São Paulo: Editora 34, 2000b.

________. *Os demônios*, Tradução de Paulo Bezerra. São Paulo: Editora 34, 2004.

________. *O duplo*. Tradução de Paulo Bezerra. São Paulo: Editora 34, 2013.

________. *O idiota*, Tradução de Paulo Bezerra. São Paulo: Editora 34, 2002.

________. *Os irmãos Karamázov*. Tradução de Oscar Nunes. São Paulo: Abril Cultural, 1971.

________. ________. Tradução de Paulo Bezerra. São Paulo: Editora 34, 2008.

________. *O sonho de um homem ridículo*, Tradução de Vadim Nikitin. São Paulo: Editora 34, 2003.

________. ________. In: *Fiódor Dostoiévski – Obra Completa*. Rio de Janeiro: Editora Nova Aguilar, 2004.

________. *Polnoie sobranie sotchinenii v tridtsati tomakh*. Leningrado: Ciência, 1985.

________. *Prestuplenie i nakazanie: kniga dlia tchteniia s kommentariem*. Moskva: Russkii Iazyk, 1984.

________. *Recordações da casa dos mortos.* Tradução de José Geraldo Vieira. Rio de Janeiro: Editora Francisco Alves, 1982.

________. *Sobranie sotchinenii v desiati tomakh.* Moskva: Khudojestvennaia Literatura, 1956.

________. *Son smechnogo tcheloveka – fantastitcheskii rasskaz.* Moscou: OLMA Media Group, 2008.

________. *A Paradoxalist.* In: *A Writer's Diary, Volume 1, 1873-1876.* Translated by Michael Katz. Evanston, Illinois: Northwestern University Press, 1994, pp. 452-457.

________. *Zapiski iz miortvovo doma.* Paris: Ymca-Press, 1945.

________. *Zapiski iz podpolya.* Saint Petersburg: Azbuka, 2011.

EVDOKIMOV, Paul. *L'orthodoxie.* Paris: DDB, 1979

FRANK, Joseph. *Dostoiévski: as sementes da revolta, 1821-1849.* Tradução de Vera Pereira. São Paulo: Edusp, 1999.

________. *Dostoiévski: os anos de provação, 1850-1859.* Tradução de Vera Pereira. São Paulo: Edusp, 1999.

________. *Dostoiévski: os efeitos da libertação, 1860-1865.* Tradução de Geraldo Gérson de Souza. São Paulo: Edusp, 2002.

________. *Dostoiévski: os anos milagrosos, 1865-1871.* Tradução de Geraldo Gérson de Souza. São Paulo: Edusp, 2003.

________. *Dostoiévski: o manto do profeta, 1871-1881.* Tradução de Geraldo Gérson de Souza. São Paulo: Edusp, 2009.

_______. *Dostoevsky: The Mantle of the Prophet, 1871-1881*. New Jersey: Princeton University Press, 2003.

_______. *Pelo prisma russo: ensaios sobre literatura e cultura*. Tradução de Paula Cox Rolim e Francisco Achcar. São Paulo, Edusp, 1992.

GOETHE, Johann Wolfgang von. *Fausto*. Tradução de Jenny Klabin Segall. Primeira Parte. São Paulo: Editora 34, 2004.

_______. _______. Segunda Parte. Tradução de Jenny Klabin Segall. São Paulo: Editora 34, 2007.

GOMIDE, Bruno Barretto (Org.). *Antologia do pensamento crítico russo (1802-1901)*. Vários tradutores. São Paulo: Editora 34, 2013.

_______. *Da estepe à caatinga: o romance russo no Brasil (1887-1936)*. São Paulo: Edusp, 2011.

GROSSMAN, Leonid. *Dostoevsky and Balzac*. Translated by Anthony McGovern. London: Ardis, 1995.

_______. *Dostoiévski artista*. Tradução de Boris Schnaiderman. Rio de Janeiro: Civilização Brasileira, 1967.

GRUPO KRISIS. *Manifesto contra o trabalho*. Tradução de Heinz Dieter Heidemann. Disponível em: *http://obeco.planetaclix.pt/mctp.htm*. Consulta feita no dia 26 de dezembro de 2013.

HACKEL, Sergei. "F.M. Dostoevsky (1821-1881): prophet manqué?" In: *Dostoevsky Studies*. Volume 3. Sem menção a local. 1982, pp. 5-25.

HARRESS, Birgit. "*Besy* als Sendschreiben Dostoevskijs an Russland". In: *Dostoevsky Studies*. Volume 12. Tübingen: Attempto Verlag, 2008, pp. 37-50.

________. "'Glaza nachi vstretilis' – über die existentielle Dimension des Blicks in F.M. Dostoevskijs Erzählung 'Krotkaja'". In: *Dostoevsky Studies.* Volume 4. Tübingen: Attempto Verlag, pp. 117-128.

________. "The Renewal of Man: A Poetic Anthropology on Dostoevsky's Major Novels". In: *Dostoevsky Studies.* Volume 3. Tübingen: Attempto Verlag, pp. 19-26.

HEGEL, Georg Wilhelm Friedrich. *A razão na história: uma introdução geral à filosofia da história.* Tradução de Beatriz Sidou. São Paulo: Centauro: 2001.

________. *Filosofia da História.* Tradução de Maria Rodrigues. Brasília: Editora da UnB, 1995.

HERZOG, Werner. *O enigma de Kaspar Hauser* (Filme). Alemanha: 1974.

HOLLAND, Kate. "The Fictional Filter: "Krotkaia" and the *Diary of a Writer*". In: *Dostoevsky Studies.* Volume 4. Tübingen: Attempto Verlag, pp. 95-116.

HOLQUIST, Michael. *Dialogism: Bakhtin and his world.* London/New York: Routledge, 1990.

________. *Dostoevsky & the Novel.* Evanston: Northwestern University Press, 1986.

HORKHEIMER, Max. *Anhelo de justicia: teoría crítica e religión.* Edición y traducción de Juan José Sanchez. Madrid: Editorial Trotta, 2000.

________. "Filosofia e Teoria Crítica". Tradução de Edgard Afonso Malagodi e Ronaldo Pereira Cunha. In: *Os Pensadores.* São Paulo: Abril Cultural, 1980a.

________. "Teoria Tradicional e Teoria Crítica". Tradução de Edgard Afonso Malagodi e Ronaldo Pereira Cunha. In: *Os Pensadores.* São Paulo: Abril Cultural, 1980b.

JACKSON, Robert-Louis. "Dostoevsky and the Twentieth Century". In: *Dostoevsky Studies.* Volume 1. Sem menção de lugar. 1980, pp. 3-10.

________. "Dostoevsky Today and for All Times". In: *Dostoevsky Studies.* Volume 6. Tübingen: Attempto Verlag, 2002, pp. 11-27.

________. "Napoleon in Russian Literature". In: *Yale French Studies,* No. 26, *The Myth of Napoleon,* 1960.

________. *The Art of Dostoevsky: Deliriums and Nocturnes.* Princeton: Princeton UP, 1981.

KARDEC, Allan. *Obras póstumas.* Tradução de Salvador Gentile. São Paulo: IDE, 2008.

________. *O céu e o inferno.* Tradução de Manuel Justiniano Quintão. Rio de Janeiro: Federação Espírita Brasileira, 1944.

________. *O evangelho segundo o espiritismo.* Tradução de Júlio Abreu Filho. São Paulo: Cultrix, 2004.

________. *O livro dos espíritos.* Tradução de Salvador Gentile. São Paulo: IDE, 2009.

KELLY, Aillen. "Dostoevskii and the Divided Conscience". In: *Slavic Review,* Vol. 47, No. 2, Summer, 1988.

KURZ, Robert. *Com todo valor ao colapso.* Tradução de Marcos Aquino. Juiz de Fora: UFJF, Pazulin, 2004.

________. *Manifesto contra o trabalho.* Tradução de Heinz Dieter Heidemann. Link: *http://www.krisis.org/1999/mar contra-o-trabalho.* Consulta feita em 15/07/15.

________. *O colapso da modernização: da derrocada do socialismo de caserna à crise da economia mundial.* Tradução de Karen Elsabe Barbosa. Rio de Janeiro: Paz e Terra, 2004.

________. *Os últimos combates.* Tradução de Karen Elsabe Barbosa. Petrópolis: Vozes, 2004

LUKÁCS, György. *A Teoria do romance.* Tradução de José Marcos Mariani de Macedo. São Paulo: Livraria Duas Cidades/Editora 34, 2000.

________. *Dostoevsky*, in *Dostoevsky: A collection of critical essays.* Translated by Michael Katz. New Jersey: Prentice-Hall, 1962.

MAN, Paul de. "Dialogue and Dialogism". In: *Rethinking Bakhtin: Extensions and Challenges.* Edited by Gary Saul Morson and Caryl Emerson. Evanston, Illinois: Northwestern University Press, 1989, pp. 105-114.

MARTINSEN, Deborah. "Ingratitude and the Underground". In: *Dostoevsky Studies.* Volume 17. Tübingen: Attempto Verlag, 2013, pp. 7-22.

________. "Shame and Punishment". In: *Dostoevsky Studies.* Volume 5. Tübingen: Attempto Verlag, 2001, pp. 51-70.

MARX, Karl. *A ideologia alemã.* Tradução de Luís Cláudio de Castro e Costa. São Paulo: Martins Fontes, 1998.

________. *Contribuição à crítica do Direito de Hegel.* Tradução de Alex Marins. In: *Manuscritos Econômico--Filosóficos.* São Paulo: Martin Claret, 2002.

________. *O capital.* Volume 1. Tradução de Flávio Kothe. São Paulo: Nova Cultural, 1998.

________. *Sobre a questão judaica.* Tradução de Nélio Schneider e Wanda Nogueira Caldeira Brant. São Paulo: Boitempo, 2010.

MCREYNOLDS, Susan. "Aesthetics and Politics: The Case of Dostoevsky". In: *Literary Imagination* (2002) 4 (1): 91-104.

________. "Dostoevsky in Europe: The Political as the Spiritual". In: *Partisan Review* 1. 2002.

________. "Introduction to Dostoevsky and Christianity". In: *The Journal of the International Dostoevsky Society,* Vol. 13. Tübingen: Attempto Verlag, 2009, pp. 5-22.

________. "Schillerian Aesthetic Humanism in *Vremia*". In: *Dostoevsky Studies.* Volume 7. Tübingen: Attempto Verlag, 2003, pp. 81-88.

MONTEFIORE, Simon Sebag. *Stálin: A corte do tzar Vermelho.* Tradução de Pedro Maia Soares. São Paulo: Companhia das Letras, 2006.

MORSON, Gary Saul. "Paradoxical Dostoevsky". In: *The Slavic and East European Journal,* Vol. 43, No. 3, Autumn, 1999.

________. "Rethinking Bakhtin: Extensions and Challenges". Evanston, Illinois: Northwestern University Press, 1986.

NATOV, Nadine. "Dostoevsky versus Max Stirner". In: *Dostoevsky Studies.* Volume 6. Tübingen: Attempto Verlag, 2002, pp. 28-38.

NEUHÄUSER, Rudolf. "'The Dream of a Ridiculous Man': Topicality as a Literary Device". In: *Dostoevsky Studies.* New Series. Volume 1, Number 2. Sem menção a lugar. Charles Schlacks, Jr., Publisher, 1993, pp. 175-190.

NIETZSCHE, Friedrich. *Escritos sobre história*. Tradução de Noéli Correa de Melo Sobrinho. Rio de Janeiro: Editora da PUC-Rio/Edições Loyola, 2005.

PARTS, Lyudmila. "Christianity as Active Pity in *Crime and Punishment*". In: *Dostoevsky Studies*. Volume 13. Tübingen: Attempto Verlag, 2009, pp. 61-76.

PEACE, Richard. "Dostoevsky and The Golden Age". In: *Dostoevsky Studies*. Volume 3. Sem menção a local. 1982, pp. 61-78.

Pocket Oxford Russian Dictionary. Oxford University Press, Nova Iorque, 2006.

PONDÉ, Luiz Felipe. *Crítica e profecia: a filosofia da religião em Dostoiévski*. São Paulo: Editora 34, 2003.

REICH, Wilhelm. *Psicologia de massas do fascismo*. Tradução de Francisco Couto Fernandes. São Paulo: Martins Fontes, 1988.

SABO, Gerald. J.. "'The Dream of a Ridiculous Man': Christian Hope for Human Society". In: *The Journal of the International Dostoevsky Society*, Vol. 13, Attempto Verlag, Tübingen, 2009.

SCHMID, Wolf. "Dostoevskijs Erzähltechnik in narratologischer Sicht". In: *Dostoevsky Studies*. Volume 6. Tübingen: Attempto Verlag, pp. 63-72.

SCHNAIDERMAN, Boris. "A arte da superação". In: *Caderno Mais!*. São Paulo: Folha de S.Paulo, 28 de outubro de 2001.

________. "Bakhtin e o Ocidente – etapas de uma aproximação". Prefácio. In: CLARK, Katerina e HOLQUIST, Michael, *Mikhail Bakhtin*. São Paulo: Perspectiva, 1998.

________. "Bakhtin 40 graus (uma experiência brasileira)". In: B. Brait (org.), *Bakhtin, dialogismo e construção do sentido.* Campinas: Editora da Unicamp, 1997.

________. "Deus e nada mais". In *Caderno Mais!.* São Paulo: Folha de S.Paulo, 30 de novembro de 2003.

________. "Dostoiévski: a ficção como pensamento". In: *Artepensamento.* A. Novaes (org.). São Paulo: Companhia das Letras, 1994.

________. *Dostoiévski: prosa e poesia.* São Paulo: Perspectiva, 1982.

________. "Os paradoxos políticos de um gigante do pensamento". In: *Caderno 2*, O Estado de S.Paulo, São Paulo, 26 de março de 2000.

________. "Para Boris Schnaiderman, autor é o 'escritor-filósofo por excelência'". Entrevista. In: *Caderno Mais!.* São Paulo: Folha de São Paulo, 6 de maio de 2001.

________. *Turbilhão e Semente: ensaios sobre Dostoiévski e Bakhtin.* São Paulo: Duas Cidades, 1983.

SCHWARZ, Roberto. *Ao vencedor as batatas: forma literária e processo social nos inícios do romance brasileiro.* São Paulo: Duas Cidades, 1977.

________. *Um mestre na periferia do capitalismo: Machado de Assis.* São Paulo: Duas Cidades/Editora 34, 2000.

SHESTOV, Lev. *Dostoevsky and Nietzsche: The Philosophy of Tragedy.* Translated by Michael Katz. Ohio: Ohio University Press, 1969.

STEPÂNIAN, Karen. "Os irmãos Karamázov: a hosana de Dostoiévski". In: *Caderno de Literatura e Cultura Russa: Dostoiévski.* São Paulo: Ateliê Editorial, 2008.

TERRAS, Victor. "Dostoevsky's Detractors". In: *Dostoevsky Studies.* Volume 6. Knoxville, Tennessee: University of Tennessee, 1985, pp. 165-172.

_______. "Problems of Human Existence in the Works of the Young Dostoevsky". In: *Slavic Review,* Vol. 23, No. 1, March, 1964.

_______. "Religion and Poetics in Dostoevsky". In: *Dostoevsky Studies.* Volume 7. Tübingen: Attempto Verlag, pp. 109-114.

VASSOLER, Flávio Ricardo (Org.). *Dostoiévski e Bergman: o niilismo da modernidade.* São Paulo: Intermeios, 2012.

_______. *O evangelho segundo talião.* São Paulo: nVersos, 2013.

_______. "Patíbulo e perdão". In: *Revista Cult,* nº. 200, São Paulo, abril de 2015, pp. 50-55.

_______. *Tiro de Misericórdia.* São Paulo: nVersos, 2014.

_______. "Nem tudo o que é sólido desmancha no ar". In: *Jornal Rascunho,* nº. 159, Curitiba, julho de 2013, pp. 20-21.

VÓLGUIN, Igor. "A devolução do bilhete: paradoxos da autoconsciência nacional". In: *Caderno de Literatura e Cultura Russa: Dostoiévski.* São Paulo: Ateliê Editorial, 2008.

WALICKI, Andrzej. *A History of Russian Thought from the Enlightenment to Marxism.* Stanford: Stanford University Press, 1979.

WELLEK, René. "Bakhtin's view of Dostoevsky: 'Polyphony' and 'Carnivalesque'". In: *Dostoevsky Studies.* Volume 1. Sem menção a lugar. 1980, pp. 31-40.

________. "Introduction: A history of Dostoevsky criticism". In *Dostoevsky: A collection of critical essays.* New Jersey: Prentice-Hall, 1962.

WILDE, Oscar. *A alma do homem sob o socialismo.* Tradução de Heitor Ferreira da Costa. Porto Alegre: L&PM Pocket, 2003.

________. *Aforismos ou Mensagens Eternas.* Tradução de Duda Machado. São Paulo: Landy Editora, 2006.

COLEÇÃO HEDRA

1. *Iracema*, Alencar
2. *Don Juan*, Molière
3. *Contos indianos*, Mallarmé
4. *Auto da barca do Inferno*, Gil Vicente
5. *Poemas completos de Alberto Caeiro*, Pessoa
6. *Triunfos*, Petrarca
7. *A cidade e as serras*, Eça
8. *O retrato de Dorian Gray*, Wilde
9. *A história trágica do Doutor Fausto*, Marlowe
10. *Os sofrimentos do jovem Werther*, Goethe
11. *Dos novos sistemas na arte*, Maliévitch
12. *Mensagem*, Pessoa
13. *Metamorfoses*, Ovídio
14. *Micromegas e outros contos*, Voltaire
15. *O sobrinho de Rameau*, Diderot
16. *Carta sobre a tolerância*, Locke
17. *Discursos ímpios*, Sade
18. *O príncipe*, Maquiavel
19. *Dao De Jing*, Lao Zi
20. *O fim do ciúme e outros contos*, Proust
21. *Pequenos poemas em prosa*, Baudelaire
22. *Fé e saber*, Hegel
23. *Joana d'Arc*, Michelet
24. *Livro dos mandamentos: 248 preceitos positivos*, Maimônides
25. *O indivíduo, a sociedade e o Estado, e outros ensaios*, Emma Goldman
26. *Eu acuso!*, Zola | *O processo do capitão Dreyfus*, Rui Barbosa
27. *Apologia de Galileu*, Campanella
28. *Sobre verdade e mentira*, Nietzsche
29. *O princípio anarquista e outros ensaios*, Kropotkin
30. *Os sovietes traídos pelos bolcheviques*, Rocker
31. *Poemas*, Byron
32. *Sonetos*, Shakespeare
33. *A vida é sonho*, Calderón
34. *Escritos revolucionários*, Malatesta
35. *Sagas*, Strindberg
36. *O mundo ou tratado da luz*, Descartes
37. *O Ateneu*, Raul Pompeia
38. *Fábula de Polifemo e Galateia e outros poemas*, Góngora
39. *A vênus das peles*, Sacher-Masoch
40. *Escritos sobre arte*, Baudelaire
41. *Cântico dos cânticos*, [Salomão]
42. *Americanismo e fordismo*, Gramsci
43. *O princípio do Estado e outros ensaios*, Bakunin
44. *O gato preto e outros contos*, Poe
45. *História da província Santa Cruz*, Gandavo
46. *Balada dos enforcados e outros poemas*, Villon
47. *Sátiras, fábulas, aforismos e profecias*, Da Vinci
48. *O cego e outros contos*, D.H. Lawrence
49. *Rashômon e outros contos*, Akutagawa
50. *História da anarquia (vol. 1)*, Max Nettlau
51. *Imitação de Cristo*, Tomás de Kempis
52. *O casamento do Céu e do Inferno*, Blake
53. *Cartas a favor da escravidão*, Alencar
54. *Utopia Brasil*, Darcy Ribeiro

55. *Flossie, a Vênus de quinze anos*, [Swinburne]
56. *Teleny, ou o reverso da medalha*, [Wilde et al.]
57. *A filosofia na era trágica dos gregos*, Nietzsche
58. *No coração das trevas*, Conrad
59. *Viagem sentimental*, Sterne
60. *Arcana Cœlestia* e *Apocalipsis revelata*, Swedenborg
61. *Saga dos Volsungos*, Anônimo do séc. XIII
62. *Um anarquista e outros contos*, Conrad
63. *A monadologia e outros textos*, Leibniz
64. *Cultura estética e liberdade*, Schiller
65. *A pele do lobo e outras peças*, Artur Azevedo
66. *Poesia basca: das origens à Guerra Civil*
67. *Poesia catalã: das origens à Guerra Civil*
68. *Poesia espanhola: das origens à Guerra Civil*
69. *Poesia galega: das origens à Guerra Civil*
70. *O chamado de Cthulhu e outros contos*, H.P. Lovecraft
71. *O pequeno Zacarias, chamado Cinábrio*, E.T.A. Hoffmann
72. *Tratados da terra e gente do Brasil*, Fernão Cardim
73. *Entre camponeses*, Malatesta
74. *O Rabi de Bacherach*, Heine
75. *Bom Crioulo*, Adolfo Caminha
76. *Um gato indiscreto e outros contos*, Saki
77. *Viagem em volta do meu quarto*, Xavier de Maistre
78. *Hawthorne e seus musgos*, Melville
79. *A metamorfose*, Kafka
80. *Ode ao Vento Oeste e outros poemas*, Shelley
81. *Oração aos moços*, Rui Barbosa
82. *Feitiço de amor e outros contos*, Ludwig Tieck
83. *O corno de si próprio e outros contos*, Sade
84. *Investigação sobre o entendimento humano*, Hume
85. *Sobre os sonhos e outros diálogos*, Borges | Osvaldo Ferrari
86. *Sobre a filosofia e outros diálogos*, Borges | Osvaldo Ferrari
87. *Sobre a amizade e outros diálogos*, Borges | Osvaldo Ferrari
88. *A voz dos botequins e outros poemas*, Verlaine
89. *Gente de Hemsö*, Strindberg
90. *Senhorita Júlia e outras peças*, Strindberg
91. *Correspondência*, Goethe | Schiller
92. *Índice das coisas mais notáveis*, Vieira
93. *Tratado descritivo do Brasil em 1587*, Gabriel Soares de Sousa
94. *Poemas da cabana montanhesa*, Saigyō
95. *Autobiografia de uma pulga*, [Stanislas de Rhodes]
96. *A volta do parafuso*, Henry James
97. *Ode sobre a melancolia e outros poemas*, Keats
98. *Teatro de êxtase*, Pessoa
99. *Carmilla — A vampira de Karnstein*, Sheridan Le Fanu
100. *Pensamento político de Maquiavel*, Fichte
101. *Inferno*, Strindberg
102. *Contos clássicos de vampiro*, Byron, Stoker e outros
103. *O primeiro Hamlet*, Shakespeare
104. *Noites egípcias e outros contos*, Púchkin
105. *A carteira de meu tio*, Macedo
106. *O desertor*, Silva Alvarenga
107. *Jerusalém*, Blake
108. *As bacantes*, Eurípides
109. *Emília Galotti*, Lessing
110. *Contos húngaros*, Kosztolányi, Karinthy, Csáth e Krúdy
111. *A sombra de Innsmouth*, H.P. Lovecraft

112. *Viagem aos Estados Unidos*, Tocqueville
113. *Émile e Sophie ou os solitários*, Rousseau
114. *Manifesto comunista*, Marx e Engels
115. *A fábrica de robôs*, Karel Tchápek
116. *Sobre a filosofia e seu método — Parerga e paralipomena (v. II, t. I)*, Schopenhauer
117. *O novo Epicuro: as delícias do sexo*, Edward Sellon
118. *Revolução e liberdade: cartas de 1845 a 1875*, Bakunin
119. *Sobre a liberdade*, Mill
120. *A velha Izerguil e outros contos*, Górki
121. *Pequeno-burgueses*, Górki
122. *Um sussurro nas trevas*, H.P. Lovecraft
123. *Primeiro livro dos Amores*, Ovídio
124. *Educação e sociologia*, Durkheim
125. *Elixir do pajé — poemas de humor, sátira e escatologia*, Bernardo Guimarães
126. *A nostálgica e outros contos*, Papadiamántis
127. *Lisístrata*, Aristófanes
128. *A cruzada das crianças/ Vidas imaginárias*, Marcel Schwob
129. *O livro de Monelle*, Marcel Schwob
130. *A última folha e outros contos*, O. Henry
131. *Romanceiro cigano*, Lorca
132. *Sobre o riso e a loucura*, [Hipócrates]
133. *Hino a Afrodite e outros poemas*, Safo de Lesbos
134. *Anarquia pela educação*, Élisée Reclus
135. *Ernestine ou o nascimento do amor*, Stendhal
136. *A cor que caiu do espaço*, H.P. Lovecraft
137. *Odisseia*, Homero
138. *O estranho caso do Dr. Jekyll e Mr. Hyde*, Stevenson
139. *História da anarquia (vol. 2)*, Max Nettlau
140. *Eu*, Augusto dos Anjos
141. *Farsa de Inês Pereira*, Gil Vicente
142. *Sobre a ética — Parerga e paralipomena (v. II, t. II)*, Schopenhauer
143. *Contos de amor, de loucura e de morte*, Horacio Quiroga
144. *Memórias do subsolo*, Dostoiévski
145. *A arte da guerra*, Maquiavel
146. *O cortiço*, Aluísio Azevedo
147. *Elogio da loucura*, Erasmo de Rotterdam
148. *Oliver Twist*, Dickens
149. *O ladrão honesto e outros contos*, Dostoiévski
150. *O que eu vi, o que nós veremos*, Santos-Dumont
151. *Sobre a utilidade e a desvantagem da histório para a vida*, Nietzsche
152. *A conjuração de Catilina*, Salústio

«SÉRIE LARGEPOST»

1. *Dao De Jing*, Lao Zi
2. *Cadernos: Esperança do mundo*, Albert Camus
3. *Cadernos: A desmedida na medida*, Albert Camus
4. *Cadernos: A guerra começou...*, Albert Camus
5. *Escritos sobre literatura*, Sigmund Freud
6. *O destino do erudito*, Fichte
7. *Diários de Adão e Eva*, Mark Twain
8. *Diário de um escritor (1873)*, Dostoiévski

«SÉRIE SEXO»

1. *A vênus das peles*, Sacher-Masoch
2. *O outro lado da moeda*, Oscar Wilde
3. *Poesia Vaginal*, Glauco Mattoso
4. *Perversão: a forma erótica do ódio*, Stoller
5. *A vênus de quinze anos*, [Swinburne]

COLEÇÃO «QUE HORAS SÃO?»

1. *Lulismo, carisma pop e cultura anticrítica*, Tales Ab'Sáber
2. *Crédito à morte*, Anselm Jappe
3. *Universidade, cidade e cidadania*, Franklin Leopoldo e Silva
4. *O quarto poder: uma outra história*, Paulo Henrique Amorim
5. *Dilma Rousseff e o ódio político*, Tales Ab'Sáber
6. *Descobrindo o Islã no Brasil*, Karla Lima

Adverte-se aos curiosos que se imprimiu este livro em nossas oficinas, em 25 de abril de 2018, em tipologia Libertine, com diversos sofwares livres, entre eles, LuaLaTeX, git & ruby.
(v. aeabcd8)